覚えておきたい古文書くずし字200選

柏書房編集部 編

柏書房

はしがき

本書は、これから古文書の学習を始めようと考えている方や、一度は挑戦してみたものの途中で挫折してしまった方、なかなか上達しない方のために編集したものである。

私たちの先祖が書き遺した、同じ日本語でありながら、現代の私たちにはまるで外国語のように見えてしまう古文書に記されたくずし字。どうすれば読めるようになるのだろうか。

ところで、古文書は「習うより慣れよ」とよくいわれる。しかし、どのような学問でも、習うためにも慣れるためにも最低限暗記しておかなければならないことがある。たとえば、英語を学習するために英単語の暗記が必須なように、古文書が判読できるようになるためにも最低限暗記しておかなければならないくずし字が数百字ある。本書は、古文書に頻出するくずし字のなかから、とくに二〇〇字を厳選して、一冊の本にまとめたものである。

初めから全部判読しようとしてもそれは無理なこと。まずは二〇〇字からスタートすればよいのである。本書に収録したくずし字を覚えるだけで、入門・初心者向けの古文書テキストであれば、その五～七割以上は確実に判読できるようになることは間違いない。古文書に慣れるのはそれからでも遅くはないのである。

今後、「覚えておきたい」シリーズの続刊として『古文書くずし字５００選』を刊行する予定なので、今しばらくお待ちいただきたい。

最後に、本書の編集にあたってくずし字の収集、解読にあたってくれた國重あづさ、二又淳、新田美香、竹尾幸子の諸氏へ深謝する次第である。

柏書房編集部

本書の使い方

本書は、古文書の解読法を教示するものではなく、字典でもない。しいて言えば、古文書に頻出するくずし字を「見て眺めて書いて覚える」ための方法を手ほどきする虎の巻である。

一　各ページの見方

（1）本書収録の二〇〇の漢字は、一字につき一頁を原則として、常用漢字表に基づいたものを右上の［　］内に掲げた。また、旧字はその下に（　）書きで掲げた。配列は、漢和辞典の部首順に従っている。

（2）［　］の上の数字は、1から200までの通し番号である。一方、下段の四桁の数字は区点コードと呼ばれるもので、古文書を判読・解読したものをワープロやパソコンで入力する際に利用するものである。たとえば、4531と入力すると「与」が画面上にあらわれ、7148と入力すると「与」の旧字である「與」が画面にあらわれるという仕組みである。しかし、ワープロの場合はメーカーや機種によって区点コードの入力方法が異なるので、それぞれの使用説明書を参照されたい。また、現在市販されているパソコンのうち、たとえばWindows 標準の漢字入力であれば、本書に掲げた区点コードの前にすべて0をつけて五桁とし04531と全角で入力して、キーボードの上段にあるF5を押すと「与」が画面上にあらわれる仕組みとなっている。とくに旧字の入力に威力を発揮するので、漢字入力の際の一助となれば幸いである。

（3）各漢字の下に音読み（カタカナ）と訓読み（ひらがな）を付したが、あくまで本書に掲げたくずし字を判読するのに必要と思われるものに限っているので、特殊な読みのものを含めてそのすべてを掲げたわけではないことをお断りしておく。

（4）音訓読みの下に、くずし字の骨書を二〜四つずつペン字で掲げておいた。くずし字を覚える方法の一つとして、そのくずし字を何度も繰り返し模写する方法がある。第一画目の筆の入り方や運筆などを覚えることで、字典を使わなくてもくずし字が判読できるようになるのである。ペン字による骨書によって毛筆で潰れてしまった部分のくずし様もわかるので、くずし字を「書いて覚える」方法も身に付けてほしい。

（5）◎以降の文章には、くずし字を判読するためのコツや類似のくずし字、頻出の用例などを記しておいた。

(6)次に、収録した漢字の単独のくずし字（以下本書では「単漢字」と呼ぶ）を、くずしの程度によって上から下へと順に配列したので、くずし様の変化に注目してほしい。

(7)用例には、江戸時代の古文書に頻出する単漢字を含む熟語・慣用句・短文などを、読みの重複も含めておよそ三七五〇例掲げた。二〇〇字に採用されていない漢字は一部を除いて（後述）取り上げておらず、二〇〇字同士の漢字の組み合わせだけで用例を構成している点に本書の最大の特徴がある。「二〇〇字覚えるだけで古文書テキストの五〜七割は判読できる」と謳う所以である。

(8)用例の解読文は下段左下に掲げておいた。返り点（一、二、レ点）を付すとともに、右脇に読み方を掲げた。また、複数の読み方があるものについては、さらにその右脇に読み方を掲げておいた。なお、動詞の場合は基本的に終止形で掲げておいたので（たとえば、古文書では「相成」は「あいなり」と読むのが一般的だが、本書では「あいなる」と記してある）、古文書を判読する際には前後に続く文章によって各自で活用させて読んでほしい。また、旧字がくずされたものは解読文も旧字で掲げた。なお、助詞などの与、江、者、而、茂は漢字表記のまま小さく右に寄せた。

(9)江戸時代のくずし字には、異体字という常用漢字や旧字とは字形が異なる字が出てくることがある。典型的な異体字のくずしにはその右脇に★を付した。209頁「異体字一覧」と合わせて参照されたい。

(10)巻末には索引を付しておいた。

二　注意事項

(1)本書は、前述の原則にもとづいて用例を収録しているが、古文書を読んだことがない方でも容易に、あるいは辛うじて判読できるであろうと思われる以下の漢字については、例外的に採用していることをあらかじめお断りしておく。

一、二、三、四、五、六、七、八、九、十、百、千、人、大、小、入、田、畑、山、木、札、口、子、夕、米、の計二五字

(2)「々」を「村々」や「早々」などの形で用例に採用している。

(3)江戸時代の古文書に頻出する「ゟ」は、かなの「よ」と「り」を合わせた合字（ごうじ）とよばれるもので、「より」と読み、用例にも若干取り上げている。特に本文で頁を割いていないが、漢字ではないもののなかでは最頻出の重要語である。極端にくずされることはないので、この段階で確実に覚えておきたい。

本書の効果

ここに、入門・初級者向けの古文書テキストによく用いられる、実際の史料の影印を一点掲げておく。これは、信濃国佐久郡御所平村（現、長野県南佐久郡川上村）の組頭であった仁右衛門から、同郡海尻村（同、南牧村）の組頭であった嘉市郎へ宛てて出された「送リ状一札之事」という表題のついた、現在でいうところの転居証明書のようなものである。江戸時代、村々に居住した農民らは、「宗旨人別帳」「宗門人別改帳」などと言われた帳簿（キリスト教禁教の徹底をはかるために、寺院が檀家であることを個人ごとに証明）によって、治者（大名、旗本、幕府代官など）より管理・把握されていた。本史料のように村から村へ転居する場合には、一方の村（御所平村）の

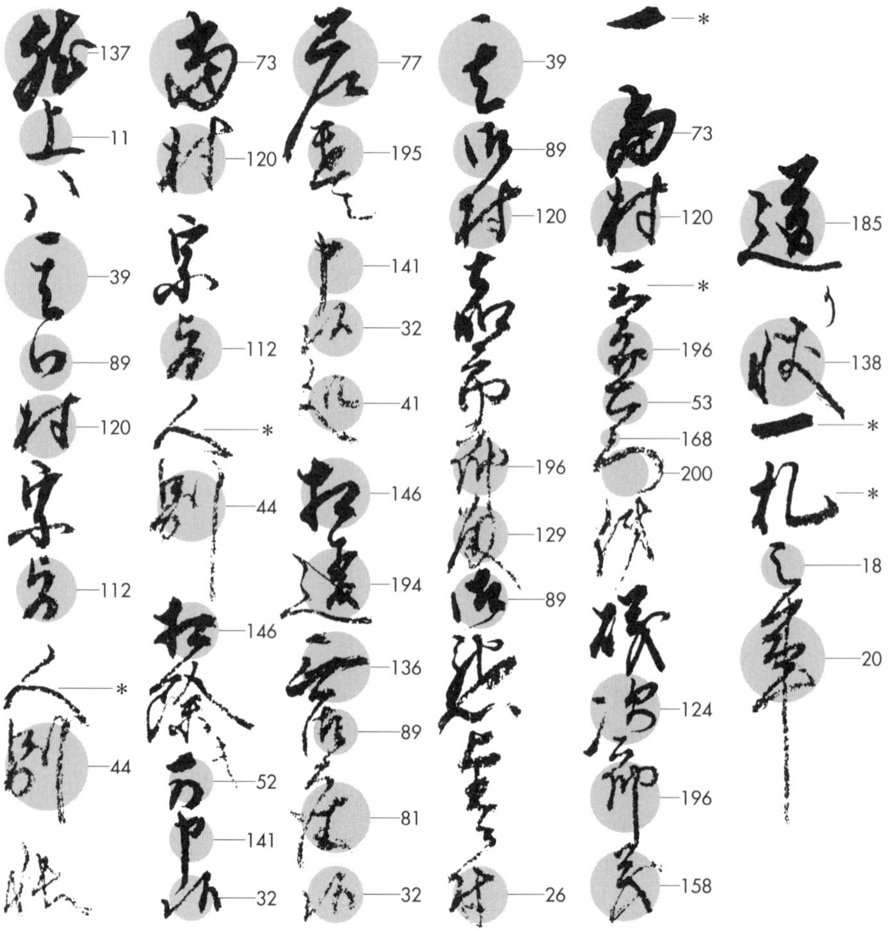

帳簿から名前をはずし、もう一方の村（海尻村）の帳簿へ名前を加えるという作業が必要だったのである。

ところで、本史料の各くずし字を見てもらいたい。網をかけてあるくずし字は、本書に収録した二〇〇字に該当するものである。その右脇に付した数字は、そのくずし字が本書のどこに収録されているのかを示す頁数をあらわしている。また、「＊」は「本書の使い方」に挙げた本書未収録の例外漢字である。本史料は、送り仮名をも含めて一二八字で構成されているが、網をかけたくずし字と「＊」を付したくずし字を合わせると九七字、本書の活用次第では実に七割五分が判読可能ということになる。しかも、重複漢字があるので、実際にはたったの四九字覚えればよいのである。読者諸氏が本書を最大限駆使して、古文書がスラスラと判読できるようになることを願う。

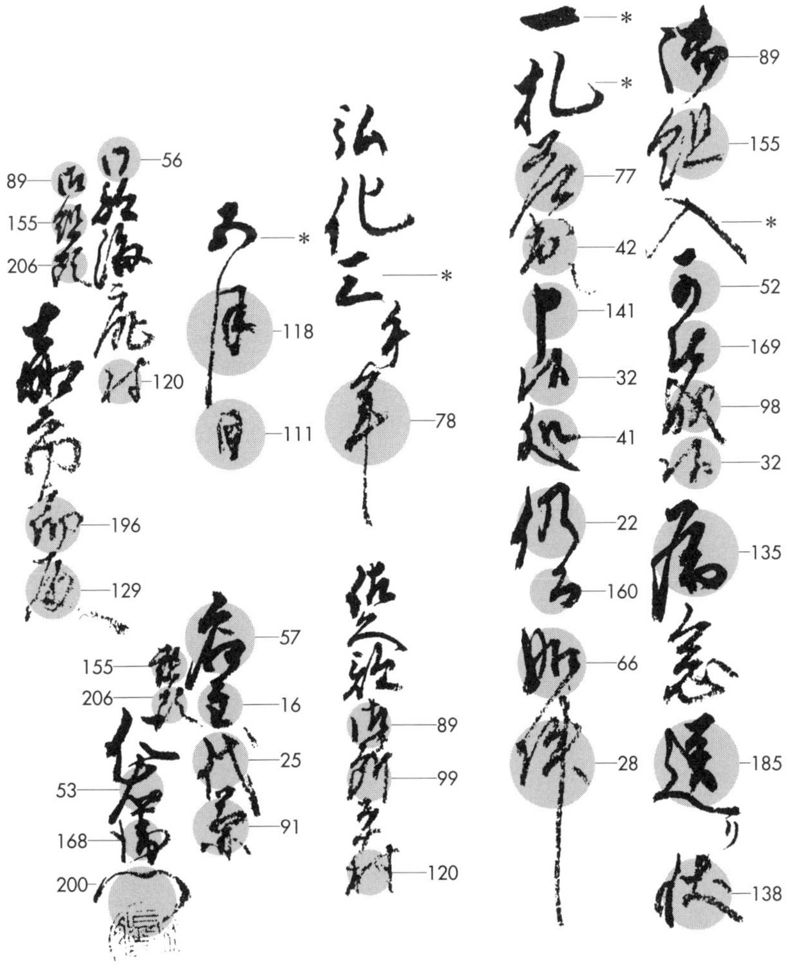

（立教大学日本史研究室編『近世古文書演習』柏書房、所収）

収録漢字一覧

与……9
下……10
上……11
万……12
不……13
両……14
中……15
主……16
及……17
之……18
乍……19
事……20
今……21
仍……22
以……23
仕……24
代……25
付……26
会……27
件……28
仰……29
何……30
依……31
候……32
借……33
儀……34
先……35
公……36
共……37
兵……38
其……39
内……40
処……41
出……42
分……43
別……44
割……45
勤……46
廿……47
去……48
参……49
取……50
受……51
可……52
右……53
向……54
合……55
同……56
名……57
哉……58
在……59
地……60
坐……61
壱……62
外……63
多……64
奉……65
如……66
姓……67
存……68
宜……69
定……70
家……71
寄……72
当……73
届……74
屋……75
左……76
差……77
年……78
幷……79
度……80
座……81
廻……82
弐……83
引……84
弥……85
役……86
後……87
得……88
御……89
前……90
兼……91
心……92
急……93
恐……94
惣……95
意……96
懸……97
成……98
所……99
手……100
承……101
拝……102
持……103
拾……104
掛……105
捨……106
故……107
敷……108
文……109
方……110
日……111
旨……112
早……113
明……114
書……115
最……116
替……117
月……118
有……119
村……120
来……121
極……122
様……123
次……124
此……125
殊……126
残……127
段……128
殿……129
江……130
決……131
法……132
済……133
渡……134
為……135
無……136
然……137
状……138
甚……139
用……140
申……141
由……142
留……143
皆……144
直……145
相……146
知……147
礼……148
程……149
立……150
第……151
等……152
節……153
納……154
組……155
置……156
罷……157
義……158
者……159
而……160
聞……161
至……162
致……163
茂……164
蔵……165
衆……166
行……167
衛……168
被……169
見……170
計……171
訴……172
証……173
諸……174
請……175
談……176
貢……177
貴……178
越……179
趣……180
辺……181
迄……182
近……183
返……184
送……185
追……186
通……187
連……188
進……189
過……190
達……191
道……192
遊……193
違……194
遣……195
郎……196
重……197
金……198
銭……199
門……200
間……201
難……202
頃……203
預……204
領……205
頭……206
頼……207
願……208

1 与（與）

4531
7148

ヨ／と
あたえる
くみする

◎江戸時代の村方三役である「与頭」（＝組頭）および、助詞の「〜与」という形が頻出。特に単漢字の二列目の形に注目。

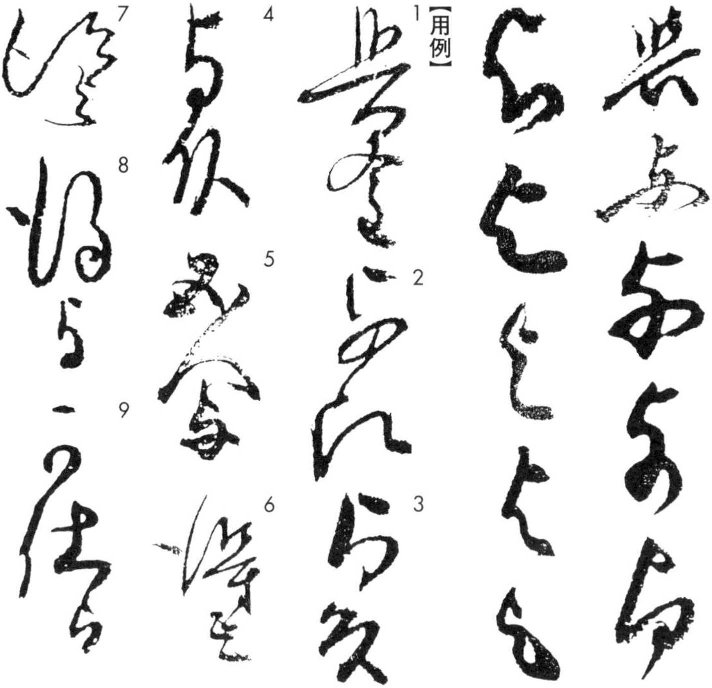

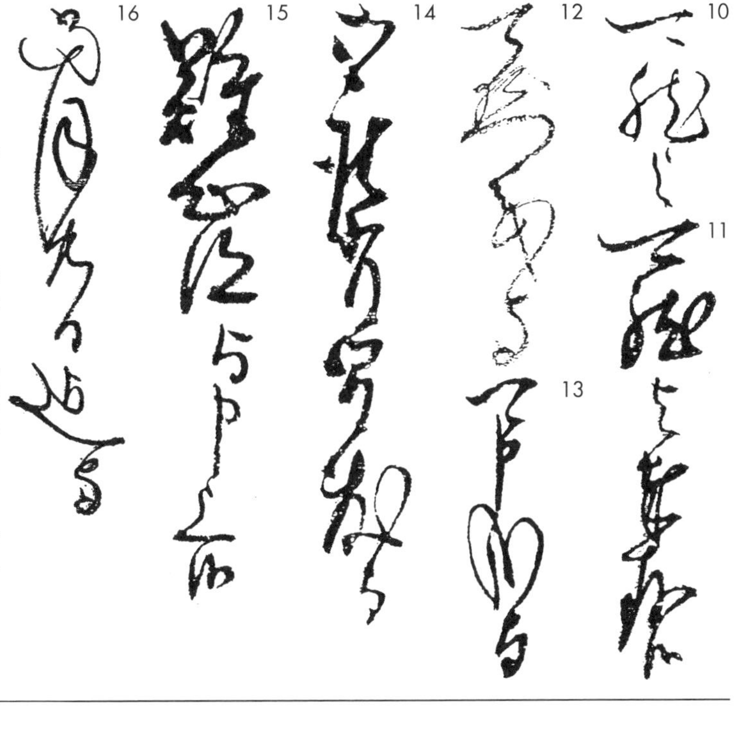

【用例】 1 與金《よきん》　2〜4 与頭《くみがしら》　5 五人与《ごにんぐみ》　6〜8 得与《とくと》
9 可レ仕与《つかまつるべきと》
10 可レ然与《しかるべきと》
11 可レ然与奉レ存候《しかるべきとぞんじたてまつりそうろう》
12 可レ然義与《しかるべきぎと》
13 可レ申哉与《もうすべきやと》
14 御座有間敷与《ござあるまじきと》
15 難二心得一与申上候《こころえがたきともうしあげそうろう》
16 当月廿日迄与《とうげつはつかまでと》

2
【下】
1828

カ・ゲ／した・しも
さげる・くだる
くだす・くださる

◎用例8～12の「可ㇾ被ㇾ下候」が最重要である。各漢字がどこにあるのかを気にせずに、形そのものをまとめて覚えておきたい。

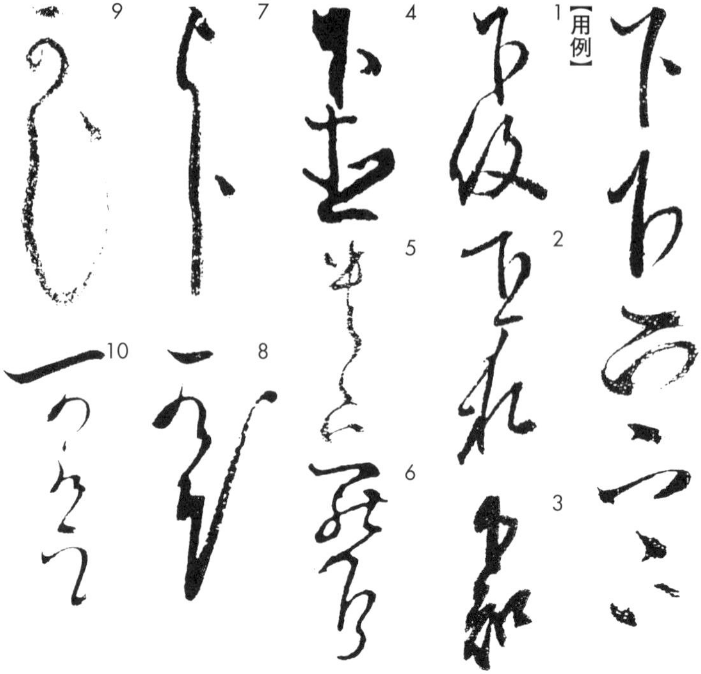

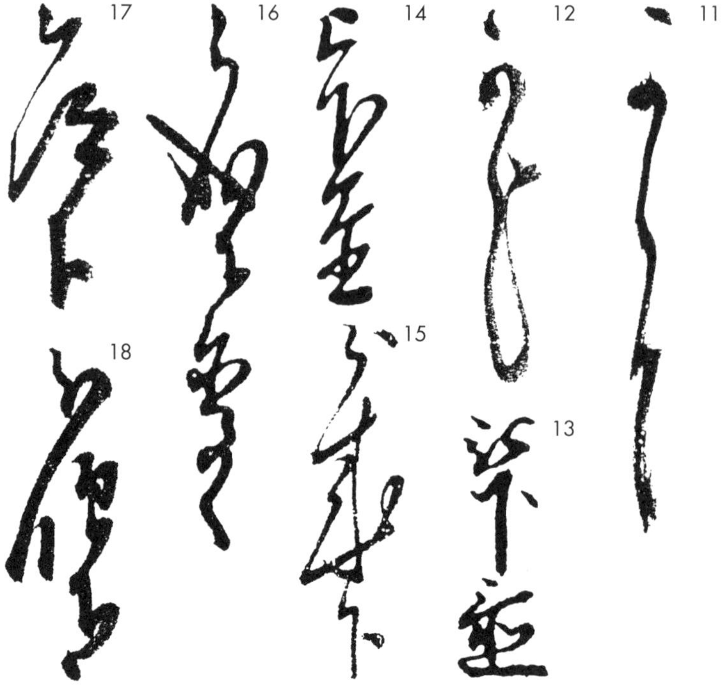

【用例】 1 下役《したやく》 2 下ケ札《さげふだ》 3 下知《げち》 4 下直《したね》《げじき》 5 貴下《きか》 6 罷下リ《まかりくだり》 7 被ㇾ下《くだされ》 8～12 可ㇾ被ㇾ下候《くださるべくそうろう》 13・14 被二下置一《くだしおかれ》 15 被二成下一《なしくだされ》 16 被二成下置一候ハヽ《なしくだしおかれそうらわば》 17 被二仰下一《おおせくだされ》 18 被二仰下一候《おおせくだされそうろう》

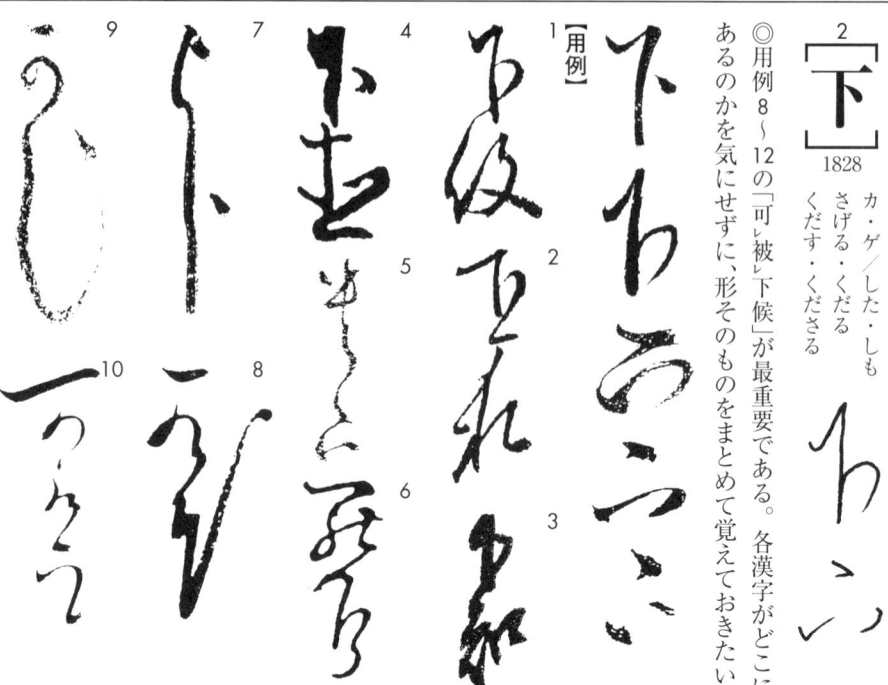

3

上

3069

ジョウ・ショウ
うえ・うわ・かみ
あげる・あがる

◎あまりくずして書かれることはないので判読しやすいが、原形をとどめないものもある「以上」の多様な形を必ず覚えたい。

【用例】

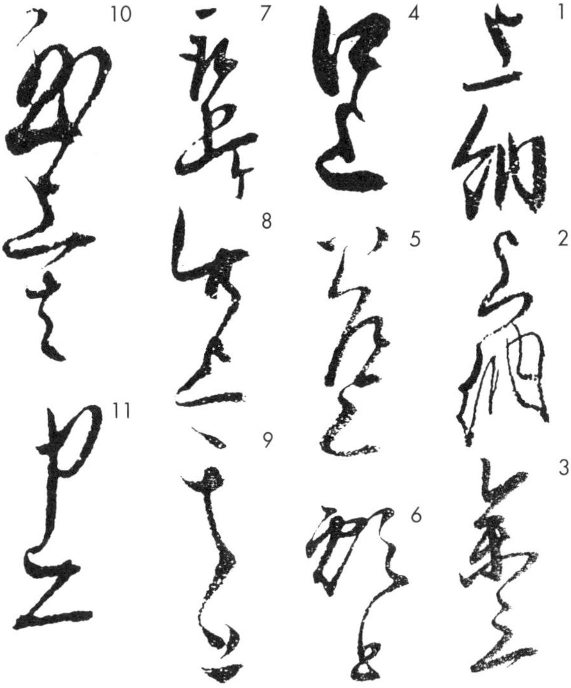

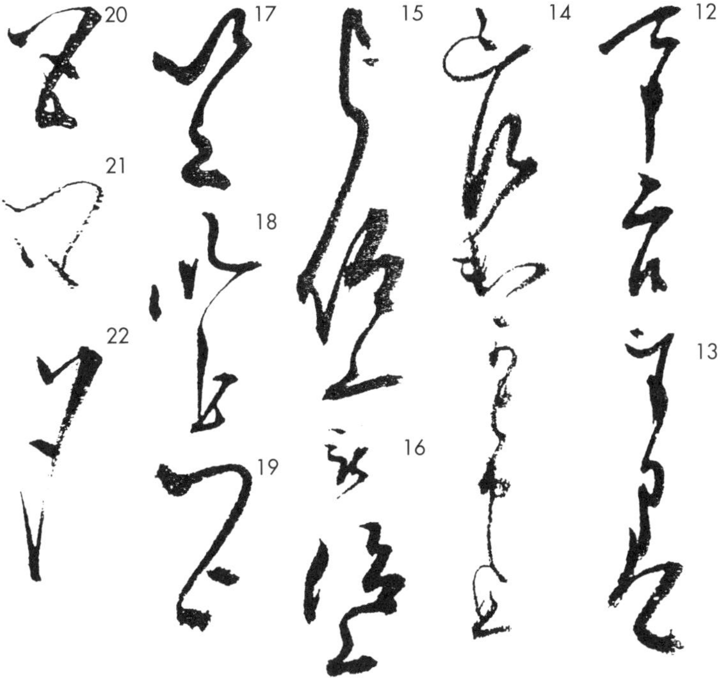

【用例】 1・2 上納《じょうのう》 3 参上《さんじょう》 4 口上《こうじょう》 5 差上《さしあげ》 6 願上《ねがいあげ》 7 取上ケ《とりあげ》

8 此上《このうえ》 9 其上《そのうえ》 10 然上者《しかるうえは》 11 申上《もうしあげ》 12 可二申上一候《もうしあぐべくそうろう》

13 奉二申上一候《もうしあげたてまつりそうろう》 14 差出可レ被レ申候上《さしだしもうさるべくそうろううえ》 15・16 被二仰上一《おおせあげられ》

17〜22 以上《いじょう》

4

万（萬）

4392
7263

マン
バン
よろず

◎旧字の「萬」は、用例1と8のくずしを覚えておけば、多少くずされて書かれても判読は容易であろう。

【用例】

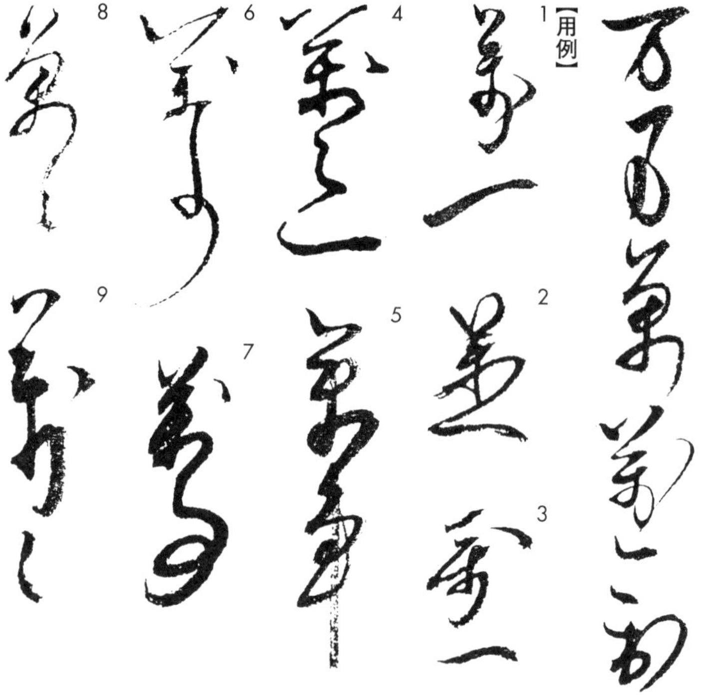

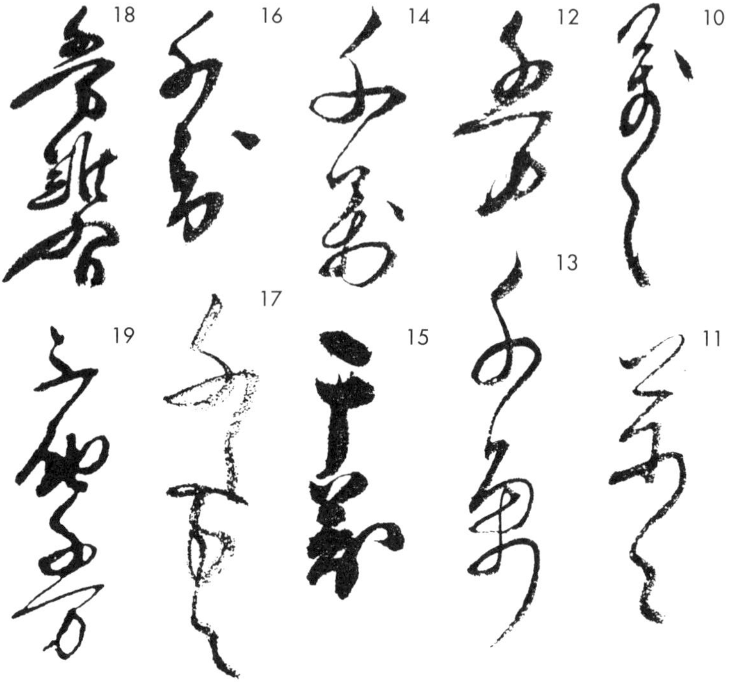

【用例】1～3萬一《まんいち》　4萬々一《まんまんいち》　5～7萬事《ばんじ》　8～11萬々《ばんばん》　12千万《せんばん》　13～16千萬《せんばん》　17千々万々《せんせんばんばん》　18千万難レ有《せんばんありがたし》　19不届千万《ふとどきせんばん》

5
不
4152

フ・ブ
あらず
ず

◎「不」がそのままくずれたものと「ふ」がくずれたものとに分かれる。用例8以降のように下から返って読む字の一つである。

【用例】

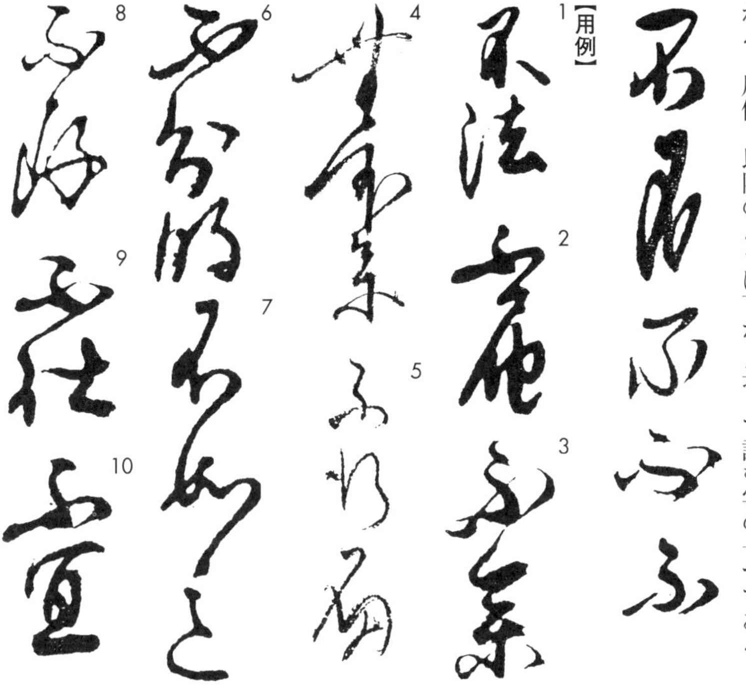

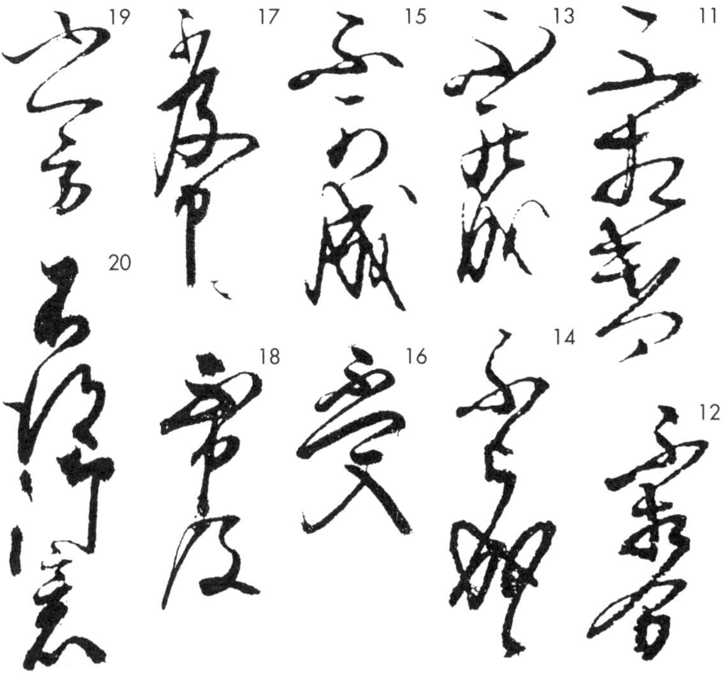

【用例】1 不法《ふほう》 2 不届《ふとどき》 3 不参《ふさん》 4 無二不参一《ふさんなく》 5 不行届《ふゆきとどき》・不二行届一《ゆきとどかず》 6 不分明《ふぶんみょう》《ふぶんめい》 7 不如意《ふにょい》 8 不レ存《ぞんぜず》 9 不レ仕《つかまつらず》 10 不レ宜《よろしからず》 11 不二相替一《あいかわらず》 12 不二相分一《あいわからず》 13 不二罷成一《まかりならず》 14 不レ被レ成候《なされずそうろう》 15 不レ可レ成《なすべからず》 16 不レ可レ入《はいるべからず》 17 不レ及レ申ニ《もうすにおよばず》 18 不二申及一《もうすにおよばず》 19 不二一方一《ひとかたならず》 20 不レ得二御意一《ぎょいをえず》

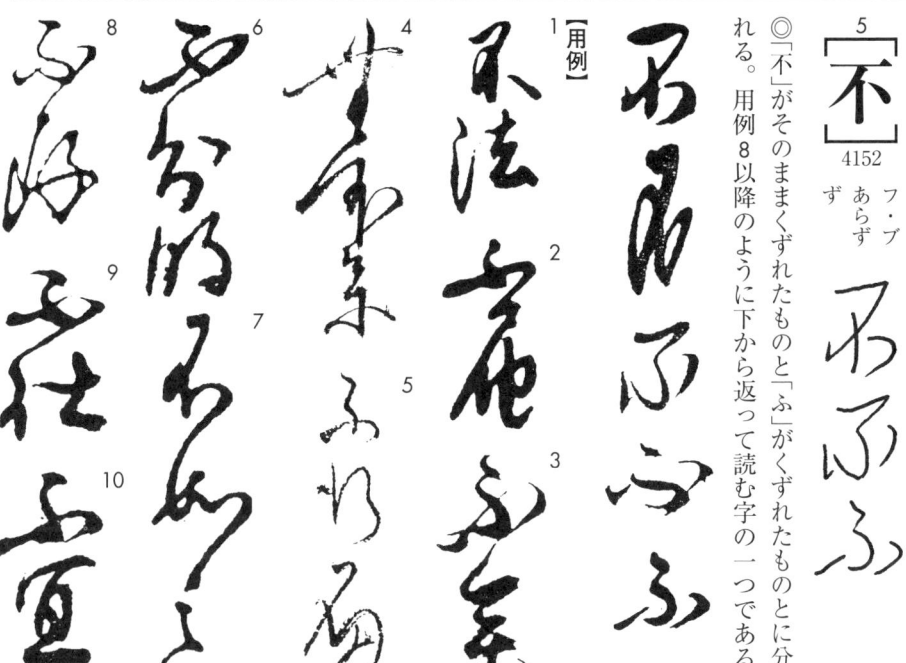

6

両(兩)

4630
4932

リョウ
ふたつ

◎ひらがなの「ち」のなかに横長の「人」か「の」が入ったようなくずしが典型である。73頁「当」に似たものがあるので注意する。

【用例】

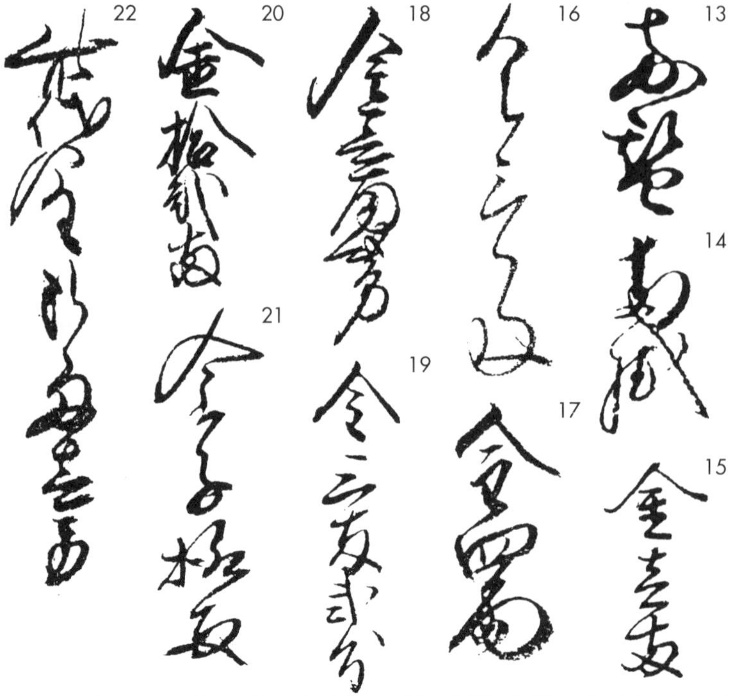

【用例】 1 両人《りょうにん》 2 一両人《いちりょうにん》 3 御両人《ごりょうにん》 4・5 両村《りょうそん》 6 両様《りょうよう》 7 両家《りょうけ》 8・9 両度《りょうど》 10 両日《りょうじつ》 11 一両日《いちりょうじつ》 12・13 両替《りょうがえ》 14 両掛《りょうがけ》 15 金壱両《きんいちりょう》 16 金三両《きんさんりょう》 17 金四両《きんよんりょう》 18 金壱両《きんいちりょう》弐分《にぶ》 19 金三両《きんさんりょう》弐分《にぶ》 20 金拾弐両《きんじゅうにりょう》 21 金子《きんす》拾両《じゅうりょう》 22 此代金弐両壱分《このだいきんにりょういちぶ》

7
【中】
3570
チュウ
なか

◎「つ」に縦棒、および「ゆ」に似たくずしがある。141頁「申」と誤読しないよう前後の字句に注意したい。

【用例】

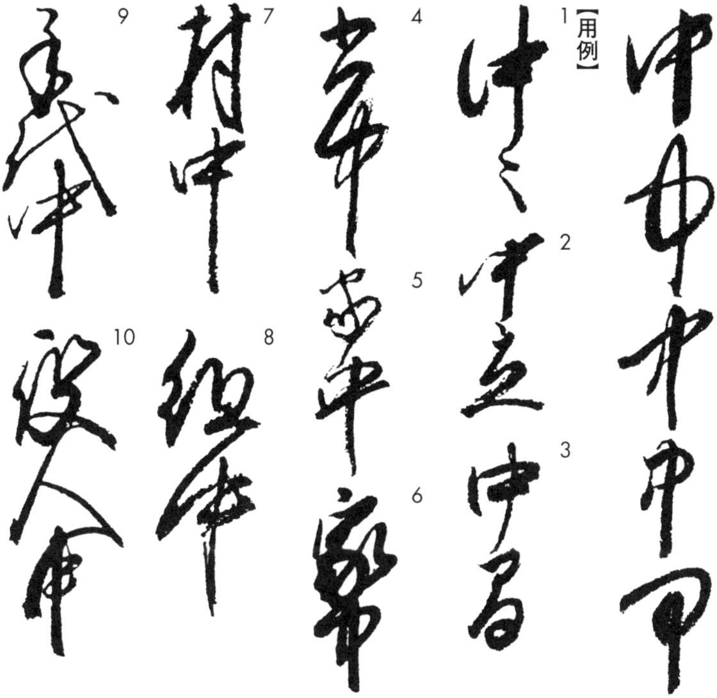

【用例】 1 中々《なかなか》 2 中立《なかだち》 3 中間《ちゅうげん》《なかま》 4 書中《しょちゅう》 5・6 家中《かちゅう》 7 村中《むらじゅう》 8 組中《くみちゅう》 9 手代中《てだいちゅう》 10 役人中《やくにんちゅう》 11 衆 中《しゅうちゅう》 12 名主中《なぬしちゅう》 13 名主《なぬし》衆 中《しゅうちゅう》 14 御中《おんちゅう》 15 此 間 中《このあいだじゅう》 16 先達而中《せんだってちゅう》 17 年中《ねんちゅう》《ねんじゅう》 18 去年中《きょねんちゅう》 19 先月中《せんげっちゅう》 20 二月中《にがっちゅう》

8
【主】
2871

シュ・ス
ぬし
おも

◎ここでは、とにかく「名主」のくずしの形をぜひ覚えたい。また、「留守」を「留主」と書くことがあった点に注意したい。

【用例】

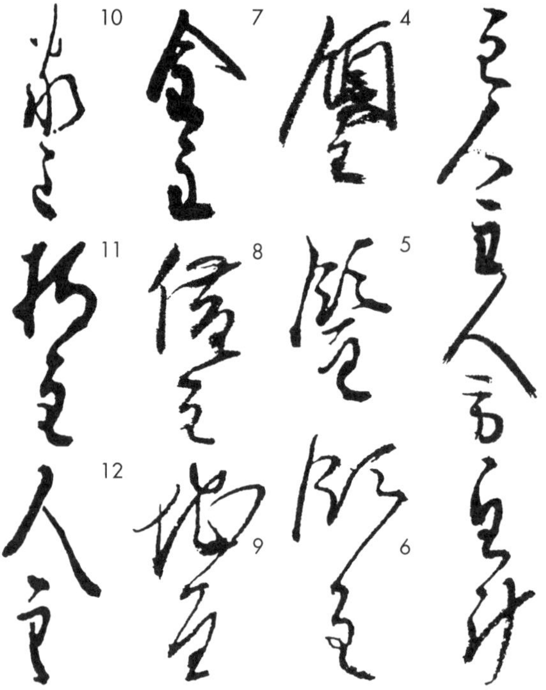

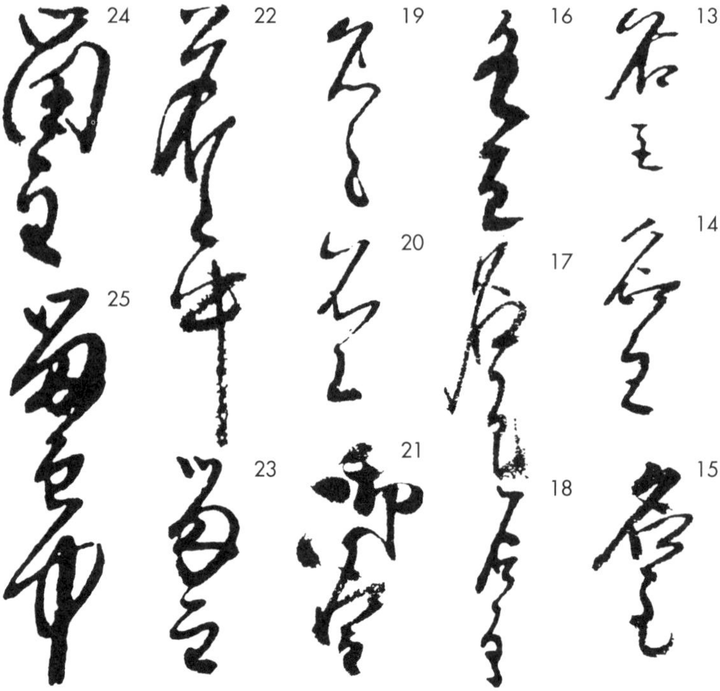

【用例】 1 主人《しゅじん》 2 主人方《しゅじんかた》 3 主計《かずえ》 4〜6 領主《りょうしゅ》 7 金主《きんしゅ》 8 借主《かりぬし》 9 地主《じぬし》 10 家主《いえぬし》《やぬし》 11 持主《もちぬし》 12 人主《ひとぬし》 13〜20 名主《なぬし》 21 御名主《おんなぬし》 22 御名主中《おんなぬしちゅう》 23・24 留主《るす》 25 留主中《るすちゅう》

9 ［及］ 2158

キュウ
およぶ
および

◎くずしは単純なので判読は問題ない。「不レ及レ申」が頻出する。「及～」（～および）という形で上に返って読む例も多い。

【用例】

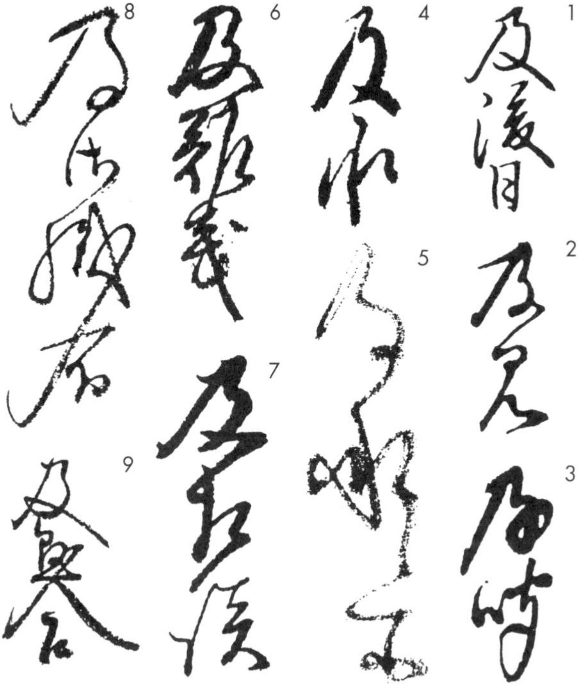

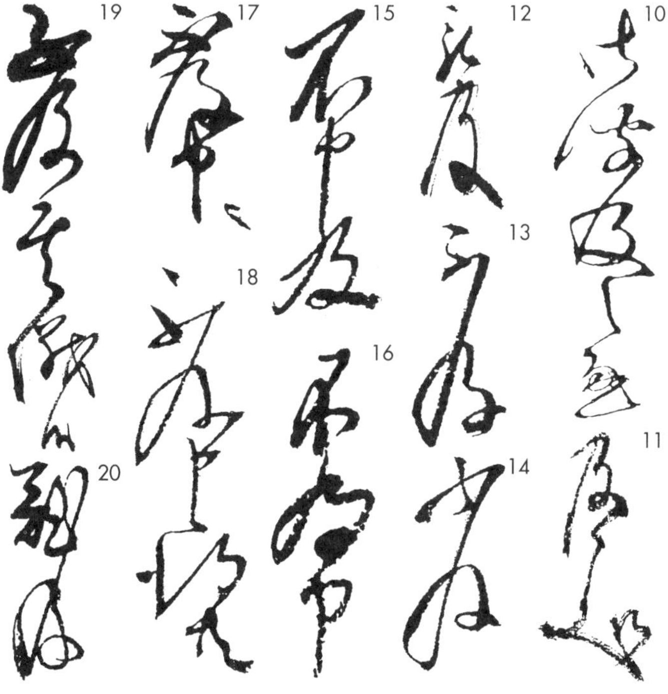

【用例】 1 及二後日一《ごじつにおよび》 2 及レ見《みおよぶ》 3 及レ聞《ききおよぶ》 4 及レ承《うけたまわるにおよび》 5 及レ承候所《うけたまわるにおよびそうろうところ》 6 及二難義一《なんぎにおよび》 7 及二相談一《そうだんにおよび》 8 及二御掛合一《おかけあいにおよび》 9 及二懸合一《かけあいにおよび》 10 御聞及之通《おききおよびのとおり》 11 及候処《およびそうろうところ》 12 被レ及《およばれ》 13・14 不レ及《およばず》 15 不二申及一《もうすにおよばず》 16 不レ及レ申《もうすにおよばず》 17 不レ及レ申ニ《もうすにおよばず》 18 不レ及レ申候得共《もうすにおよばずそうらえども》 19 不レ及二其儀一候《そのぎにおよばずそうろう》 20 難レ及《およびがたし》

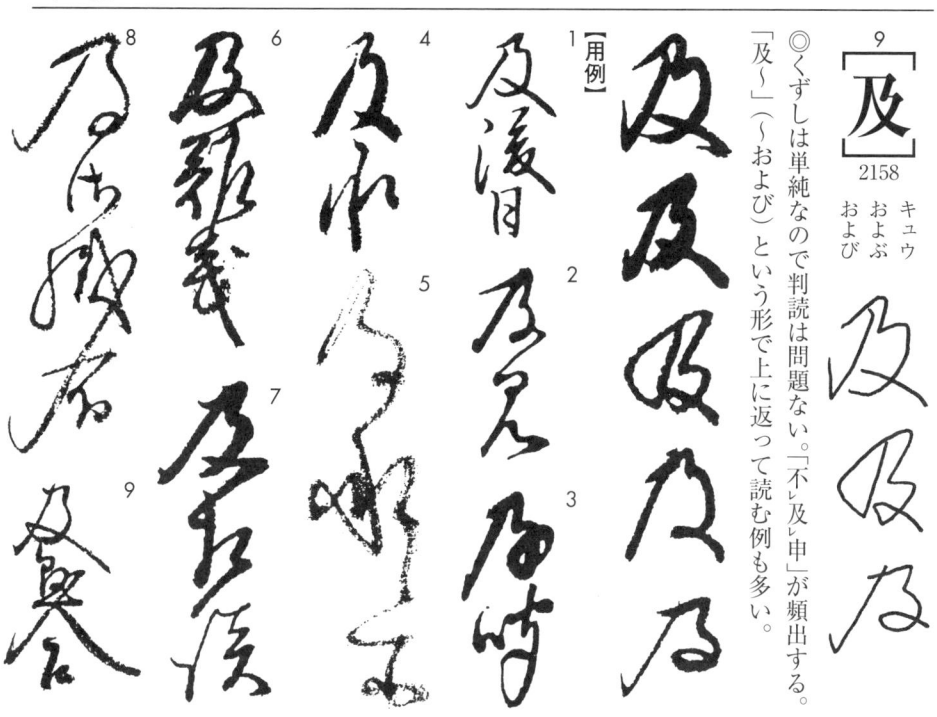

10
之
3923

シ／の　これ　この

◎「～之～」で頻出する助詞であり、また「有レ之」「無レ之」は特に重要である。くずしは「し」や「ミ」に似た形になることもある。

【用例】

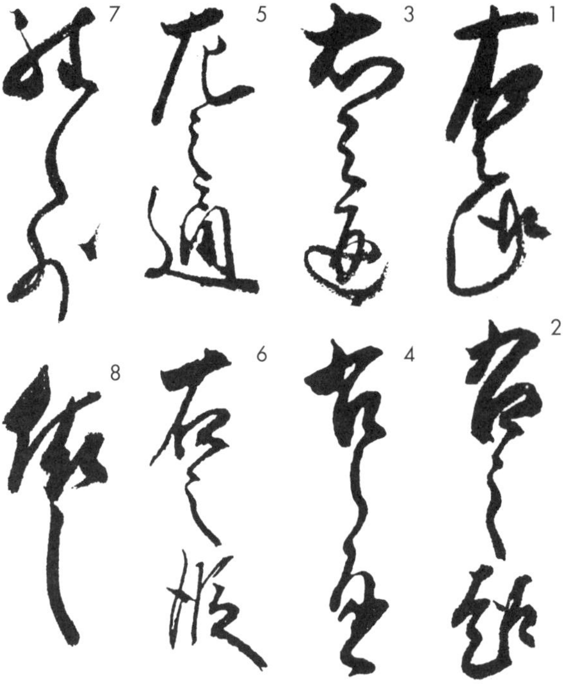

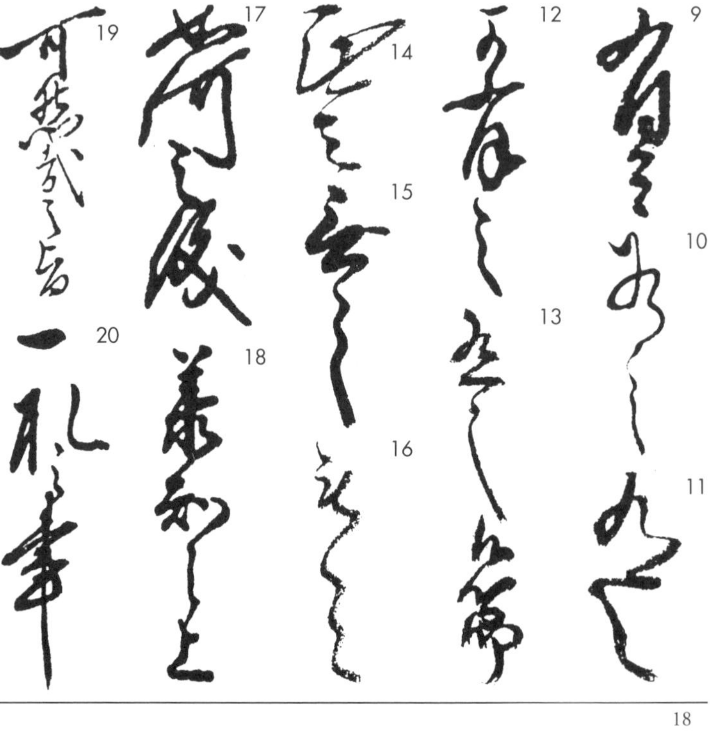

【用例】1・2右之趣《みぎのおもむき》　3・4右之通《みぎのとおり》　5左之通《さのとおり》　6右之段《みぎのだん》　7殊之外《ことのほか》　8依レ之《これにより》　9～11有レ之《これあり》　12可レ有レ之《これあるべし》　13有レ之候節《これありそうろうせつ》　14～16無レ之《これなく》　17如何之儀《いかがのぎ》　18承知之上《しょうちのうえ》　19可レ然哉之旨《しかるべきやのむね》　20一札之事《いっさつのこと》

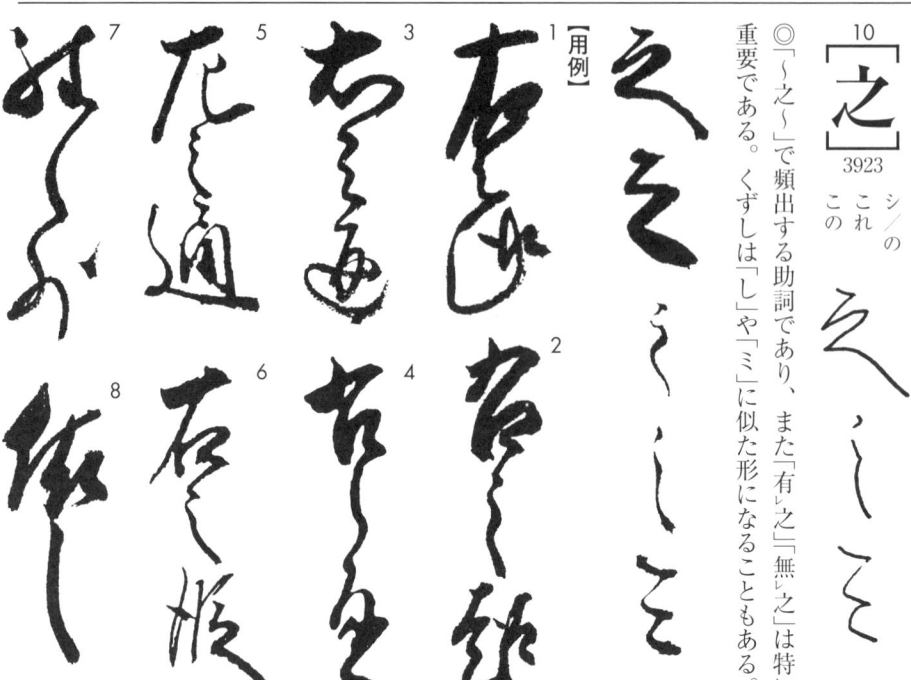

11

乍

3867

サ

ながら

◎「乍～」（～ながら）と上に返って読み、「乍レ恐」は頻出。単漢字の7～9番目の特徴的なくずしを目に焼き付けておきたい。

【用例】

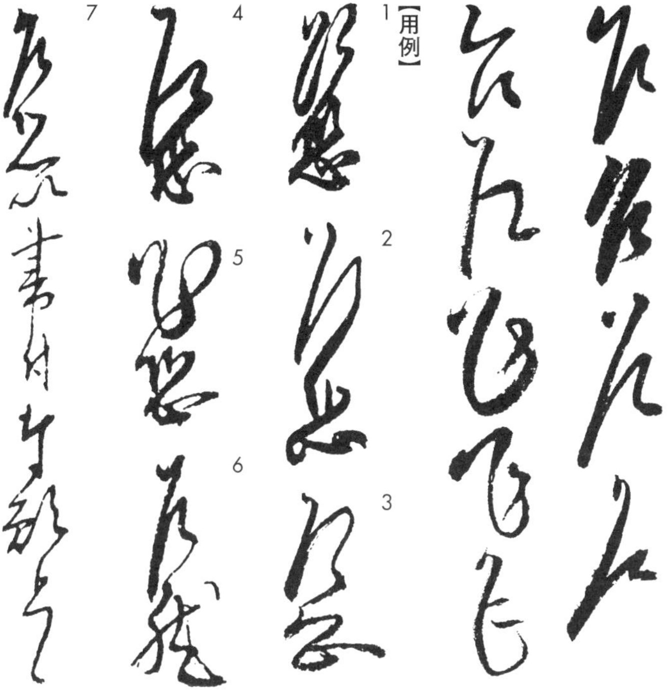

1 2 3 4 5 6 7

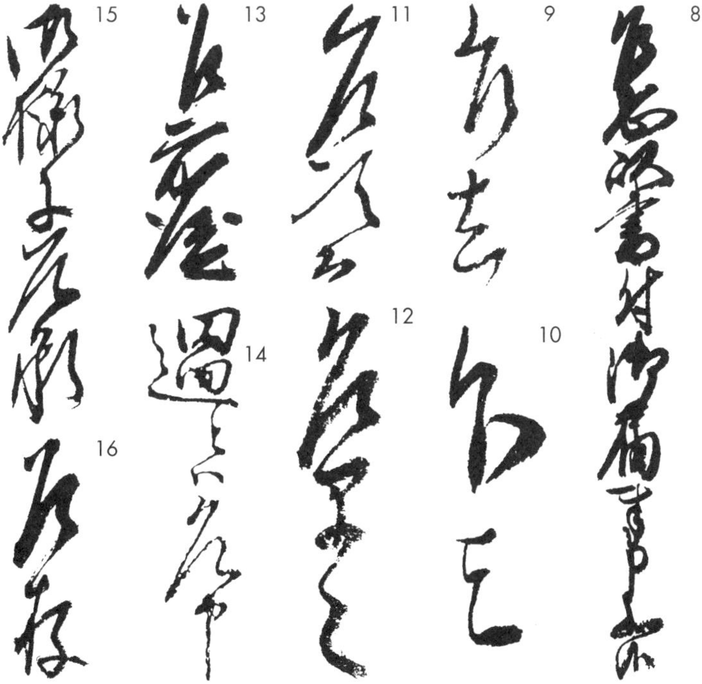

8 9 10 11 12 13 14 15 16

【用例】 1～5乍レ恐《おそれながら》 6乍レ然《しかしながら》 7乍レ恐以二書付一奉二願上一候《おそれながらかきつけをもってねがいあげたてまつりそうろう》 8乍レ恐以二書付一御届奉二申上一候《おそれながらかきつけをもっておとどけもうしあげたてまつりそうろう》 9・10乍レ去《さりながら》 11乍二次而一《ついでながら》 12乍二早々一《そうそうながら》 13乍二前後一《ぜんごながら》 14過《あやまち》と八乍レ申《はもうしながら》 15御様子乍レ承《ごようすうけたまわりながら》 16乍レ存《ぞんじながら》

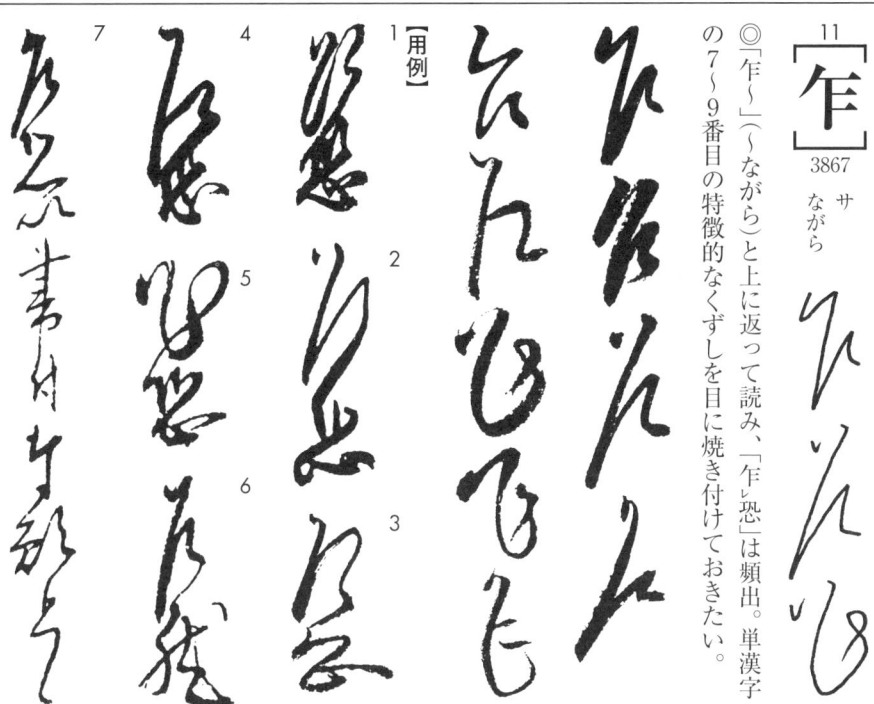

12

事

2786

ジ・ズ
シ／こと
つかえる

◎単漢字の7～9番目を覚えておけば問題ない。また、「～之事」「～候事」は文書の表題や文章の書止め部分に頻出する。

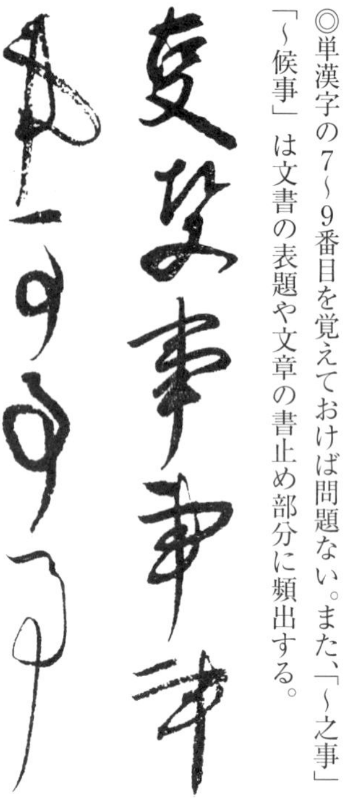

【用例】

1 2 3 4 5 6 7

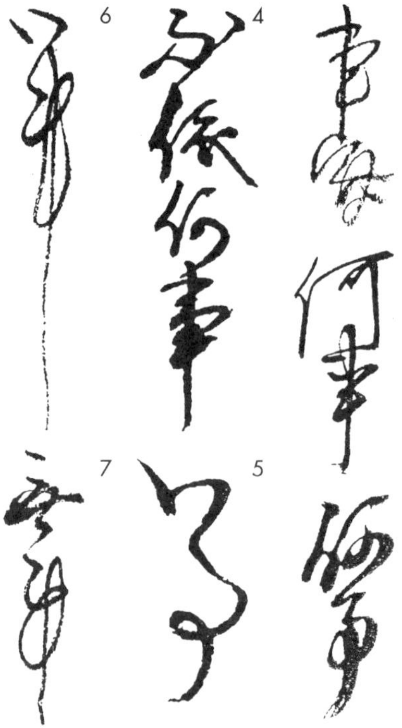

8 9 10 11 12 13 14 15 16 17 18 ★ ★

【用例】1 事済《ことすみ》 2・3 何事《なにごと》 4 不レ依二何事一《なにごとによらず》 5・6 御事《おんこと》 7～9 無事《ぶじ》
10・11 萬事《ばんじ》 12・13 諸事《しょじ》 14 可レ仕候事《つかまつるべくそうろうこと》
15 可二申上一候事《もうしあぐべくそうろうこと》
16・17 一札之事《いっさつのこと》 18 差上申《さしあげもうす》 御請書之事《おうけしょのこと》

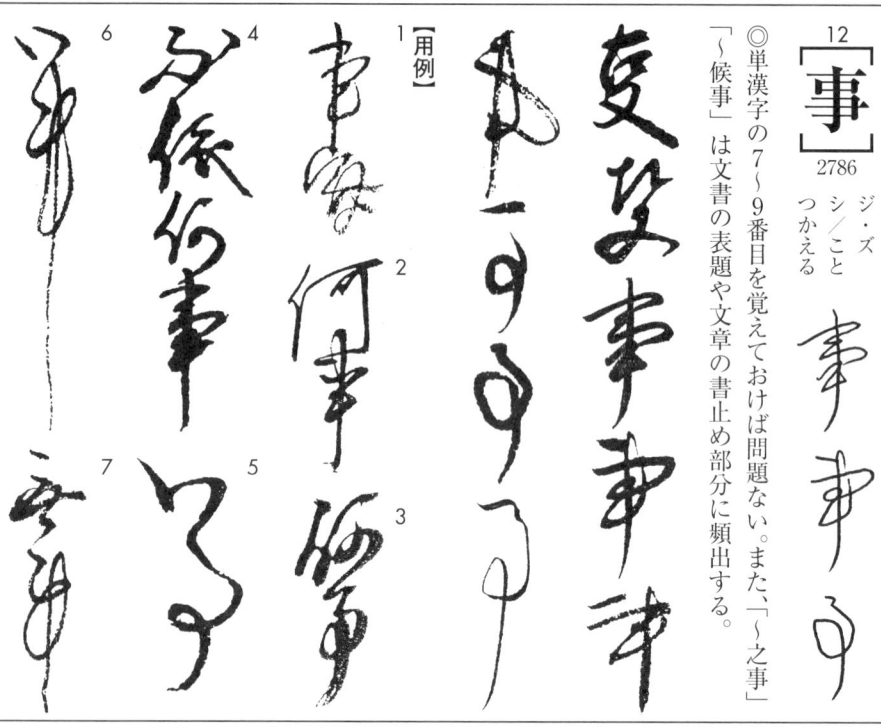

13
今
2603

コン
キン
いま

◎「人」が「ノ」であらわされ、その下に「、」がつくと「今」のくずしになる。用例のように続けて書かれることが多い。

【用例】

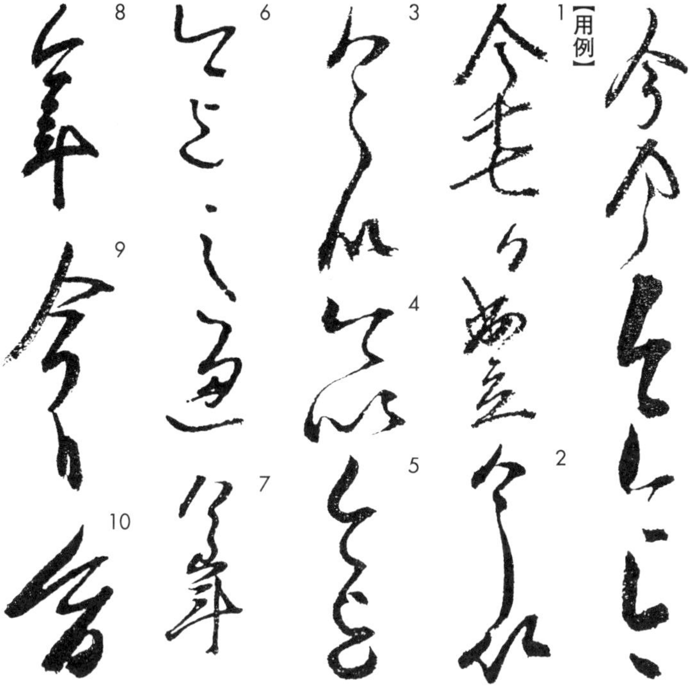

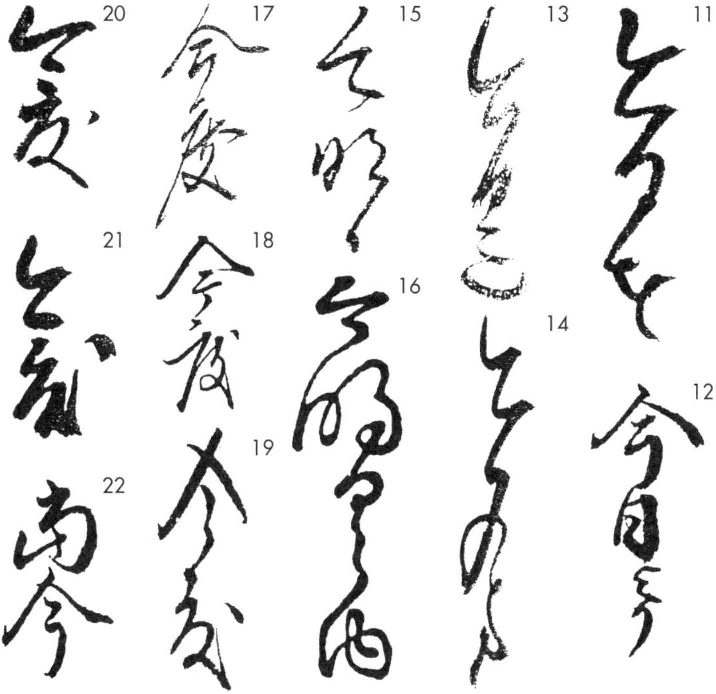

【用例】1 今《いま》《こん》十七日《じゅうしちにち》出立《しゅったつ》　2〜4 今以《いまもって》　5 今迄《いままで》　6 今迄之通《いままでのとおり》

7・8 今年《ことし》　9・10 今日《こんにち》　11 今日者《こんにちは》　12 今日《こんにち》より　13 今日迄《こんにちまで》

14 今夕方《こんゆうがた》　15 今明日《こんみょうにち》　16 今明日《こんみょうにち》之内《のうち》　17〜21 今度《このたび》《こんど》　22 當今《とうこん》

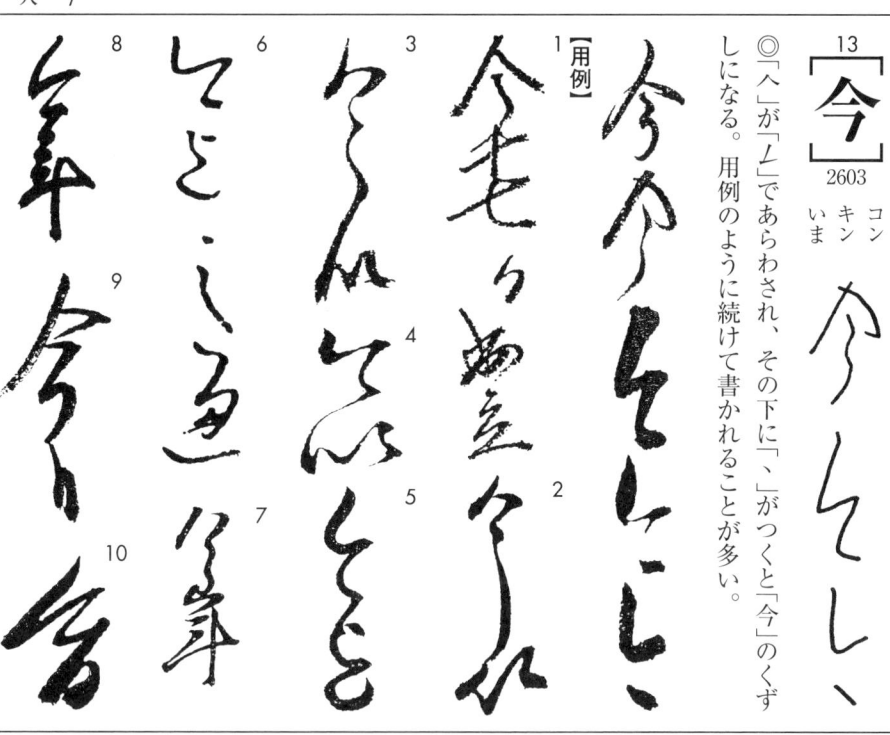

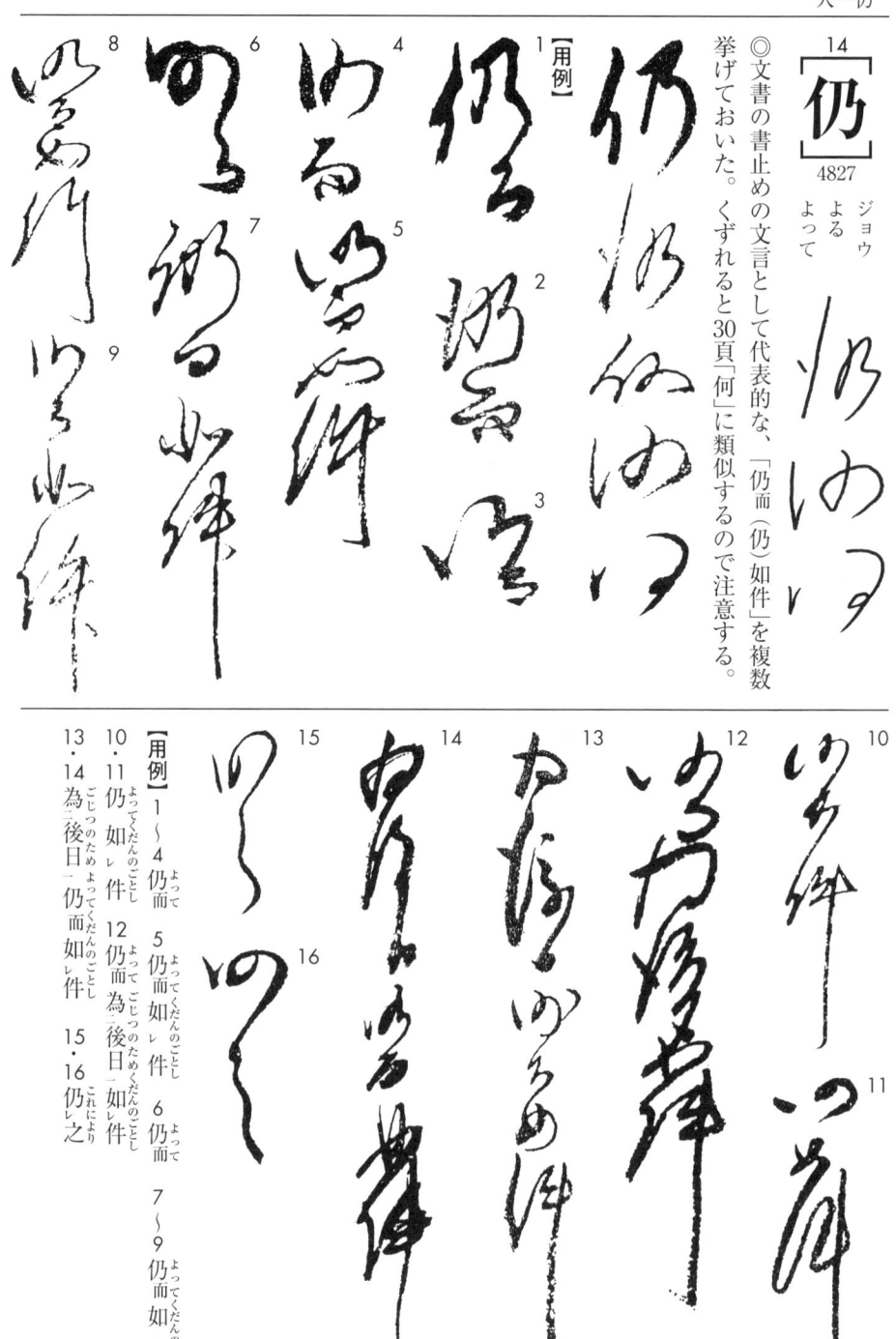

14 仍 4827

ジョウ
よる
よって

◎文書の書止めの文言として代表的な、「仍而（仍）如件」を複数挙げておいた。くずれると30頁「何」に類似するので注意する。

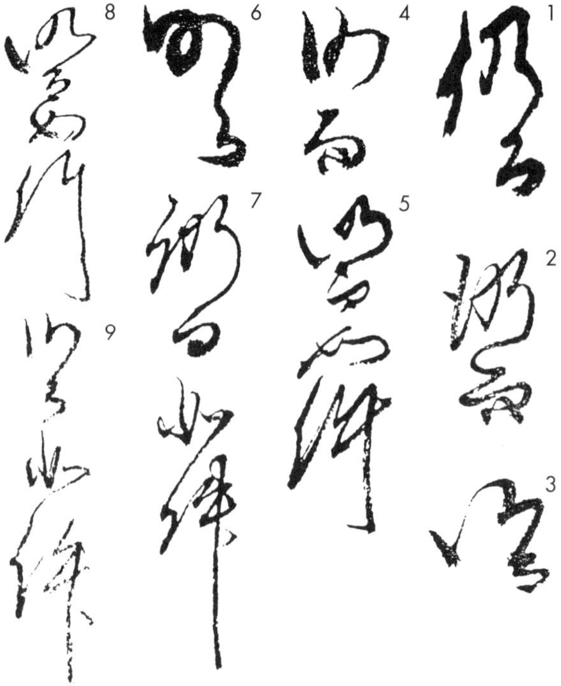

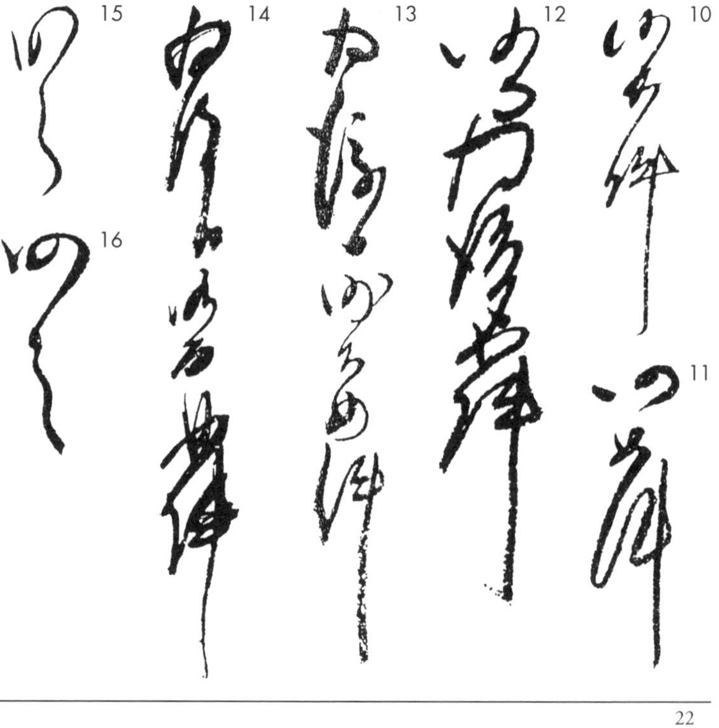

【用例】 1〜4 仍而《よって》　5 仍而《よって》如㆑件《くだんのごとし》　6 仍而《よって》　7〜9 仍而《よって》如㆑件《くだんのごとし》　10・11 仍《よって》如㆑件《くだんのごとし》　12 仍而《よって》為㆓後日㆒《ごじつのため》如㆑件《くだんのごとし》　13・14 為㆓後日㆒《ごじつのため》仍而《よって》如㆑件《くだんのごとし》　15・16 仍㆑之《これにより》

15

以

1642

イ
もって

◎「以」のくずしは多様であるが、単漢字の6番目以降を覚えておけば判読には困らない。「～以（もって）」という言い回しは独特。

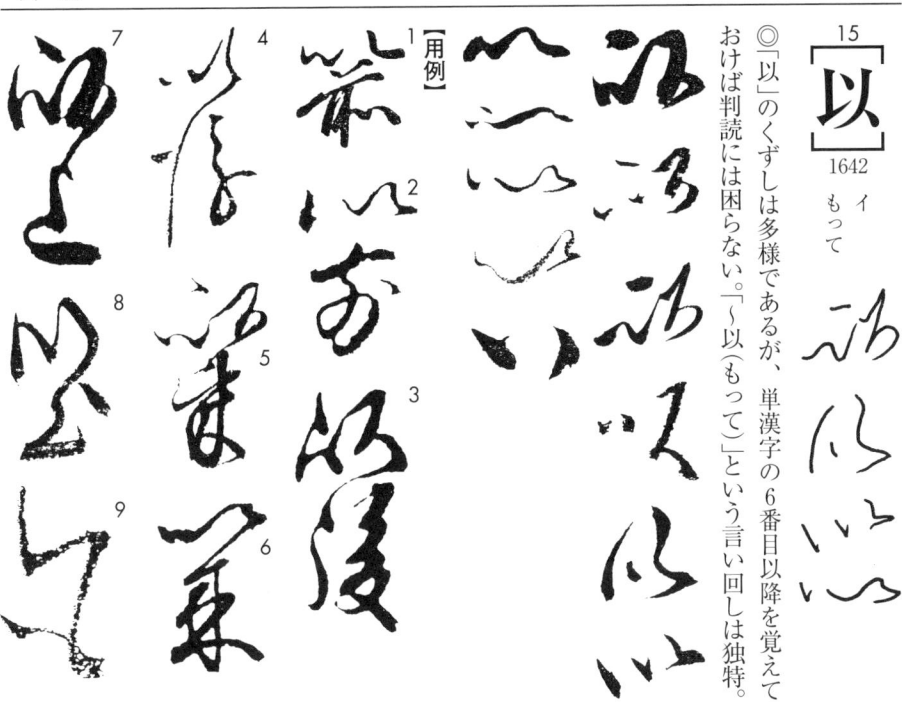

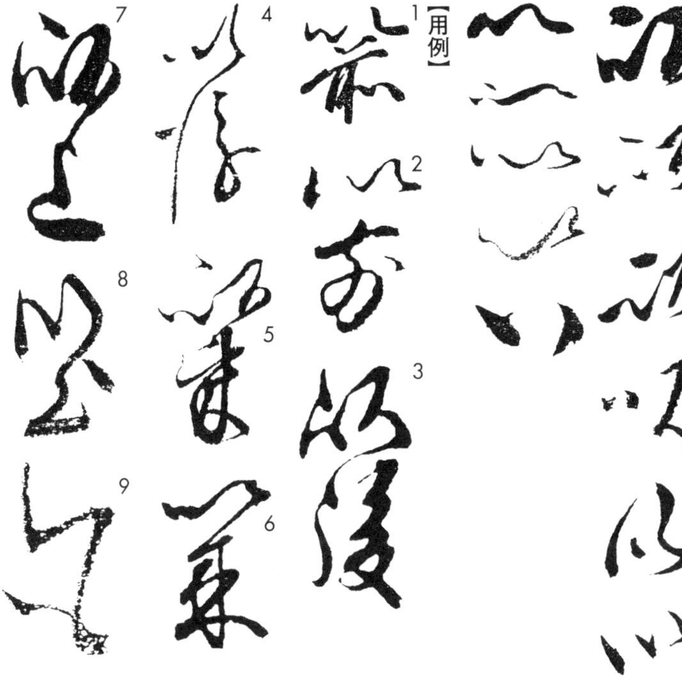

【用例】

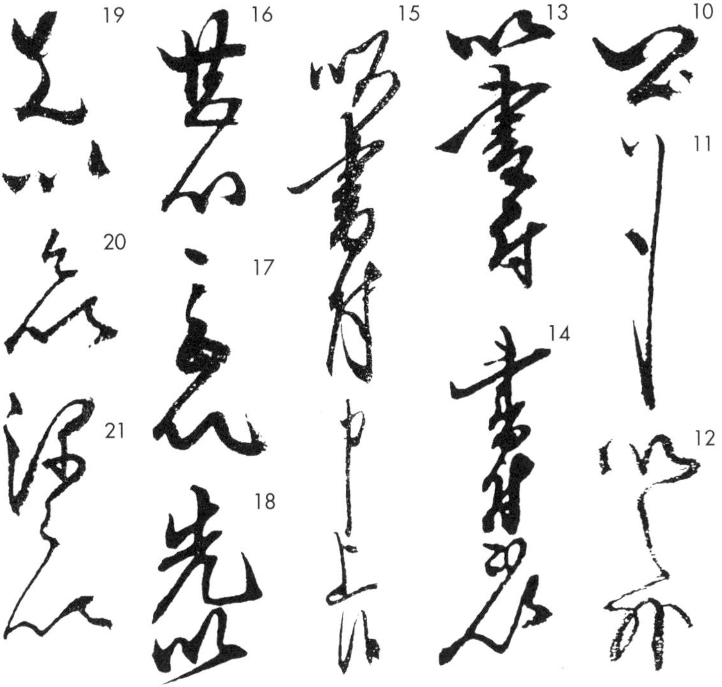

【用例】 1・2以前《いぜん》 3・4以後《いご》 5・6以来《いらい》 7～11以上《いじょう》
12以之《もっての》外《ほか》 13以二書付一《かきつけをもって》 14書付ヲ以《かきつけをもって》 15以二書付一《かきつけをもって》申上候《もうしあげそうろう》
16・17甚　以《はなはだもって》 18・19先以《まずもって》 20今以《いまもって》 21弥々以《いよいよもって》

16
【仕】
2737

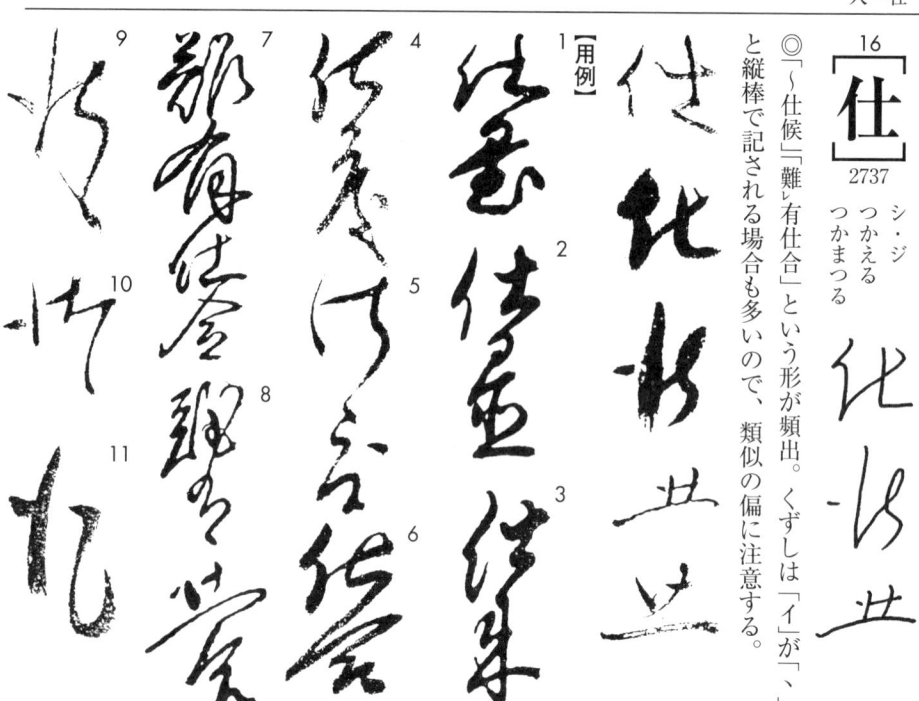

シ・ジ
つかえる
つかまつる

◎「~仕候」「難レ有仕合」という形が頻出。くずしは「イ」が「、」と縦棒で記される場合も多いので、類似の偏に注意する。

【用例】

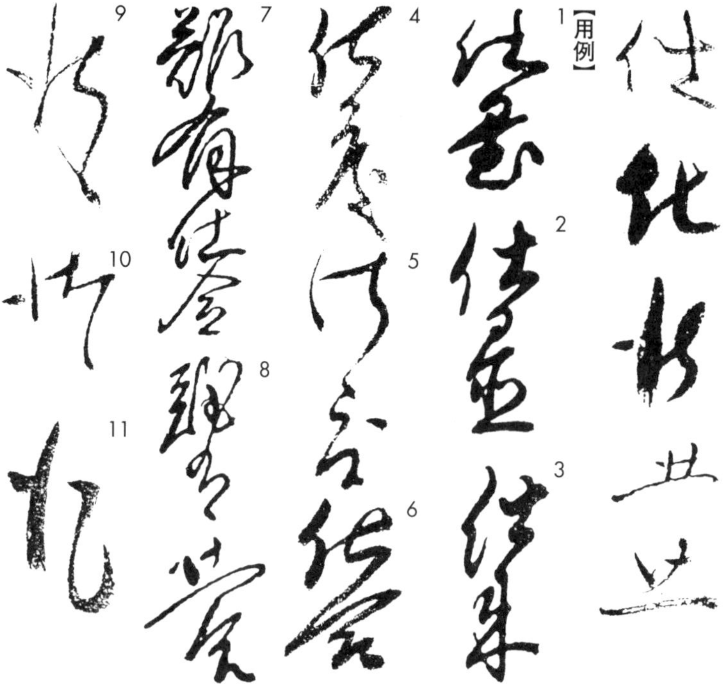

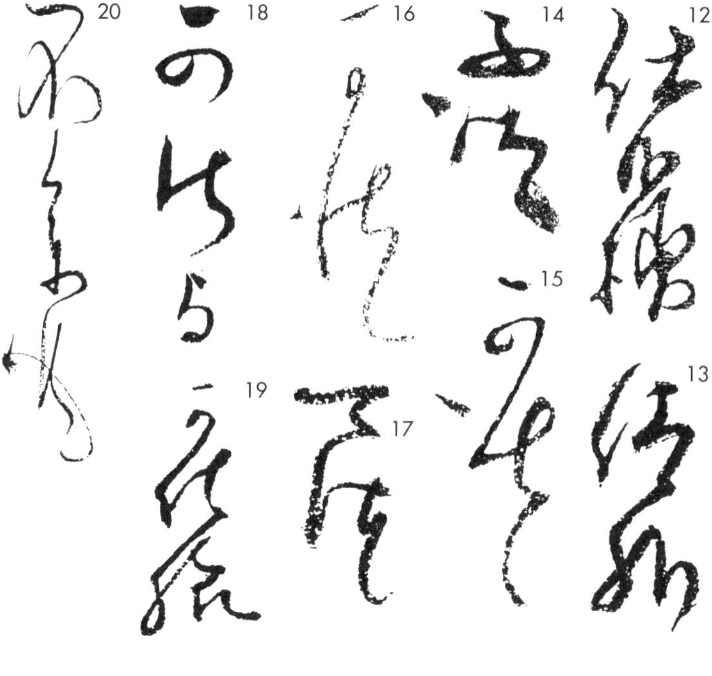

【用例】1・2仕置《しおき》 3仕来《しきたり》 4・5仕度《つかまつりたく》 6仕合《しあわせ》 7・8難レ有仕合《ありがたきしあわせ》
9~11仕候《つかまつりそうろう》 12・13仕候様《つかまつりそうろうよう》 14不レ仕候《つかまつらずそうろう》
15~17可レ仕候《つかまつるべくそうろう》 18可レ仕与《つかまつるべきと》 19可レ仕様《つかまつるべきよう》
20不参仕候《ふさんつかまつりそうろう》

17

【代】

3469

ダイ・タイ
かわる・かわり
よ・しろ

◎江戸時代の村方三役である「百姓代」が重要。「仕」同様に「イ」が変化した用例12、13のくずしを覚えておけば問題ない。

【用例】

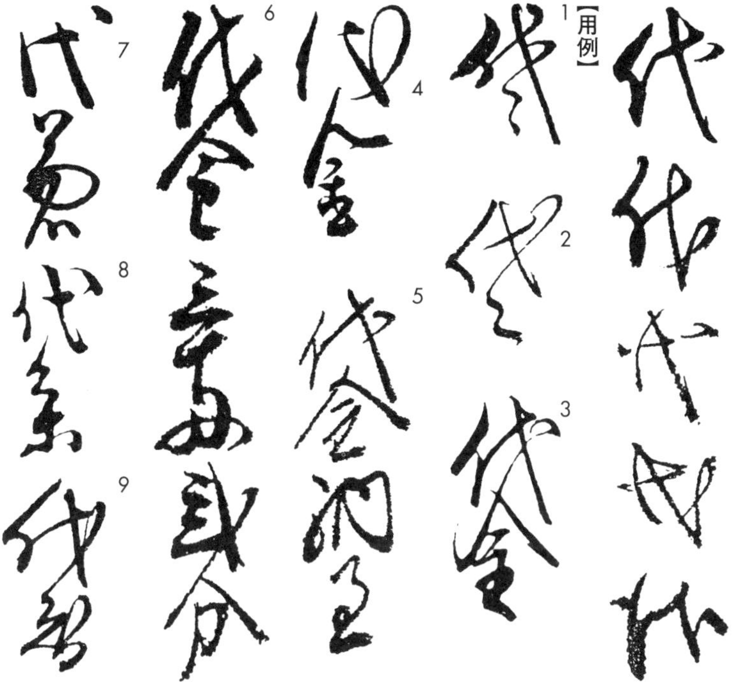

【用例】1・2代々《だいだい》　3・4代金《だいきん》　5代金《だいきん》納過《おさめすぎ》　6代金《だいきん》三両《さんりょう》弐分《にぶ》　7代兼《だいけん》　8代参《だいさん》　9代替《だいがわり》　10～13百姓代《ひゃくしょうだい》　14手代《てだい》　15御名代《ごみょうだい》　16名代《みょうだい》之《の》衆《しゅう》　17米代《こめだい》　18惣代《そうだい》　19地代《ちだい》　20人代《ひとがわり》

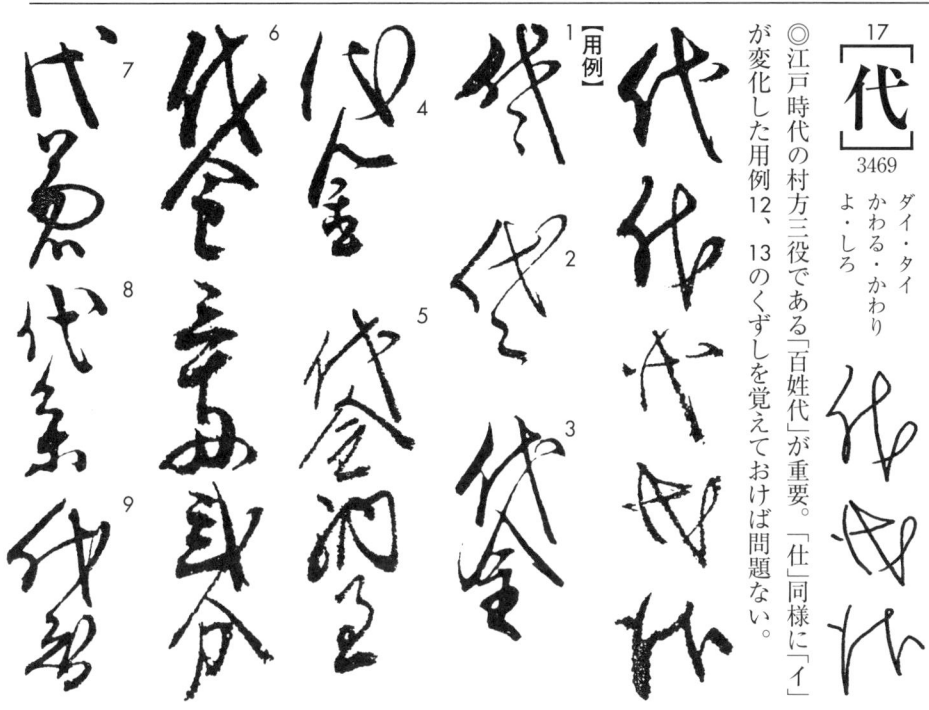

18

【付】

4153

フ
つける
つけ・つき

◎「被二仰付一」「～ニ付」「～候ニ付」が頻出する最重要語。頻出語はくずしの度合いも激しくなるので、判読には注意したい。

【用例】

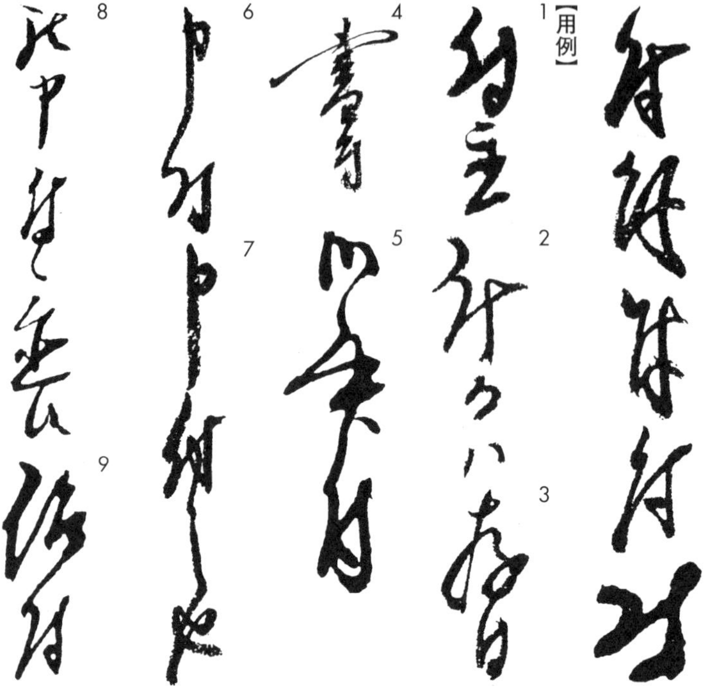

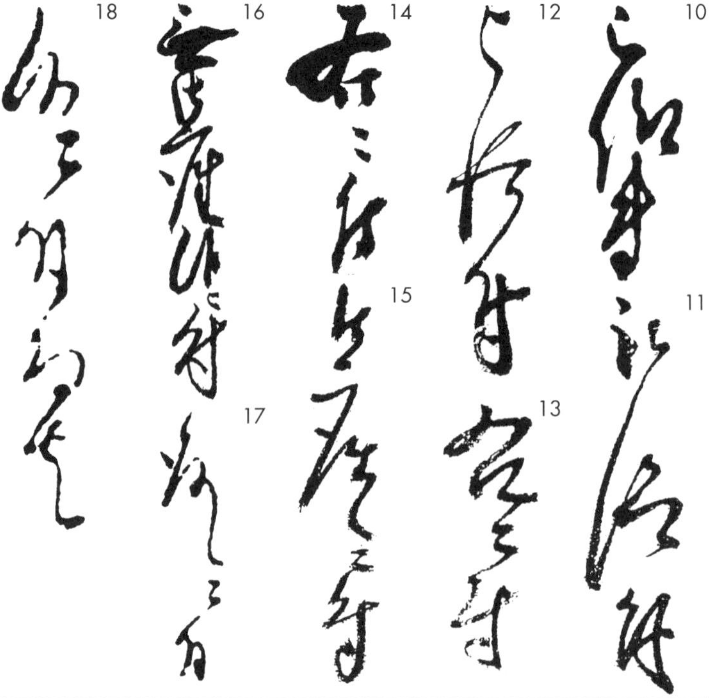

【用例】1 付置《つけおく》 2 付而ハ《ついては》 3 存付《ぞんじつき》 4 書付《かきつけ》 5 御書付《おかきつけ》 6 申付《もうしつけ》 7 申付之由《もうしつけのよし》 8 被二申付置一候《もうしつけおかれそうろう》 9 仰付《おおせつけ》 10～12 被二仰付一《おおせつけられ》 13・14 右《みぎ》ニ付《つき》 15 御座候ニ付《ござそうろうにつき》 16 無二御座一候ニ付《ござなくそうろうにつき》 17 存候ニ付《ぞんじそうろうにつき》 18 候ニ付而者《そうろうについては》

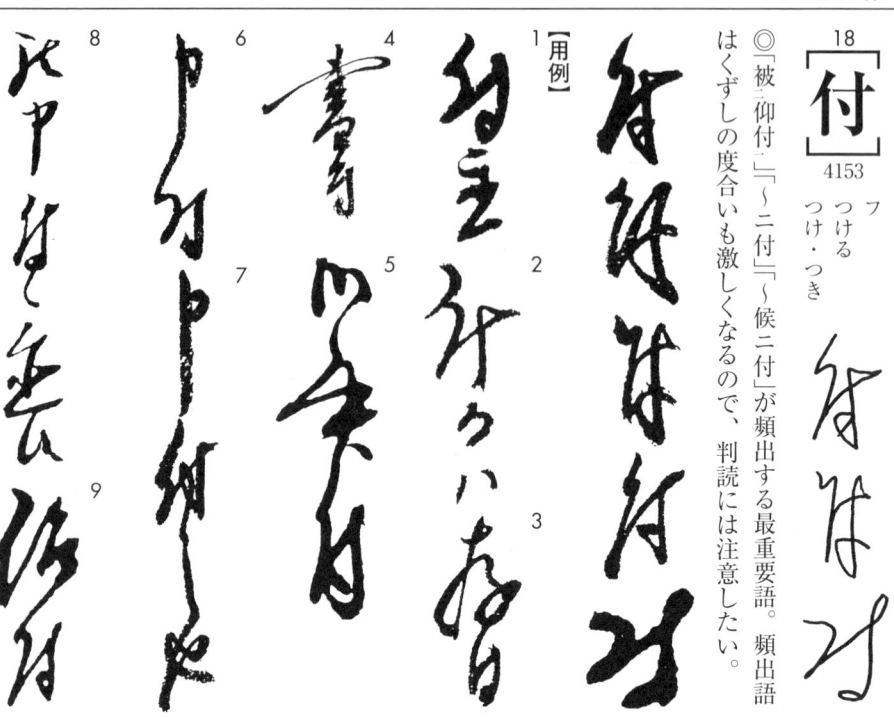

19
【会(會)】
1881
4882

カイ
エ
あう

◎旧字「會」のくずしがほとんどなので、「𠆢」内の決まった形を覚えておけば問題ない。「会」の「𠆢」は「今」同様「𠂉」となる。

【用例】

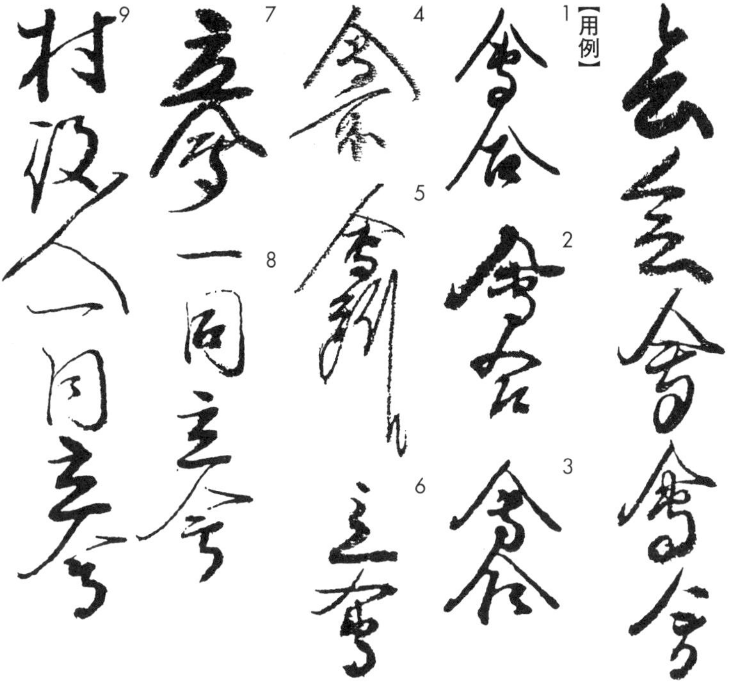

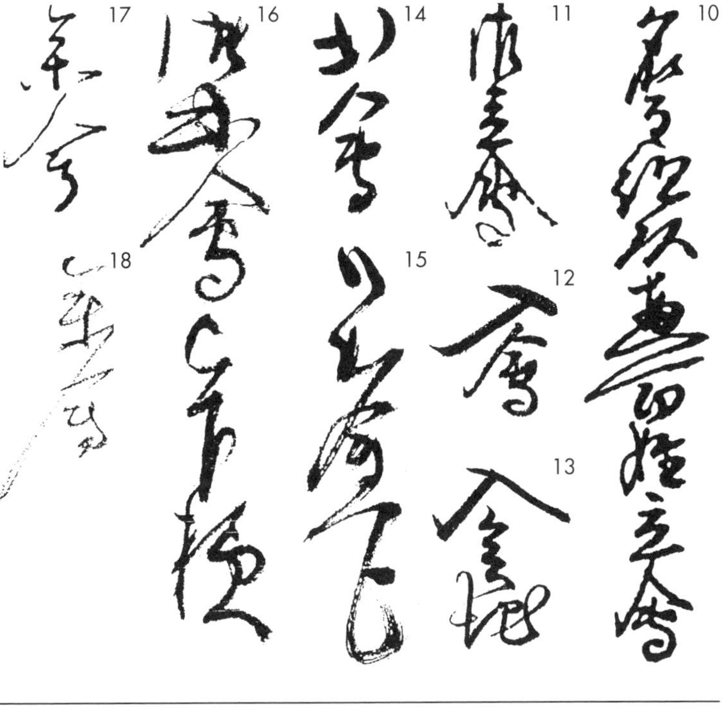

【用例】 1〜3 會合《かいごう》 4 會所《かいしょ》 5 會所江《かいしょえ》 6・7 立會《たちあい》 8 一同立會《いちどうたちあい》 9 村役人一同立會《むらやくにんいちどうたちあい》 10 名主《なぬし》・組頭《くみがしら》・惣百姓立會《そうびゃくしょうたちあい》 11 御立會《おたちあい》 12 入會《いりあい》 13 入会地《いりあいち》 14 出會《であい》 15 御《お》出會《であい》可レ申候《もうすべくそうろう》 16 御《お》出會《であい》被レ下様《くださるよう》 17・18 参會《さんかい》

20 件 2379

ケン
くだん

◎ここでは、頻出の「如レ件」さえ覚えておけば十分である。頭に「仍而(仍)」(22頁)・「依而(依)」(31頁)が付くことも多い。

【用例】

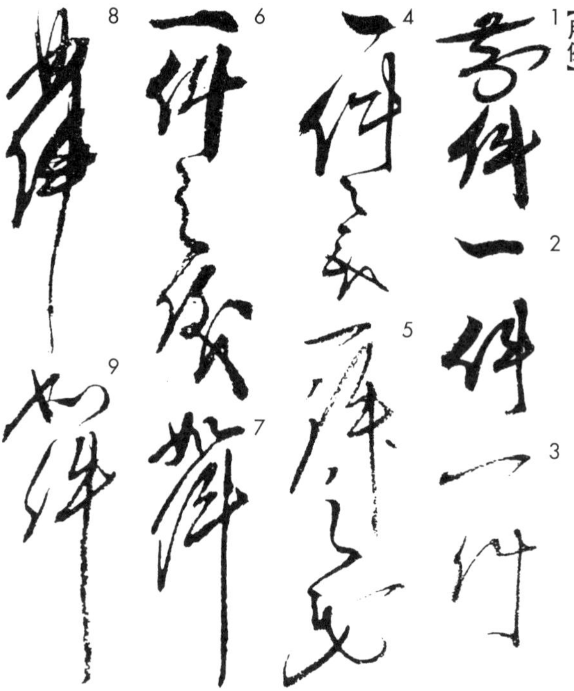

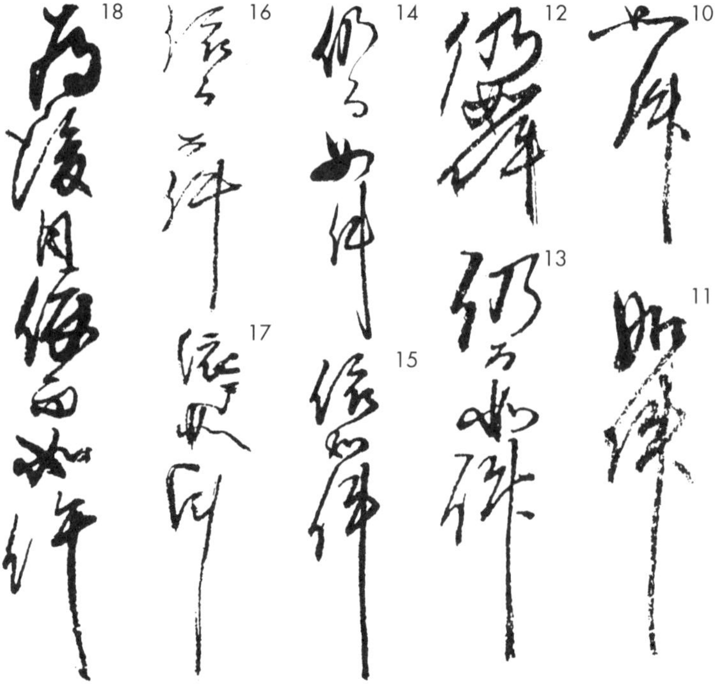

【用例】 1 前件《ぜんけん》 2・3 一件《いっけん》 4・5 一件《いっけん》之《の》義《ぎ》 6 一件《いっけん》之《の》儀《ぎ》
7~11 如レ件《くだんのごとし》 12 仍 如レ件《よってくだんのごとし》 13・14 仍而如レ件《よってくだんのごとし》 15 依 如レ件《よってくだんのごとし》
16 依而如レ件《よってくだんのごとし》 17 依テ如レ件《よってくだんのごとし》 18 為二後日一《ごじつのため》依而如レ件《よってくだんのごとし》

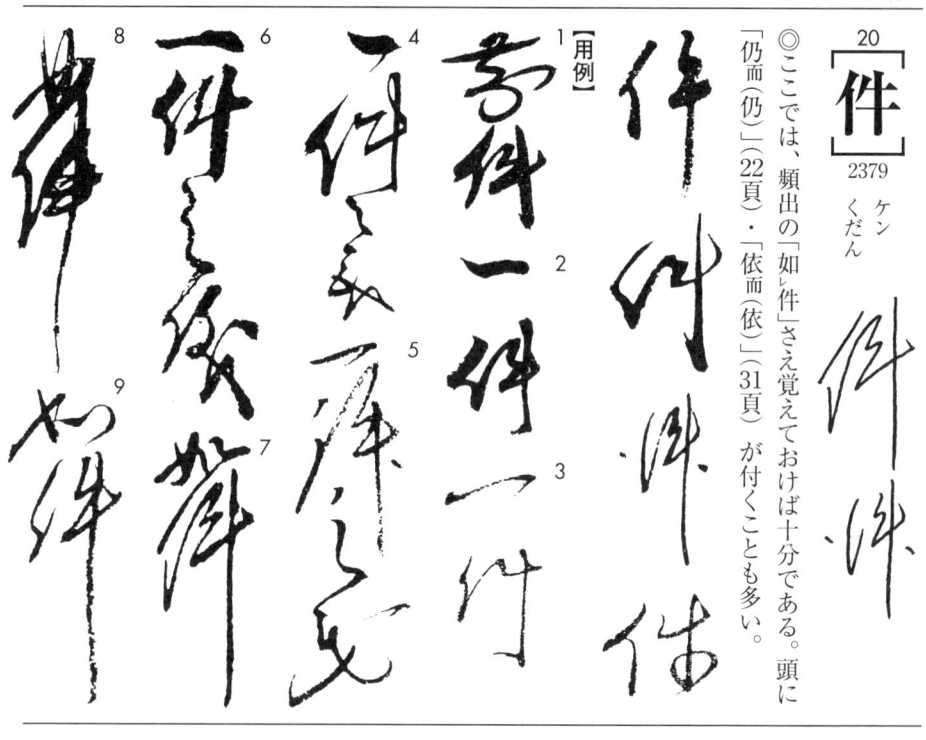

21
仰
2236

ギョウ・コウ
おおせ
あおぐ

◎治者や身分が上位の者から何かを「命じられ」たり「申し渡され」た際の文言として、「被二仰付一」「被二仰渡一」「被二仰聞一」が頻出。

【用例】

1

2

3

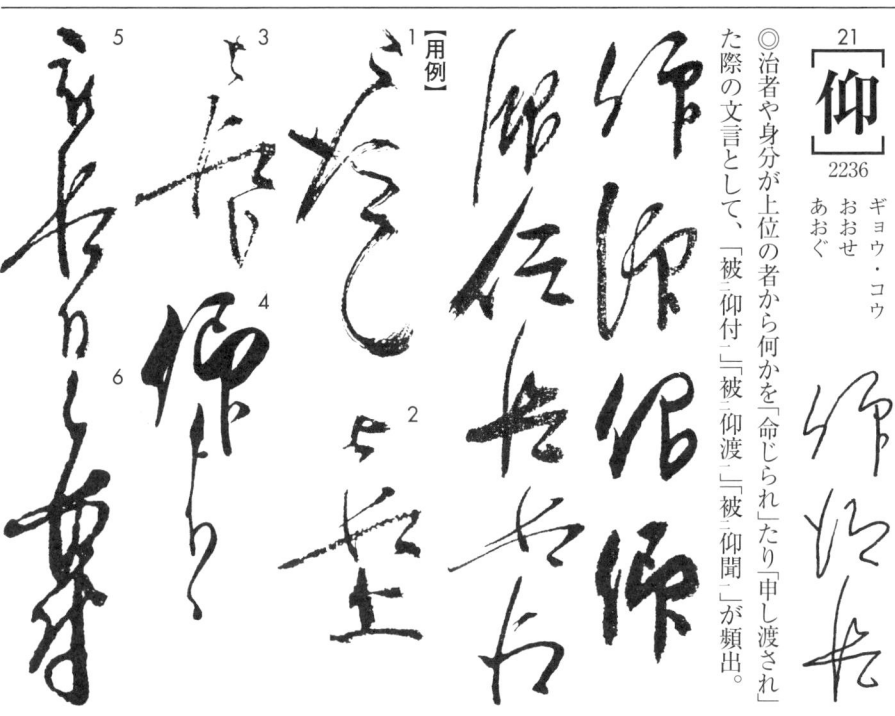

4

5
6

7

8

9

10

11

12

13

14

15

16
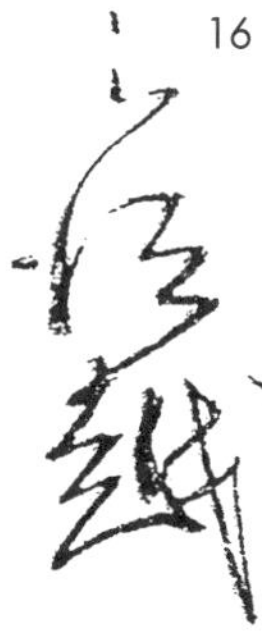

【用例】1 被レ仰候《おおせられそうろう》　2 被二仰上一《おおせあげられ》　3 被二仰下一《おおせくだされ》　4 仰被レ下候《おおせくだされそうろう》
5・6 被二仰付一《おおせつけられ》　7 被レ為二仰付一《おおせつけさせられ》　8 被二仰出一《おおせいだされ》　9 被二仰出一候《おおせいだされそうろう》
10・11 被二仰渡一《おおせわたされ》　12 被二仰渡一候《おおせわたされそうろう》　13・14 被二仰聞一《おおせきかされ》　15・16 被二仰越一《おおせこされ》

22

【何】

1831

カ／いずれ なに・なん なんぞ

◎単漢字の3、5番目を特に覚えておきたい。また、22頁「仍」や68頁「存」にも似てくるので、判読の際には気を付ける。

【用例】

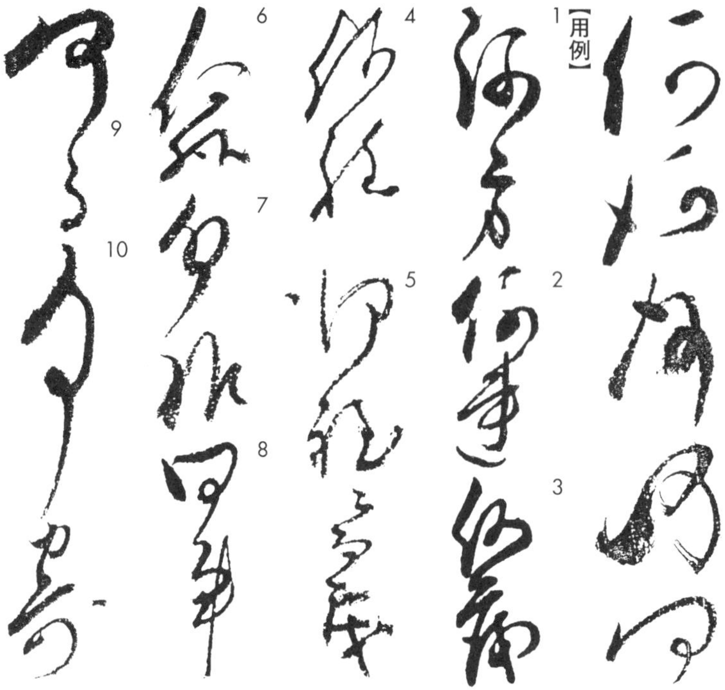

【用例】1 何方《いずかた》 2 何連《いずれ》 3 何茂《いずれも》 4 何程《いかほど》 5 何程ニ而茂《いかほどにても》 6・7 何様《いかよう》 8・9 何事《なにごと》 10 何寄《なにより》 11～13 何分《なにぶん》 14・15 何共《なんとも》 16 何成共《なんなりとも》 17 何ニ而茂《なににても》 18～20 如何《いかが》《いかん》 21・22 如何様《いかよう》 23 何ケ様《いかよう》 24 如何敷《いかがわしく》

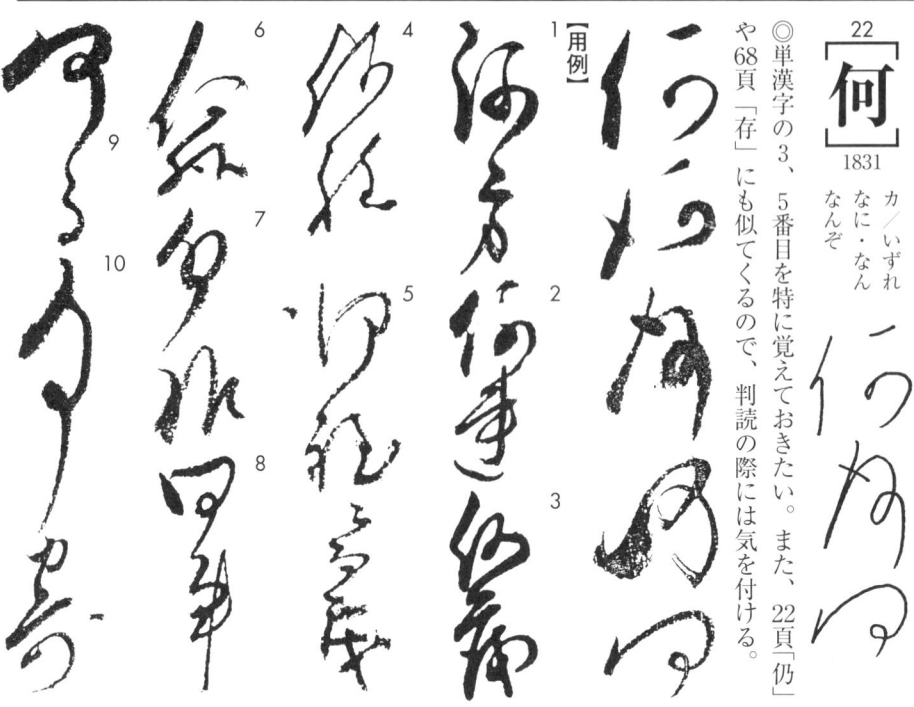

23
依
1645

イ・エ
よる・より
よって

◎用例1～8と13～18は22頁「仍」と同様に用いられるが、意味は変わらない。「衣」が大きくくずれると判読が難しい。

【用例】

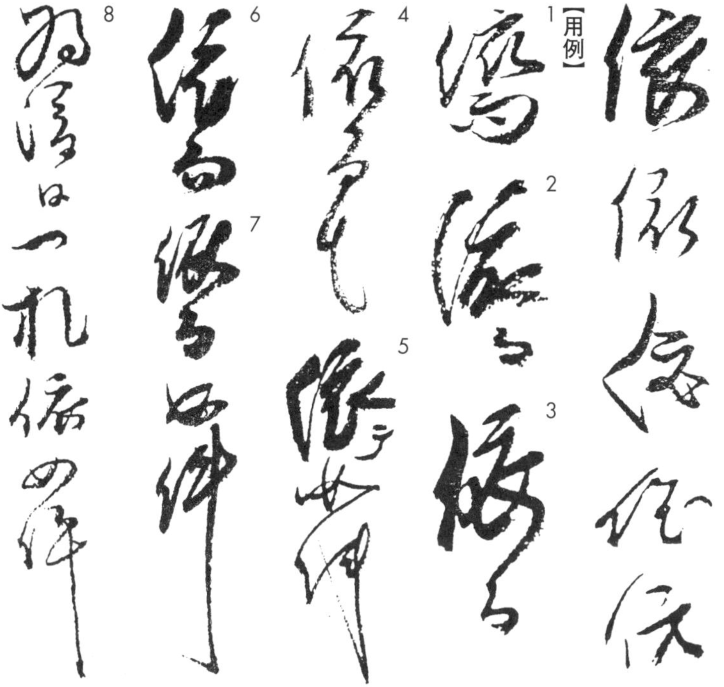

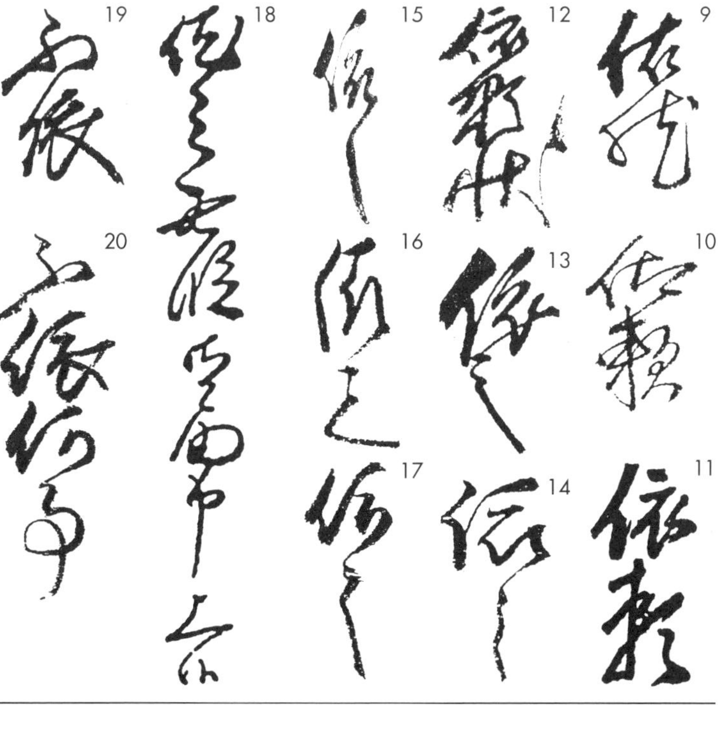

【用例】 1～3 依而《よって》 4 依而者《よっては》 5 依テ如レ件《よってくだんのごとし》 6 依而《よって》 7 依而如レ件《よってくだんのごとし》 8 為二後日一《ごじつのため》一札依如件《いっさつよってくだんのごとし》 9 依然《いぜん》 10・11 依頼《いらい》 12 依頼状《いらいじょう》 13～17 依レ之《これにより》 18 依レ之此段御届申上候《これによりこのだんおとどけもうしあげそうろう》 19 不レ依《よらず》 20 不レ依二何事一《なにごとによらず》

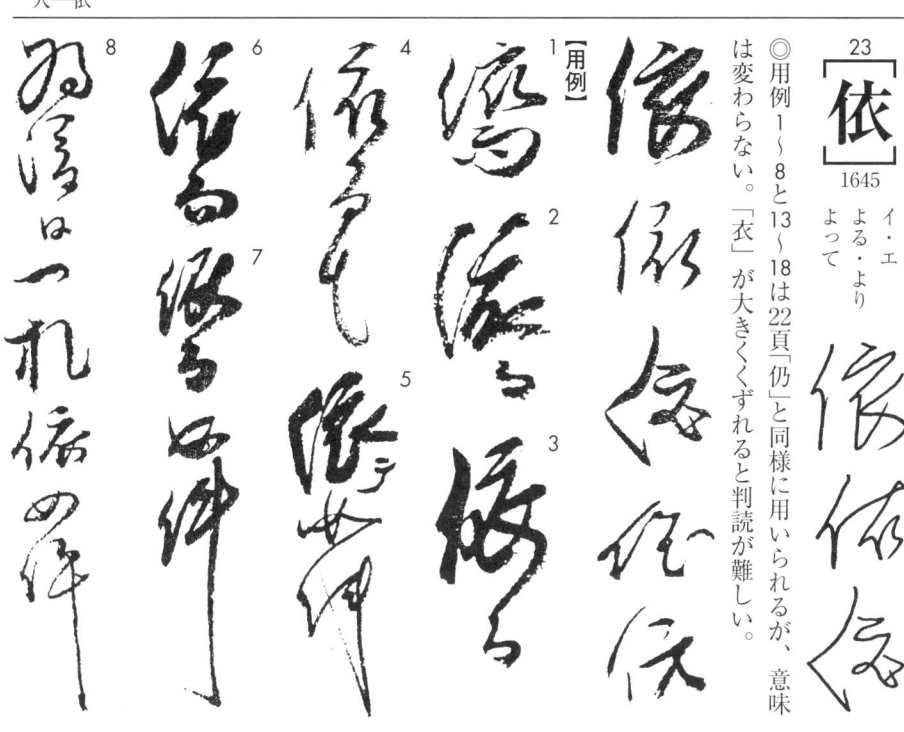

24 【候】 2485 コウ そうろう

◎古文書で最頻出の字である。頻度が高いものほど極端にくずされ、「、」や「し」のような形になることも非常に多い。

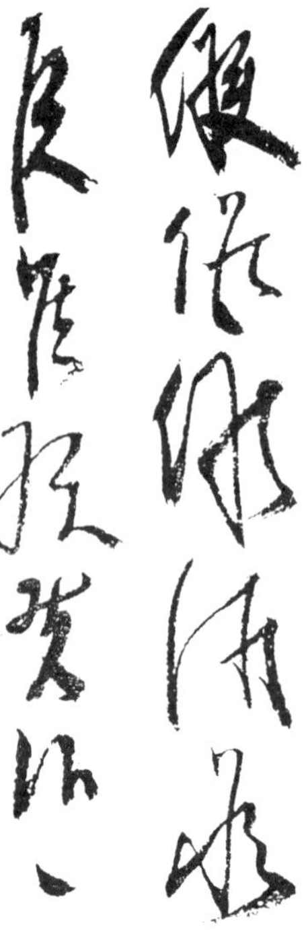

【用例】

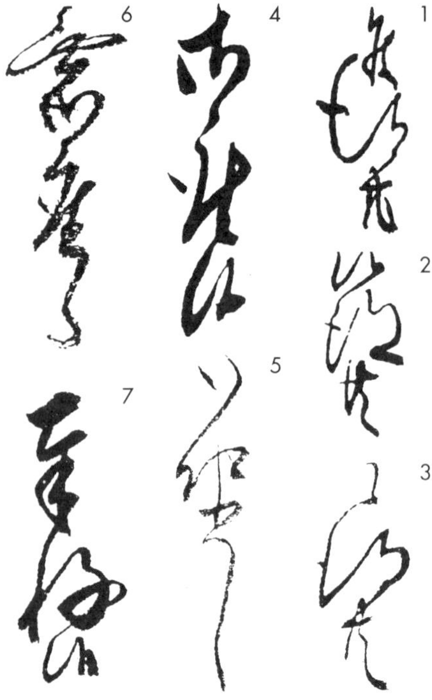

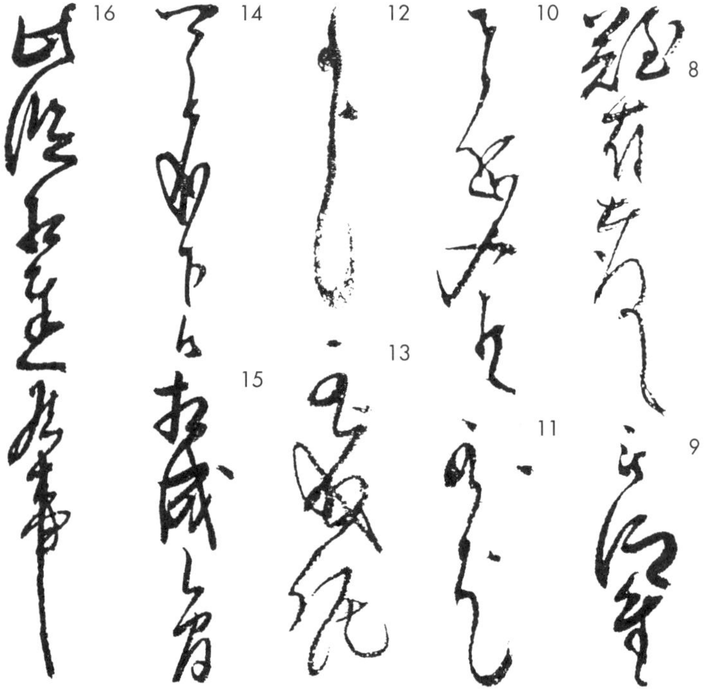

【用例】1～3 候得共《そうらえども》 4 御座候《ござそうろう》 5 御坐候《ござそうろう》 6 無二御座一候《ござなくそうろう》 7 奉レ存候《ぞんじたてまつりそうろう》 8 難レ有奉レ存候《ありがたくぞんじたてまつりそうろう》 9 被二仰付一候《おおせつけられそうろう》 10 奉二恐入一候《おそれいりたてまつりそうろう》 11・12 可レ被レ下候《くださるべくそうろう》 13 可レ被レ成候《なさるべくそうろう》 14 可レ被二成下一候《なしくださるべくそうろう》 15 相成候間《あいなりそうろうあいだ》 16 此段相達候事《このだんあいたっしそうろうこと》

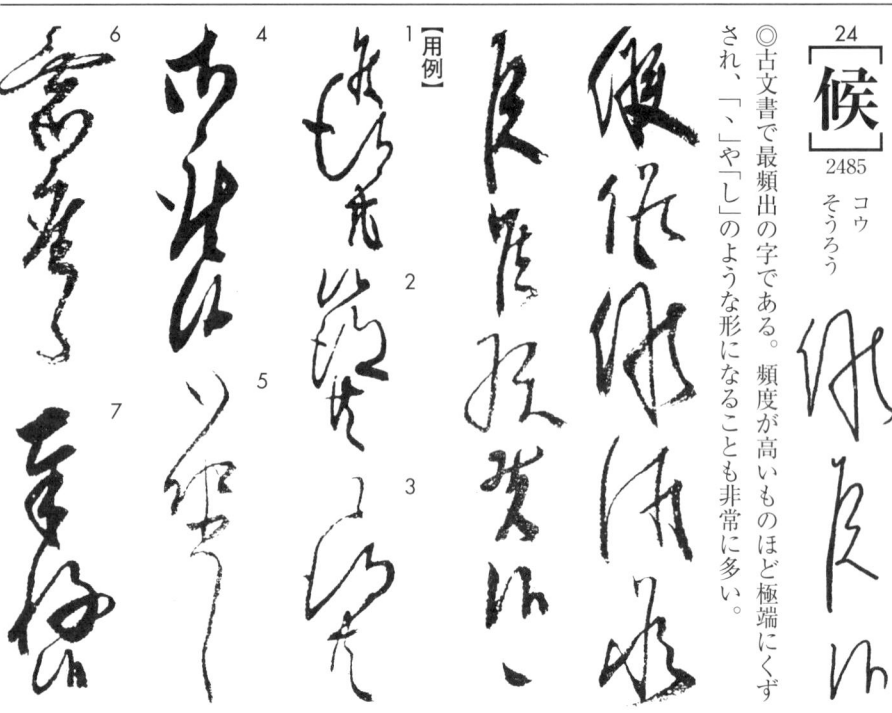

25
【借】
2858

シャク
かりる
かり

◎旁の「昔」のくずし様で変化する字であるが、多少くずされていても前後関係から判読は容易であろう。「拝借」が頻出。

【用例】

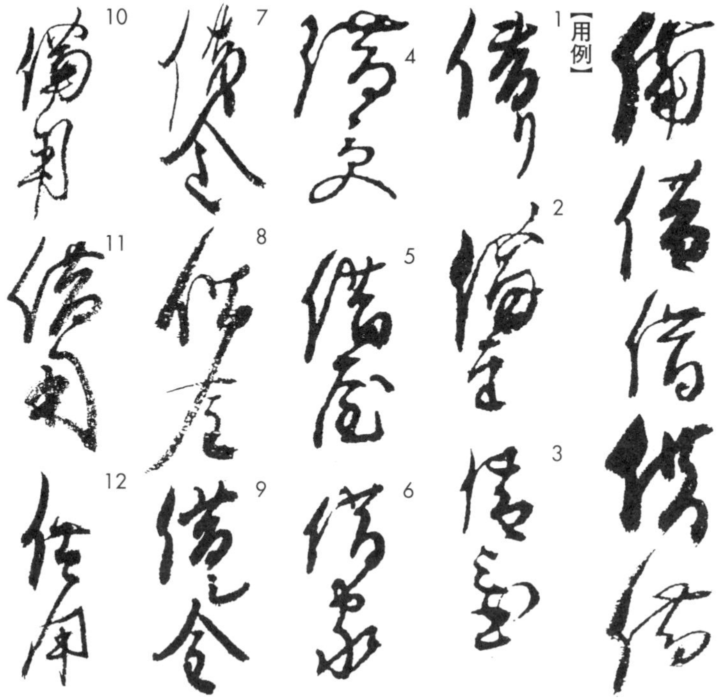

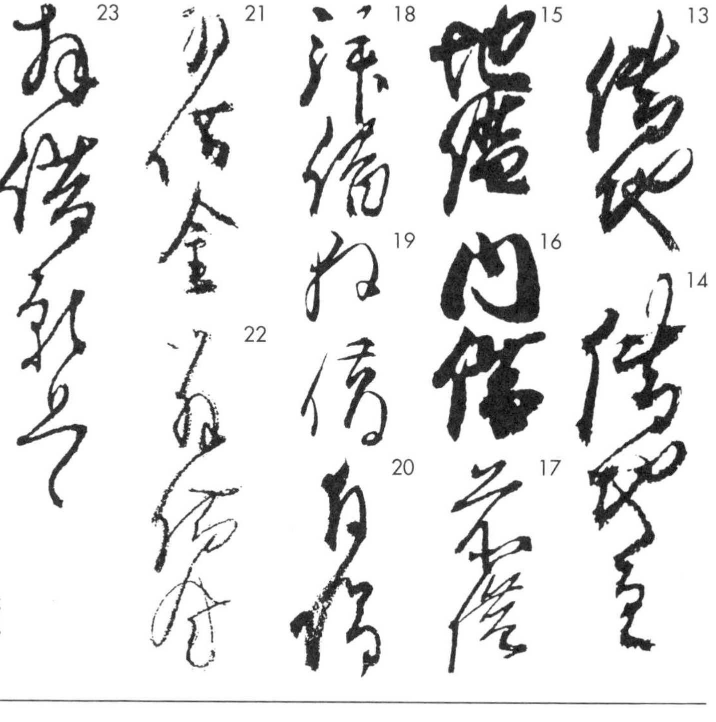

【用例】1借リ《かり》 2借主《かりぬし》 3借置《かりおく》 4借受《かりうけ》 5借屋《しゃくや》 6借家《しゃくや》《かりいえ》 7・8借金《しゃっきん》 9借シ金《かしきん》 10～12借用《しゃくよう》 13借地《しゃくち》 14借地主《しゃくちぬし》 15地借《じがり》 16内借《うちがり》《ないしゃく》 17前借《まえがり》 18～20拝借《はいしゃく》 21拝借金《はいしゃくきん》 22御拝借金《ごはいしゃくきん》 23拝借願上候《はいしゃくねがいあげそうろう》

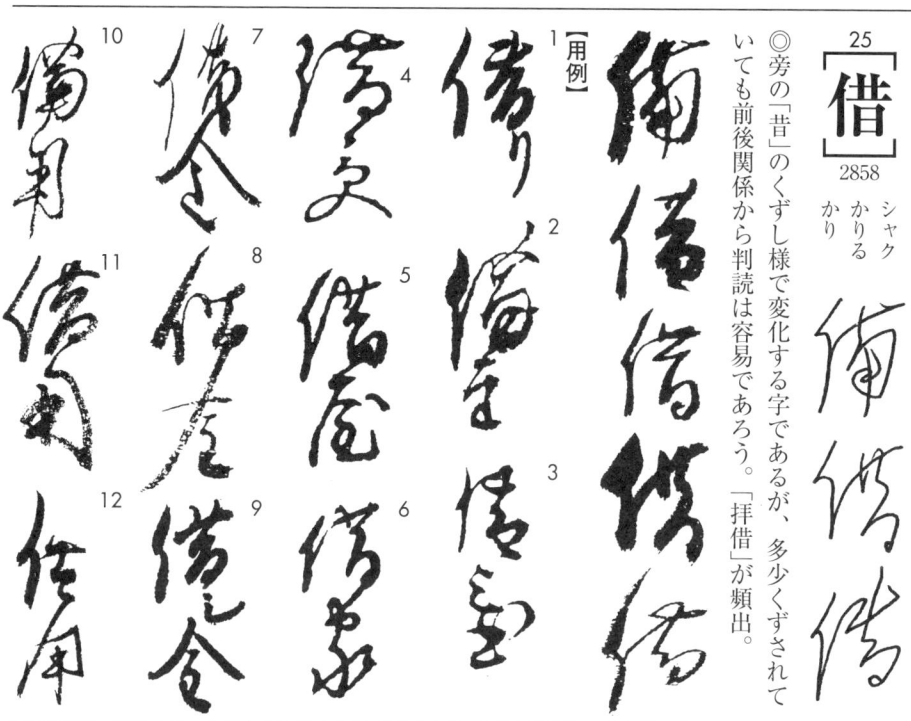

26

儀

2123

ギ

◎「公儀」は通常「幕府」の意。また「～之儀」「～候儀」の形が頻出する。ここでは単漢字の5～10番目を覚えておけば問題ない。

【用例】

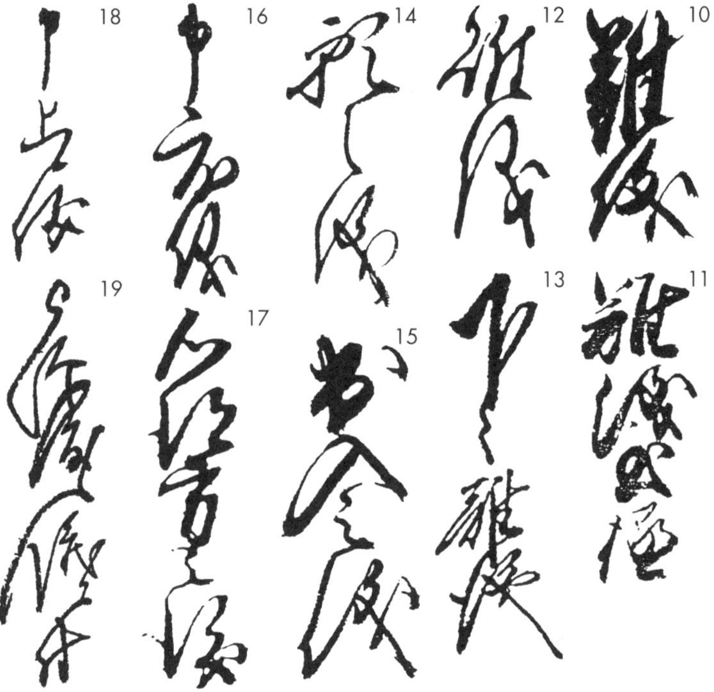

【用例】1・2儀定《ぎじょう》　3・4公儀《こうぎ》　5役儀《やくぎ》　6・7御儀《おんぎ》　8此儀《このぎ》
9・10難儀《なんぎ》　11難儀至極《なんぎしごく》　12難儀《なんぎ》　13下々難儀《しもじもなんぎ》　14願之儀《ねがいのぎ》
15出入之儀《でいりのぎ》　16申度儀《もうしたきぎ》　17心得方之儀《こころえかたのぎ》　18申上候儀《もうしあげそうろうぎ》
19被二仰渡一候儀ニ付《おおせわたされそうろうぎにつき》

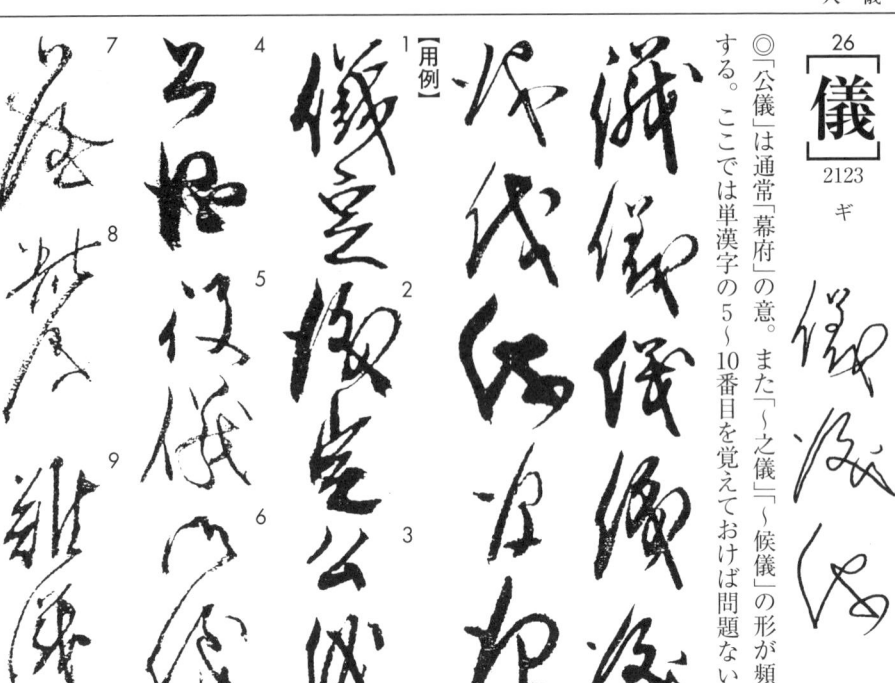

27

先

3272

セン
さき
まず

◎一画目の「ノ」がなくなってしまうものもあるが、判読はそれほど困難ではない。「先達(而)」が重要なので覚えておく。

【用例】

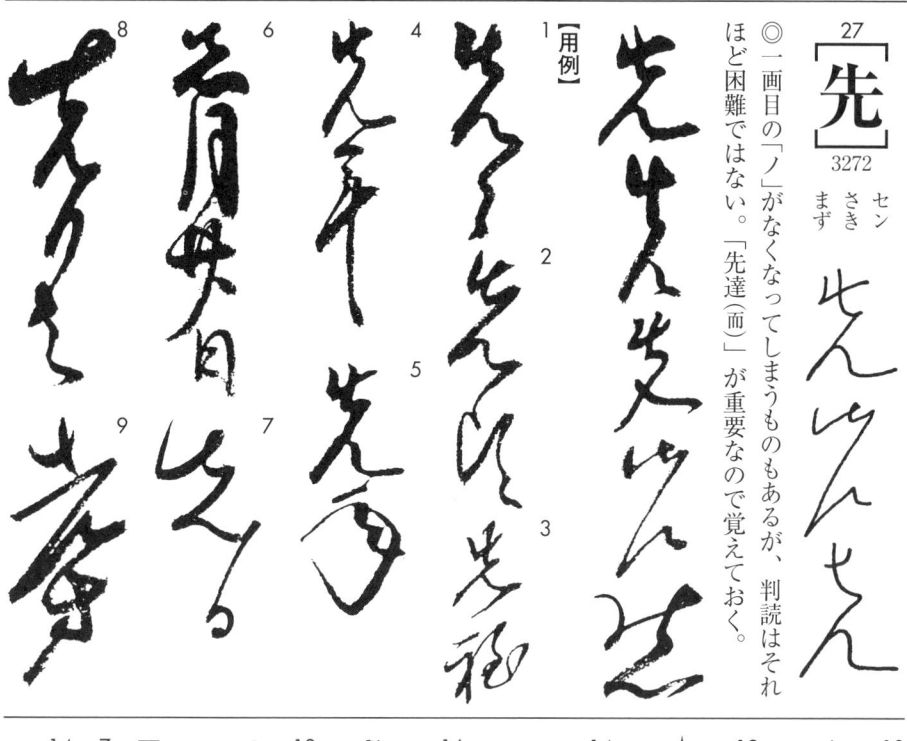

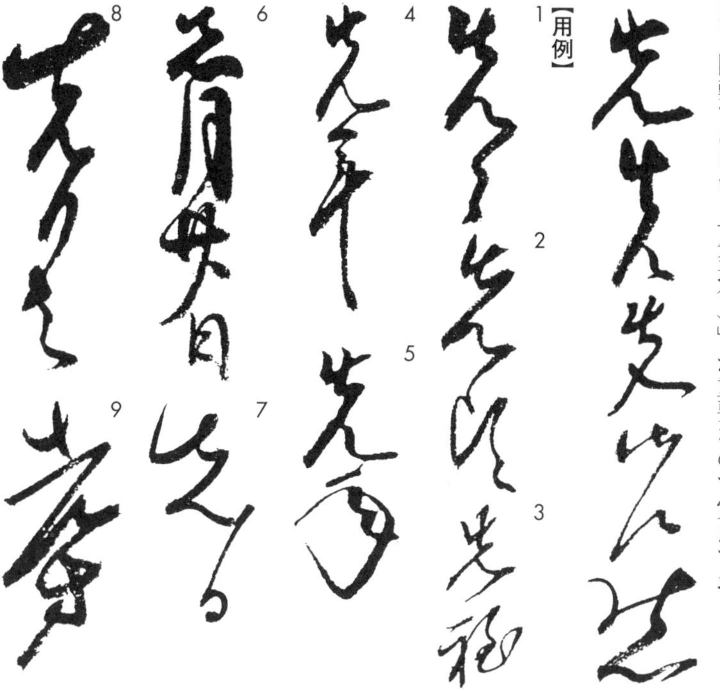

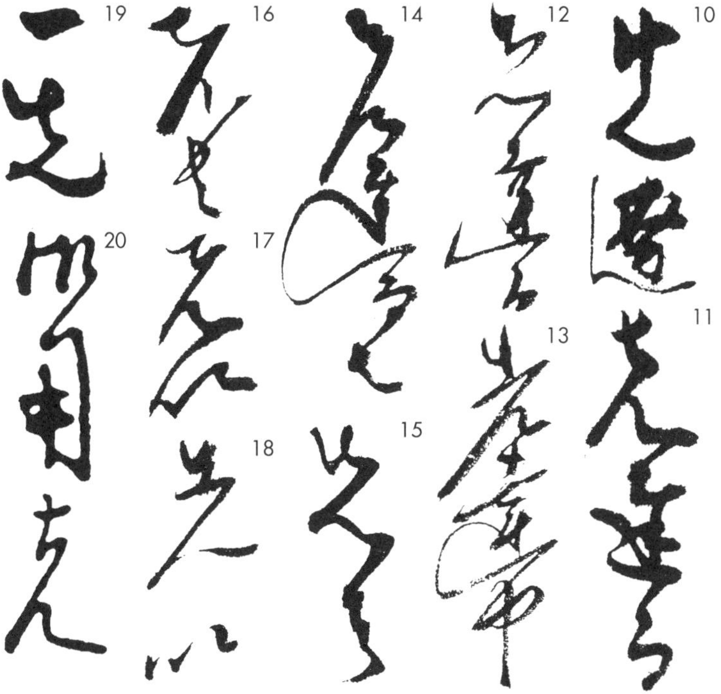

【用例】 1 先々《さきざき》 2 先頃《さきごろ》 3 先程《さきほど》 4・5 先年《せんねん》 6 先月廿日《せんげつはつか》 7 先日《せんじつ》 8 先日者《せんじつは》 9 先方《せんぽう》 10 先達《せんだって》 11・12 先達而《せんだって》 13 先達中《せんだってちゅう》 14 先達而者《せんだっては》 15・16 先者《まずは》 17・18 先以《まずもって》 19 一先《ひとまず》 20 御用先《ごようさき》

28 【公】 2488

コウ・ク
おおやけ
きみ

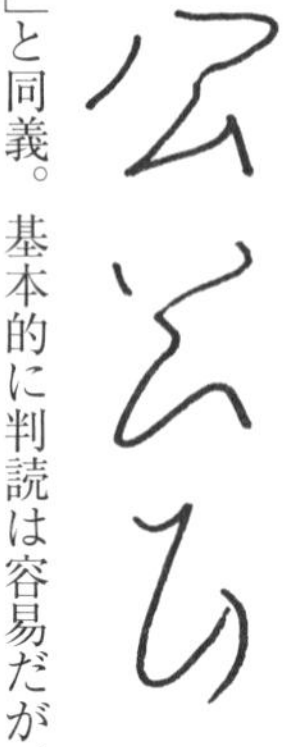

◎「公邊（辺）」は「公儀（義）」と同義。基本的に判読は容易だが、「貴公」のようにくずされて判読困難なものもあるので注意。

【用例】

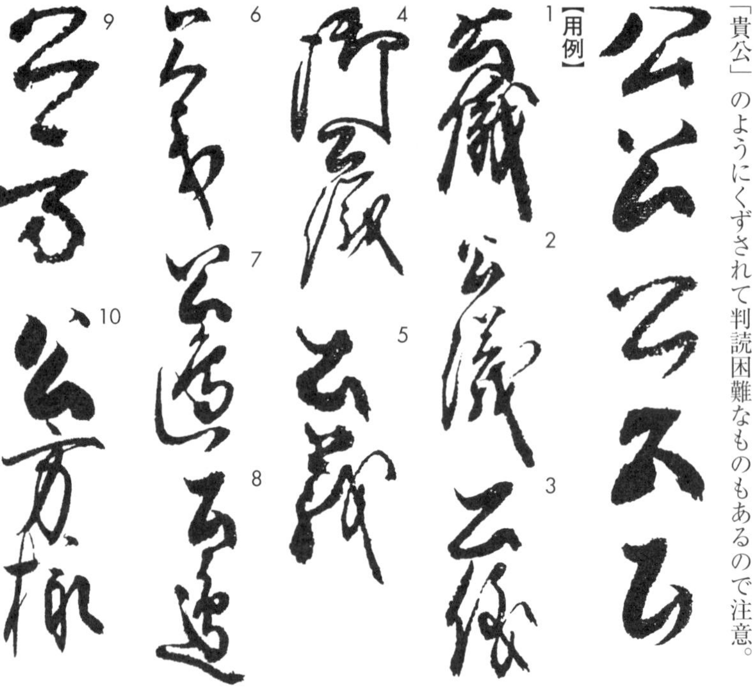

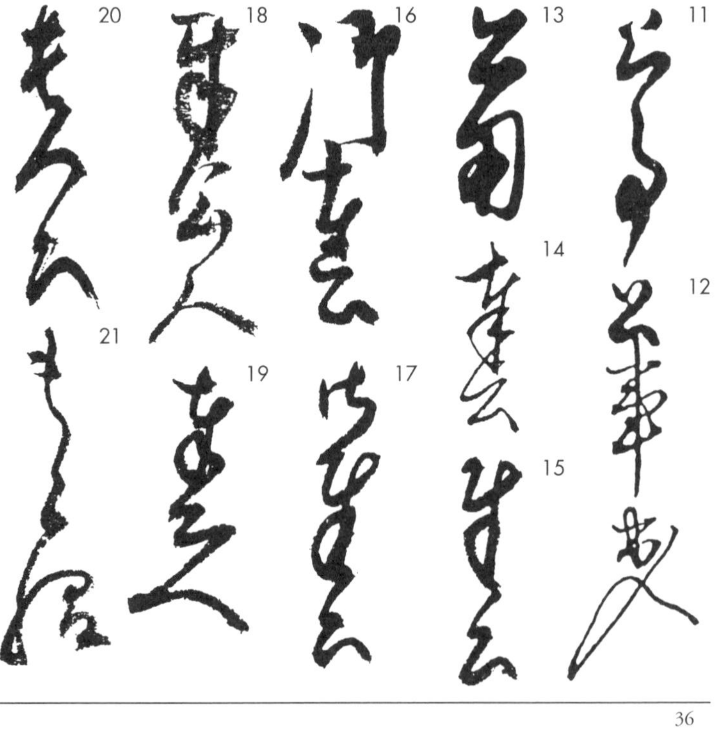

【用例】 1〜3 公儀《こうぎ》 4 御公儀《ごこうぎ》 5・6 公義《こうぎ》 7・8 公邊《こうへん》 9 公方《くぼう》 10 公方様《くぼうさま》 11 公事《くじ》 12 公事出入《くじでいり》 13 公用《こうよう》 14・15 奉公《ほうこう》 16・17 御奉公《ごほうこう》 18・19 奉公人《ほうこうにん》 20 貴公《きこう》 21 貴公様《きこうさま》

29 [共] 2206

キョウ・ク
とも・ども
ともに

◎ここでは頻出の「～候得共」(～ではあるがの意)を必ず覚えたい。「共」はくずれると「α」のようになる(単漢字10番目)。

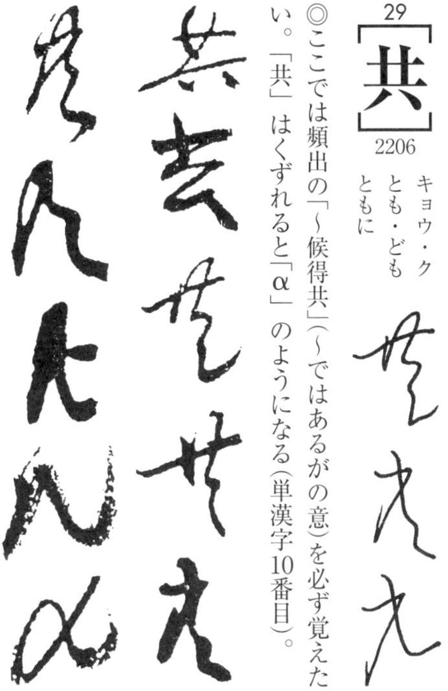

【用例】

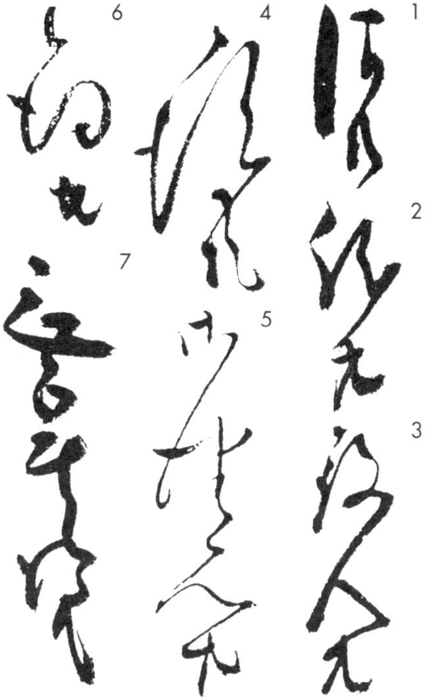

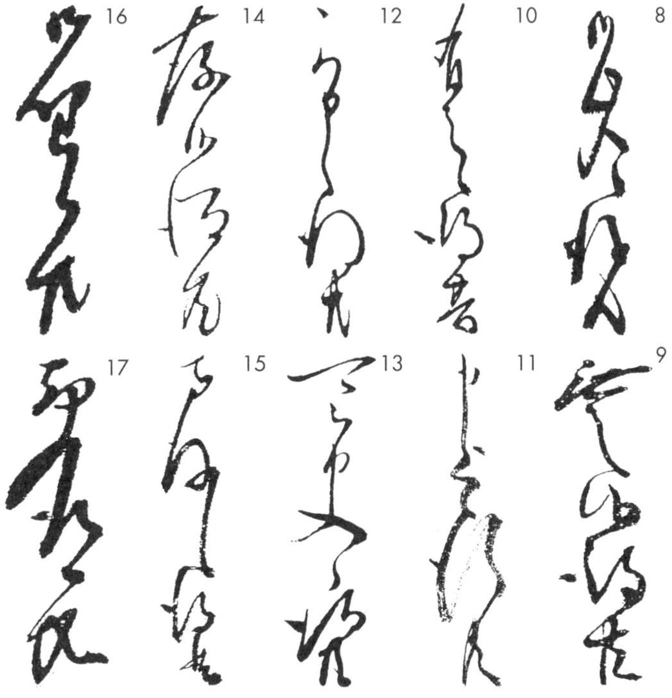

【用例】 1 何共《なんとも》 2 然共《しかれども》 3 役人共《やくにんども》 4 候得共《そうらえども》 5 御坐候へ共《ござそうらえども》 6 候得共《そうらえども》 7 無二御坐一候得共《ござなくそうらえども》 8 恐入候得共《おそれいりそうらえども》 9 無レ之候得共《これなくそうらえども》 10 有レ之候得共《これありそうらえども》 11 申上候得共《もうしあげそうらえども》 12 可レ申候得共《もうすべくそうらえども》 13 可レ被二申入一候得共《もうしいれらるべくそうらえども》 14 存候得共《ぞんじそうらえども》 15 奉レ存候得共《ぞんじたてまつりそうらえども》 16 御坐候共《ござそうろうとも》 17 受取候共《うけとりそうろうとも》

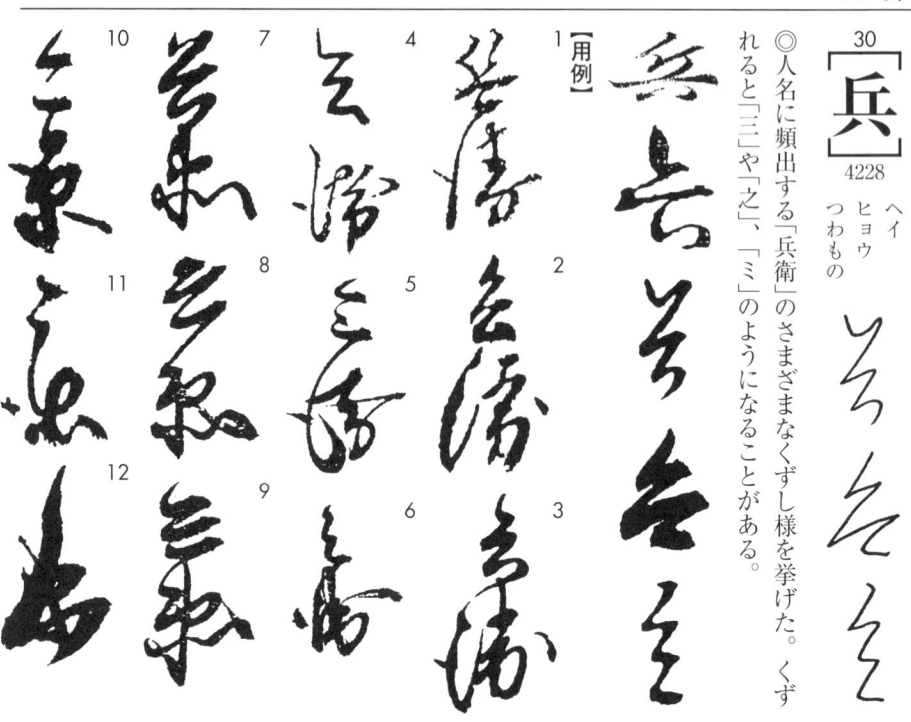

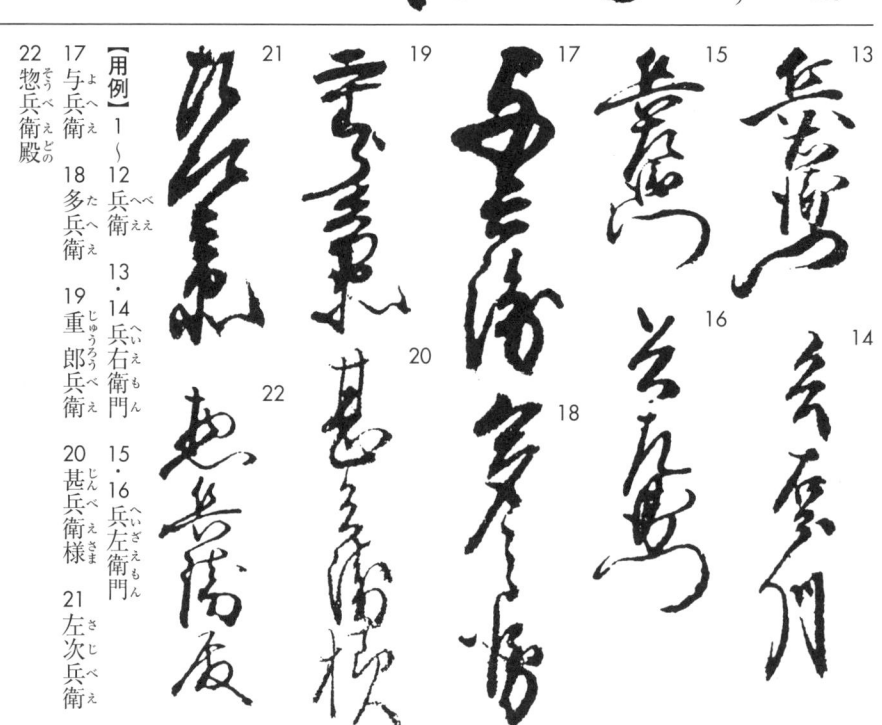

30 兵 4228

ヘイ
ヒョウ
つわもの

◎人名に頻出する「兵衛」のさまざまなくずし様を挙げた。くずれると「三」や「之」、「ミ」のようになることがある。

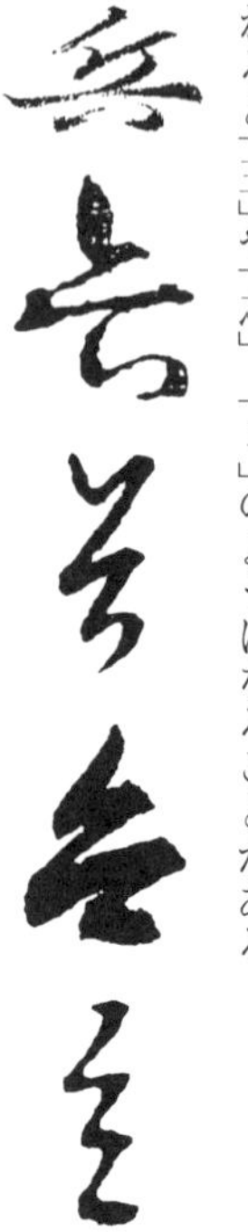

【用例】

1

2

3

4

5

6

7

8

9

10

11

12

13

14

15

16

17

18

19

20

21

22

【用例】1〜12兵衛《へべえ》 13・14兵右衛門《へいえもん》 15・16兵左衛門《へいざえもん》 17与兵衛《よへえ》 18多兵衛《たへえ》 19重郎兵衛《じゅうろうべえ》 20甚兵衛様《じんべえさま》 21左次兵衛《さじべえ》 22惣兵衛殿《そうべえどの》

31

【其】

3422

キ・ギ
それ
その

◎特徴的なくずしでほとんど原形をとどめない。ここでは特に単漢字の2番目と7、8番目を覚えておけば問題ないだろう。

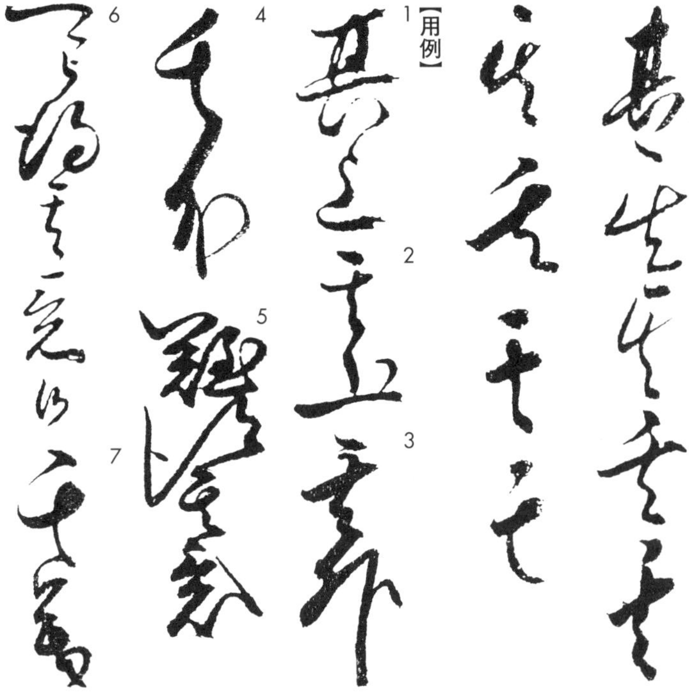

【用例】 1 2 3 4 5 6 7

8 9 10 11 12 13 14 15 16 17 18 19 20 21 22

【用例】 1・2 其上《そのうえ》 3・4 其外《そのほか》 5 難レ得二其意《そのいをえがたく》 6 可レ被レ得二其意一候《そのいをえらるべくそうろう》 7 其義《そのぎ》 8 其儀《そのぎ》 9・10 其後《そのご》 11 其趣《そのおもむき》 12・13 其節《そのせつ》 14・15 其段《そのだん》 16 其旨《そのむね》 17 其方《そのほう》 18 其内《そのうち》 19 其所《そのところ》 20 其御地《そのおんち》 21 其迄《それまで》 22 為レ其《そのため》

32

［内］

3866

ナイ　ダイ　うち

◎判読は容易であり、現在の「門」の略字に似ている。用例8〜10「内済」（内々で解決すること）は特に覚えておきたい。

【用例】

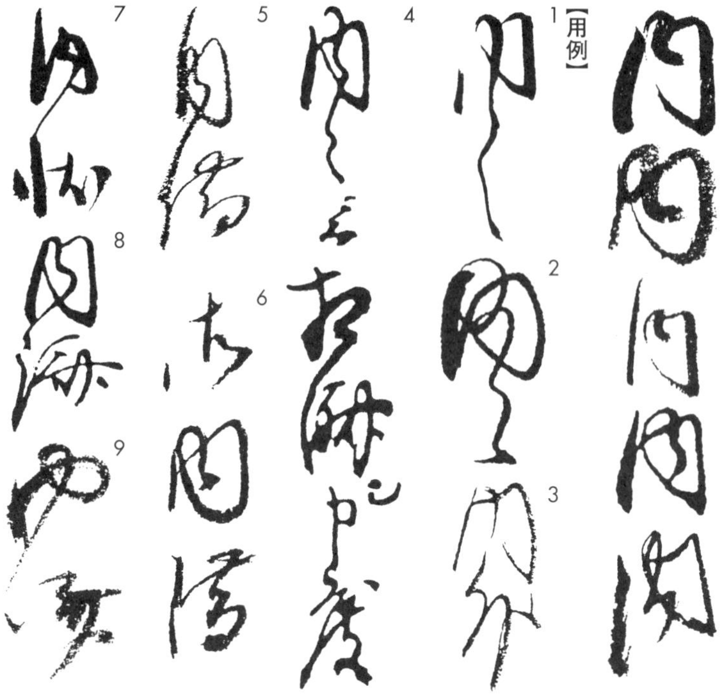

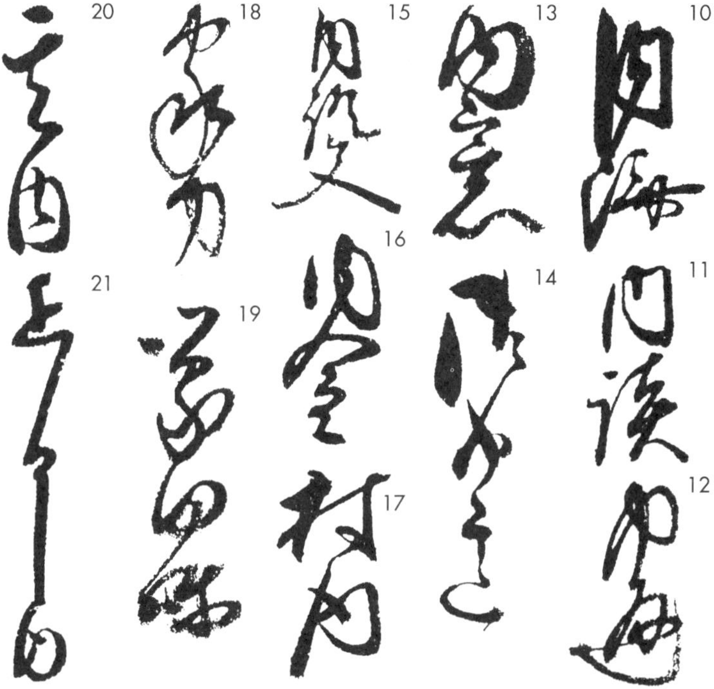

【用例】1・2 内々《ないない》　3 内外《ないがい》　4 内《な》々《い》二《に》而《て》相《あい》済《すま》シ《し》申《もう》度《したく》　5 内借《ないしゃく》《うちがり》　6 御内借《ごないしゃく》《おうちがり》　7 内状《ないじょう》　8〜10 内済《ないさい》　11 内談《ないだん》　12 内通《ないつう》　13 内意《ないい》　14 御内意《ごないい》　15 内證文《うちしょうもん》　16 内金《うちきん》　17 村内《そんない》　18 家内《かない》　19 御家内様《ごかないさま》　20 其内《そのうち》　21 近日《きんじつ》之《の》内《うち》

33 処(處)

2972
4961

ショ
ところ

◎旧字の「處」が頻繁に用いられ、くずしも多様である。くずしの変化に注目してほしい。「～候処(處)」の形で頻出する。

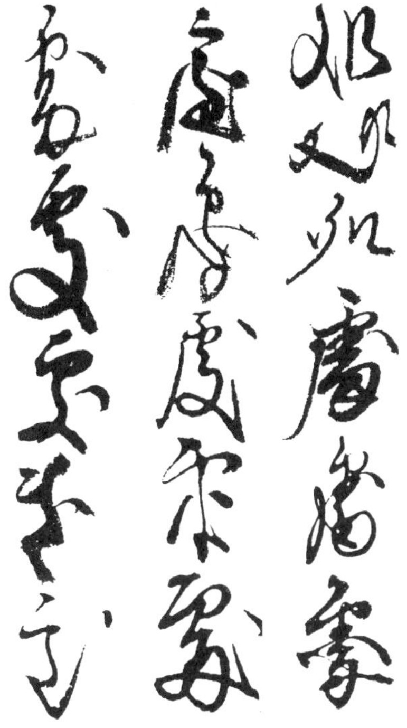

【用例】

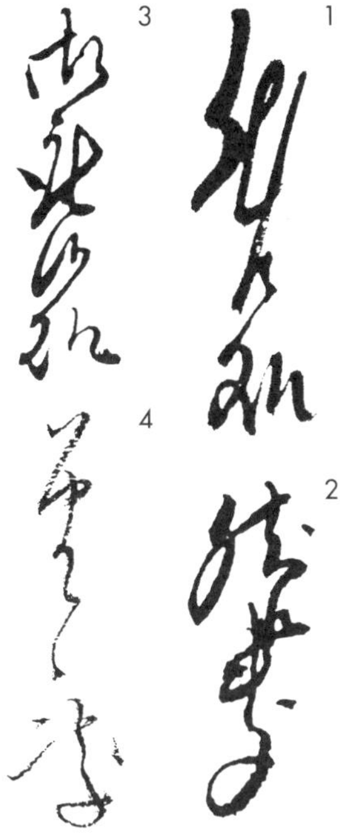

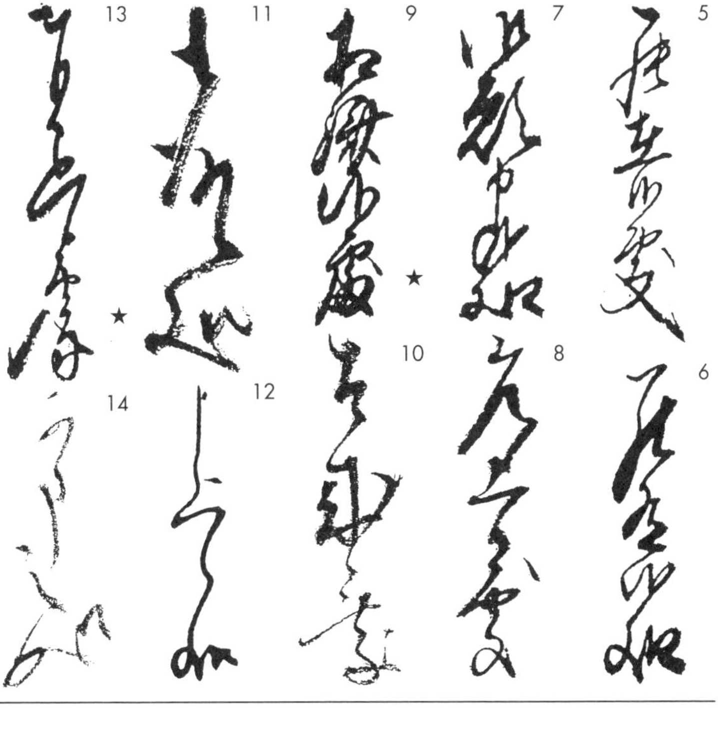

【用例】 1 然ル処《しかるところ》 2 然ル處《しかるところ》 3 御座候処《ござそうろうところ》 4 御坐候處《ござそうろうところ》 5 罷在候處《まかりありそうろうところ》 6 罷有候処《まかりありそうろうところ》 7 御願申候処《おねがいもうしそうろうところ》 8 差上候處《さしあげそうろうところ》 9 相済候處《あいすみそうろうところ》 10 相成候處《あいなりそうろうところ》 11 奉レ存候処《ぞんじたてまつりそうろうところ》 12 申上候処《もうしあげそうろうところ》 13 奉二申上一候處《もうしあげたてまつりそうろうところ》 14 可レ申之処《もうすべきのところ》

34

出

2948

シュツ
スイ
でる・だす

◎29頁「仰」、77頁「差」、121頁「来」、157頁「罷」とのセットで頻出する。くずしも多様で、115頁「書」に類似のものがあり注意。

【用例】

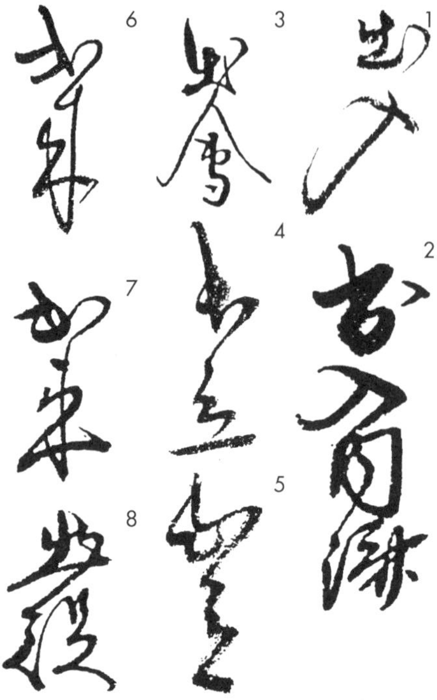

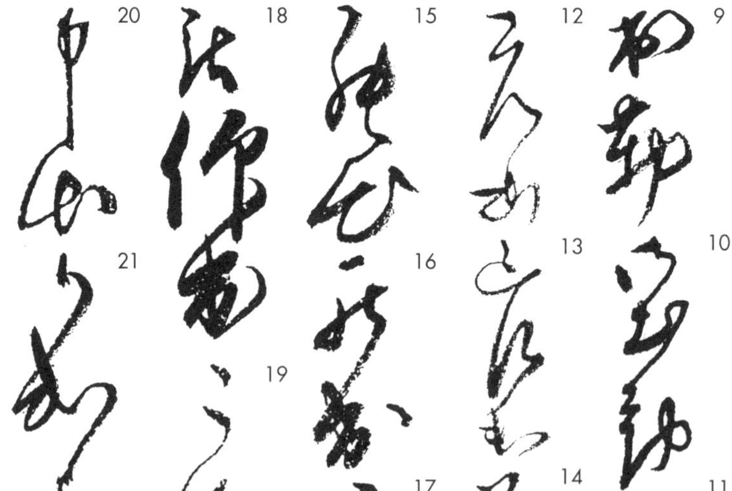

【用例】 1 出入《でいり》 2 出入内済《でいりないさい》 3 出會《であい》 4・5 出立《しゅったつ》 6・7 出来《しゅったい》《でき》
8 出役《しゅつやく》 9 出勤《しゅっきん》 10 御出勤《ごしゅっきん》 11 出訴《しゅっそ》 12〜14 差出《さしだし》 15〜17 罷出《まかりいで》
18・19 被㆓仰出㆒《おおせいだされ》 20 申出《もうしいで》 21 御出被㆑下候《おいでくだされそうろう》

35

【分】

4212

フン・ブン
ブ／わける
わかる

◎くずしが激しく、110頁「方」に似たものから「ら」、さらに縦棒に「、」という簡略化したものまであり、判読には注意したい。

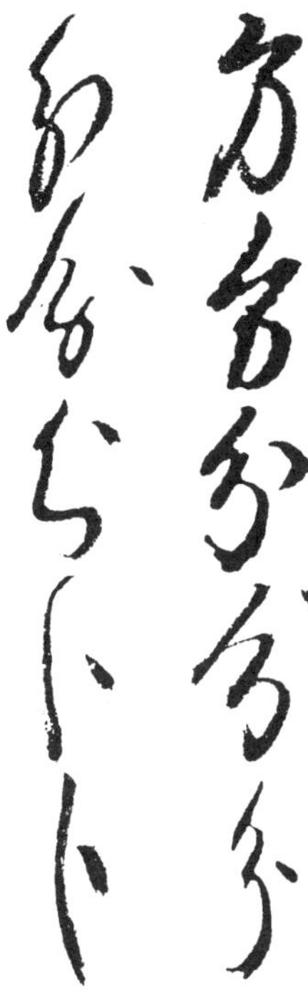

【用例】

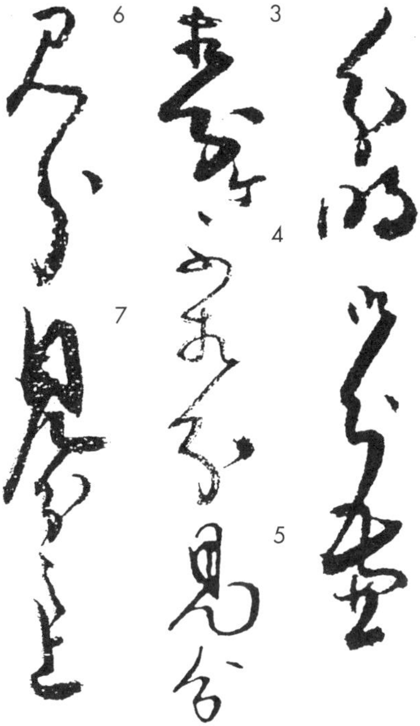

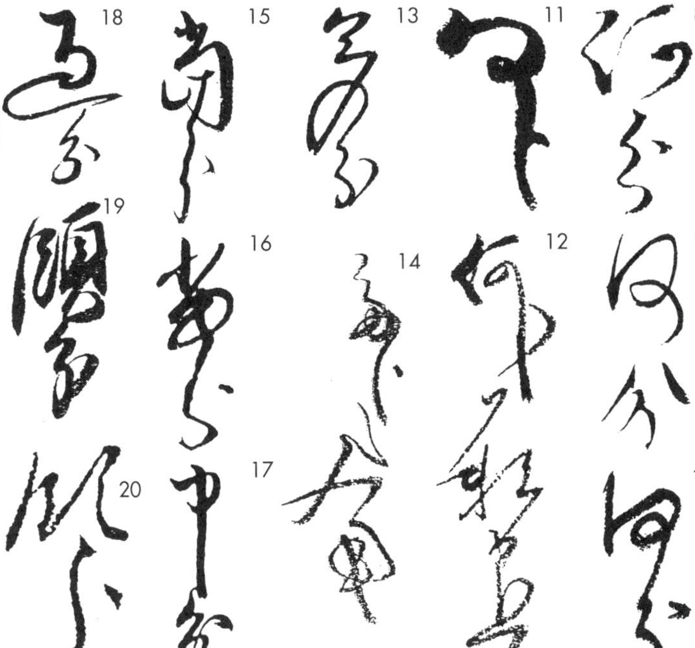

【用例】1 分明《ぶんみょう》《ぶんめい》　2 御分兼《おわかりかね》　3 相分ケ《あいわけ》　4 不二相分一《あいわからず》　5・6 見分《けんぶん》
7 見分之上《けんぶんのうえ》　8〜11 何分《なにぶん》　12 何分御頼申上候《なにぶんおたのみもうしあげそうろう》　13 多分《たぶん》
14 多分之入用《たぶんのにゅうよう》　15・16 當分《とうぶん》　17 申分《もうしぶん》《もうしわけ》　18 過分《かぶん》　19・20 領分《りょうぶん》

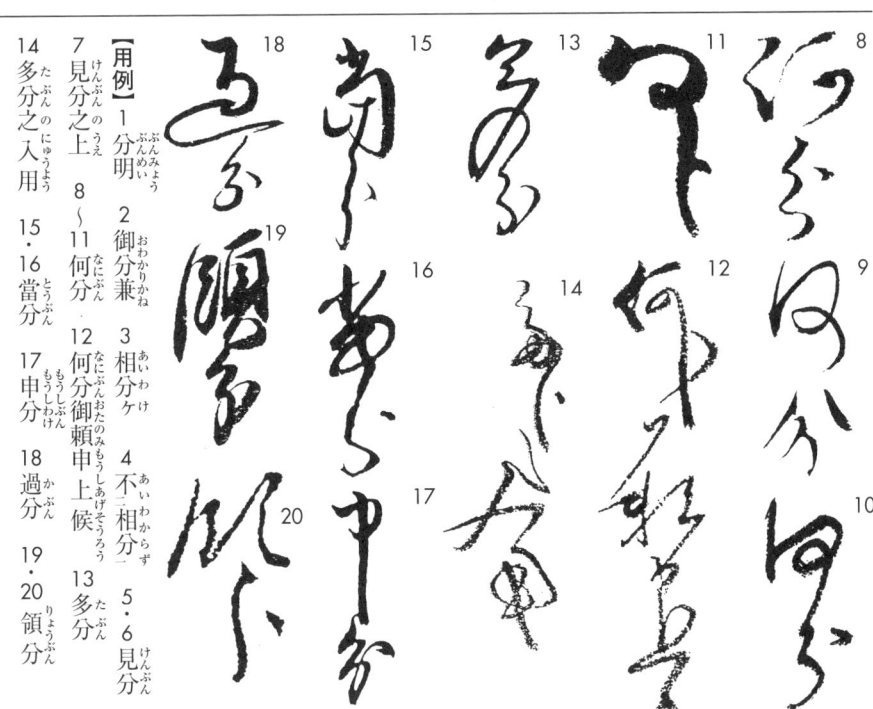

36

別

4244

ベツ
わかれる
わかつ

◎ここでは「刂」の特殊なくずし様に注目し、単漢字の二列目を完全に覚えてしまいたい。また、90頁「前」とも要比較。

【用例】

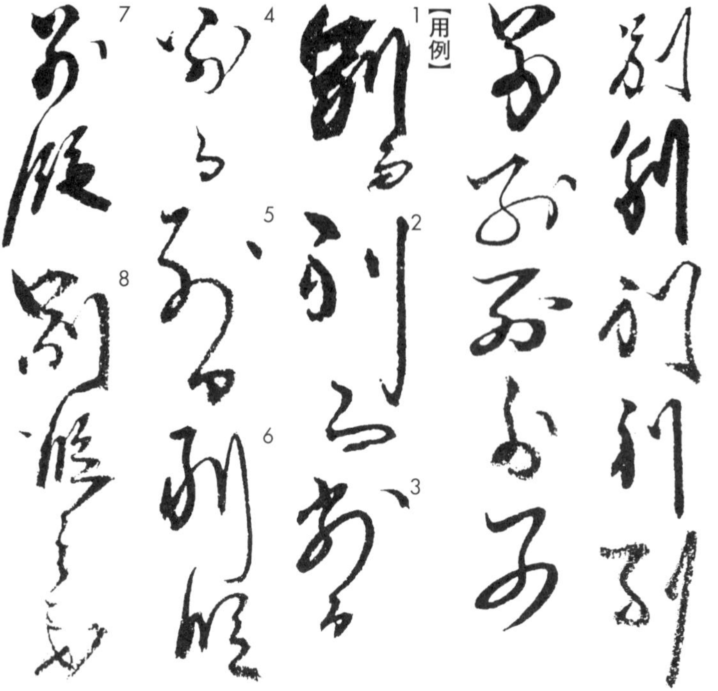

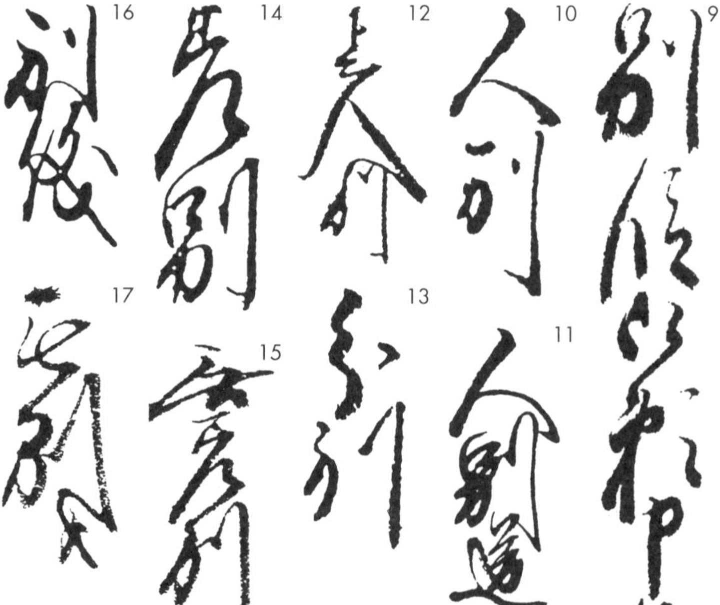

【用例】1～5 別而《べっして》　6・7 別段《べつだん》　8 別段之義《べつだんのぎ》　9 別段《べつだん》御頼申候《おたのみもうしそうろう》
10 人別《にんべつ》　11 人別送リ《にんべつおくり》　12 壱人別《いちにんべつ》　13 分別《ふんべつ》　14 差別《さべつ》
15 無二差別《さべつなく》一　16 別儀《べつぎ》　17 無二別義《べつぎなく》一

37

割

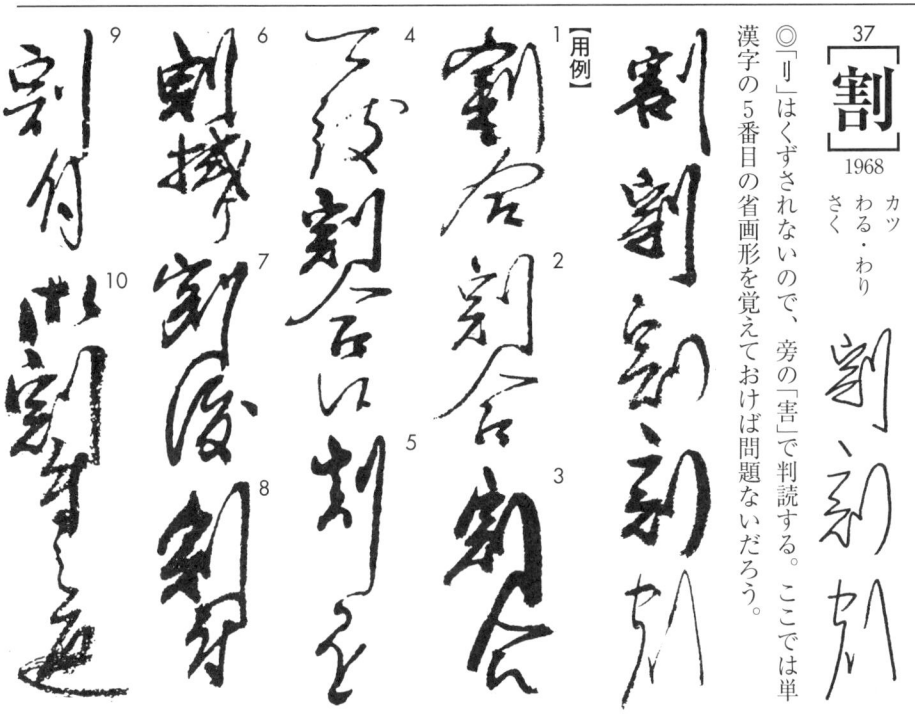

1968

カツ
わる・わり
さく

◎「刂」はくずされないので、旁の「害」で判読する。ここでは単漢字の5番目の省画形を覚えておけば問題ないだろう。

【用例】

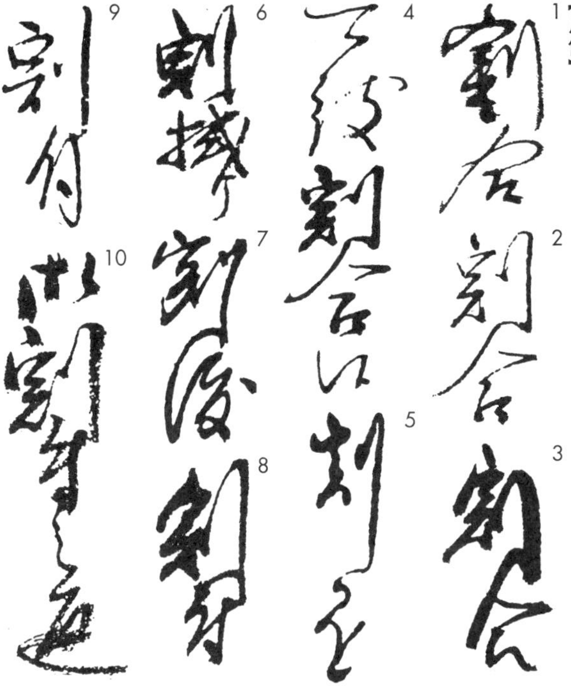

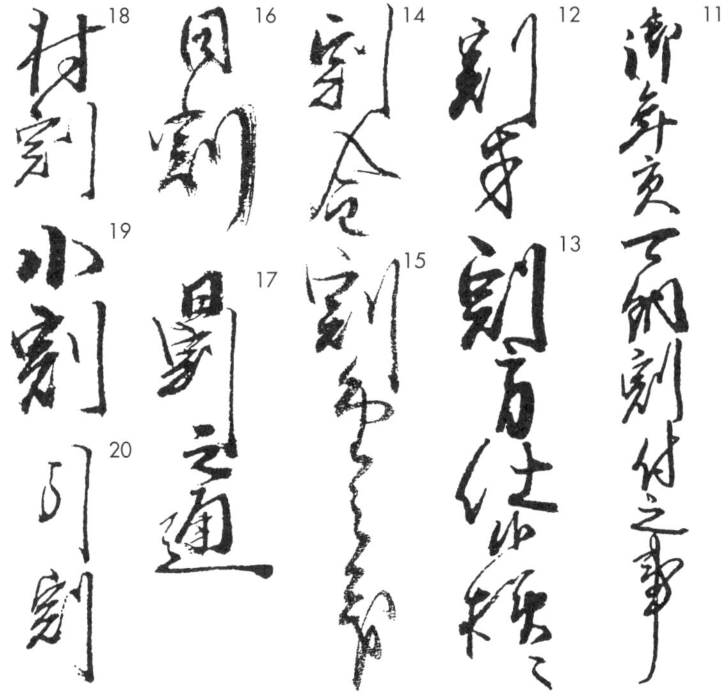

【用例】 1〜3 割合《わりあい》 4 可レ致二割合一候《わりあいいたすべくそうろう》 5 割懸《わりがけ》 6 割掛ケ《わりがけ》 7 割渡《わりわたし》 8・9 割付《わりつけ》 10 御割付之通《おわりつけのとおり》 11 御年貢《おねんぐ》可レ納《おさむべき》割付《わりつけ》之事《のこと》 12 割方《わりかた》 13 割方《わりかた》仕《つかまつり》候《そうろう》様ニ《ように》 14 割金《わりきん》 15 割金《わりきん》之《の》義《ぎ》 16 日割《ひわり》 17 日割之通《ひわりのとおり》 18 村割《むらわり》 19 小割《こわり》 20 引割《ひきわり》

38

【勤】

2248

キン・ゴン
つとめる
つとめ

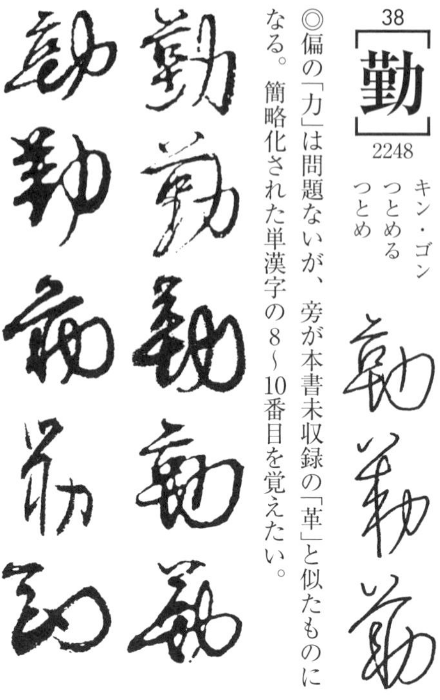

◎偏の「力」は問題ないが、旁が本書末収録の「革」と似たものになる。簡略化された単漢字の8～10番目を覚えたい。

【用例】

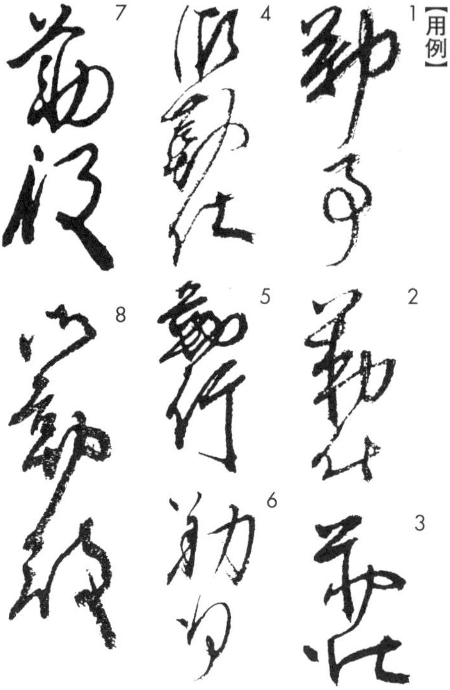

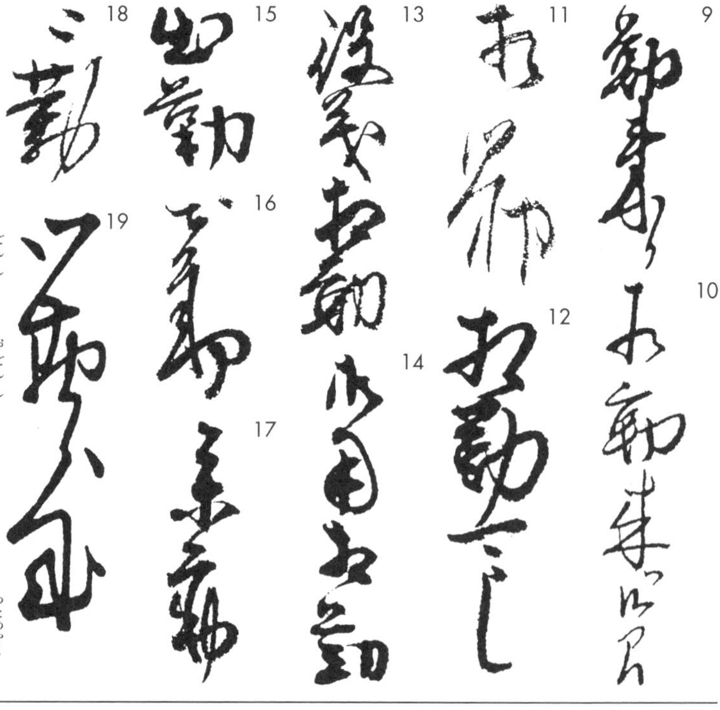

【用例】 1 勤事《きんじ》 2・3 勤仕《ごんし》《きんし》 4 御勤仕《おごんし》《ごきんし》 5・6 勤行《ごんぎょう》 7 勤役《つとめやく》《きんやく》 8 御勤役《おつとめやく》《ごきんやく》 9 勤来リ《つとめきたり》 10 相勤来リ候 間《あいつとめきたりそうろうあいだ》 11 相 勤《あいつとめ》 12 相勤可レ申候《あいつとめもうすべくそうろう》 13 役義相勤《やくぎあいつとめ》 14 御用相勤《ごようあいつとめ》 15・16 出勤《しゅっきん》 17 参勤《さんきん》 18 御勤《おつとめ》 19 御勤被レ成《おつとめなされ》

39
[廿]
3891

ジュウ
にじゅう

◎江戸時代独特の「二十」をあらわす字であり、「十」と「十」を合せた形が原形。37頁「共」に類似するが、前後から判別する。

【用例】

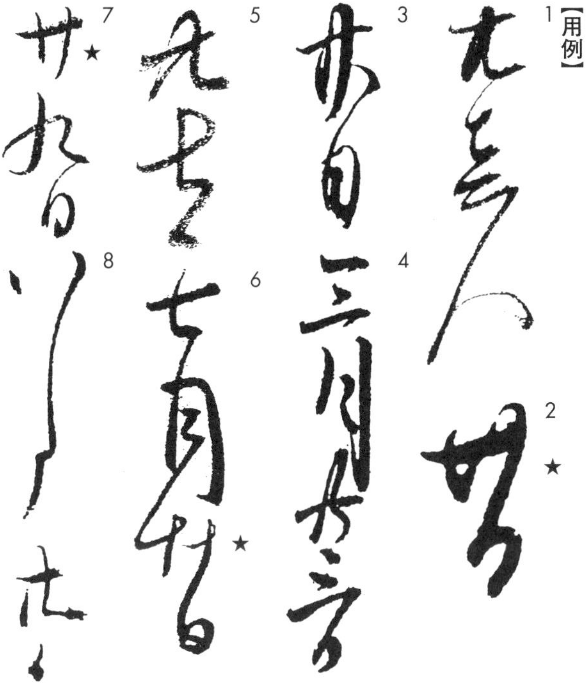

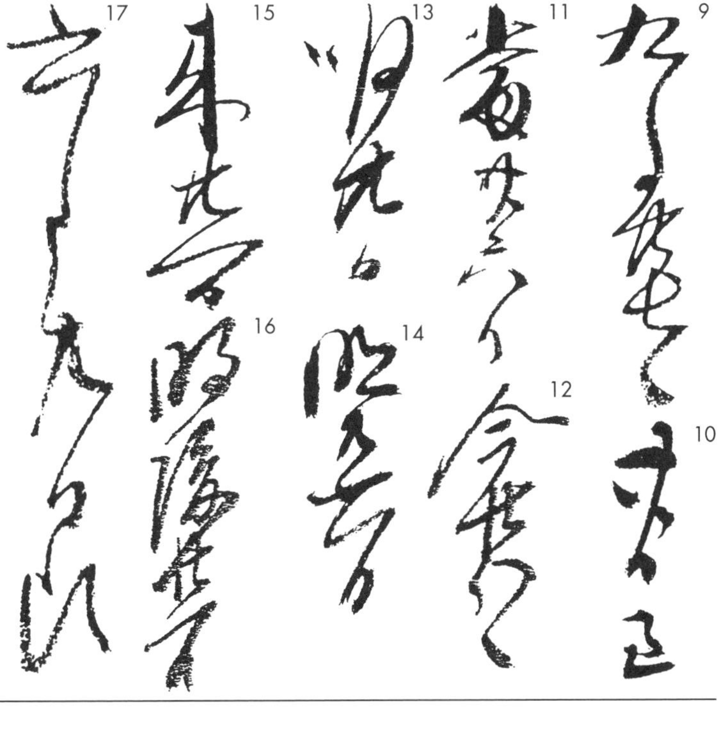

【用例】 1 廿壱人《にじゅういちにん》 2・3 廿日《はつか》 4 三月廿三日《さんがつにじゅうさんにち》 5 廿七日《にじゅうしちにち》 6 七月廿日《しちがつはつか》 7 廿九日《にじゅうくにち》 8 八月廿日《はちがつはつか》 9 九月廿七日《くがつにじゅうしちにち》 10 廿日過《はつかすぎ》 11 當廿六日《とうにじゅうろくにち》 12 今廿八日《いまにじゅうはちにち》 13 明廿日《あくるはつか》 14 明廿六日《あくるにじゅうろくにち》 15 来廿一日《きたるにじゅういちにち》 16 明後廿一日《みょうごにじゅういちにち》 17 六月廿日頃《ろくがつはつかごろ》

40

[去]

2178

キョ　コ　さる

◎くずしは159頁「者」に似たものもあるが、前後関係から判読に迷うことはない。ここでは「乍レ去」を覚えておきたい。

【用例】

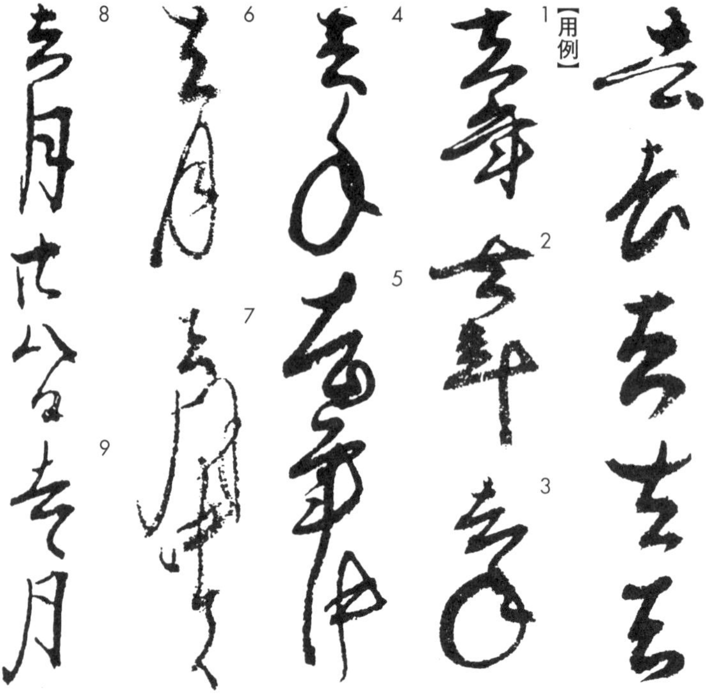

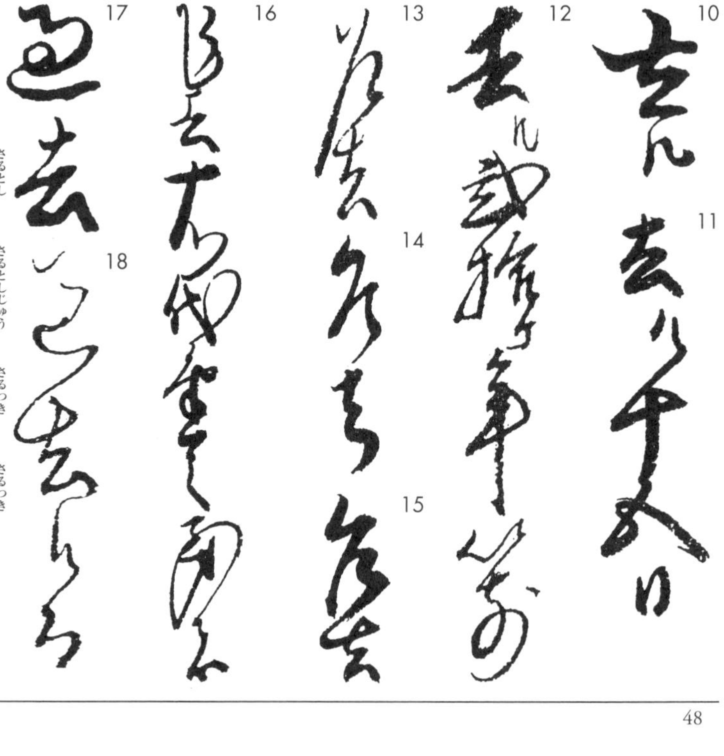

【用例】 1～4 去年《さるとし》《きょねん》　5 去年中《さるとしじゅう》《きょねんちゅう》　6 去月《さるつき》《きょげつ》　7 去月中《さるつき》《きょげつちゅう》者《は》　8 去月廿八日《さるつき》《きょげつにじゅうはちにち》　9 去々月《きょきょげつ》　10 去ル《さる》　11 去ル《さる》十五日《じゅうごにち》　12 去ル《さる》弐拾《にじゅっ》ヶ《か》年《ねん》以前《いぜん》　13～15 乍レ去《さりながら》　16 乍レ去《さりながら》右代金《みぎだいきん》之《の》義《ぎ》者《は》　17 過去《かこ》《すぎさる》　18 過去候而《すぎさりそうろうて》

41
【参（參）】
2718
5052

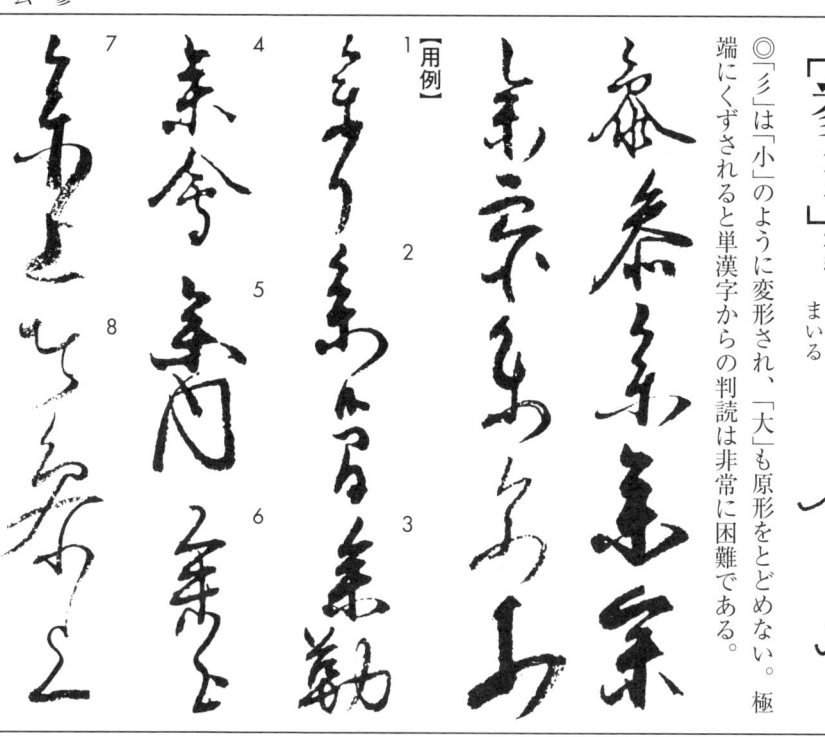

サン
シン
まいる

◎「彡」は「小」のように変形され、「大」も原形をとどめない。極端にくずされると単漢字からの判読は非常に困難である。

【用例】

1

2

3

4

5

6

7

8

9

10

11

12

13

14

15

16

17

18

★

【用例】 1参《まい》り 2参候間《まいりそうろうあいだ》 3参勤《さんきん》 4参會《さんかい》 5参内《さんだい》 6・7参上《さんじょう》 8奉二参上一《さんじょうたてまつる》 9参上仕候間《さんじょうつかまつりそうろうあいだ》 10参上可レ仕候《さんじょうつかまつるべくそうろう》 11・12持参《じさん》 13持参致候間《じさんいたしそうろうあいだ》 14被レ参《まいられ》 15被レ参候《まいられそうろう》 16・17不参《ふさん》 18直参《じきさん》

42 【取】 2872

シュ
とる
とり

◎99頁「所」と類似のものもあるが、典型的なくずしは単漢字の7番目以降である。頻出するこの形はぜひ覚えておきたい。

【用例】

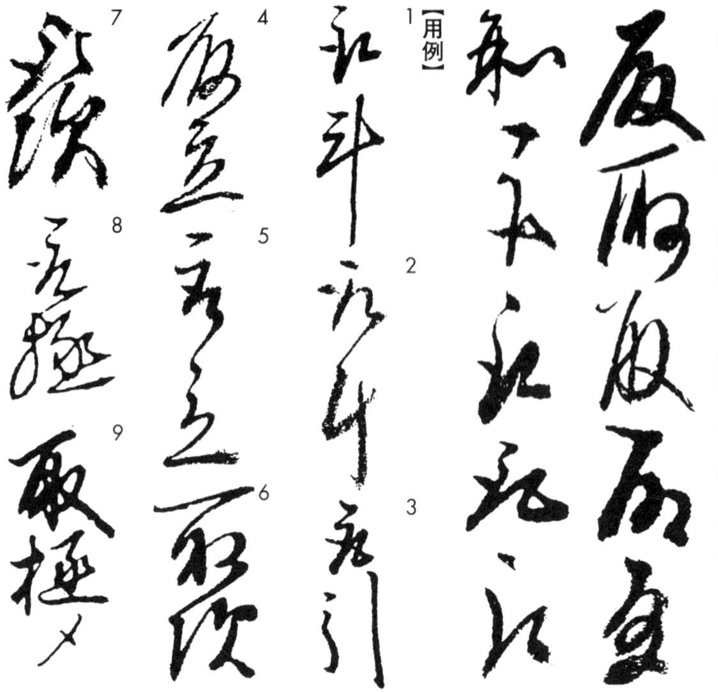

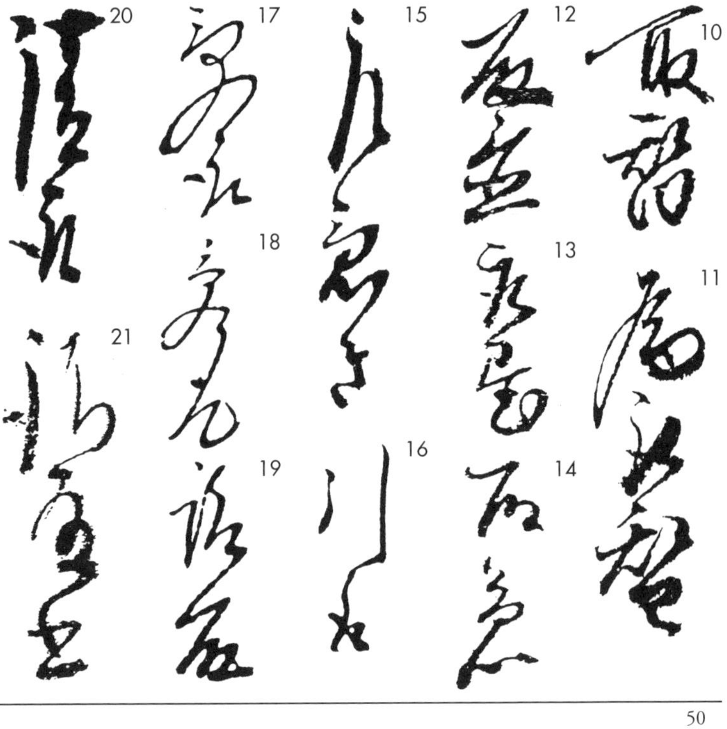

【用例】 1・2取計《とりはからい》 3取引《とりひき》 4・5取立《とりたて》 6・7取次《とりつぎ》 8取極《とりきめ》 9取極メ《とりきめ》 10取替《とりかえ》 11為ニ取替一《とりかわし》《とりかわせ》 12・13取置《とりおく》 14取急《とりいそぎ》 15取急き《とりいそぎ》 16引取《ひきとり》 17・18受取《うけとり》 19・20請取《うけとり》 21請取書《うけとりがき》《うけとりしょ》

43

受

2885

ジュ
うける
うけ

◎「うけ」と読む場合は175頁「請」と混同して用いられ、「受取」は頻出。頭の部分も「、」一つか二つに略され原形をとどめない。

【用例】

1 2 3 4 5 6

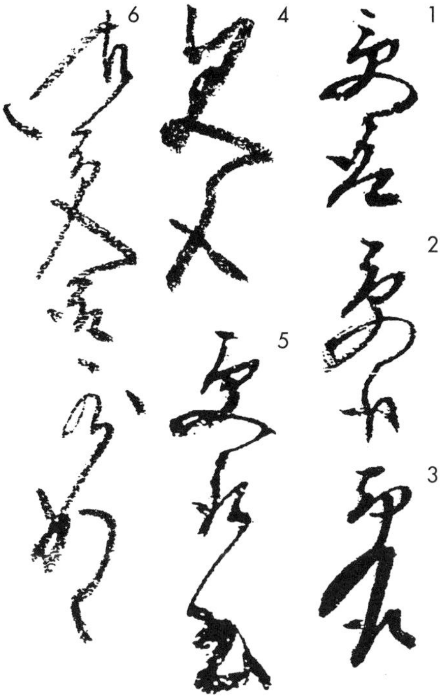

7 8 9 10 11 12 13 14 15 16 17

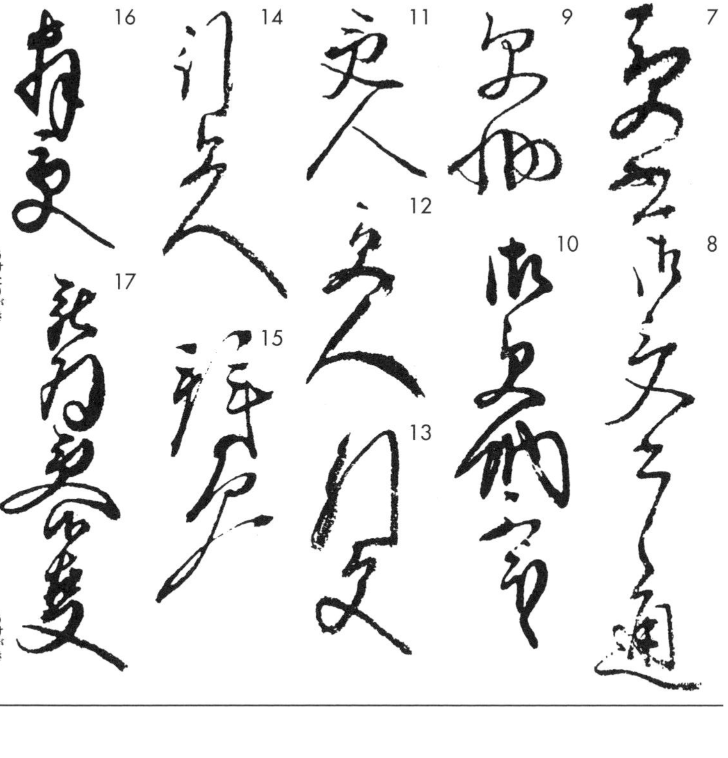

【用例】1～4 受取《うけとり》 5 受取書《うけとりがき うけとりしょ》 6 御受取可レ被レ成候《おうけとりなさるべくそうろう》 7 受書《うけがき うけしょ》 8 御受書之通《おうけしょのとおり》 9 受納《じゅのう》 10 御受納可レ被レ下候《ごじゅのうくださるべくそうろう》 11・12 受人《うけにん》 13 引受《ひきうけ》 14 引受人《ひきうけにん》 15・16 拝受《はいじゅ》 17 被レ為レ受候事《うけさせられそうろうこと》

44 【可】 1836

カ
べし

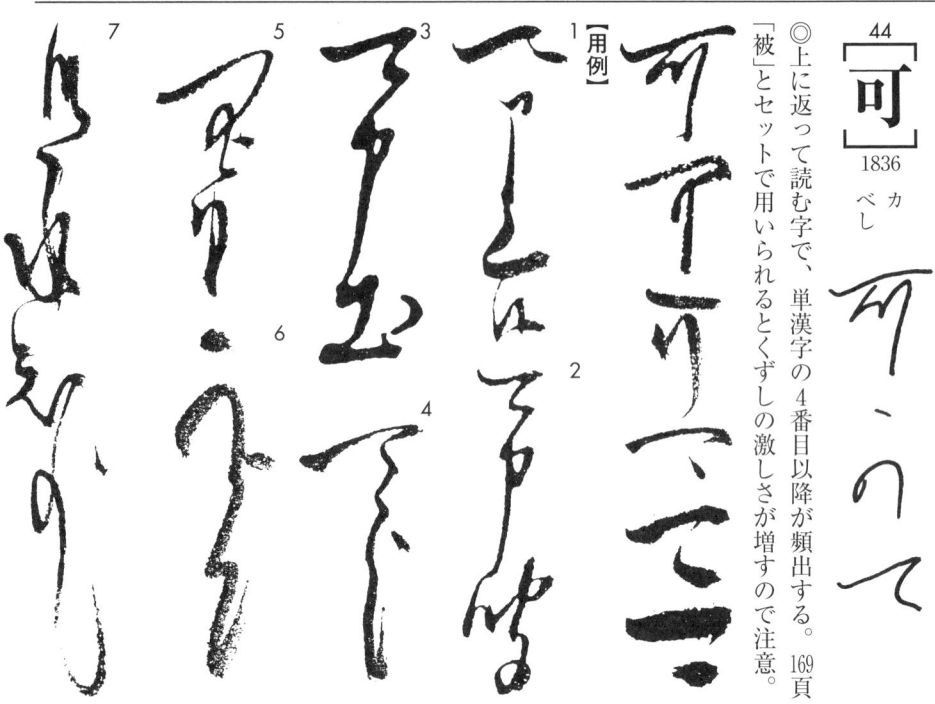

◎上に返って読む字で、単漢字の４番目以降が頻出する。169頁
「被」とセットで用いられるとくずしの激しさが増すので注意。

【用例】

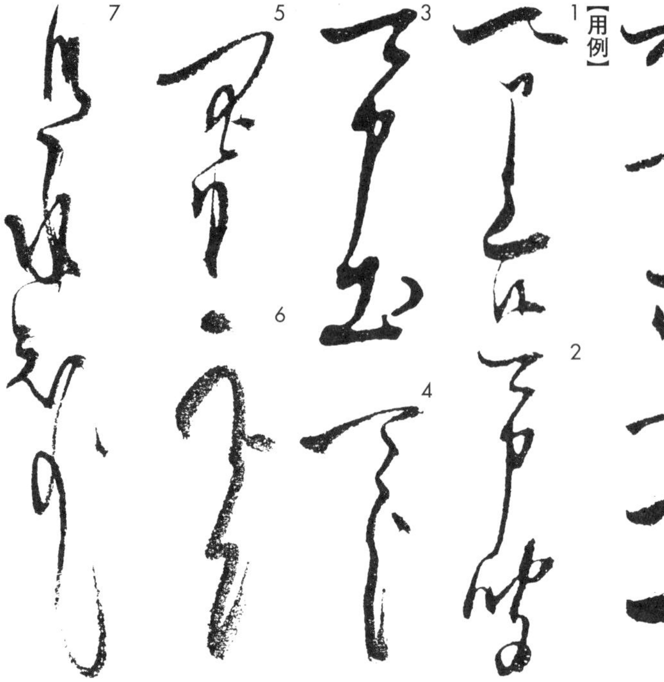

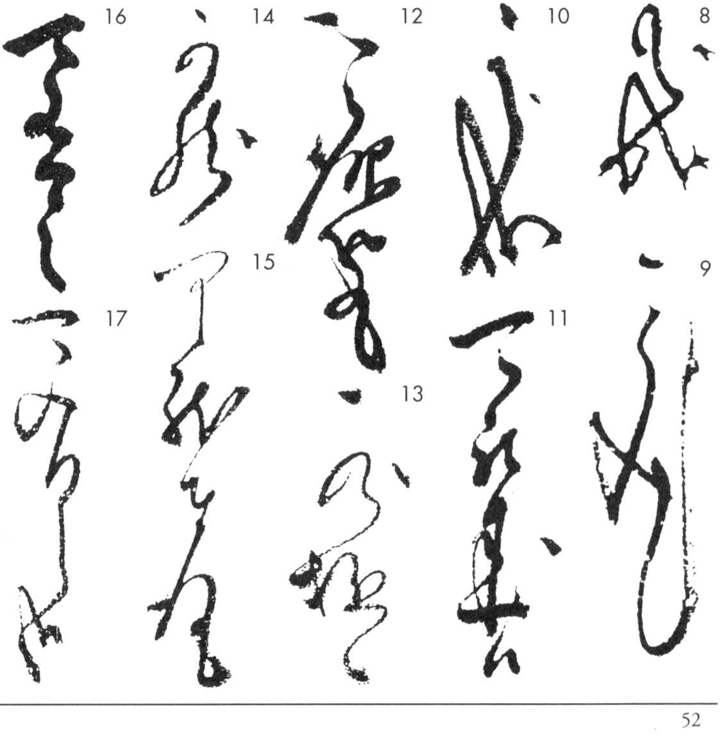

【用例】 1 可二申上一候《もうしあぐべくそうろう》 2 可二申聞一《もうしきかすべし》 3 可二申出一《もうしいずべし》 4～6 可レ被レ下候《くださるべくそうろう》
7 御承知可レ被レ下候《ごしょうちくださるべくそうろう》 8 可レ被レ成《なさるべく》 9 可レ被レ成候《なさるべくそうろう》 10 可レ被レ成《なさるべく》
11 可レ被レ成候《なさるべくそうろう》 12 可レ被二仰聞一候《おおせきかさるべくそうろう》 13 可レ被レ遊候《あそばさるべくそうろう》 14 可レ然《しかるべし》
15 可レ然 奉レ存候《しかるべくぞんじたてまつりそうろう》 16 可レ有レ之《これあるべし》 17 可レ有レ之哉《これあるべきや》

45 ［右］ 1706

ウ
ユウ
みぎ

◎一画目が横と縦の二種類あるが、はじめに縦から入るくずし様を特に覚えてほしい。「～右衛門」は人名に頻出する。

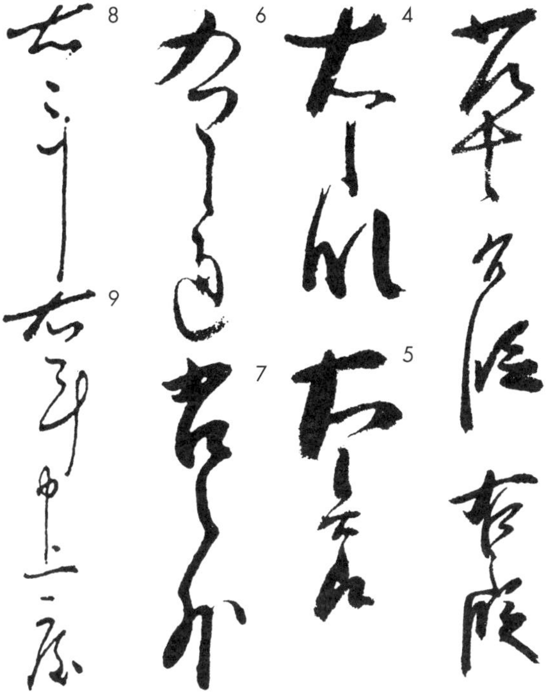

【用例】 1 右者《みぎは》　2 右段《みぎだん》　3・4 右之段《みぎのだん》　5 右之節《みぎのせつ》　6 右之通《みぎのとおり》　7 右之外《みぎのほか》　8 右計《みぎばかり》　9 右計申上度《みぎばかりもうしあげたく》　10・11 右之趣《みぎのおもむき》　12 右申上度《みぎもうしあげたく》　13 先者右迄《まずはみぎまで》　14 右様《みぎよう》　15 右様申上候《みぎようもうしあげそうろう》　16～21 右衛門《えもん》

46

向

2494

コウ・キョウ
むく・むかい
むこう・むき

◎ここでは「向後」(この後・今後の意)をぜひ覚えておきたい。くずしは単純なので判読に困ることはないだろう。

【用例】

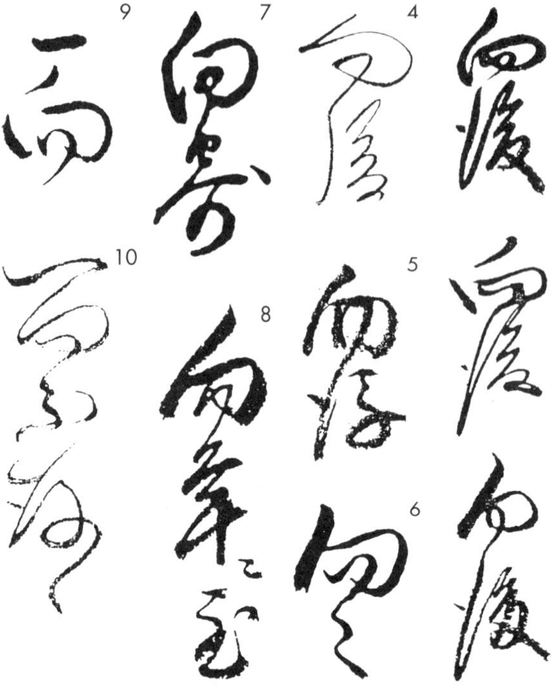

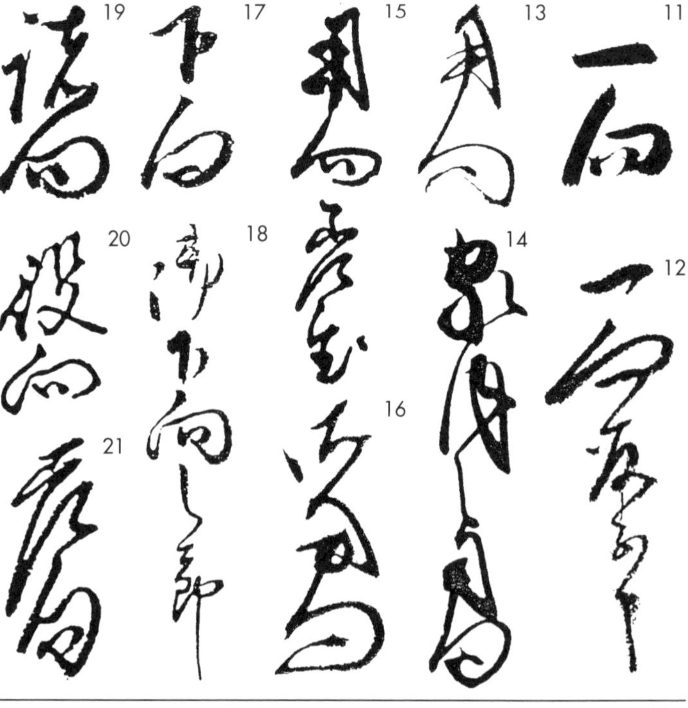

【用例】 1～5 向後《こうご》《きょうこう》　6 向々《むきむき》　7 向寄《むこうより》　8 向年二至《こうねんにいたり》　9 一向《いっこう》　10 一向不レ存候《いっこうぞんぜずそうろう》　11 一向《いっこう》　12 一向存不レ申《いっこうぞんじもうさず》　13 用向《ようむき》　14 家内之用向《かないのようむき》　15 用向差置《ようむきさしおき》　16 御用向《ごようむき》　17 下向《げこう》　18 御下向之節《おげこうのせつ》　19 諸向《しょむき》　20 役向《やくむき》　21 差向《さしむき》

47 【合】 2571

ゴウ・ガッ
あう
あわす

◎極端にくずされた「亽」のなかが「、」だけになるものをぜひ覚えておきたい。用例はどれも頻出するものばかりである。

【用例】

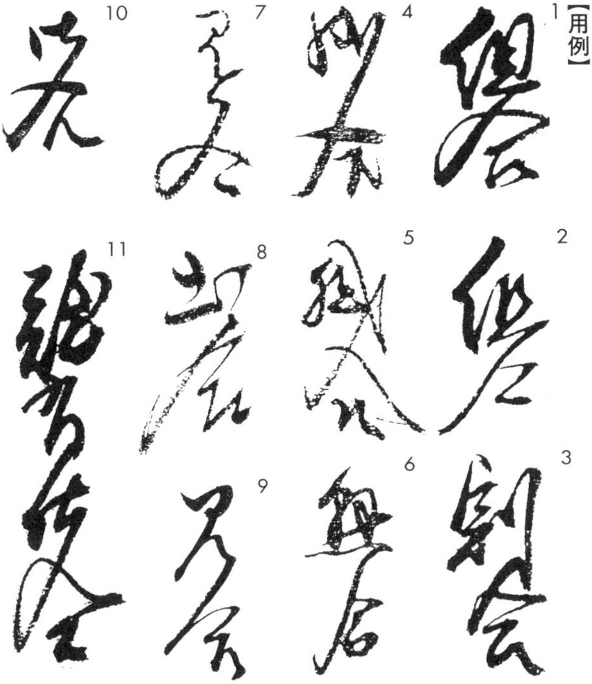

【用例】1・2組合《くみあい》　3割合《わりあい》　4・5掛合《かけあい》　6・7懸合《かけあい》　8出合《であい》　9見合《みあい》《みあわせ》　10仕合《しあわせ》　11・12難ㇾ有仕合《ありがたきしあわせ》　13寄合《よりあい》　14申合《もうしあわせ》　15・16有合《ありあわせ》　17・18立合《たちあい》　19引合《ひきあい》《ひきあわす》　20間ニ合《まにあい》　21間ニ合候ハヽ《まにあいそうらわば》　22差合《さしあい》　23聞合《ききあわす》　24談合《だんごう》

48 同 3817

ドウ おなじ

◎「冂」の中身がどのように略されているか、その変化に注目して覚えてほしい。極端なものは「丶」二つだけで表現される。

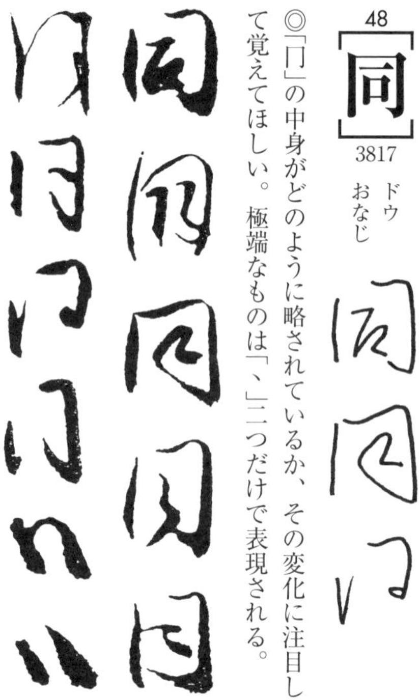

【用例】

1 2 3 4 5 6 7 8 9

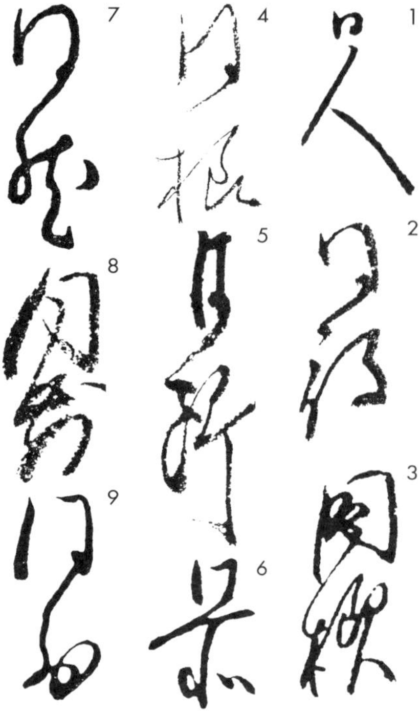

10 11 12 13 14 15 16 17 18 19 20

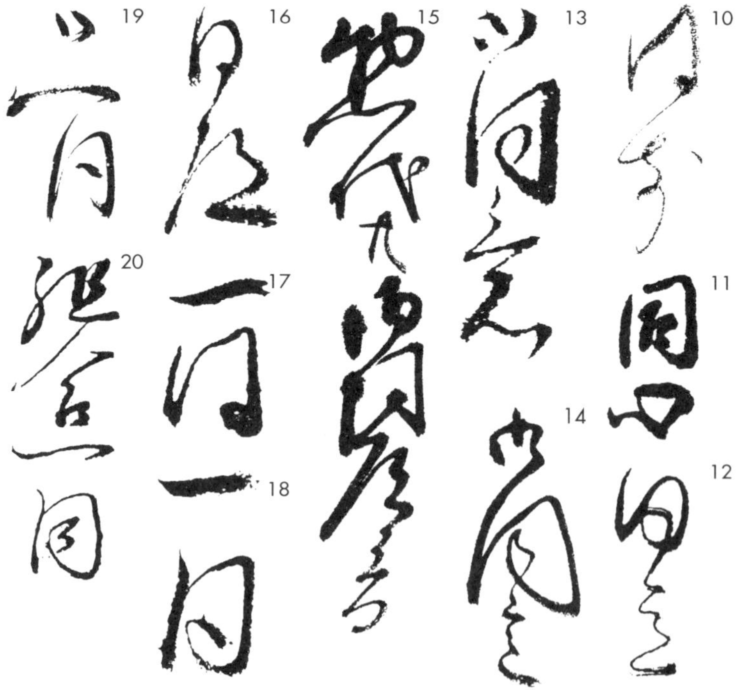

【用例】 1 同人《どうにん》　2 同役《どうやく》　3・4 同様《どうよう》　5・6 同所《どうしょ》　7 同然《どうぜん》

8〜10 同前《どうぜん》　11 同心《どうしん》　12 同意《どうい》　13・14 御同意《ごどうい》

15 物代《そうだい》共《ども》御《ご》同道《どうどう》二而《にて》　16 同道《どうどう》　17・18 一同《いちどう》　19 御《ご》一同《いちどう》

20 組合《くみあい》一同《いちどう》

49

【名】

4430

メイ　ミョウ　な

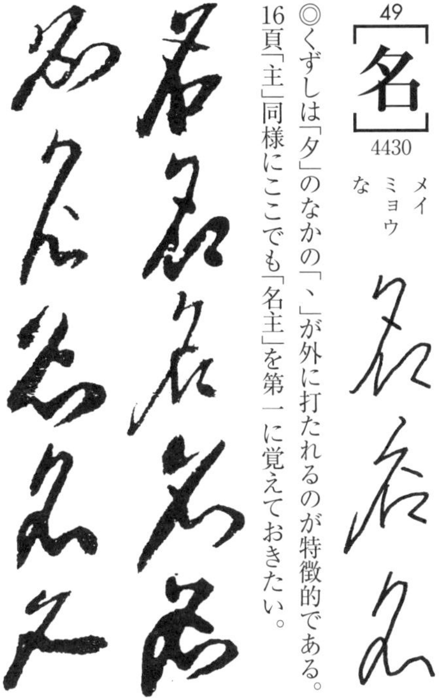

◎くずしは「夕」のなかの「、」が外に打たれるのが特徴的である。16頁「主」同様にここでも「名主」を第一に覚えておきたい。

【用例】

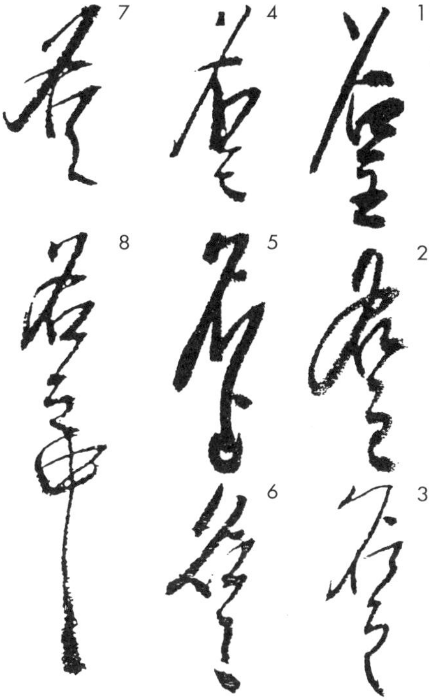

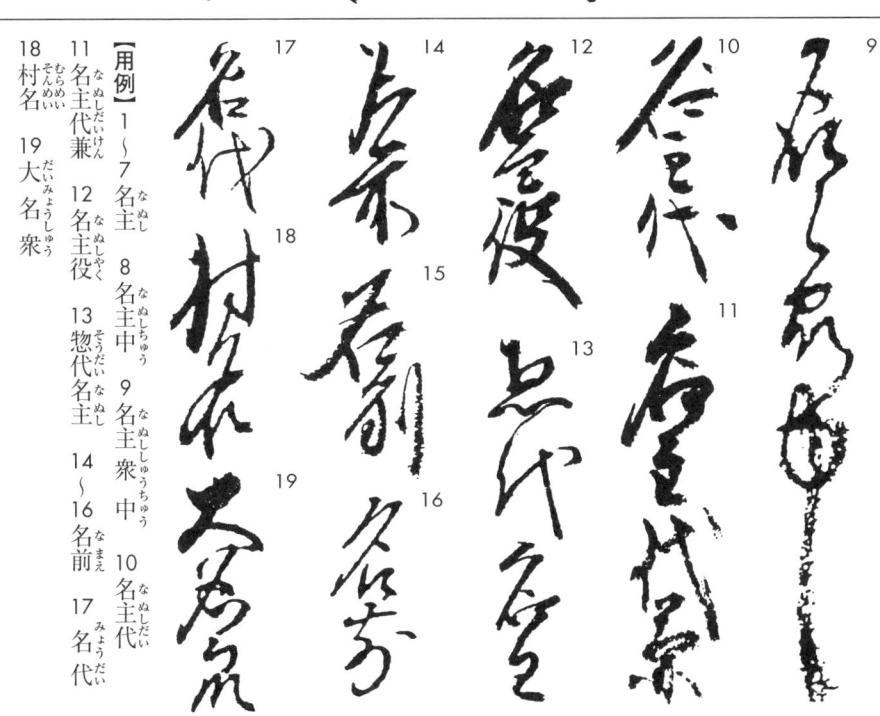

【用例】 1～7 名主《なぬし》　8 名主中《なぬしちゅう》　9 名主衆中《なぬししゅうちゅう》　10 名主代《なぬしだい》　11 名主代兼《なぬしだいけん》　12 名主役《なぬしやく》　13 惣代名主《そうだいなぬし》　14～16 名前《なまえ》　17 名代《みょうだい》　18 村名《むらめい》《そんめい》　19 大名衆《だいみょうしゅう》

50

哉

2640

サイ
かな
や

◎「～哉」「～候哉」の形で頻出し、「～か?」の意。くずしは種類が多いので、簡略化された単漢字の二列目を特に覚えたい。

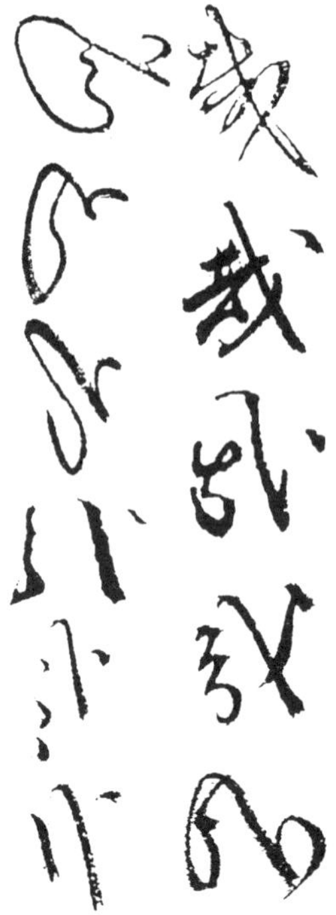

【用例】

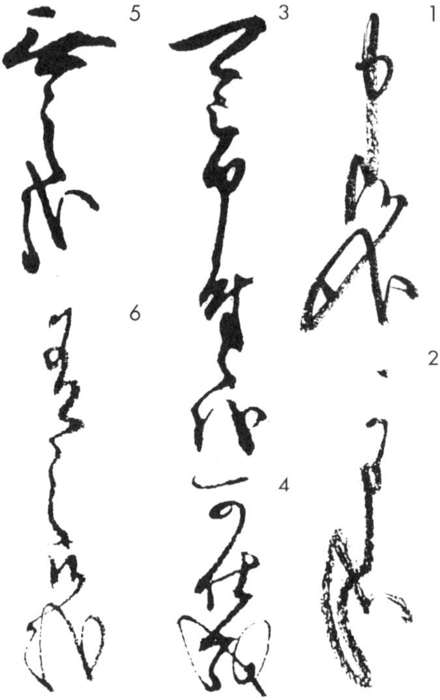

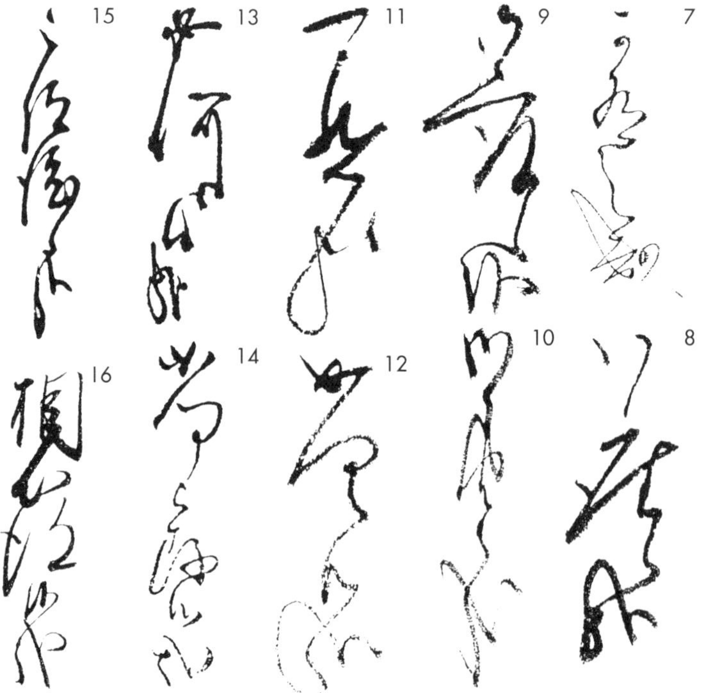

【用例】 1 申候哉《もうしそうろうや》 2 可レ申哉《もうすべきや》 3 可レ被二申付一候哉《もうしつけらるべくそうろうや》 4 可レ仕哉《つかまつるべきや》 5 無レ之哉《これなきや》 6 有レ之候哉《これありそうろうや》 7 可レ有レ之哉《これあるべきや》 8・9 御座候哉《ござそうろうや》 10 御坐候哉《ござそうろうや》 11 可レ然哉《しかるべきや》 12・13 如何ニ候哉《いかがにそうろうや》 14 如何被レ存候哉《いかがにぞんぜられそうろうや》 15 被二仰渡一候哉《おおせわたされそうろうや》 16 相心得候哉《あいこころえそうろうや》

51 [在] 2663

ザイ
ある
あり

◎「罷在」と「被レ為レ在」が頻出する。単漢字の3～5番目の形を覚えておけば、多少くずされても判読は可能だろう。

【用例】

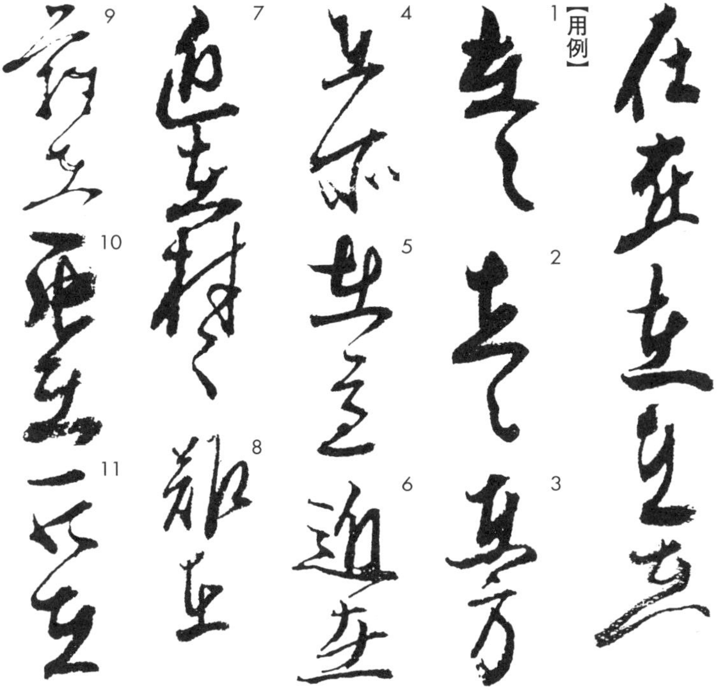

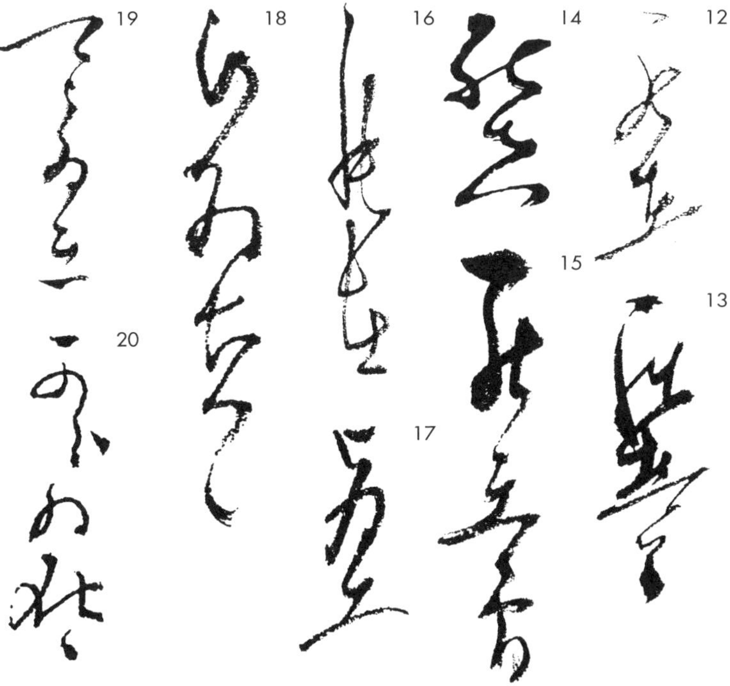

【用例】 1・2 在々《ざいざい》 3 在方《ざいかた》 4 在所《ざいしょ》 5 在邊《ざいへん》 6 近在《きんざい》 7 近在村々《きんざいむらむら》 8・9 難レ在《ありがたし》 10～12 罷在《まかりあり》 13 罷在候間《まかりありそうろうあいだ》 14 罷在《まかりあり》 15 罷在候間《まかりありそうろうあいだ》 16 罷在《まかりあり》 17 被レ為レ在《あらせられ》 18 被レ為レ在候《あらせられそうろう》 19 可レ被レ為レ在《あらせらるべし》 20 可レ被レ為レ在候《あらせらるべくそうろう》

52

【地】

3547

ジ　チ

◎「地頭」「地頭所（様）」が頻出する。旁の「也」のくずし様が特徴的で、前後から判断しないと「地」とわからないこともある。

【用例】

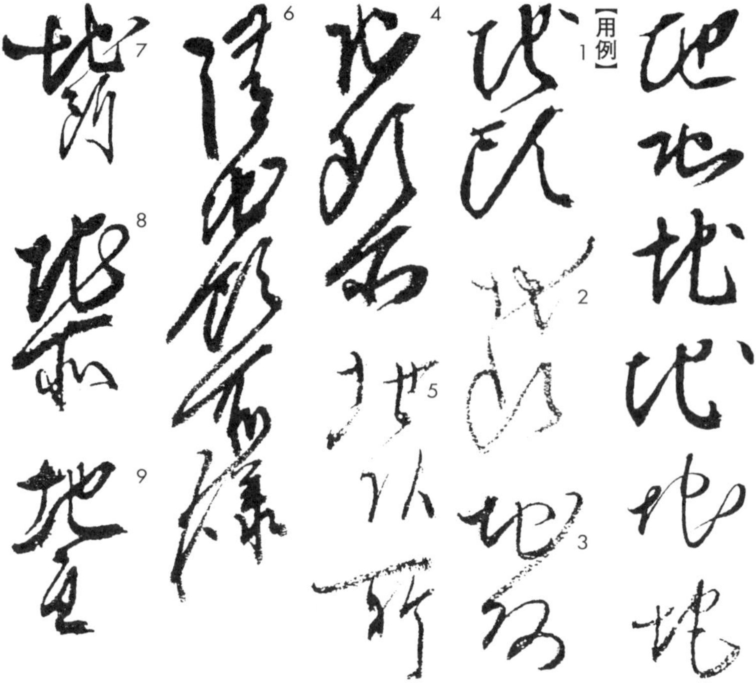

【用例】1～3地頭《じとう》　4・5地頭所《じとうしょ》　6御地頭所様《ごじとうしょさま》　7・8地所《じしょ》　9・10地主《じぬし》　11地方《じかた》　12地廻リ《じまわり》　13地借《じがり》　14請地《うけち》　15當地《とうち》　16當地之者《とうちのもの》　17其地《そのち》　18～20其御地《そのおんち》　21田地《でんち》

53

坐

2633

ザ すわる

◎ここに挙げたすべてが異体字（209頁の異体字一覧参照）のくずしと考えられる。「御坐候」も「御座候」も意味に違いはない。

【用例】

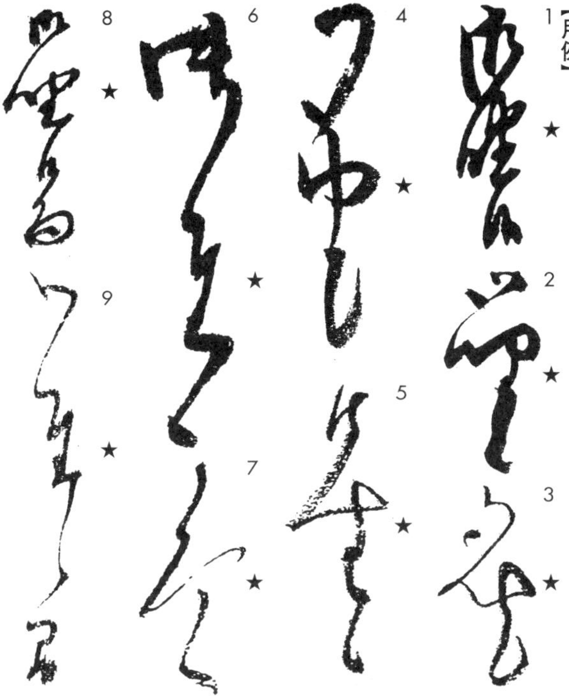

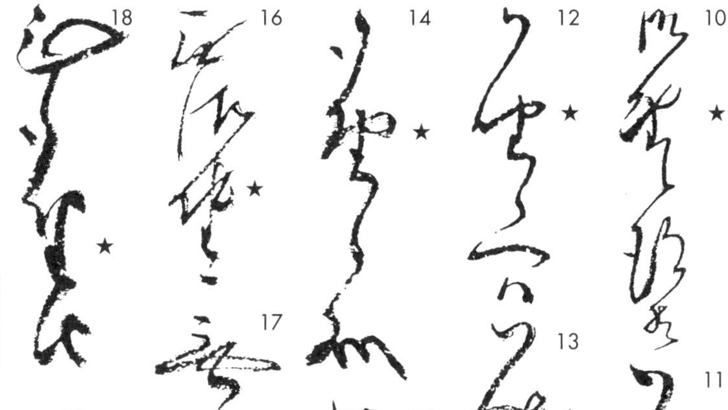

【用例】1〜7御坐候《ござそうろう》　8御坐候而《ござそうらいて》《ござそうろうて》　9御坐候間《ござそうろうあいだ》　10・11御坐候得共《ござそうらえども》　12御坐候へハ《ござそうらえば》　13御坐候哉《ござそうろうや》　14御坐候処《ござそうろうところ》　15如レ此御坐候《かくのごとくにござそうろう》　16・17無二御坐一候《ござなくそうろう》　18無二御坐一由《ござなきよし》　19被レ成二御坐一《ござなされ》

54
【壱（壹）】

1677
5269

イチ
イツ
ひとつ

◎「一」と同義で、特に文字に細工がなされないよう金銭や土地台帳（検地帳・名寄帳という）を書き上げる際に用いられた。

【用例】

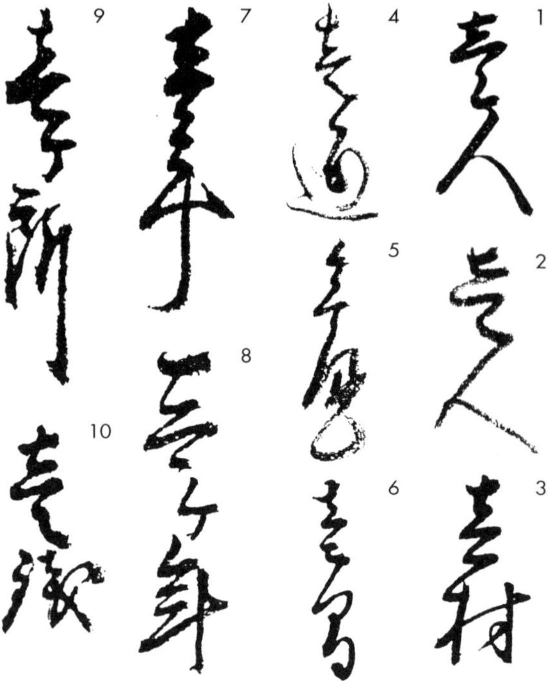

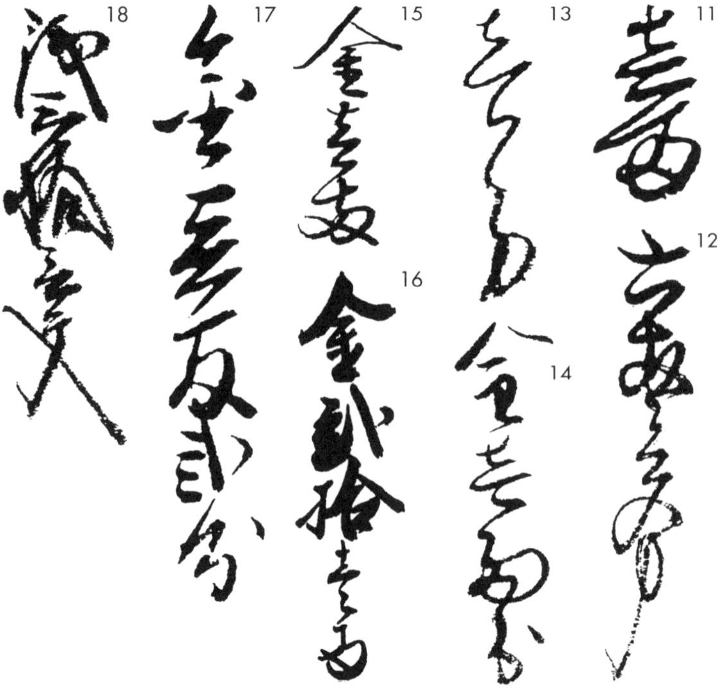

【用例】 1・2 壱人《いちにん》 3 壱村《いっそん》 4・5 壱通《いっつう》 6 壱間《いっけん》 7 壱年《いちねん》 8 壱ケ年《いっかねん》 9 壱ケ所《いっかしょ》 10 壱銭《いっせん》 11 壱両《いちりょう》 12 六両《ろくりょう》壱分《いちぶ》 13 壱分《いちぶ》 14 金壱両分《きんいちりょうぶ》 15 金壱両《きんいちりょう》 16 金弐拾壱両《きんにじゅういちりょう》 17 金壱両《きんいちりょう》弐分《にぶ》 18 銭三拾壱文《ぜにさんじゅういちもん》

55
外
1916

ガイ・ゲ
そと・ほか
はずれる

◎ここでは「夕」と「ー」が一つのまとまりになって、最後に「、」を打つ単漢字二列目の形を覚えておけばよい。

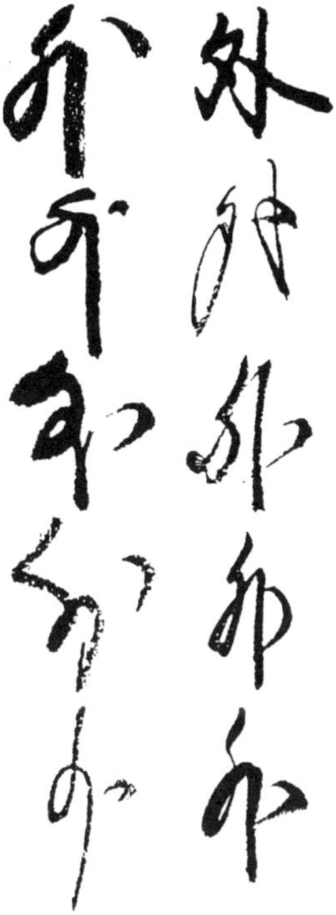

【用例】

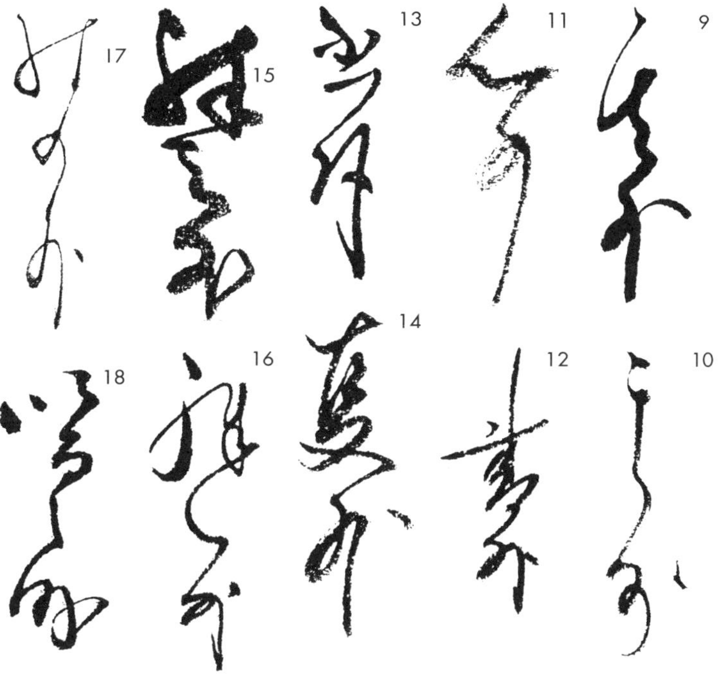

【用例】 1 外聞《がいぶん》 2 外見《がいけん》 3 外連《はずれ》 4 存外《ぞんがい》 5〜10 其外《そのほか》 11 心外《しんがい》 12・13 書外《しょがい》 14 事外《ことのほか》 15・16 殊《こと》之《の》外《ほか》 17 殊《こと》の外《ほか》 18 以而《もって》之《の》外《ほか》

56
多
3431
タ
おおい

◎単漢字の一列目と二列目で字形がまったく異なる点に注意して覚えたい。「多分」は頻出。また、14頁「両」とも類似する。

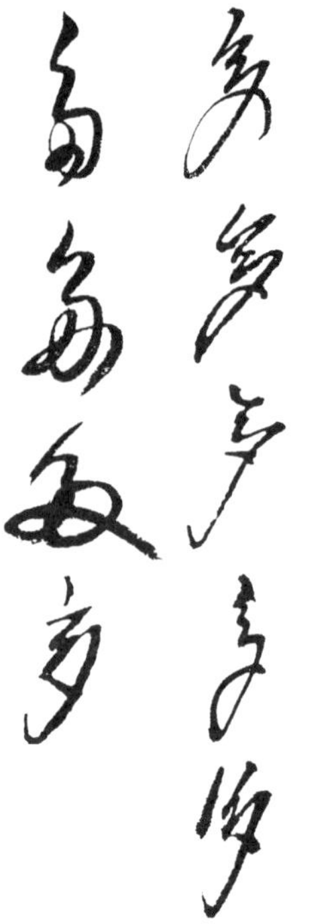

【用例】

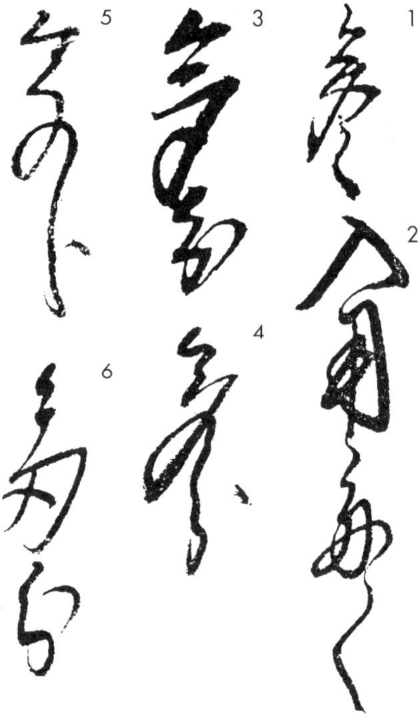

【用例】 1 多《おお》く　2 入用《にゅうよう》多《おお》く　3〜7 多分《たぶん》　8 多分《たぶん》之《の》入用《にゅうよう》　9 多分《たぶん》御座候得共《にござそうらえども》　10・11 多用《たよう》　12 恐　多《おそれおおく》　13 多三郎《たさぶろう》　14 多兵衛《たへえ》　15 多左衛門《たざえもん》

57

【奉】

4284

ホウ・ブ　たてまつる

◎「奉～」(～たてまつる)と上に返って読む形で頻出する最重要語。くずしは多様だが、単漢字の4、8番目を確実に覚えたい。

【用例】

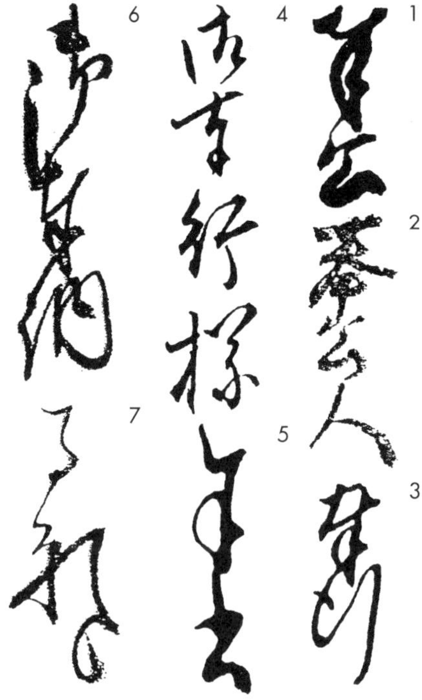

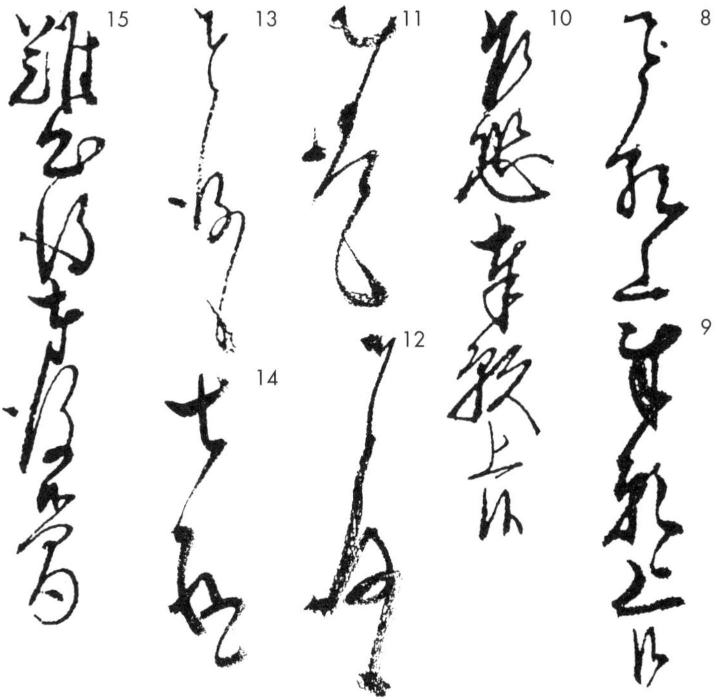

【用例】 1 奉公《ほうこう》　2 奉公人《ほうこうにん》　3 奉行《ぶぎょう》　4 御奉行様《おぶぎょうさま》　5 奉書《ほうしょ》　6 御奉納《ごほうのう》　7 奉レ願候《ねがいたてまつりそうろう》　8 奉二願上一《ねがいあげたてまつる》　9 奉二願上一候《ねがいあげたてまつりそうろう》　10 乍レ恐奉二願上一候《おそれながらねがいあげたてまつりそうろう》　11～14 奉レ存候《ぞんじたてまつりそうろう》　15 難二心得一奉レ存候間《こころえがたくぞんじたてまつりそうろうあいだ》

58
【如】
3901

ニョ
ジョ
ごとし

◎くずれると「め」と同形になる。「如レ件」「如何」「如レ此」は頻出するのでまとまりで覚えておきたい（28、30、125頁参照）。

【用例】

1 2 3 4 5 6 7

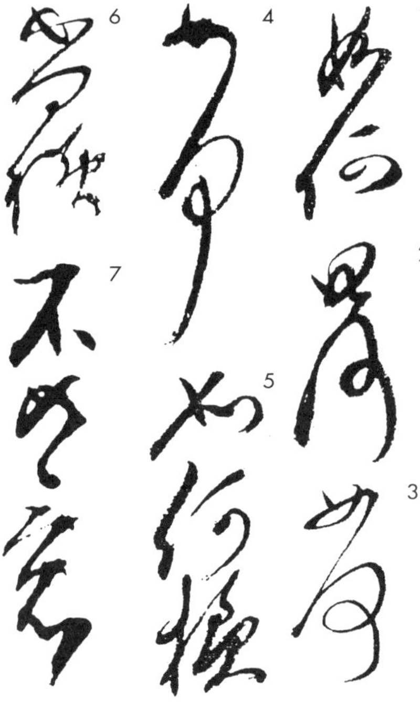

8 9 10 11 12 13 14 15 16 17

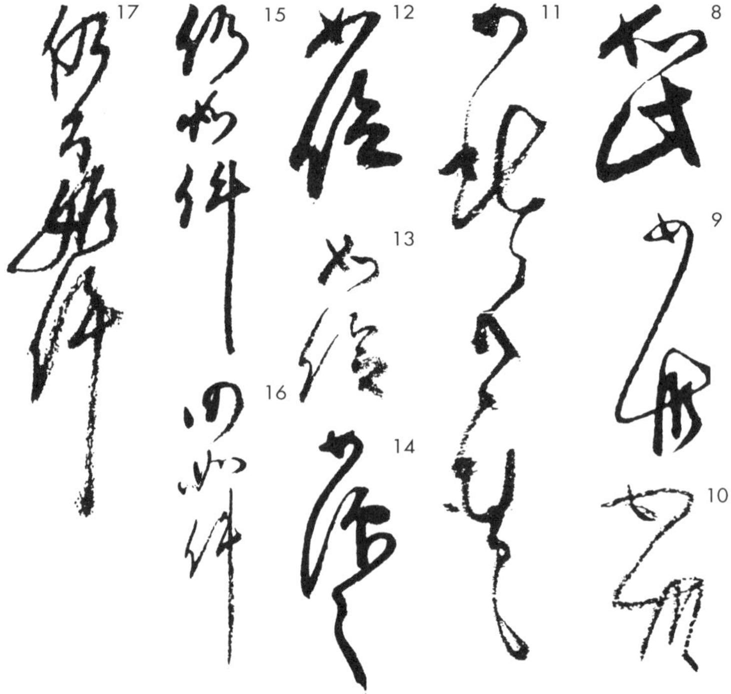

【用例】1〜4 如何《いかん／いかが》　5・6 如何様《いかよう》　7 不如意《ふにょい》　8〜10 如レ此《かくのごとし》
11 如レ此ニ御坐候《かくのごとくにござそうろう》　12・13 如レ仰《おおせのごとく》　14 如二仰之一《おおせのごとく》　15・16 仍如レ件《よってくだんのごとし》
17 仍而如レ件《よってくだんのごとし》

59
姓
3211

セイ
ショウ
かばね

◎「女」偏のくずし様によって字の雰囲気が変わるが、判読は容易である。「百姓」および村方三役の「百姓代」は頻出。

【用例】

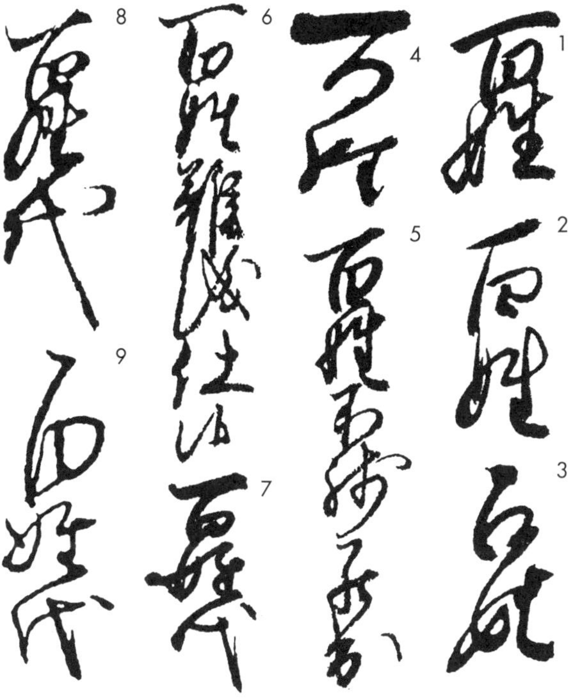

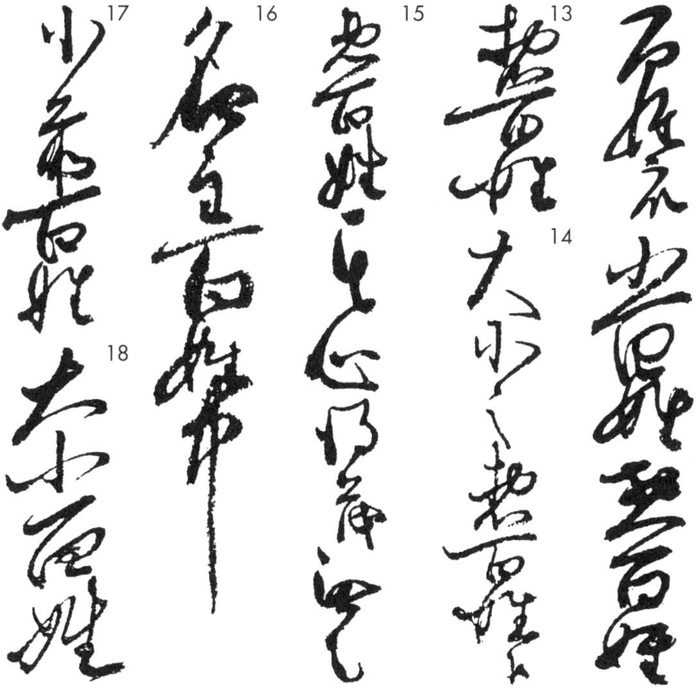

【用例】1～4 百姓《ひゃくしょう》 5 百姓不レ残罷出《ひゃくしょうのこらずまかりいで》 6 百姓難儀仕候《ひゃくしょうなんぎつかまつりそうろう》
7～9 百姓代《ひゃくしょうだい》 10 百姓衆《ひゃくしょうしゅう》 11 小百姓《こびゃくしょう》 12・13 惣百姓《そうびゃくしょう》
14 大小之惣百姓江《だいしょうのそうびゃくしょうへ》 15 惣百姓其心得茂無之《そうびゃくしょうそのこころえもこれなく》
16 名主百姓中《なぬしひゃくしょうちゅう》 17 小前百姓《こまえびゃくしょう》 18 大小百姓《だいしょうひゃくしょう》

60

【存】

3424

ソン
ゾン

◎くずれると一画目の横棒が略される。ここでは単漢字の二列目と頻出の「奉レ存候」の形を目に焼き付けてほしい。

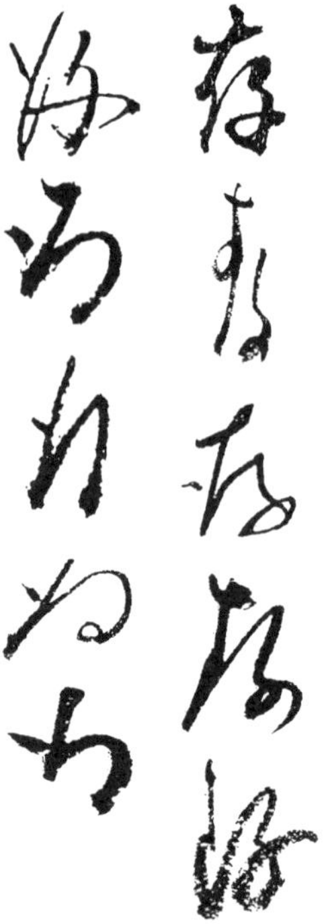

【用例】

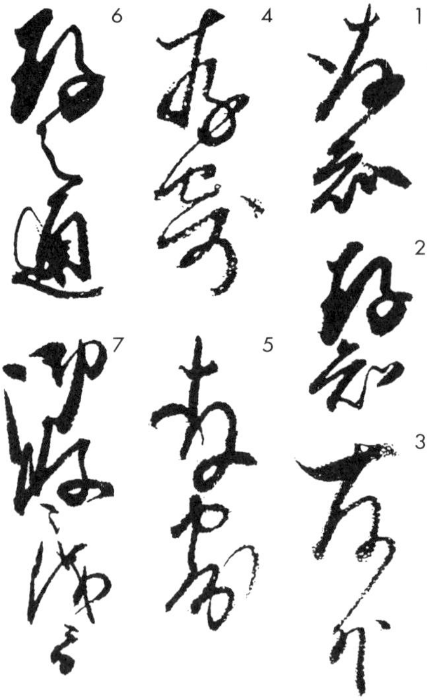

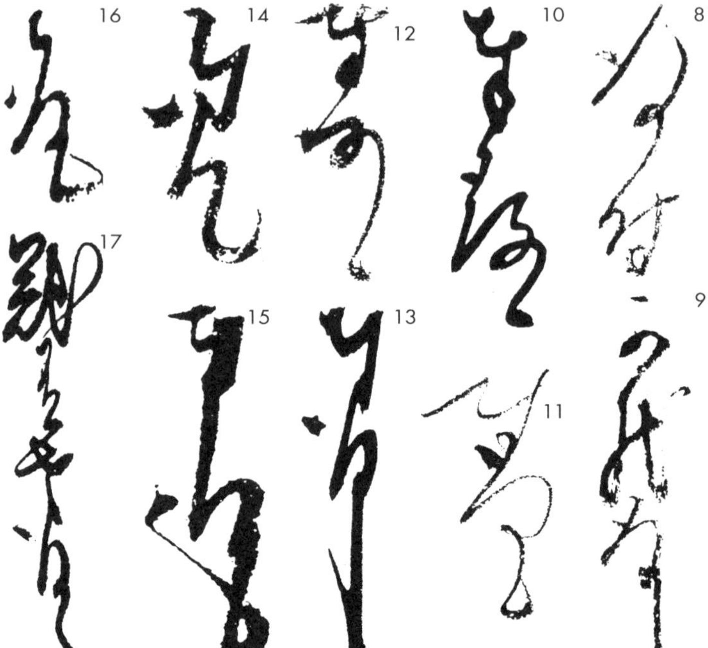

【用例】1・2 存知《ぞんじ》 3 存外《ぞんがい》 4・5 存寄《ぞんじより》 6 存之通《ぞんじのとおり》 7 御存《ごぞんじ》之《の》儀《ぎ》ニ而《にて》
8 存付《ぞんじつき》 9 可レ然存候《しかるべくぞんじそうろう》
10〜16 奉レ存候《ぞんじたてまつりそうろう》
17 難レ有奉レ存候《ありがたくぞんじたてまつりそうろう》

61

【宜】

2125

ギ

よろしい

よろしく

◎「宜」は異体字の「冝」(異体字一覧参照)がくずれたものがほとんどである。「宜敷」は頻出するのでぜひ覚えたい。

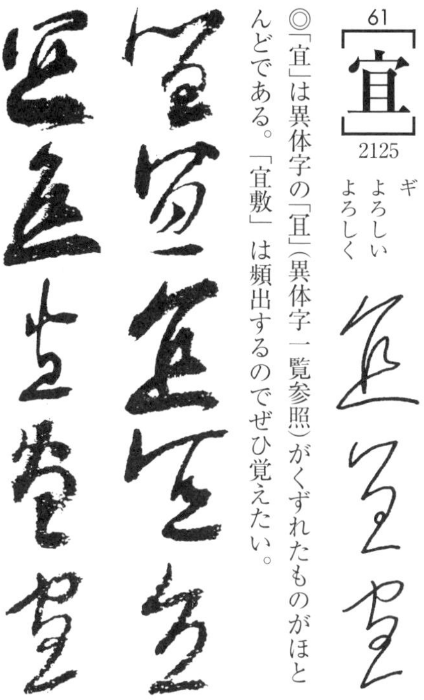

【用例】

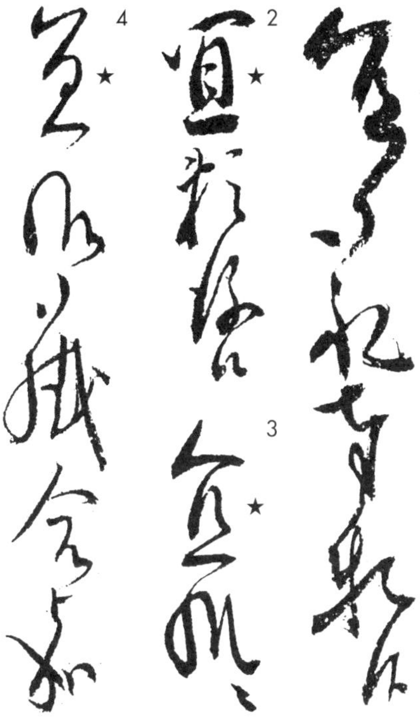

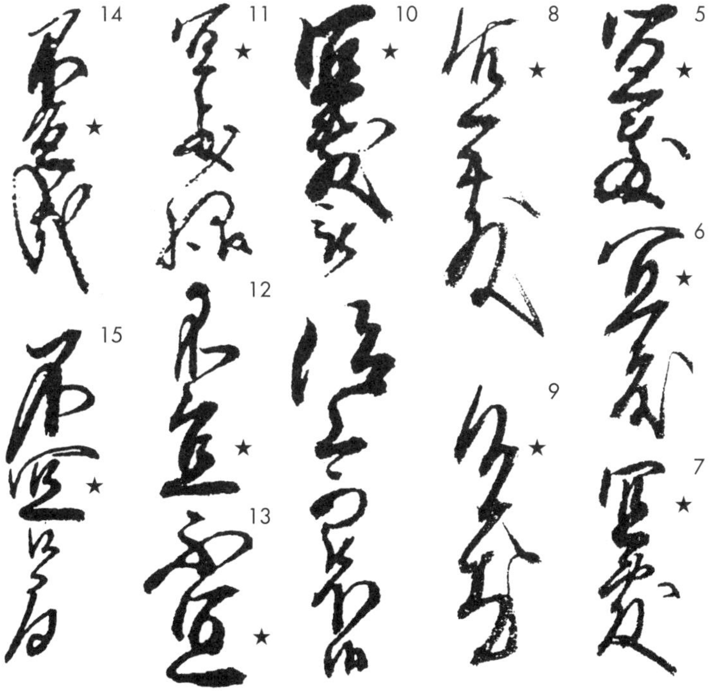

【用例】1宜《よろしく》御礼《おれい》奉レ頼《たのみたてまつり》候《そうろう》　2宜《よろしく》頼《たのみ》存《ぞんじ》候《そうろう》　3宜様《よろしきよう》ニ《に》　4宜様《よろしきよう》御掛合《おかけあい》被レ成《なされ》　5〜9宜敷《よろしく》　10宜敷《よろしく》被二仰上一《おおせあげられ》可レ被レ下候《くださるべくそうろう》　11宜敷様《よろしきよう》　12・13不レ宜《よろしからず》　14不レ宜哉《よろしからずや》　15不レ宜候間《よろしからずそうろうあいだ》

62

【定】

3674

テイ・ジョウ
さだめる
さだめ

◎「定而」「相定」が頻出する。激しくくずされることはなく、「宀」の下に「之」（18頁）と覚えておけばよいだろう。

【用例】

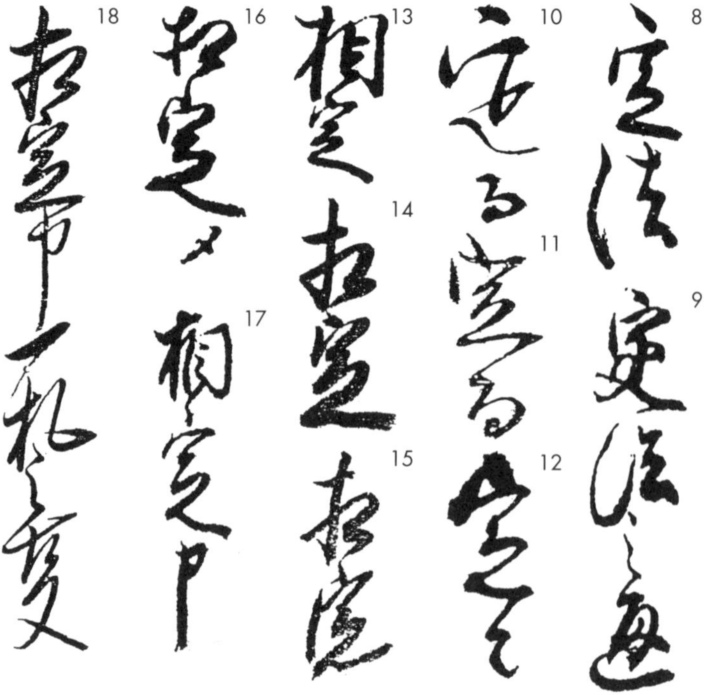

【用例】 1 御定《おさだめ》 2 御定通リ《おさだめどおり》 3 定置《さだめおく》 4 定書《さだめがき》 5 定納《じょうのう》 6 定役《じょうやく》

7 定役二而《じょうやくにて》 8 定法《じょうほう》 9 定法之通《じょうほうのとおり》 10・11 定而《さだめて》 12 定て《さだめ》

13～15 相定《あいさだむ》 16 相定メ《あいさだめ》 17 相定申《あいさだめもうす》 18 相定申一札之事《あいさだめもうすいっさつのこと》

63

家

1840

カ・ケ
いえ
や

◎「宀」がはっきりしているものと「冖」から「、」を下に続けて書くものの二種類がある。単漢字の3～5番目を覚えてほしい。

【用例】

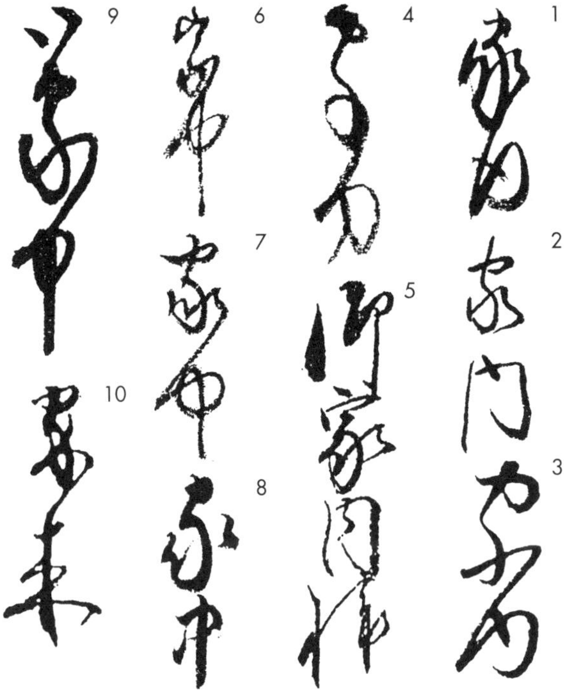

【用例】1～4 家内《かない》 5 御家内様《ごかないさま》 6～8 家中《かちゅう》 9 御家中《ごかちゅう》 10～12 家来《けらい》 13 家頼《けらい》 14 家来衆《けらいしゅう》 15 家人《けにん》 16・17 御家人《ごけにん》 18 家主《いえぬし》《やぬし》 19 家持《いえもち》 20・21 後家《ごけ》 22 出家《しゅっけ》 23 公家《くげ》

64
【寄】
2083

キ／よる
よせる
よせ

◎くずしは多様だが、「宀」が「セ」になり旁が「可」のように書かれるものが多く用いられる。「寄合」「存寄」が頻出。

【用例】

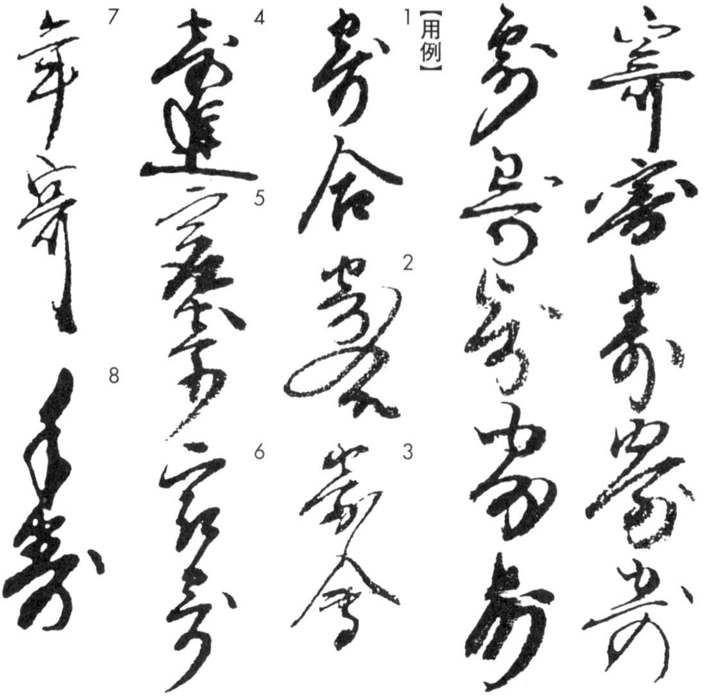

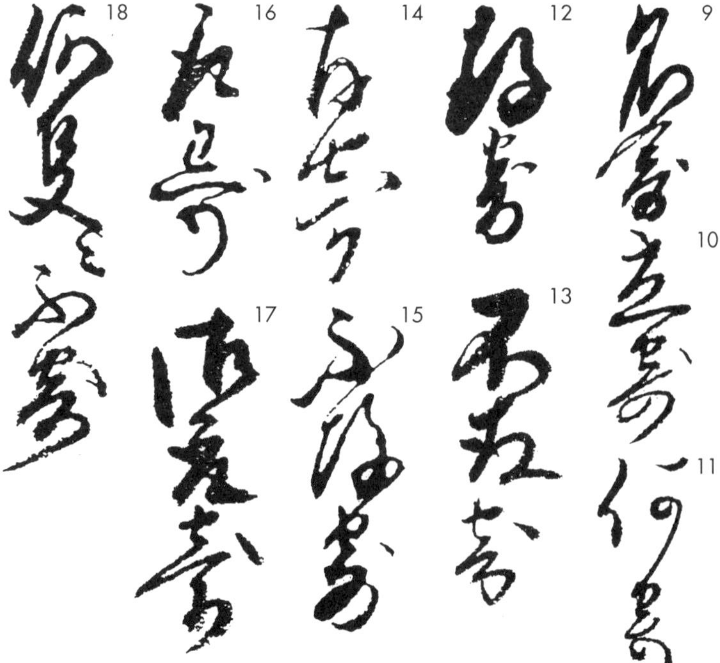

【用例】 1・2寄合《よりあい》 3寄會《よりあい》 4寄進《きしん》 5・6最寄《もより》 7年寄《としより》 8手寄《てより》 9名寄《なよせ》 10立寄《たちよる》 11何寄《なにより》 12存寄《ぞんじより》 13不二存寄一《ぞんじよらず》 14存寄《ぞんじより》 15不二存寄一《ぞんじよらず》 16取寄《とりよせ》 17御取寄《おとりよせ》 18何事ニ不レ寄《なにごとによらず》

65
当（當）
3786
6536

トウ
あてる・あたる
あて・まさに

◎くずし字はすべて旧字の「當」である（「当」が「田」部に配置されている字典もある）。単漢字二列目が頻出するので覚えたい。

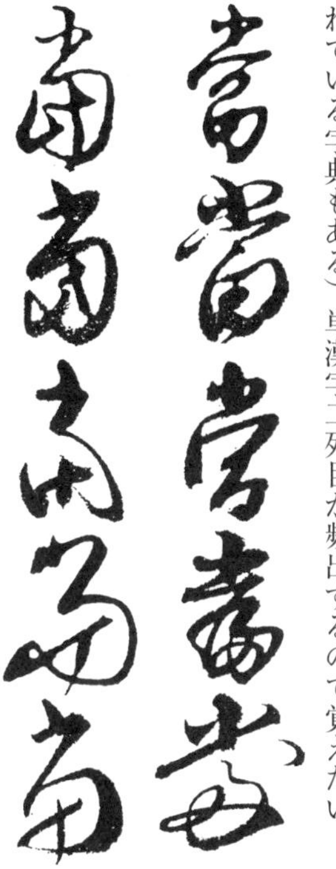

【用例】

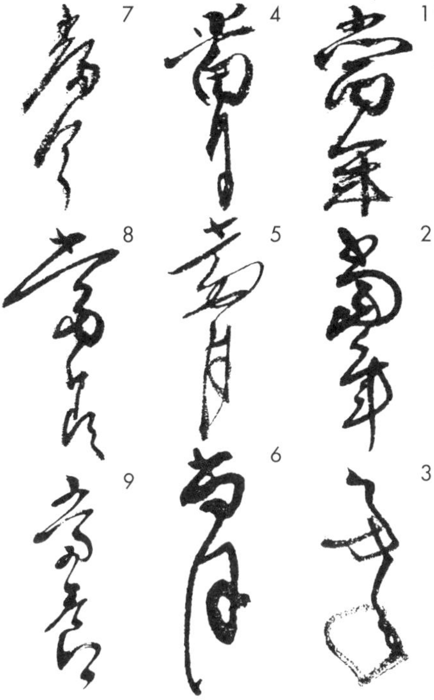

【用例】1〜3當年《とうねん》　4〜6當月《とうげつ》　7當今《とうこん》　8・9當節《とうせつ》　10當分《とうぶん》　11當分之内《とうぶんのうち》　12・13當村《とうそん》《とうむら》　14當地《とうち》　15・16當方《とうほう》　17・18當人《とうにん》　19當用《とうよう》　20當座《とうざ》　21手當《てあて》　22引當《ひきあて》

66 届 3847

カイ
とどけ・とどく
とどける

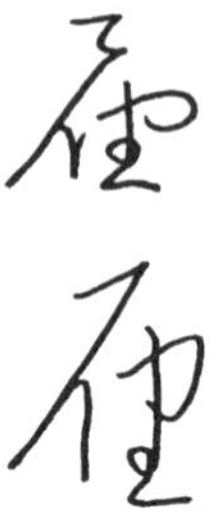

◎「尸」が「厂」と略されて書かれることも多いが、142頁「由」が判読できれば問題ない。「御届」「行届」「不行届」が頻出する。

【用例】

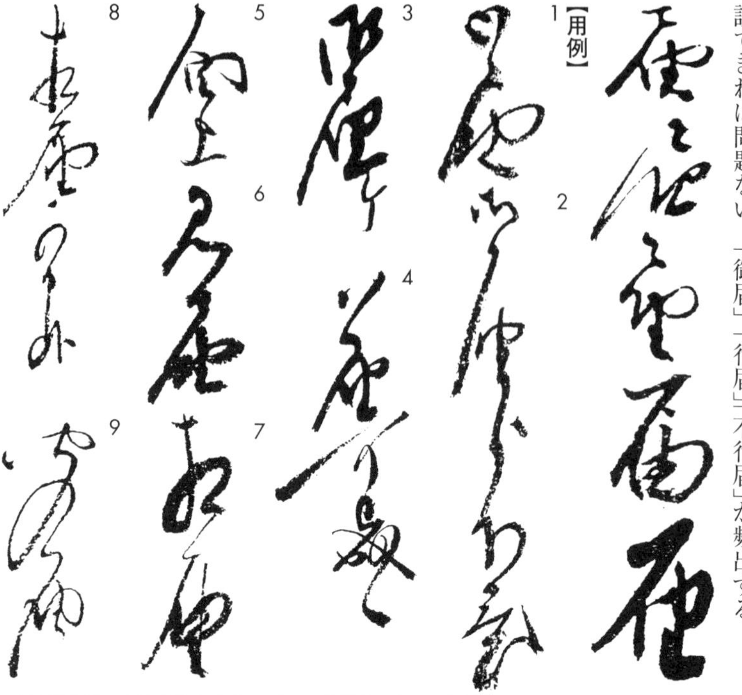

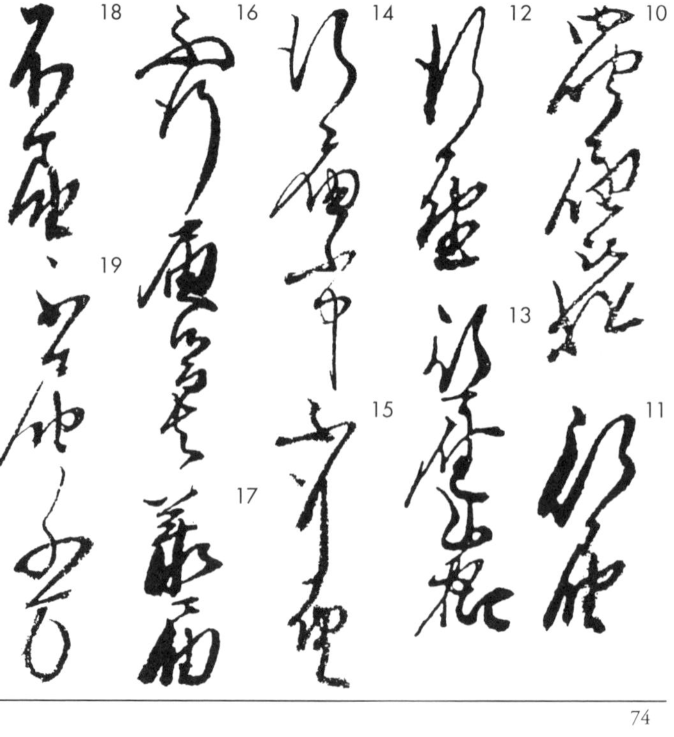

【用例】 1 御届《おとどけ》　2 御届被二下置一《おとどけくだしおかれ》　3 御届ケ《おとどけ》　4 御届可レ被レ成候《おとどけなさるべくそうろう》
5 届上《とどけあげ》　6 見届《みとどけ》　7 相届《あいとどけ》　8 相届可レ申候《あいとどけもうすべくそうろう》　9 聞届《ききとどけ》
10 御聞届被レ遊《おききとどけあそばされ》　11・12 行届《ゆきとどく》　13 行 届 候 様《ゆきとどきそうろうよう》　14 行届不レ申《ゆきとどきもうさず》
15 不行届《ふゆきとどき》・不二行届一《ゆきとどかず》　16 不二行届一候而者《ゆきとどかずそうろうては》　17 承届《うけとどけ》　18 不届《ふとどき》
19 不届千万《ふとどきせんばん》

67 屋 1816

オク
や
やね

◎「屋敷」が最頻出である。「屋」についてはほとんど「厂」で書かれる点に注意する。また、162頁「至」のくずしも要確認。

【用例】

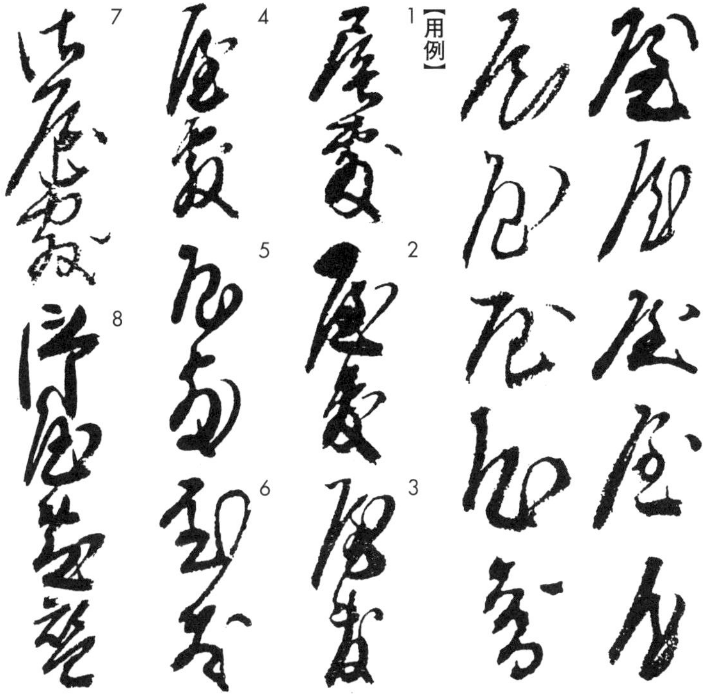

【用例】 1～6屋敷《やしき》 7御屋敷《おやしき》 8御屋敷替《おやしきがえ》 9・10御屋敷様《おやしきさま》 11田地《でんち》・山《やま》・屋敷《やしき》 12屋敷《やしき》・山共《やまとも》 13家屋敷《いえやしき》 14明屋敷《あきやしき》 15蔵屋敷《くらやしき》 16両替屋《りょうがえや》 17万屋《よろずや》 18米屋《こめや》 19小屋《こや》

68 【左】 2624 サ ひだり

◎人名「～左衛門」が頻出。「左様」「左候得者」などの言い回しも覚えたい。単漢字の4、5番目の特殊なくずしにも注意する。

【用例】

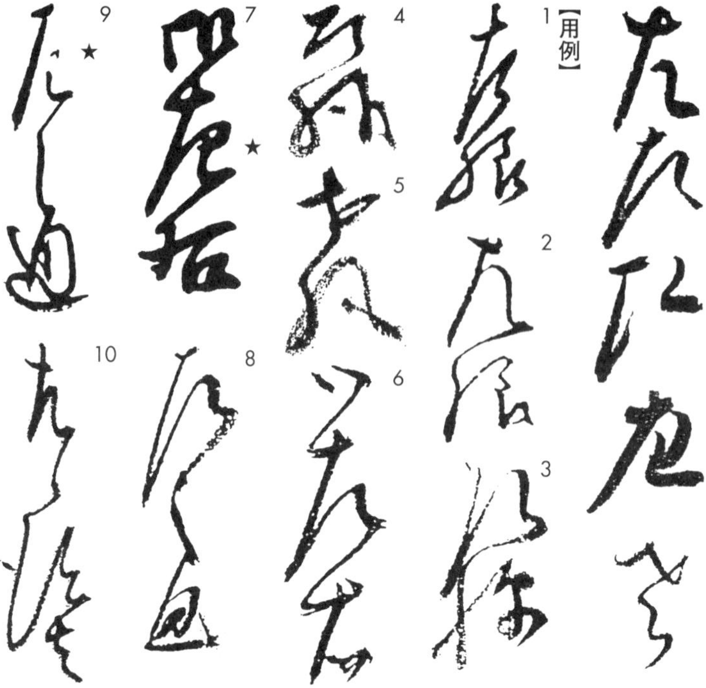

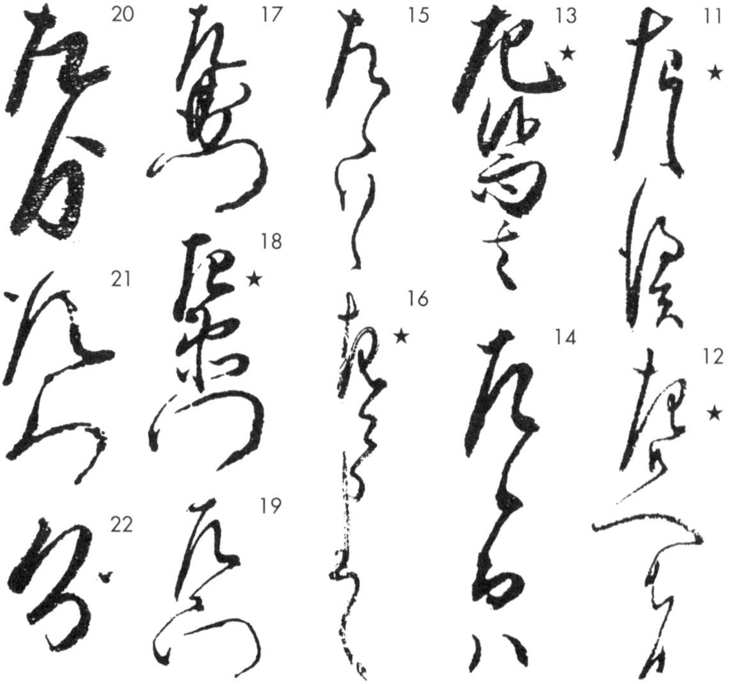

【用例】1～5 左様《さよう》 6・7 御左右《ごそう》 8・9 左之通《さのとおり》 10・11 左候得者《さそうらえば》 12 左候へ者《さそうらえば》 13 左候而者《さそうらいては・さそうろうては》 14 左候而ハ《さそうらいては・さそうろうては》 15 左候ハ、《さそうらわば》 16 左ニ申上候《さにもうしあげそうろう》 17～22 左衛門《ざえもん・さえもん》

69

［差］

2625

サ
さす
さし

◎146頁「相」同様、接頭語として動詞に付いた形で頻出する重要語で用例も多様。単漢字の9、10番目をぜひ覚えておきたい。

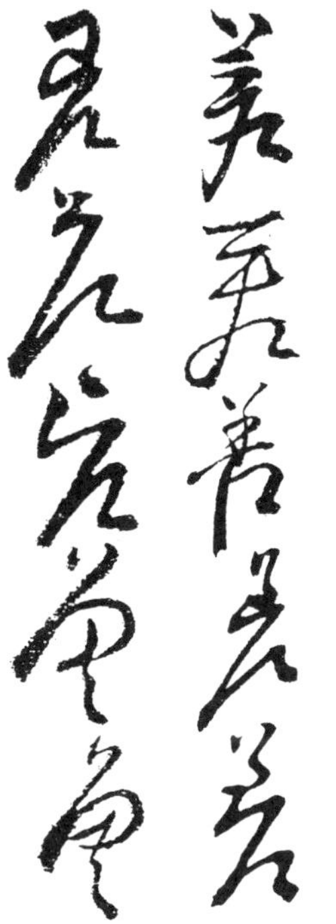

【用例】

1 2 3 4 5 6 7

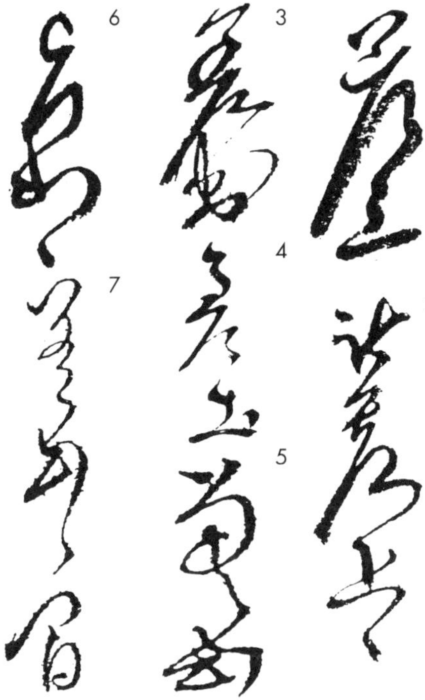

8 9 10 11 12 13 14 15 16 17 18 19

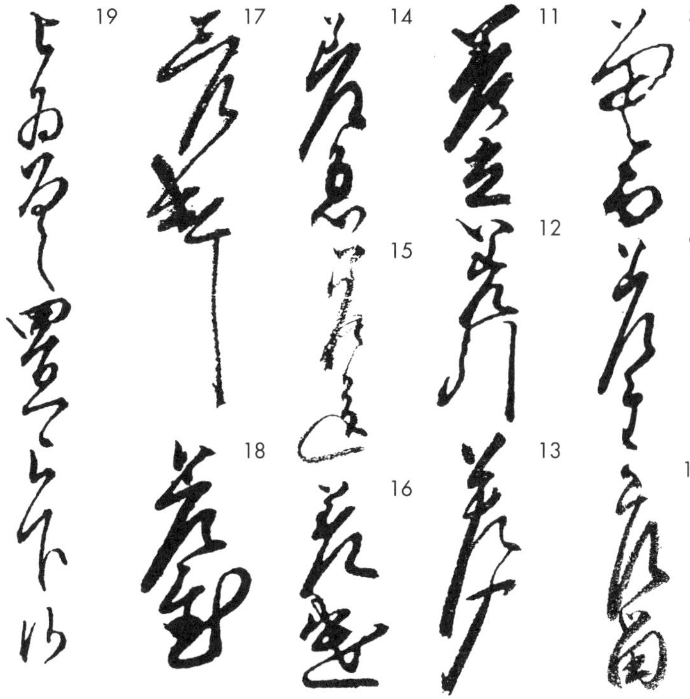

【用例】 1 差上《さしあげ》 2 被ニ差上一候《さしあげられそうろう》 3～5 差出《さしだす》 6 差出候《さしだしそうろう》 7 差出候間《さしだしそうろうあいだ》 8 差而《さして》 9 差重《さしおもる》 10 差留《さしとめ》 11 差立《さしたて》 12 差引《さしひき》 13 差入《さしいれ》 14 差急《さしいそぎ》 15 差送《さしおくり》 16 差遣《さしつかわす》 17 差遣し《さしつかわ》 18 差置《さしおく》 19 被レ為ニ差置一被レ下候《さしおかせられくだされそうろう》

70

【年】

3915

ネン

とし

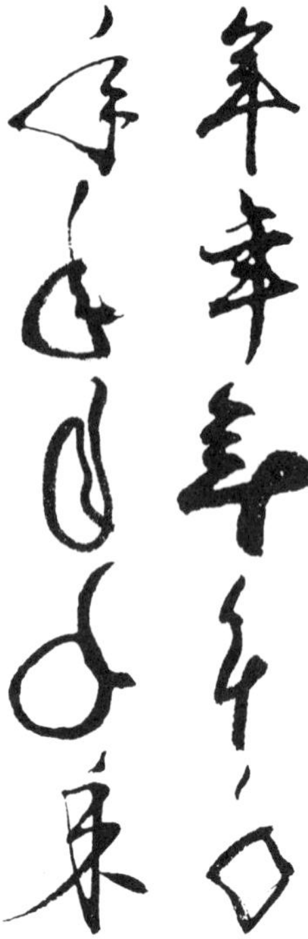

◎単漢字の4番目以降が頻出。100頁「手」も同じくずしになるが、前後関係から判断すれば誤読することはないだろう。

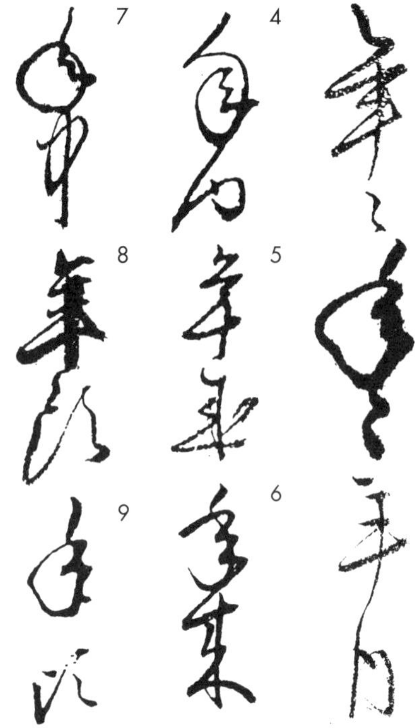

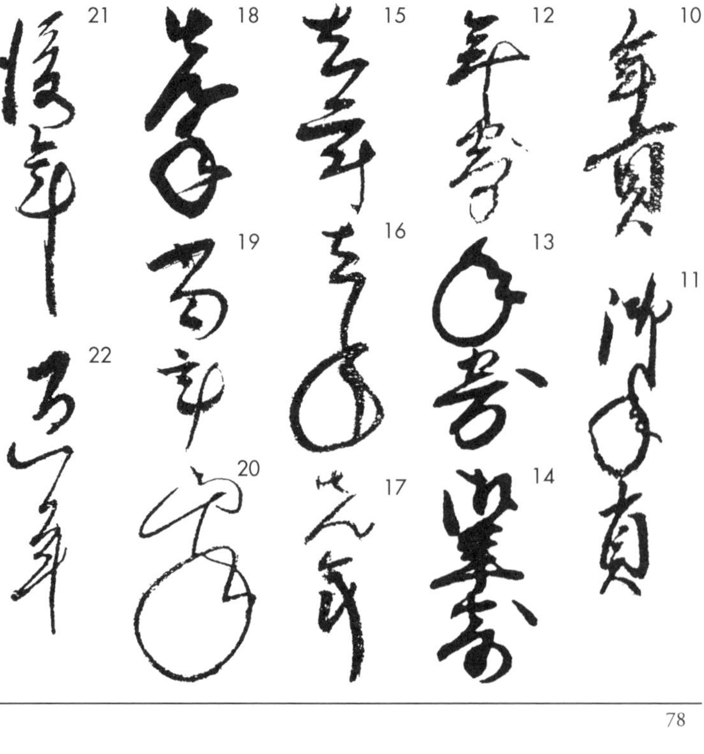

【用例】 1・2年々《ねんねん》 3・4年内《ねんない》 5・6年来《ねんらい》 7年中《ねんちゅう》《ねんじゅう》 8・9年頭《ねんとう》 10年貢《ねんぐ》 11御《お》年貢《ねんぐ》 12・13年寄《としより》 14御《お》年寄《としより》 15・16去年《きょねん》《さるとし》 17・18先年《せんねん》 19・20當年《とうねん》 21後年《こうねん》 22過年《かねん》

71
幷（并）
5485

ヘイ・ヒョウ
ならぶ
ならびに

◎「～幷～」の形が基本で、「～並びに～」と同義。すべて異体字「幷」のくずしを用いる。極端なくずしはないので判読は容易。

【用例】

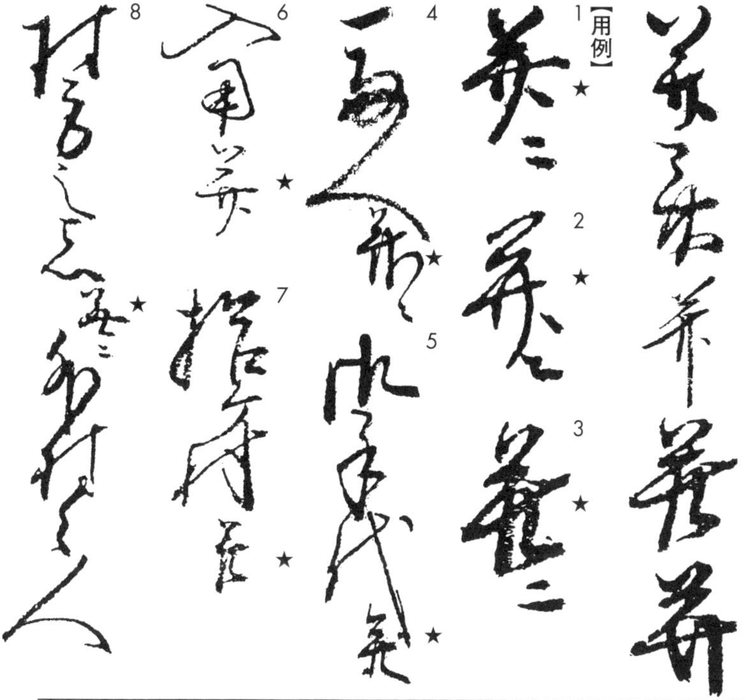

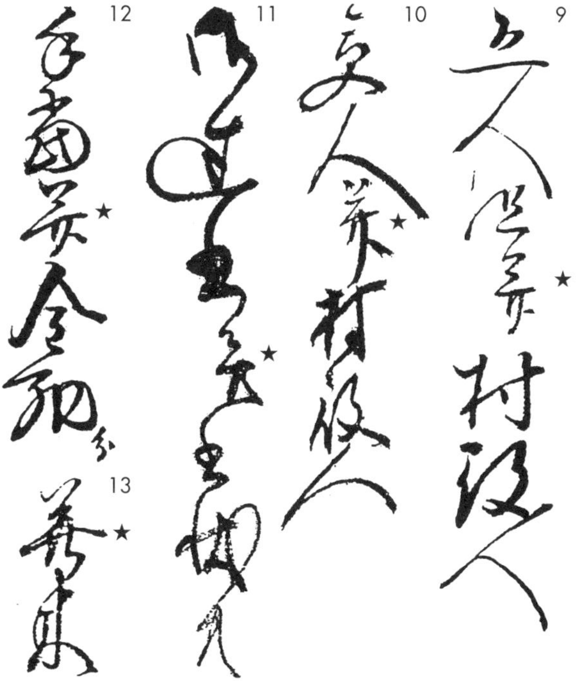

【用例】 1～3 幷ニ《ならびに》 4 一両人幷ニ《いちりょうにんならびに》 5 御《お》手《て》代幷《だいならびに》 6 入用幷《にゅうようならびに》 7 拾ケ村幷《じゅっかそんならびに》 8 村方《むらかた》之《の》者幷ニ外村々人《ものならびにほかむらむらびと》 9 五人組 幷 村役人《ごにんぐみならびにむらやくにん》 10 受人 幷 村役人《うけにんならびにむらやくにん》 11 御達書 幷 書状共《おたっしがきならびにしょじょうとも》 12 手《て》當 幷 金納分《あてならびにきんのうぶん》 13 幷《なみ》木《き》（並木の誤記）

72
【度】
3757

ド・タク
ト／たび
たい

◎「急度」「此度」「得二〜一度」の形が頻出。読み方も前後の字句によってさまざまなので注意する。134頁「渡」も参照。

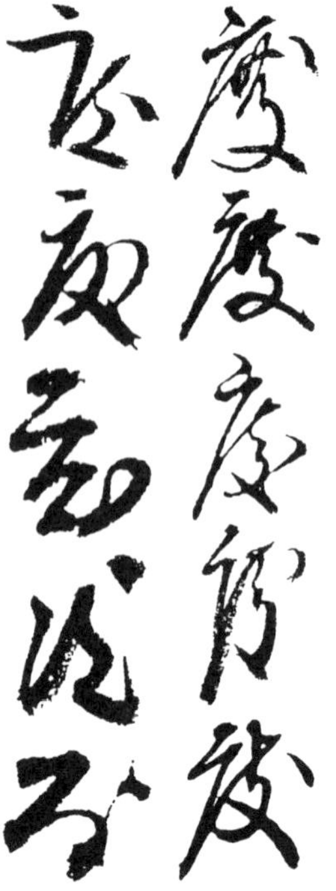

【用例】

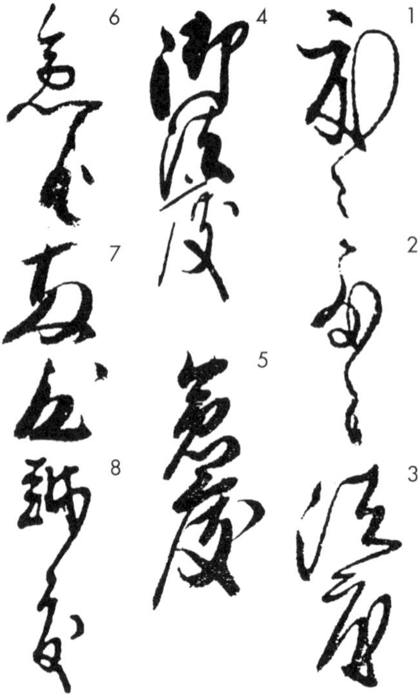

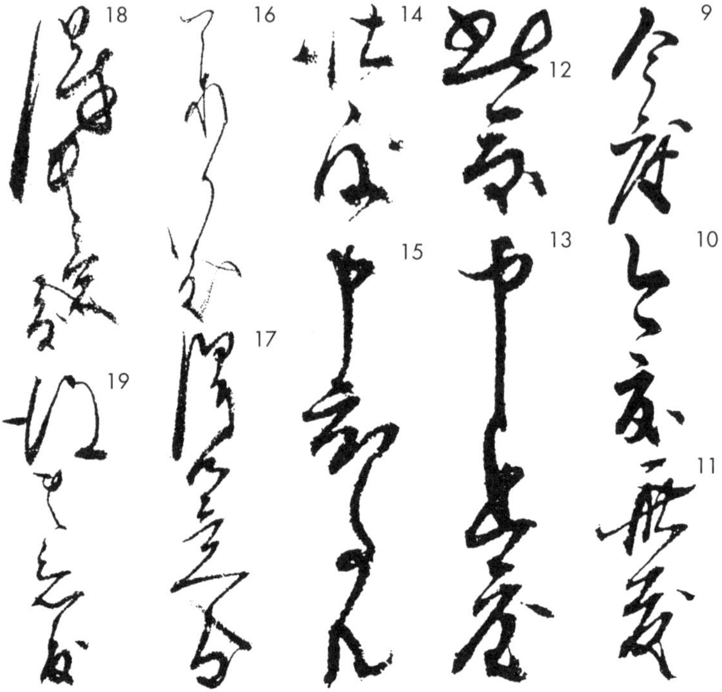

【用例】1・2度々《たびたび》　3法度《はっと》　4御法度《ごはっと》　5・6急度《きっと》　7両度《りょうど》　8越度《おちど》　9・10今度《こんど》　11・12此度《このたび》《こたび》　13申上度《もうしあげたく》　14仕　度《つかまつりたく》　15申　度事共《もうしたきことども》　16承　り度《うけたまわりたく》　17得二御意一度《ぎょいをえたく》　18・19得二貴意一度《きいをえたく》

73

座

2634

ザ

すわる

◎61頁「坐」同様、「御座候」が最重要である。「座」は「广」に「坐」だが、「坐」ではなく「生」に似たくずし字が入る点に留意する。

【用例】

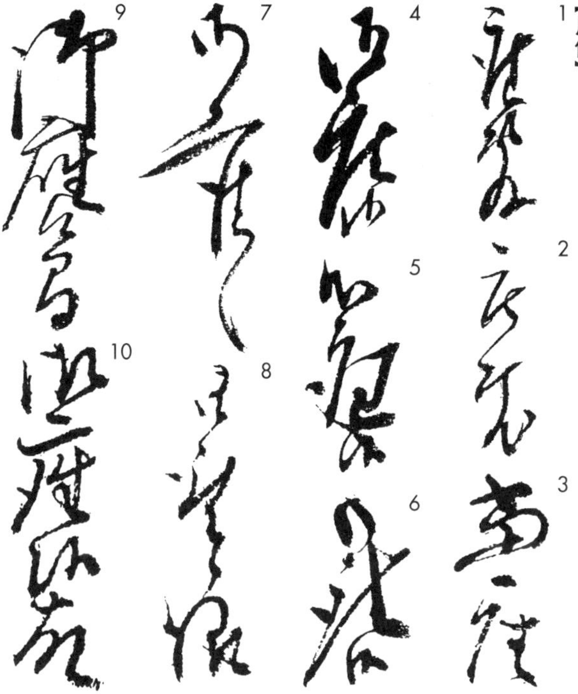

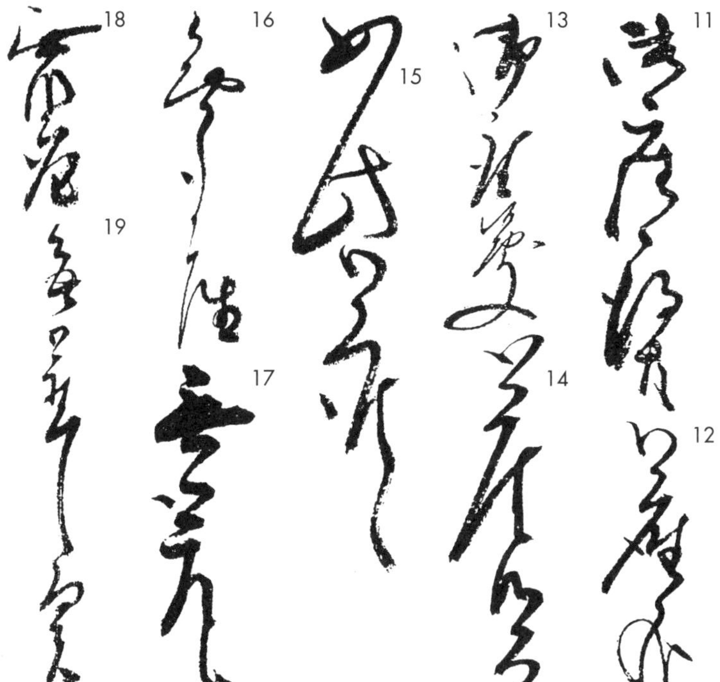

【用例】1・2座敷《ざしき》 3當座《とうざ》 4〜7御座候《ござそうろう》 8御座候様《ござそうろうよう》 9御座候間《ござそうろうあいだ》 10御座候故《ござそうろうゆえ》 11御座候得共《ござそうらえども》 12御座候哉《ござそうろうや》 13御座候處《ござそうろうところ》 14御座候而《ござそうらいて》《ござそうろうて》 15如レ此御座候《かくのごとくにござそうろう》 16無二御座《ござなく》一 17無二御座一候《ござなくそうろう》 18無二御座《ござなく》一 19無二御座一候而者《ござなくそうらいては》《ござなくそうろうては》

74
廻
1886

カイ・エ
めぐる・まわり
まわる

◎「廴」は181頁以降の「辶」と同じくずしになるので参照されたい。「廴」に54頁「向」、56頁「同」、111頁「日」と似た字が組み合わさる。

【用例】

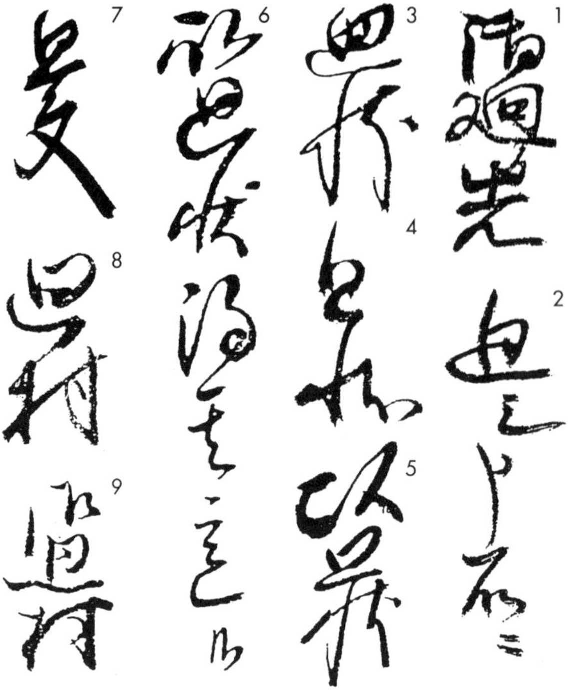

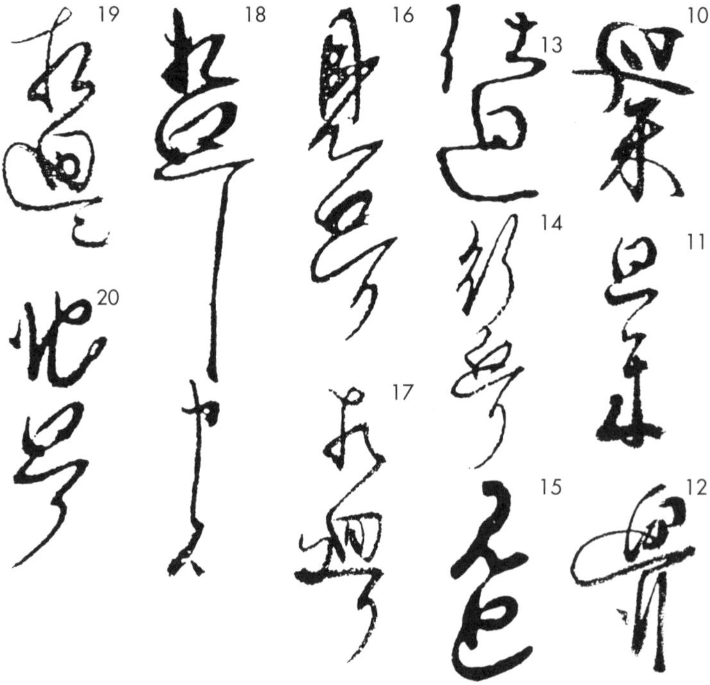

【用例】1 御廻リ先《おまわりさき》 2 廻シ申所ニ《まわしもうすところに》 3・4 廻状《かいじょう》 5 以二廻状一《かいじょうをもって》
6 以二廻状一得二其意一候《かいじょうをもってそのいをえそうろう》 7 廻文《かいぶん》 8 廻村《かいそん》 9 御廻村《ごかいそん》 10・11 廻米《かいまい》
12 廻行《かいぎょう》 13 仕廻《しまう》 14 行廻リ《ゆきまわり》 15 見廻《みまわり》 16 見廻リ《みまわり》 17 相廻リ《あいまわり》
18 相廻し申候《あいまわしもうしそうろう》 19 相廻シ《あいまわし》 20 地廻リ《じまわり》

75

弍（貳）

3885
7640

ニ・ジ
ふたつ

◎「二」と同義で、62頁「壱」同様の用いられ方がなされた。くずれると58頁「哉」と似てくるが、判読には問題ないだろう。

【用例】

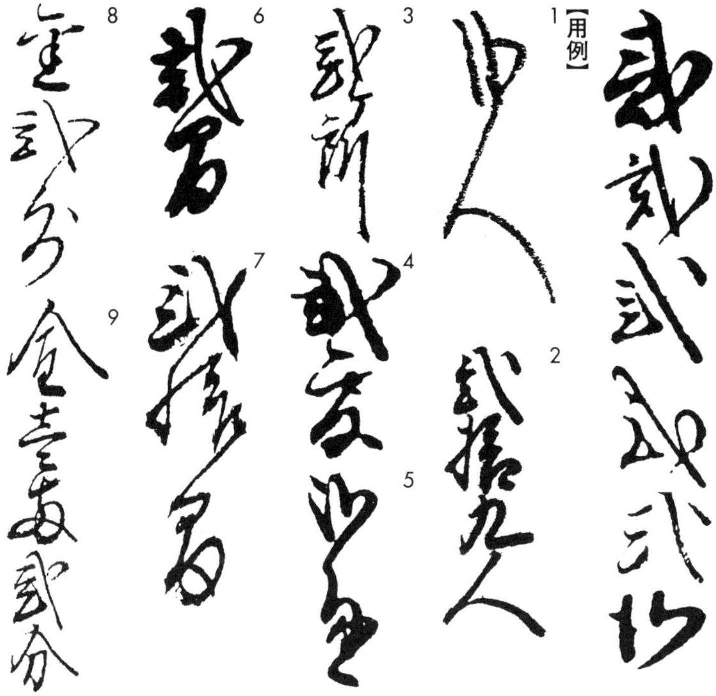

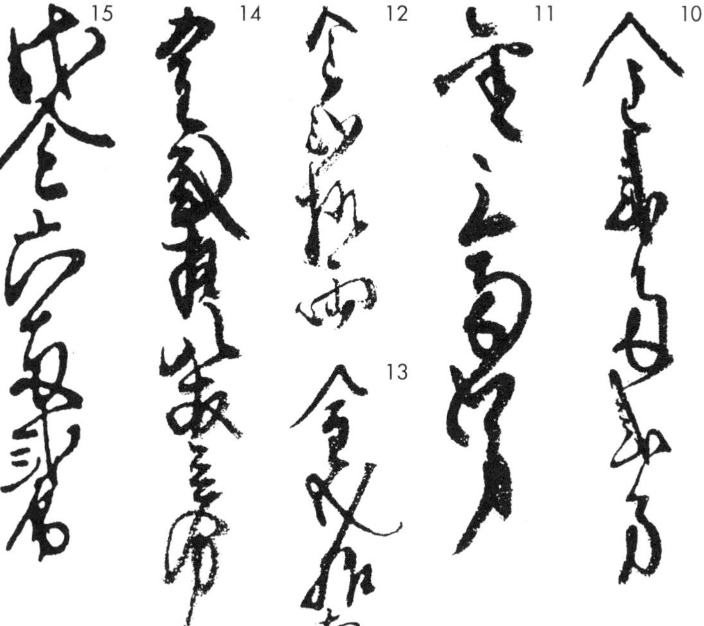

【用例】

1 弍人《ににん》《ふたり》 2 弍拾九人《にじゅうくにん》 3 弍《に》ケ所《しょ》 4 弍度《にど》《ふたたび》 5 弍通《につう》《ふたとおり》 6 弍間《にけん》

7 弍拾間《にじゅっけん》 8 金弍分《きんにぶ》 9 金壱両弍分《きんいちりょうにぶ》 10 金弍両弍分《きんにりょうにぶ》

11 金三両弍分《きんさんりょうにぶ》 12・13 金弍拾両《きんにじゅうりょう》 14 金弍拾八両壱分《きんにじゅうはちりょういちぶ》

15 代金六両弍分《だいきんろくりょうにぶ》

76

引

1690

イン
ひく

◎「引受(請)」「承引」を覚えたい。極端にくずされると縦棒二本を並列した形になる。167頁「行」とも間違えやすいので注意。

【用例】

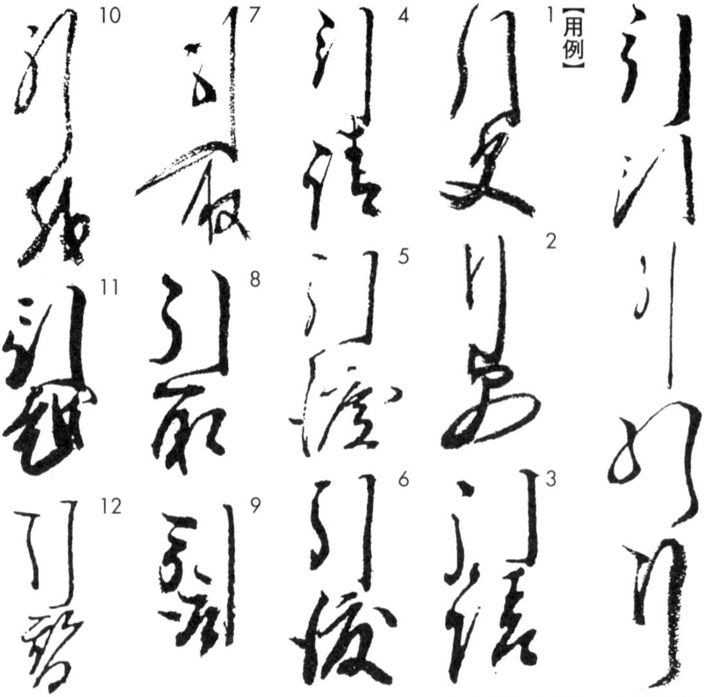

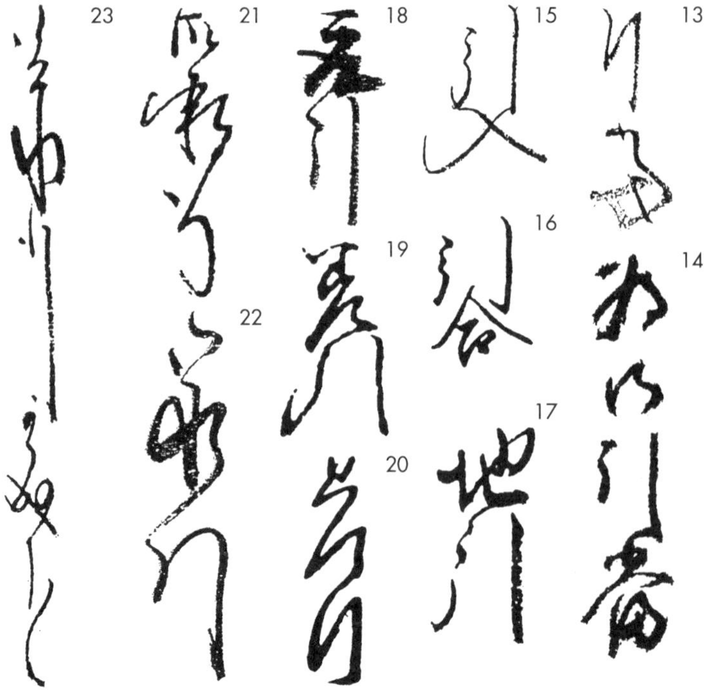

【用例】1・2引受《ひきうけ》　3・4引請《ひきうけ》　5・6引渡《ひきわたし》　7～9引取《ひきとり》
10・11引越《ひっこし》　12引替《ひきかえ》　13引當《ひきあて》　14為二御引當一《おひきあてとして》　15引入《ひきいれ》　16引合《ひきあい》
17地引《じびき》　18取引《とりひき》　19・20差引《さしひき》　21・22御承引《ごしょういん》
23御承引可レ被二成下一候《ごしょういんなしくださるべくそうろう》

77 【弥（彌）】 4479 5529

ビ・ミ
や
いよいよ

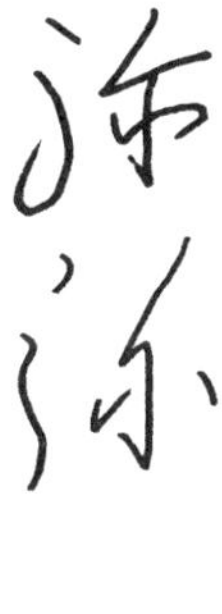

◎単独の「弥」でも「弥々」と同じく「いよいよ」と読む点に注意する。単漢字の五つを覚えておけば判読には十分である。

【用例】

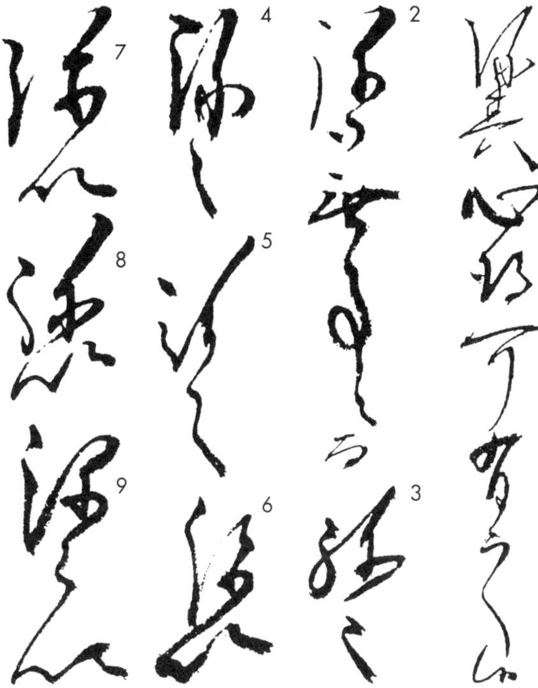

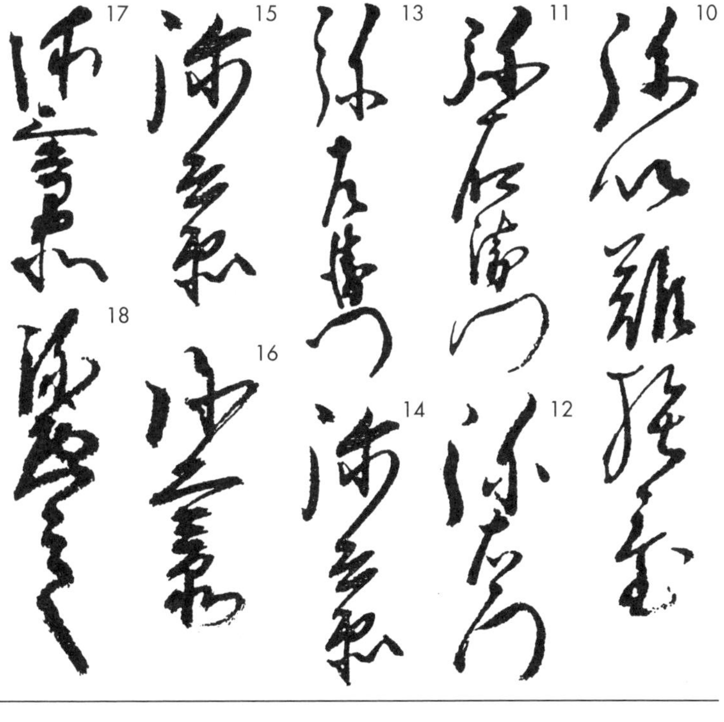

【用例】1 弥其心得可㆓有之㆒候《いよいよそのこころえこれあるべくそうろう》 2 弥《いよいよ》御無事《ごぶじ》二而《にて》 3～5 弥々《いよいよ》 6～8 弥以《いよいよもって》 9 弥々以《いよいよもって》 10 弥以難㆓捨置㆒《いよいよもってすておきがたく》 11・12 弥右衛門《やえもん》 13 弥左衛門《やざえもん》 14・15 弥兵衛《やへえ》 16 弥二兵衛《やじべえ》 17 弥三兵衛《やそべえ》 18 弥惣兵衛《ややそうべえ》《ややそべえ》

78 役 4482

ヤク
エキ

◎「亻」と「殳」のくずしの変化に注目。「亻」は「イ」や「氵」と、「殳」は「攵」と同じになる（同じ偏・旁を含む漢字を参照）。

【用例】

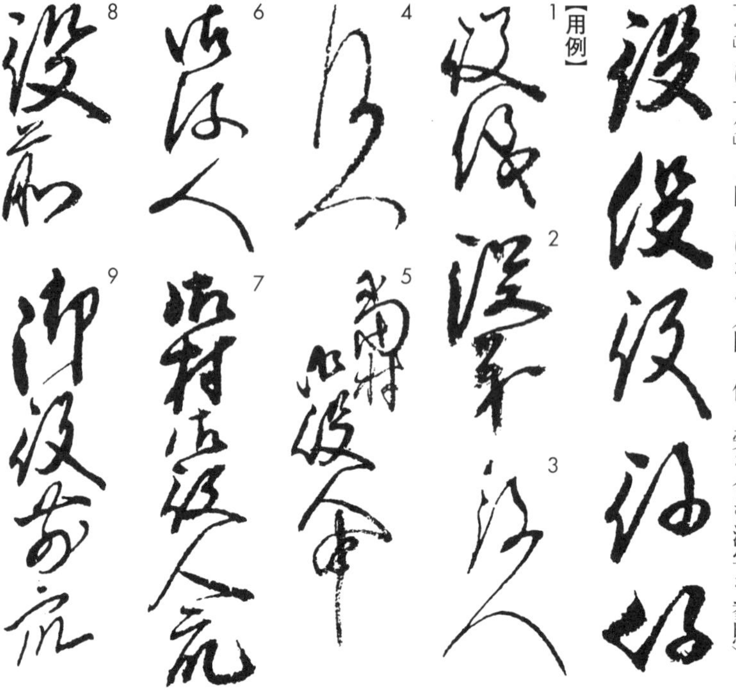

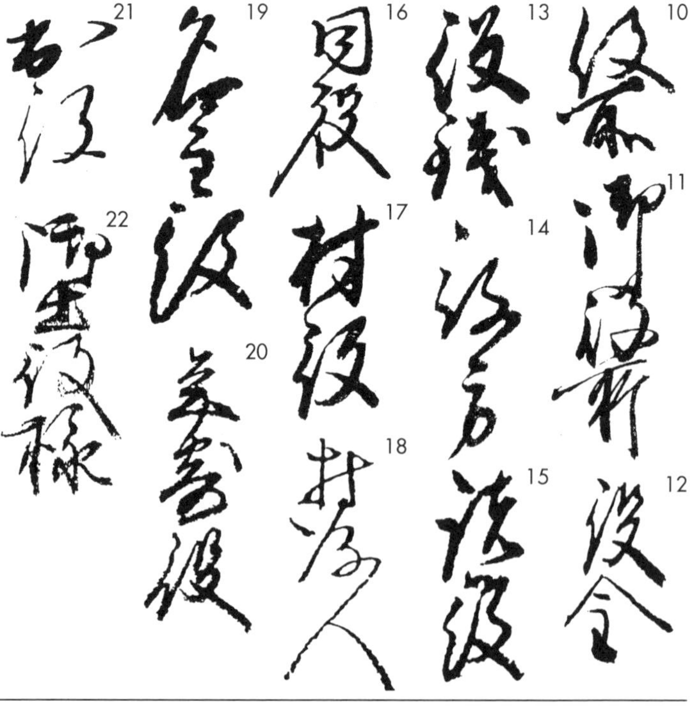

【用例】 1 役儀《やくぎ》 2 役義《やくぎ》 3・4 役人《やくにん》 5 當村《とうそん》《とうむら》御役人中《おやくにんちゅう》 6 御役人《おやくにん》 7 御村《おんむら》御役人衆《おやくにんしゅう》 8 役前《やくまえ》 9 御役前衆《おやくまえしゅう》 10 役所《やくしょ》 11 御役所《おやくしょ》 12 役金《やくきん》 13 役銭《やくせん》 14 役方《やくかた》 15 諸役《しょやく》 16 同役《どうやく》 17 村役《むらやく》 18 村役人《むらやくにん》 19 名主役《なぬしやく》 20 年寄役《としよりやく》 21 出役《でやく》《しゅつやく》 22 御出役様《おでやくさま》《ごしゅつやくさま》

79
【後】
2469

ゴ・コウ
のち・あと
うしろ

◎134頁「渡」と誤読しやすいので注意する。「為二後日一」は用例6の形で頻出する書止め文言。単漢字の二列目を確実に覚えたい。

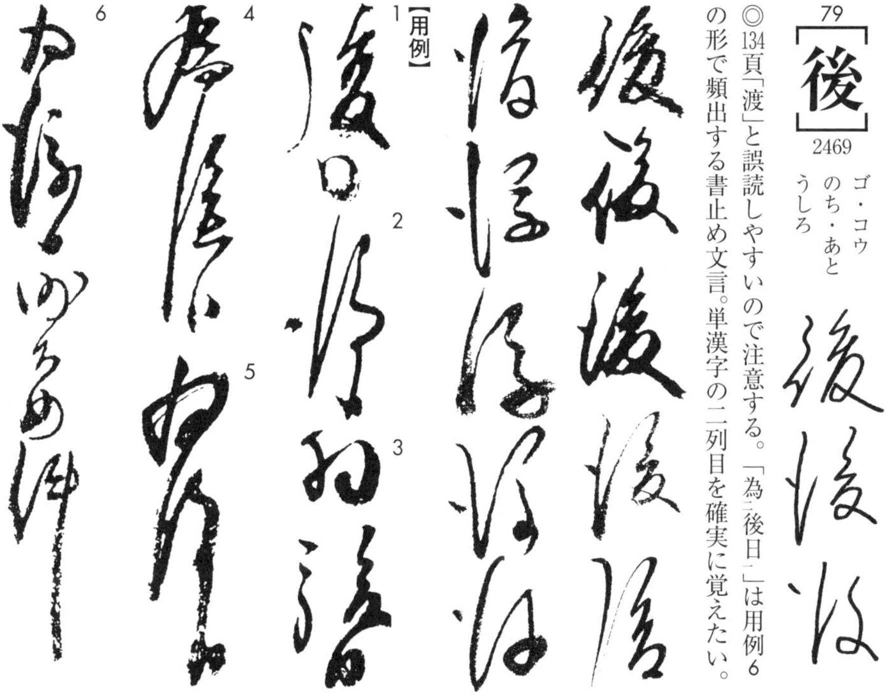

【用例】 1・2後日《ごじつ》 3〜5為二後日一《ごじつのため》 6為二後日一仍而如レ件《ごじつのためよってくだんのごとし》
7後役《あとやく》 8・9後家《ごけ》 10・11以後《いご》 12・13向後《こうご》《きょうこう》 14・15前後《ぜんご》
16〜21其後《そのご》

80

得

3832

トク
える
うる

◎「心得（違）」「得二〜一」「候得共」「候得者」が頻出の最重要語。単漢字の4番目以降の特殊なくずしを完璧に覚えておきたい。

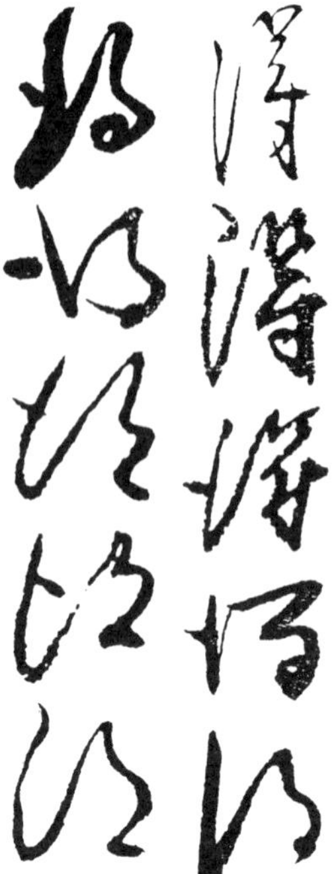

【用例】

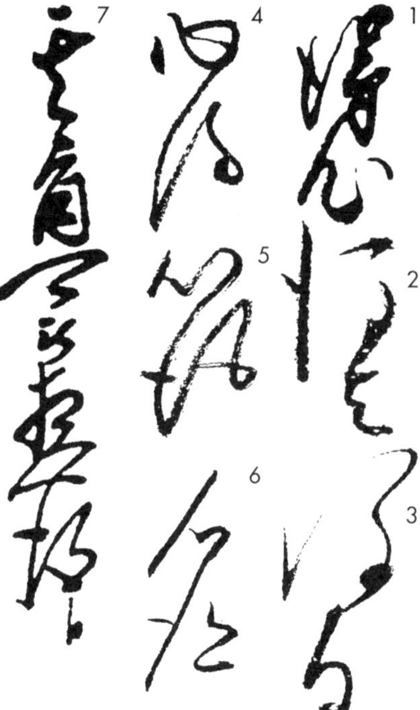

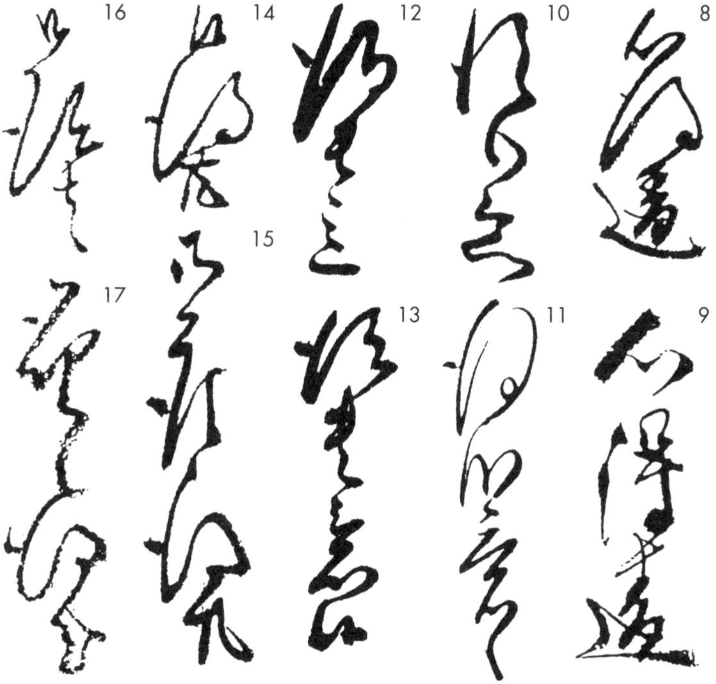

【用例】1得心《とくしん》　2・3得与《とくと》　4〜6心得《こころえ》　7其旨可レ被二相心得一候《そのむねあいこころえらるべくそうろう》

8・9心得違《こころえちがい》

10得二御意一《ぎょいをえ》

11得二御意一候《ぎょいをえそうろう》

12得二貴意一《きいをえ》

13得二貴意一候《きいをえそうろう》

14候得共《そうらえども》

15御座候得共《ござそうらえども》

16候得者《そうらえば》

17御坐候得者《ござそうらえば》

81

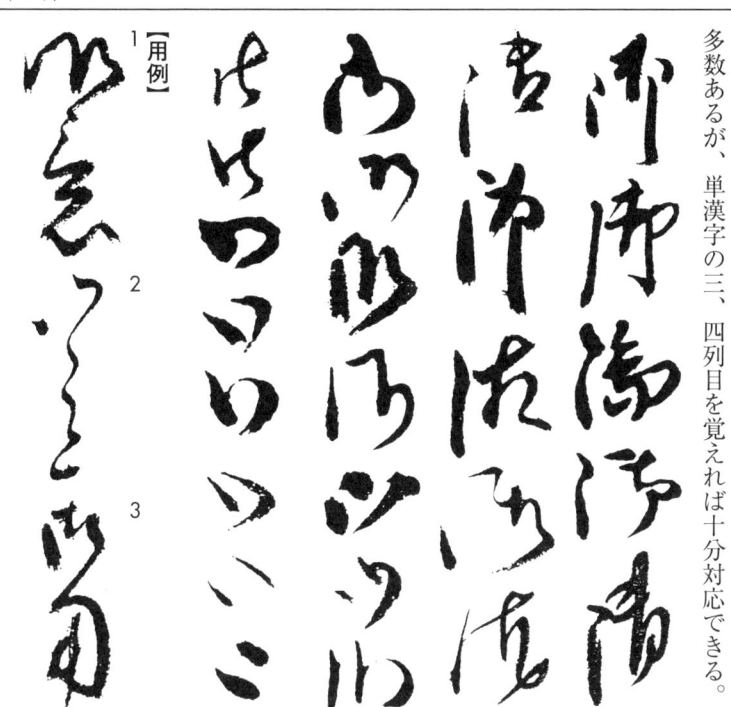

【御】

2470

ゴ・ギョ
おん
お・み

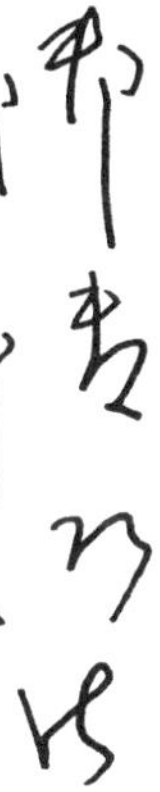

◎最頻出語であり、原形をとどめない極端にくずされたものも多数あるが、単漢字の三、四列目を覚えれば十分対応できる。

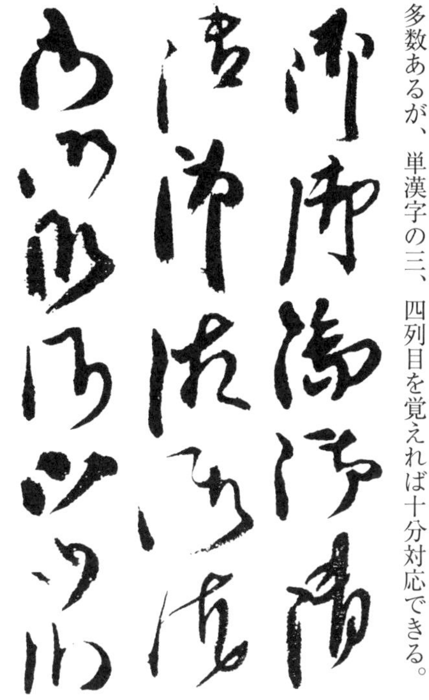

【用例】

1 2 3

4 5 6 7 8 9 10 11 12 13 14 15 16 17

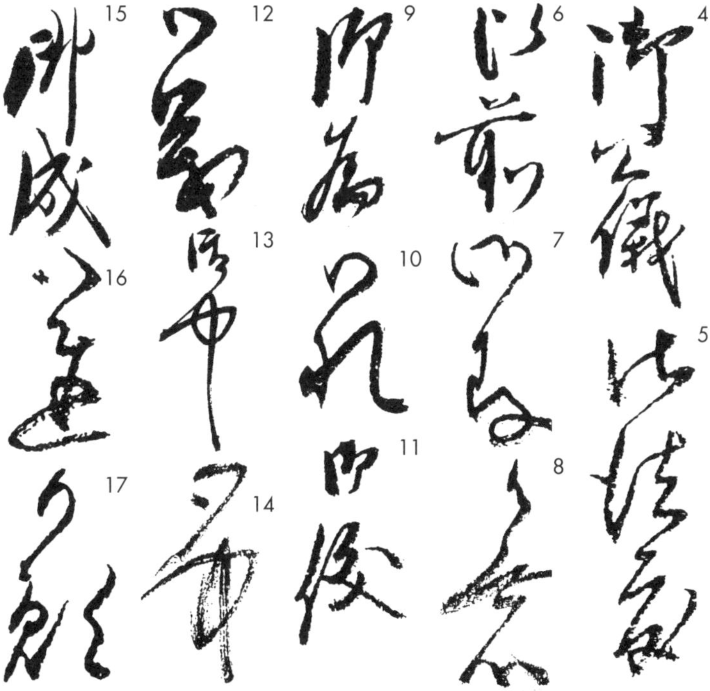

【用例】 1・2御意《ぎょい》　3御用《ごよう》　4御公儀《ごこうぎ》　5御法度《ごはっと》　6御前《ごぜん》《おまえ》　7御存《ごぞんじ》　8御無心《ごむしん》　9御為《おんため》　10御礼《おれい》　11御儀《おんぎ》　12御義《おんぎ》　13・14御中《おんちゅう》　15御成《おなり》　16御達《おたっし》　17御願《おねがい》

82
【前】
3316

ゼン・セン
まえ・さき

◎44頁「別」同様、「刂」のくずされ方が特徴的である。このような原形がほとんどない字は、形を丸暗記するしかない。

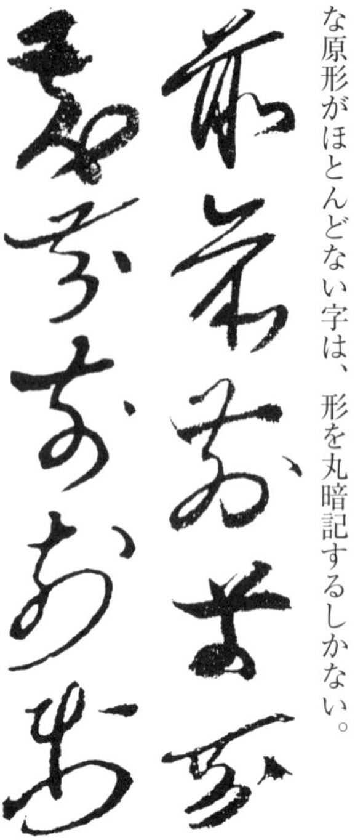

【用例】

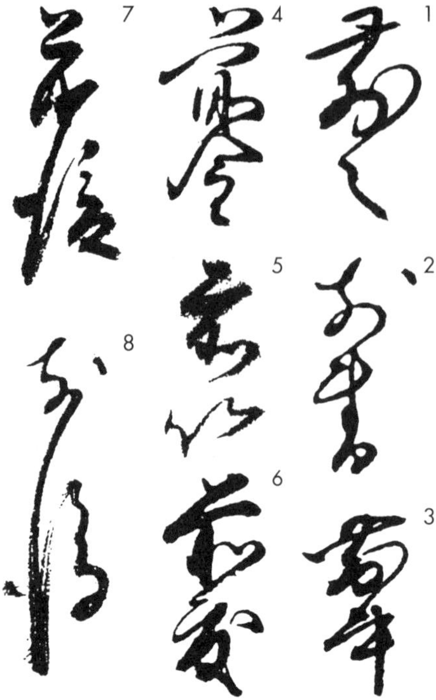

【用例】 1 前々《まえまえ》 2・3 前書《まえがき》 4 前金《まえきん》 5 前以《まえもって》 6 前度《ぜんど》 7・8 前後《ぜんご》 9 前段《ぜんだん》 10 先前《せんぜん》 11・12 最前《さいぜん》 13・14 以前《いぜん》 15 同前《どうぜん》 16 御前様《ごぜんさま》 17・18 名前《なまえ》 19 御手前《おてまえ》 20 當月十日前《とうげつとおかまえ》

83

[兼]

2383

ケン
かねる
かねて

◎くずしは二種類に分けられ、単漢字二列目の下に足が出ない形を覚えておけば問題ない。「兼而」「〜兼」の形で頻出する。

【用例】

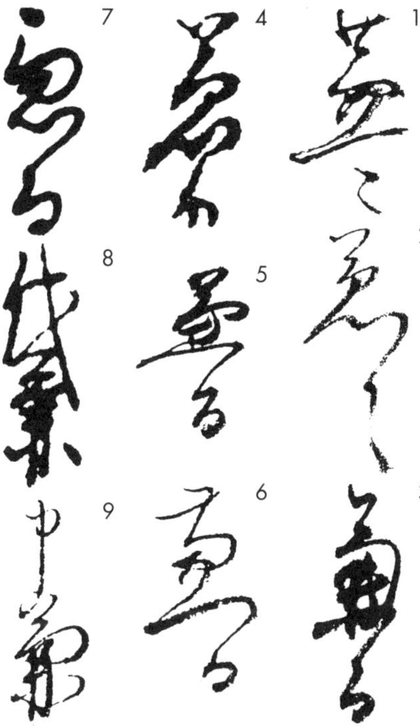

1

2

3

4

5

6

7

8

9

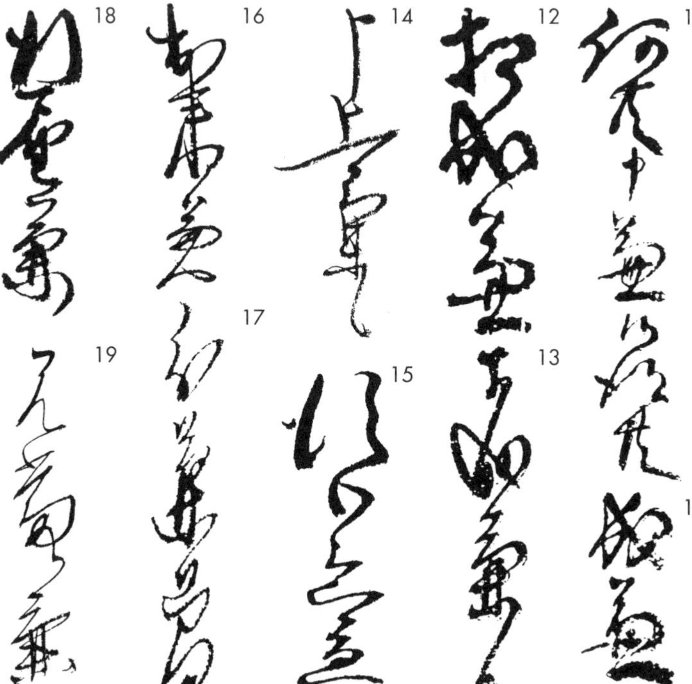

10

11

12

13

14

15

16

17

18

19

【用例】 1・2 兼々《かねがね》 3〜7 兼而《かねて》 8 代兼《だいけん》 9 申兼《もうしかね》

10 何共申兼候得共《なんとももうしかねそうらえども》 11 成兼《なりかね》 12 相成兼《あいなりかね》 13 相成兼候《あいなりかねそうろう》

14 申上兼候《もうしあげかねそうろう》 15 得㆓御意㆒兼《ぎょいをえかね》 16 出来兼《できかね》 17 分兼候間《わかりかねそうろうあいだ》

18 行届兼《ゆきとどきかね》 19 見當リ兼《みあたりかね》

84
【心】
3120
シン
こころ

◎くずしは多様で23頁「以」と同じものもある。「ん」に「丶」が一つか二つ付いたものが基本形。次頁以降の「心」のくずしに注目。

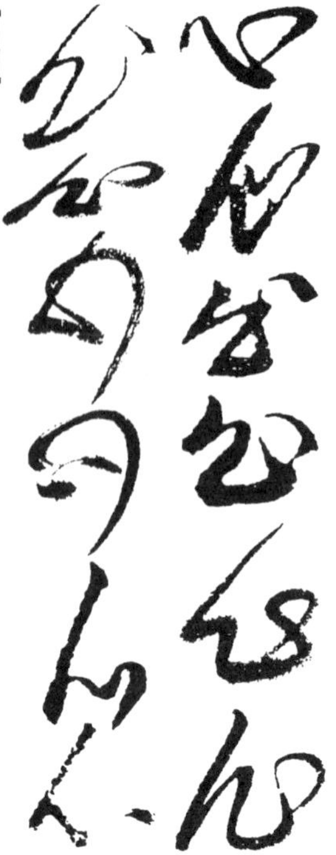

【用例】

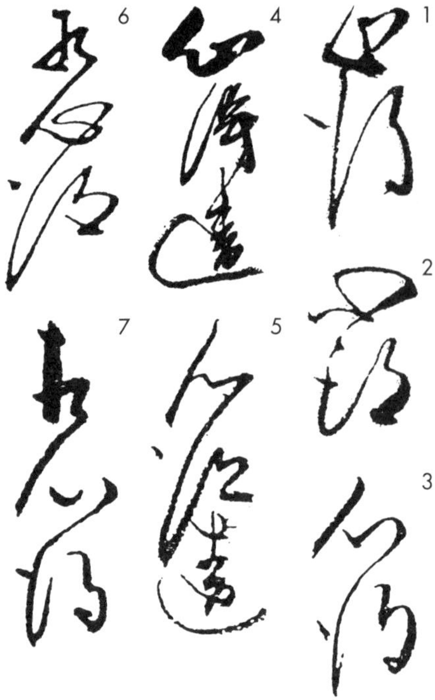

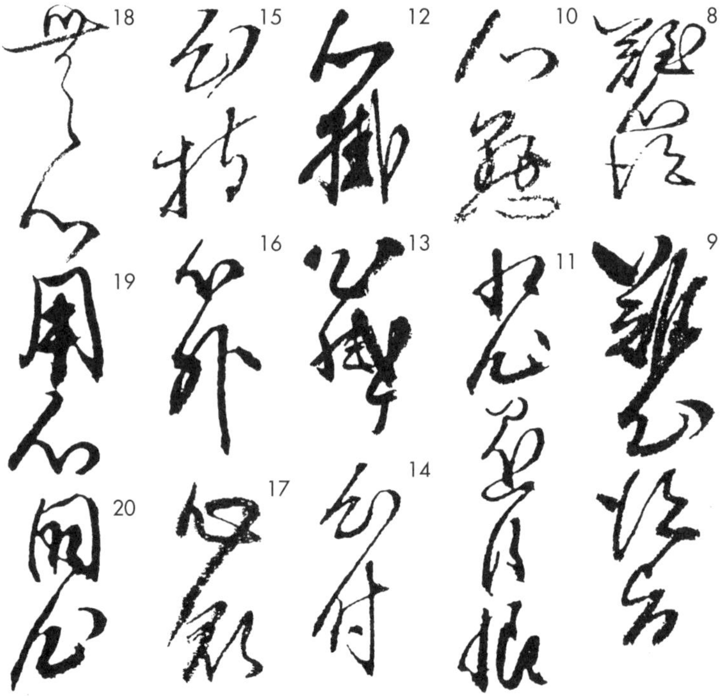

【用例】1〜3 心得《こころえ》 4・5 心得違《こころえちがい》 6・7 相心得《あいこころえ》 8 難二心得一《こころえがたし》 9 難二心得一旨《こころえがたきむね》 10 心懸《こころがけ》 11 相心懸候様《あいこころがけそうろうよう》 12 心掛《こころがけ》 13 心掛ケ《こころがけ》 14 心付《こころづけ》 15 心持《こころもち》 16 心外《しんがい》 17 心願《しんがん》 18 無心《むしん》 19 用心《ようじん》 20 同心《どうしん》

85

急

2162

キュウ
いそぐ

◎画数の増えたものや91頁「兼」と似たくずしもあるので注意。80頁「度」が判読できれば頻出の「急度」は問題ないだろう。

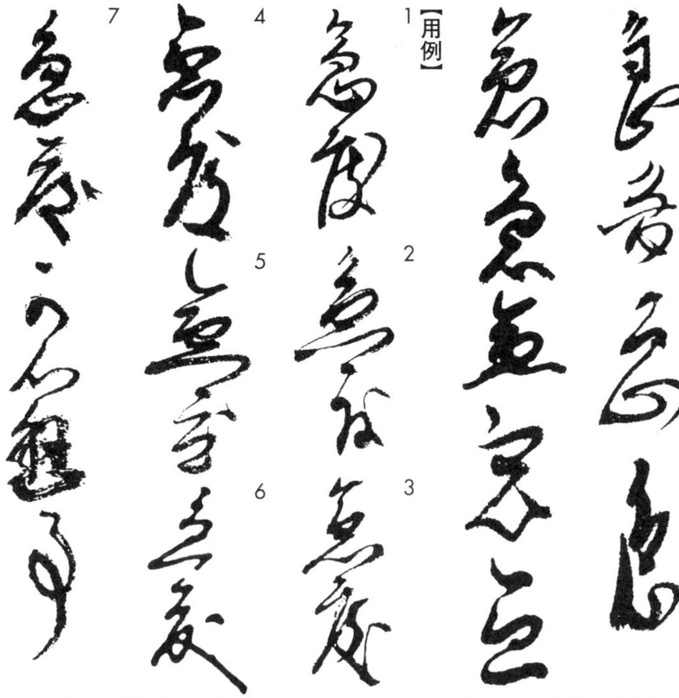

【用例】

1 2 3 4 5 6 7

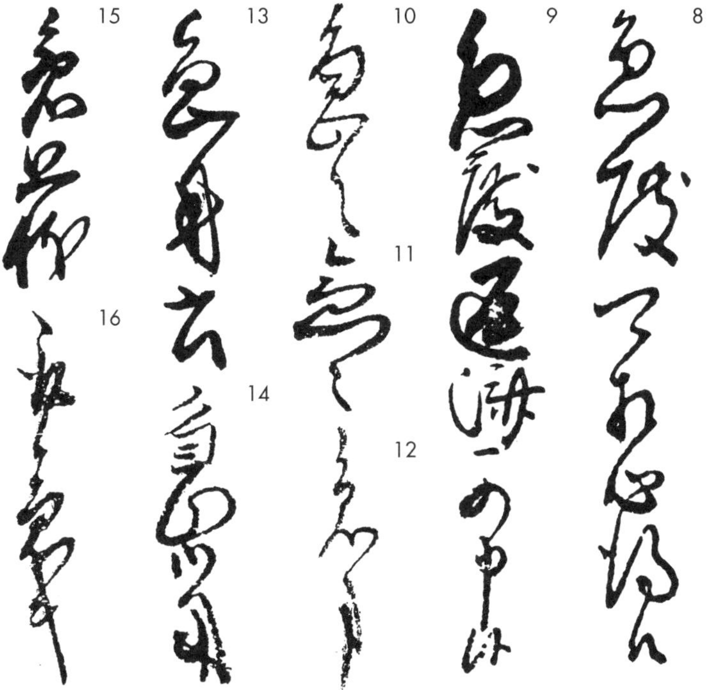

8 9 10 11 12 13 14 15 16

【用例】1～6急度《きっと》 7急度可二心懸一事《きっとこころがくべきこと》 8急度可二相心得一候《きっとあいこころうべくそうろう》 9急度返済可レ申候《きっとへんさいもうすべくそうろう》 10・11急々《きゅうきゅう》 12急用《きゅうよう》 13急用書《きゅうようがき》 14急御用《きゅうごよう》《いそぎごよう》 15急廻状《きゅうかいじょう》《いそぎかいじょう》 16取急キ《とりいそぎ》

86
恐
2218

キョウ
おそれ・おそれる
おそらく

◎旁部分のくずし様によって判読の困難さは増す。「乍レ恐」は文書表題の基本文言でありぜひ覚えたい。「恐々」は難読。

【用例】

1

2

3

4

5

6

7

8

9

10

11

12

13

14

15

16

【用例】1 恐入《おそれいる》 2 恐入候得共《おそれいりそうらえども》 3 恐入候《おそれいりそうろう》 4 奉二恐入一候《おそれいりたてまつりそうろう》
5 奉二恐入一候義ニ奉レ存候《おそれいりたてまつりそうろうぎにぞんじたてまつりそうろう》 6〜11 乍レ恐《おそれながら》
12 乍レ恐以二書付一奉二申上一候《おそれながらかきつけをもってもうしあげたてまつりそうろう》
13 乍レ恐以二書付一奉二願上一候《おそれながらかきつけをもってねがいあげたてまつりそうろう》 14〜16 恐々《きょうきょう》

87

惣

3358

ソウ

そうじて

◎大きくくずされることはないが、「牛」が「扌」のくずしとなることが多い。頻出の「惣而」「惣百姓」「惣代」は覚えたい。

【用例】

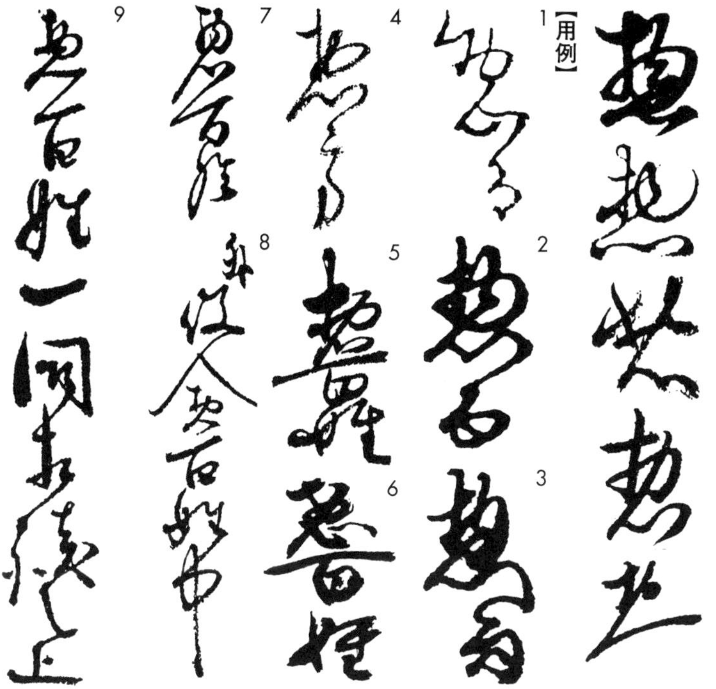

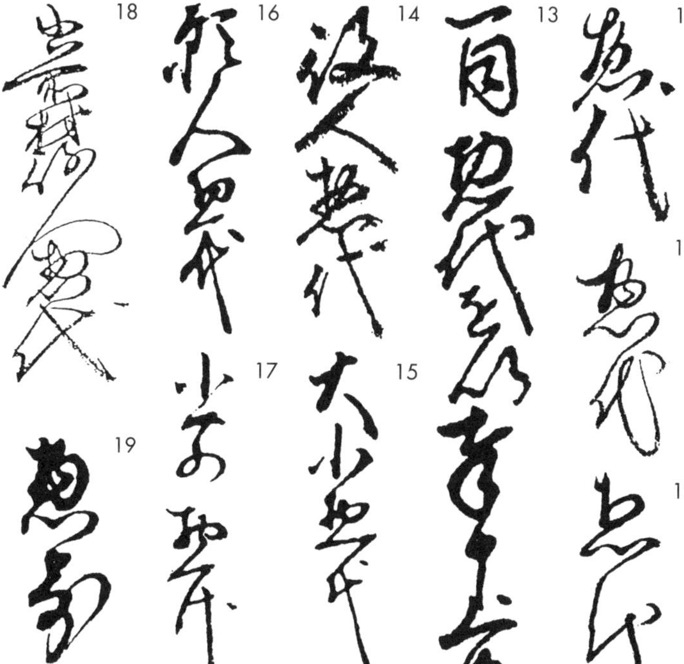

【用例】 1～3 惣而《すべて／そうじて》 4 惣方《そうかた》 5～7 惣百姓《そうびゃくしょう》 8 外役人・惣百姓中《ほかやくにんそうびゃくしょうちゅう》 9 惣百姓一同相談之上《そうびゃくしょういちどうそうだんのうえ》 10～12 惣代《そうだい》 13 一同惣代《いちどうそうだい》を以 奉ニ申上一候《もってもうしあげたてまつりそうろう》 14 役人惣代《やくにんそうだい》 15 大小惣代《だいしょうそうだい》 16 願人惣代《ねがいにん／がんにんそうだい》 17 小前惣代《こまえそうだい》 18 小前《こまえ》・村役人惣代《むらやくにんそうだい》 19 惣寄《そうよせ》

88

【意】

1653

イ

こころ

◎「立」が「三」と書かれる単漢字の3、4番目が基本形。5番目以降の特殊形を覚えておきたい。「御意」「貴意」「其意」は頻出。

【用例】

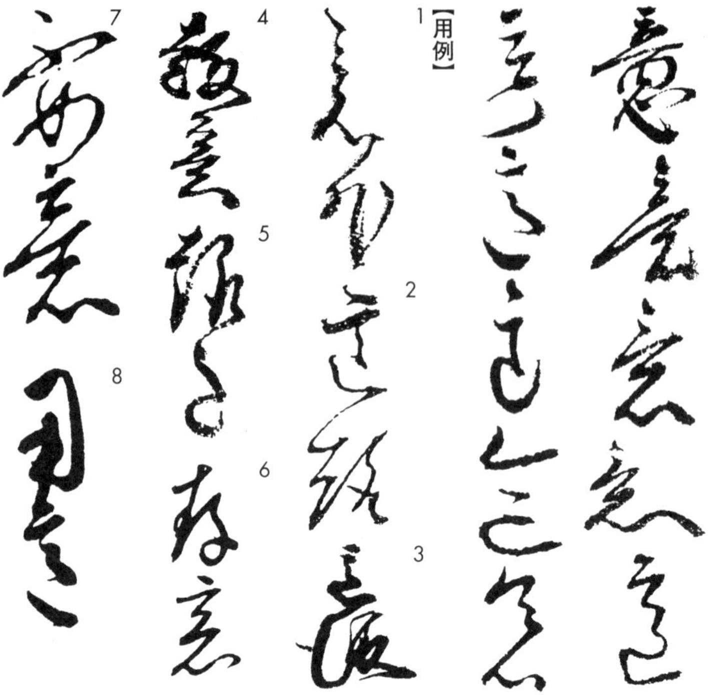

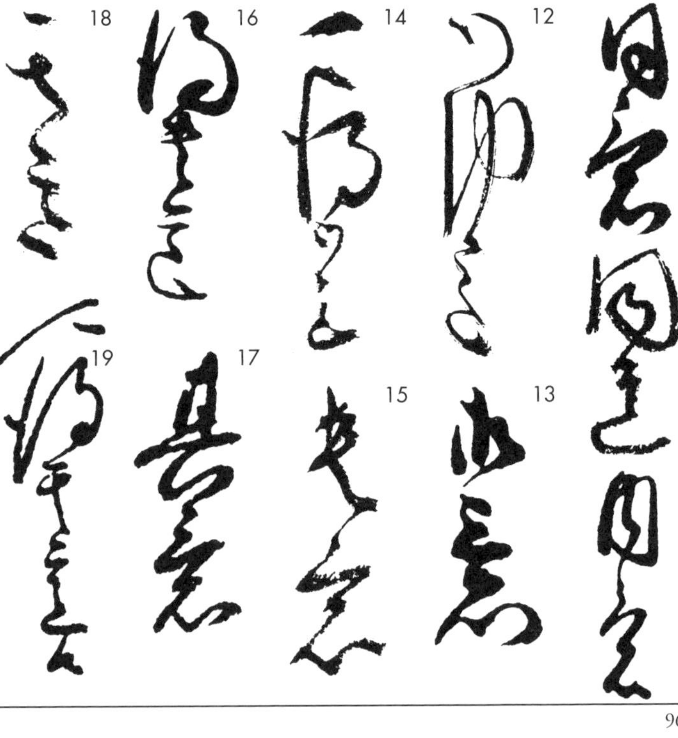

【用例】1 意外《いがい》 2・3 意趣《いしゅ》 4・5 趣意《しゅい》 6 存意《ぞんい》 7 不如意《ふにょい》 8 用意《ようい》 9・10 同意《どうい》 11 内意《ないい》 12 御内意《ごないい》 13 御意《ぎょい》 14 可レ得二御意一《ぎょいをうべく》 15 貴意《きい》 16 得二貴意一《きいをえ》 17・18 其意《そのい》 19 可レ得二其意一《そのいをうべく》候《そうろう》

89
懸
2392

ケン・ケ
かける
かかる

◎ここでは単漢字の9、10番目の特殊な形をぜひ覚えてほしい。「懸合」「相懸」は頻出。105頁「掛」と混用される。

【用例】

1

2

3

4

5

6

7

8

9

10

11

12

13

14

15

16

【用例】 1 懸合《かけあい》 2 懸合仕候得共《かけあいつかまつりそうらえども》 3 先《まず》ハ《は》右《みぎ》御《お》懸合《かけあい》申上《もうしあげ》度《たく》 4 懸来《かけきたる》 5 申懸《もうしかけ》 6 仕懸《しかけ》 7 心懸《こころがけ》 8 御心懸《おこころがけ》 9 御用懸リ《ごようがかり》 10 差懸リ《さしかかり》 11～13 相懸《あいかかる》 14 被レ懸《かけられ》 15 被レ懸二御意一《ぎょいをかけられ》 16 被レ懸二御心一《おこころをかけられ》

90

成

3214

セイ
ジョウ
なる・なす

◎「相成」「被レ成」「可レ被レ成」が頻出する重要語。形を目に焼き付けてほしい。121頁「来」と類似の特殊形も多く用いられる。

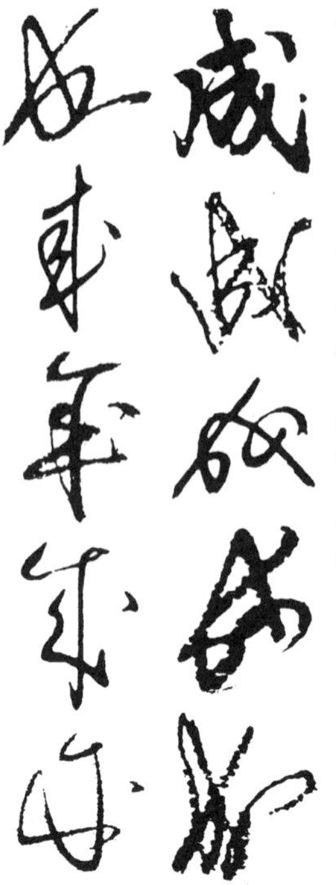

【用例】

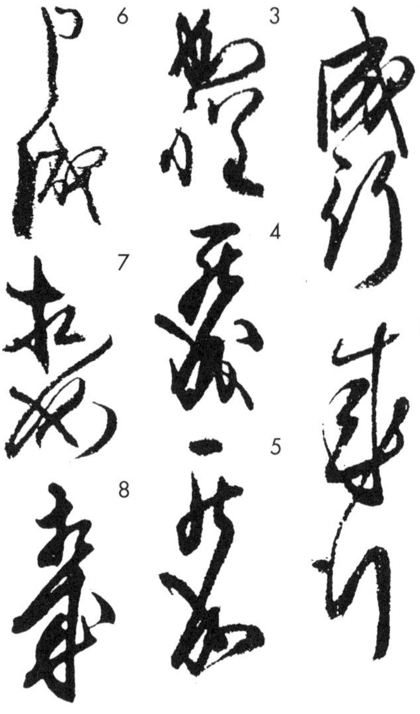

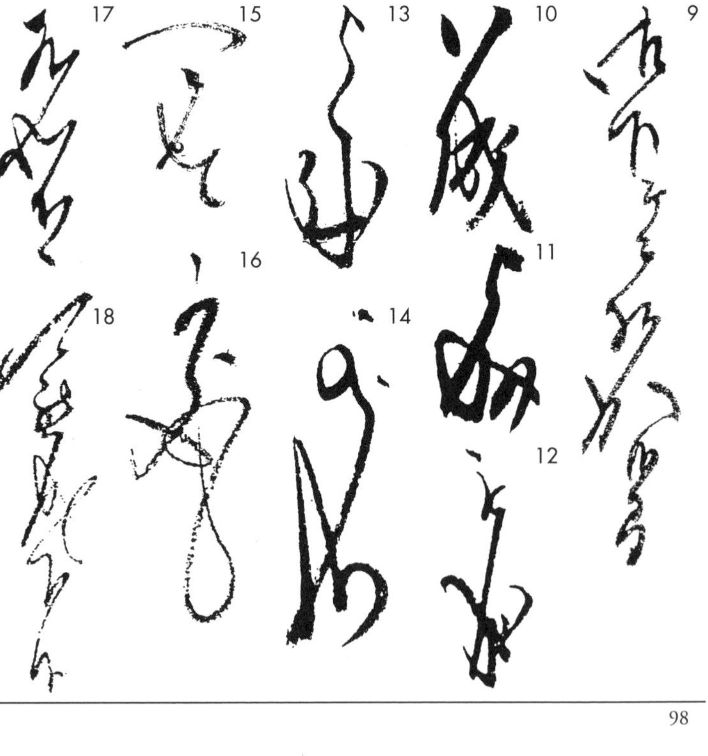

【用例】1・2成行《なりゆき》　3成程《なるほど》　4・5罷成《まかりなる》　6申成《もうしなす》　7・8相成《あいなる》
9御《お》下《さ》ケ《げ》ニ相成候間《にあいなりそうろうあいだ》　10御成《おなり》　11〜13被レ成《なされ》　14可レ被レ成《なさるべく》
15・16可レ被レ成候《なさるべくそうろう》　17・18可レ被二成下一候《なしくださるべくそうろう》

91 所 2974

ショ
ところ

◎単漢字の6～8番目が基本形。「戸」も「斤」も原形をとどめないので注意する。「～候所」の形は41頁「処」と混用される。

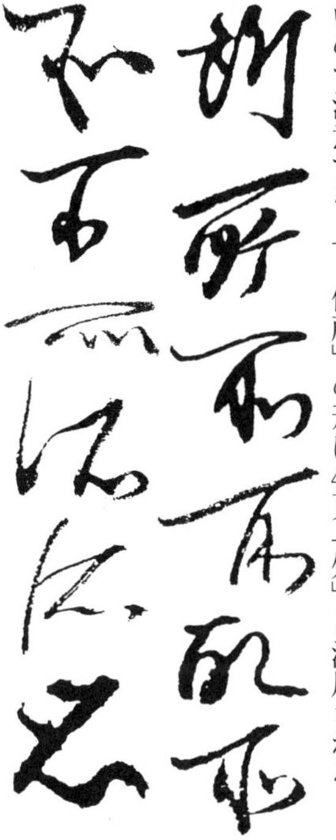

【用例】

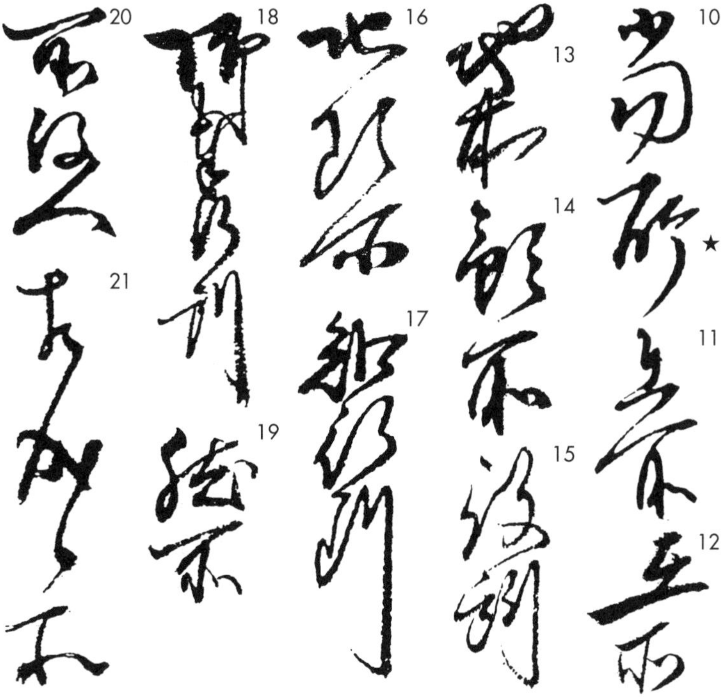

【用例】 1・2 所々《しょしょ》 3・4 所持《しょじ》 5・6 所置《しょち》 7 所存《しょぞん》 8 所願《しょがん》
9 一所《いっしょ》 10 當所《とうしょ》 11・12 在所《ざいしょ》 13 地所《じしょ》 14 預所《あずかりしょ》 15 役所《やくしょ》
16 地頭所《じとうしょ》 17 知行所《ちぎょうしょ》 18 御奉行所《おぶぎょうしょ》 19 然所《しかるところ》 20 所役人《ところやくにん》
21 相成候所《あいなりそうろうところ》

92

【手】

2874

シュ たて

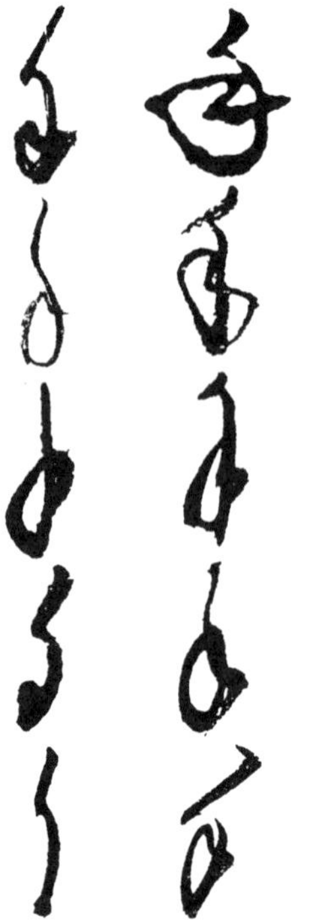

◎78頁「年」とほとんど同じくずしになるので注意。誤読をさけるため、くずし字は前後の字句から判読するよう心掛ける。

【用例】

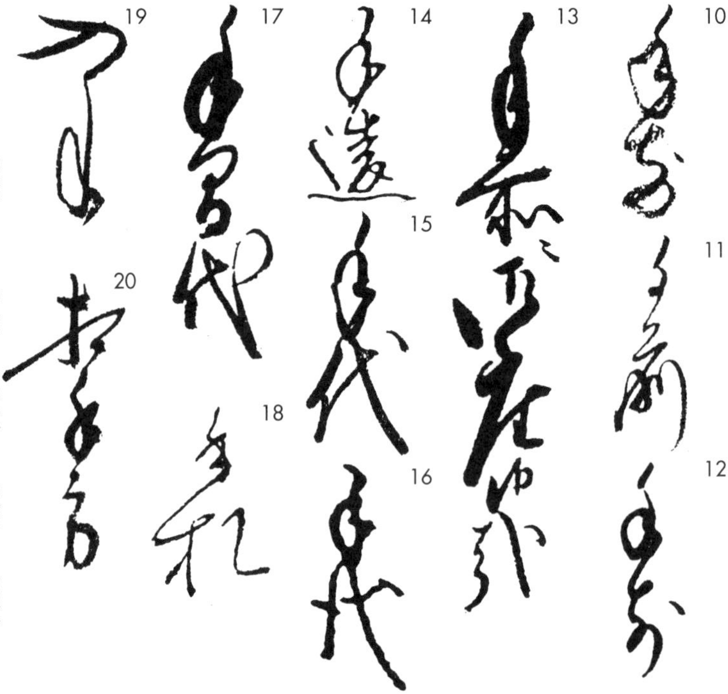

【用例】1〜3 手段《しゅだん》　4・5 手當《てあて》　6 手入《ていれ》　7 手立《てだて》　8 手廻《てまわし》

9 不手廻《ふてまわし》・不二手廻一《てまわらず》　10〜12 手前《てまえ》　13 手前二御座候哉《てまえにござそうろうや》　14 手違《てちがい》

15・16 手代《てだい》　17 手間代《てまだい》　18 手札《てふだ》《しゅさつ》　19 入手《にゅうしゅ》　20 相手方《あいてかた》

93
【承】
3021

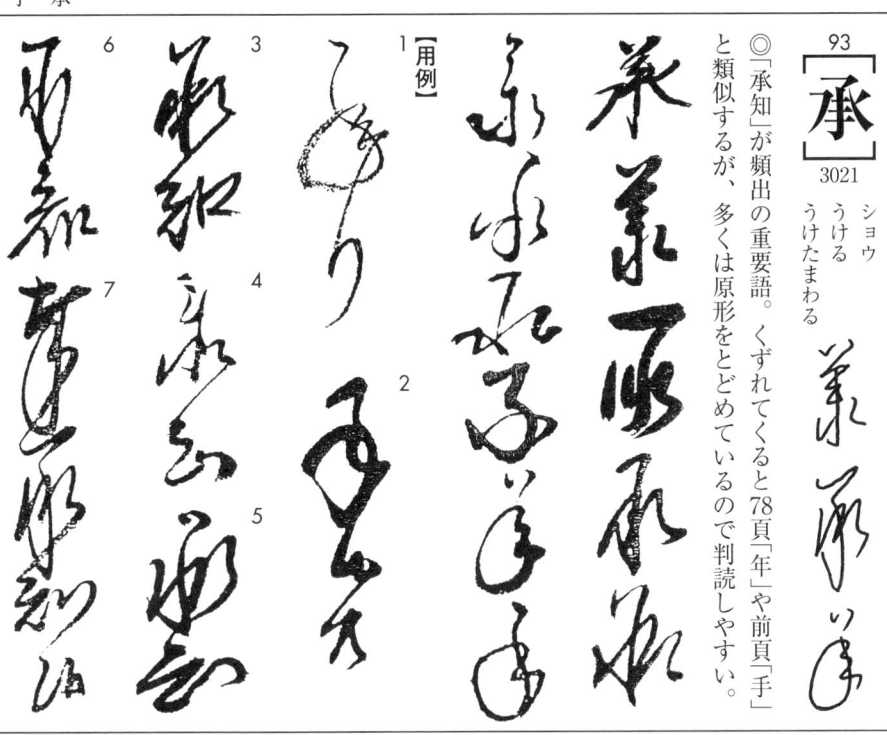

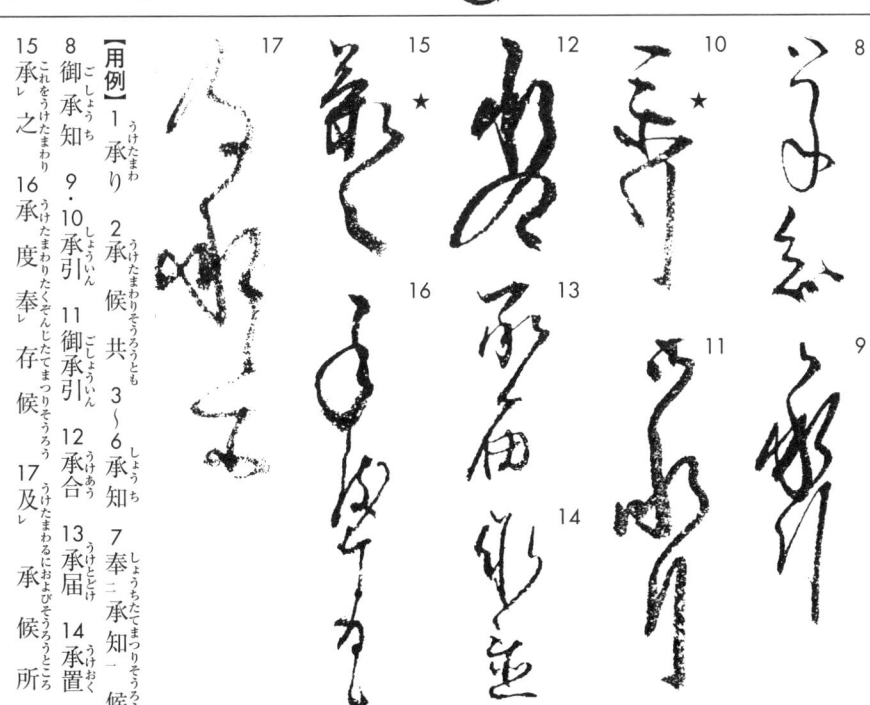

ショウ
うける
うけたまわる

◎「承知」が頻出の重要語。くずれてくると78頁「年」や前頁「手」と類似するが、多くは原形をとどめているので判読しやすい。

【用例】

1

2

3

4

5

6

7

8

9

10 ★

11

12

13

14

15 ★

16

17

【用例】1 承《うけたまわ》り　2 承候共《うけたまわりそうろうとも》　3～6 承《しょう》知《ち》　7 奉二承知一候《しょうちたてまつりそうろう》
8 御承知《ごしょうち》　9・10 承引《しょういん》　11 御承引《ごしょういん》　12 承合《うけあう》　13 承届《うけとどけ》　14 承置《うけおく》
15 承レ之《これをうけたまわり》　16 承度奉レ存候《うけたまわりたくぞんじたてまつりそうろう》　17 及レ承候所《うけたまわるにおよびそうろうところ》

94

拜（拝）

3950
5733

ハイ
おがむ

◎旧字「拜」のくずしも頻出する。また「弓」偏（84・85頁）のくずしと同じものもある。単漢字二列目の形をぜひ覚えておきたい。

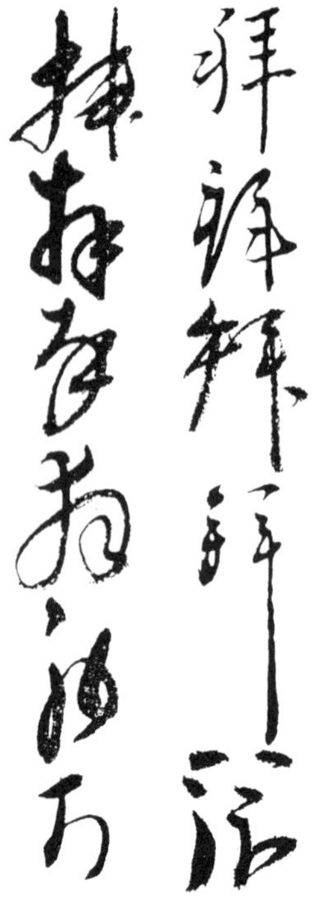

【用例】

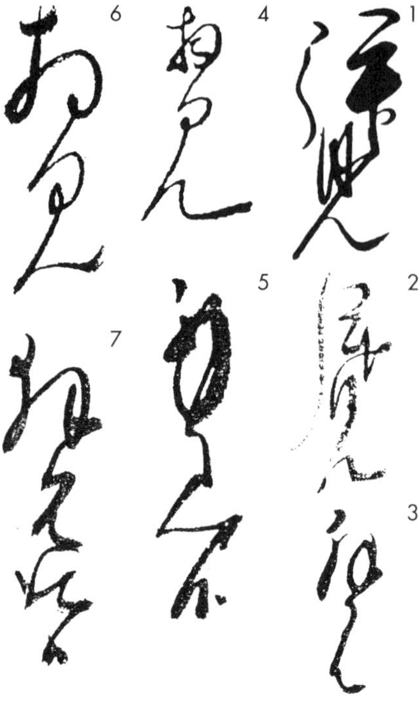

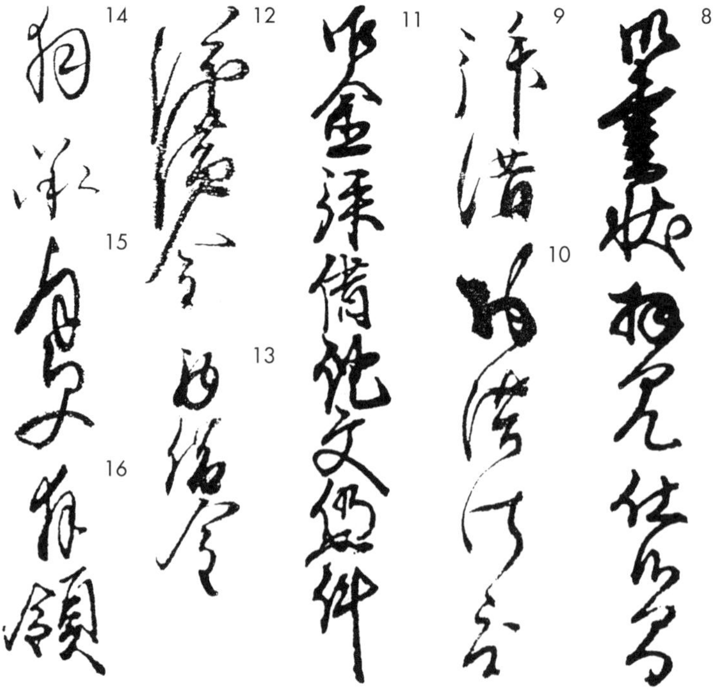

【用例】1～4拝見《はいけん》　5拝見候《はいけんそうろう》　6拝見《はいけん》　7拝見仕候《はいけんつかまつりそうろう》
8御書状拝見仕候間《ごしょじょうはいけんつかまつりそうろうあいだ》　9拝借《はいしゃく》　10拝借仕度《はいしゃくつかまつりたく》
11御金拝借證文仍如レ件《おかねはいしゃくしょうもんよってくだんのごとし》　12・13拝借金《はいしゃくきん》　14拝承《はいしょう》　15拝受《はいじゅ》
16拝領《はいりょう》

95

【持】

2793

ジ
もつ
もち

◎「持参」「所持」が頻出。「寺」のくずしが判読できれば問題ない。単漢字の9～11番目は特殊なくずしなので覚えておきたい。

【用例】

1

2

3

4

5

6

7

8

9

10

11

12

13

14

15

【用例】1～3 持参《じさん》 4 御持参可レ被レ成候《ごじさんなさるべくそうろう》 5 御持参可レ被二成下一候《ごじさんなしくださるべくそうろう》 6 御持参可レ被レ下候《ごじさんくださるべくそうろう》 7 持参金《じさんきん》 8 持出《もちだす》 9 持来《もちきたる》 10 持出《もちだ》し 11・12 所持《しょじ》 13 所持《しょじ》之《の》畑地《はたち》 14 家持《いえもち》 15 取持《とりもち》

96
拾
2906

シュウ ジュウ ひろう

◎「十」と混用し、特に金銭や土地台帳の記載に用いる。「拾う」の意味ではほとんど登場しない。「合」の原形がないくずしに注意。

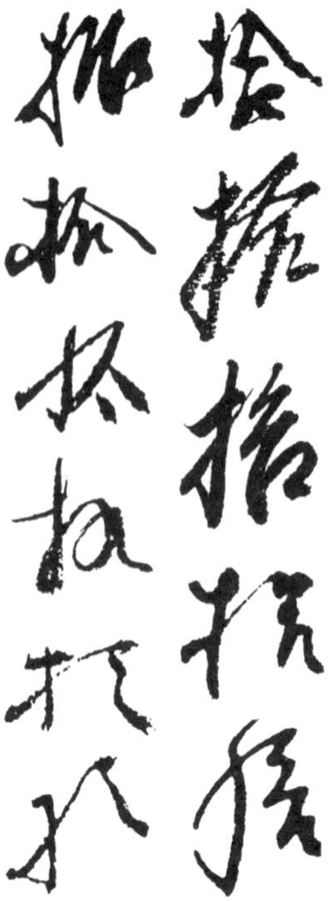

【用例】

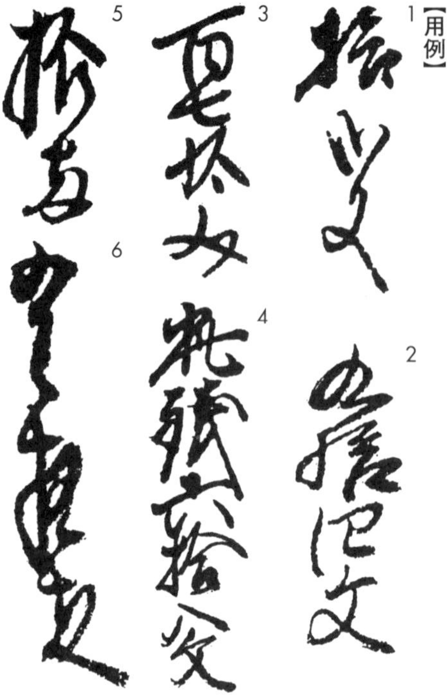

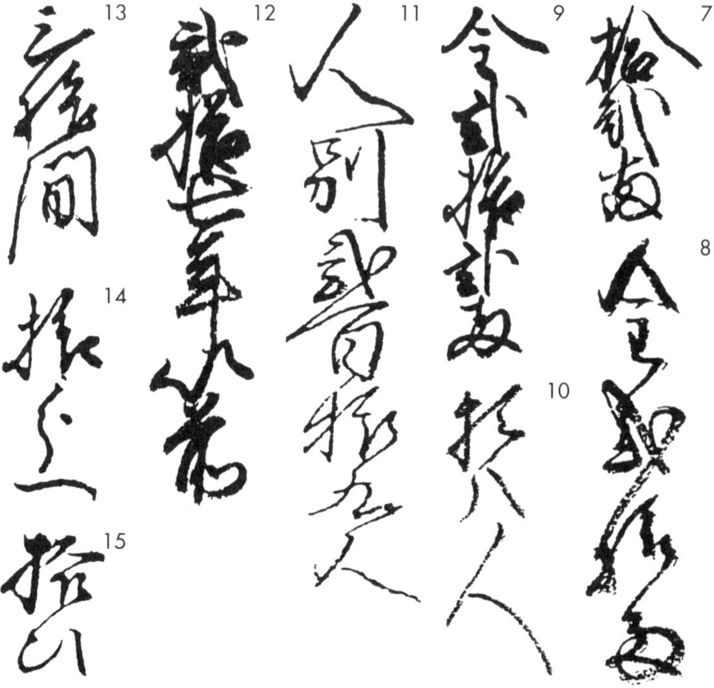

【用例】 1 拾弐文《じゅうにもん》 2 九拾四文《きゅうじゅうよんもん》 3 百七拾文《ひゃくななじゅうもん》 4 此銭六拾八文《このぜにろくじゅうはちもん》 5 拾両《じゅうりょう》 6 金《きん》拾両《じゅうりょう》 7 拾《じゅう》弐両《にりょう》 8 金《きん》弐《に》拾両《じゅうりょう》 9 金《きん》弐《に》拾《じゅう》弐両《にりょう》 10 拾八人《じゅうはちにん》 11 人別《にんべつ》弐《に》百拾九人《ひゃくじゅうくにん》 12 弐拾七年《にじゅうしちねん》以前《いぜん》 13 三拾間《さんじゅっけん》 14 拾分一《じゅうぶいち》 15 拾《ひろ》ひ

97
【掛】
1961

カイ・ケ
かけ・かける
かかる・かかり

◎「掛合」「相掛」が頻出し、97頁「懸」と混用される。旁が58頁「哉」や83頁「弐」にも類似。原形が残るので判読はしやすい。

【用例】

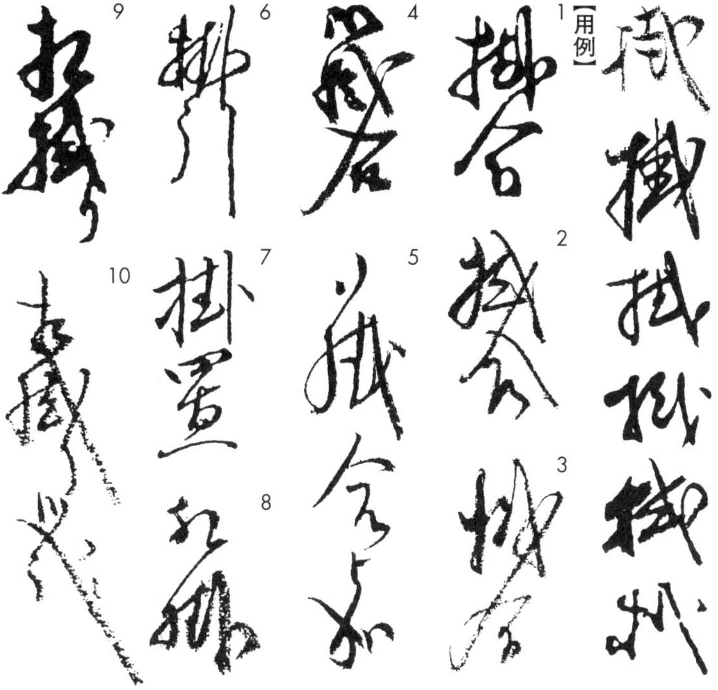

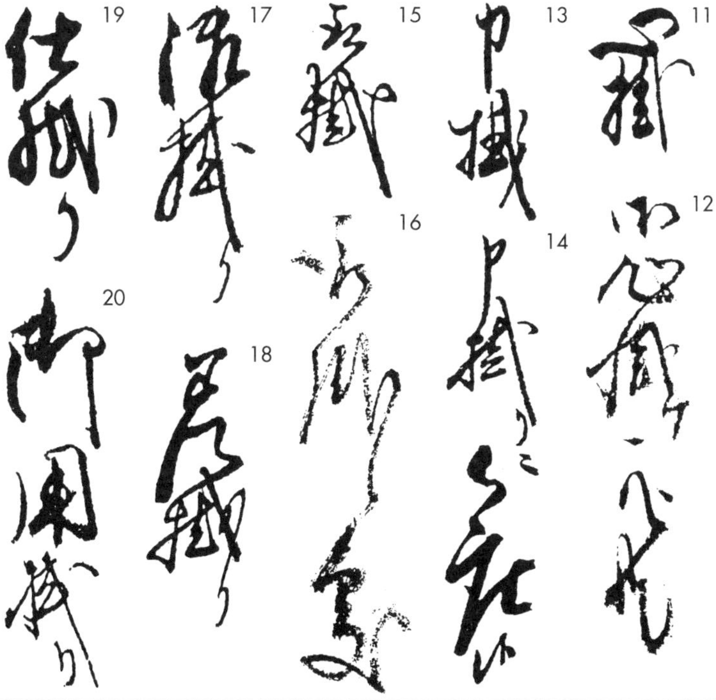

【用例】1～3掛合《かけあい》 4御掛合《おかけあい》 5御掛合被レ成《おかけあいなされ》 6掛引《かけひき》 7掛置《かけおく》 8相掛《あいかかる》 9相掛リ《あいかか》 10相掛リ候哉《あいかかりそうろうや》 11心掛《こころがけ》 12御心掛ケ可レ被レ成候《おこころがけなさるべくそうろう》 13申掛《もうしかけ》 14申掛リ《もうしかかり》ニ《に》御座候《ござそうろう》 15取掛《とりかかり》 16取　掛　候　處《とりかかりそうろうところ》 17御掛リ《おかかり》 18差掛リ《さしかかり》 19仕掛リ《しかかり》 20御用掛リ《ごようがかり》

98
【捨】
2846

シャ
すてる

◎「捨置」「用捨」が頻出。「舍」がくずされて原形をとどめていなくても、前後の140頁「用」や156頁「置」に注意すれば判読可能。

【用例】

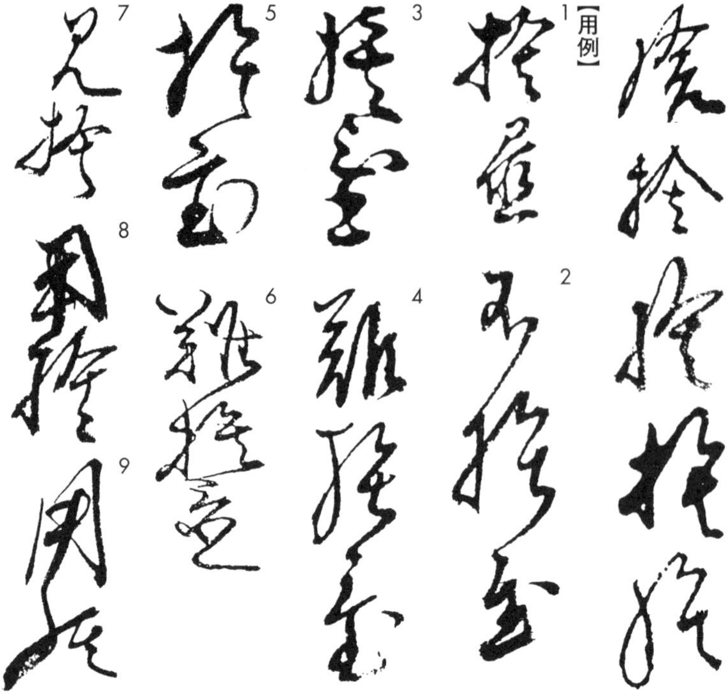

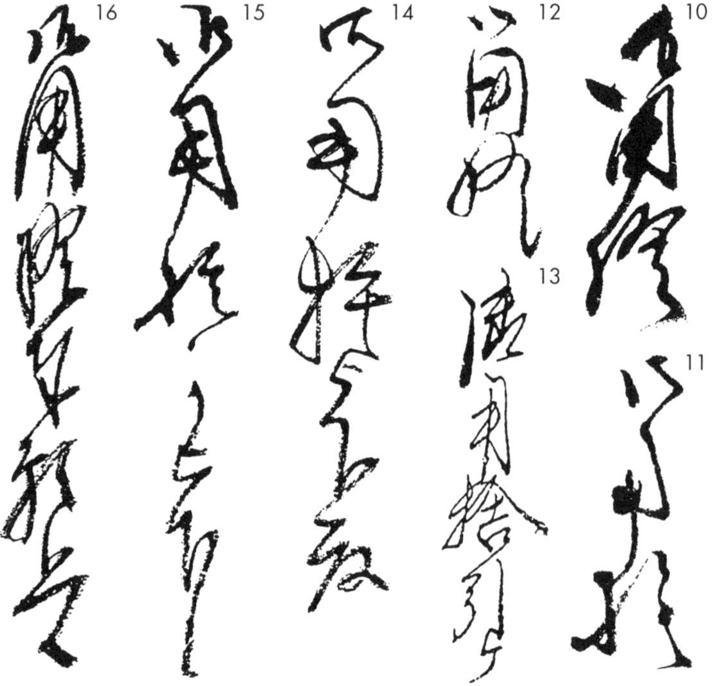

【用例】1 捨置《すておく》　2 不㆓捨置㆒《すておかず》　3 捨置《すておく》　4 難㆓捨置㆒《すておきがたく》　5 捨置《すておく》　6 難㆓捨置㆒《すておきがたく》　7 見捨《みすて》　8・9 用捨《ようしゃ》　10～12 御用捨《ごようしゃ》　13 御用捨引ケ《ごようしゃびけ》　14 御用捨被㆑下度《ごようしゃくだされたく》　15 御用捨可㆑被㆑下候《ごようしゃくださるべくそうろう》　16 御用捨奉㆓願上㆒候《ごようしゃねがいあげたてまつりそうろう》

99

故

2446

コ

ゆえ

◎「〜候故」「〜事故」の形が基本。「攵」の原形がなくなる単漢字4番目以降のくずしを覚えておきたい。129頁「殿」にも類似。

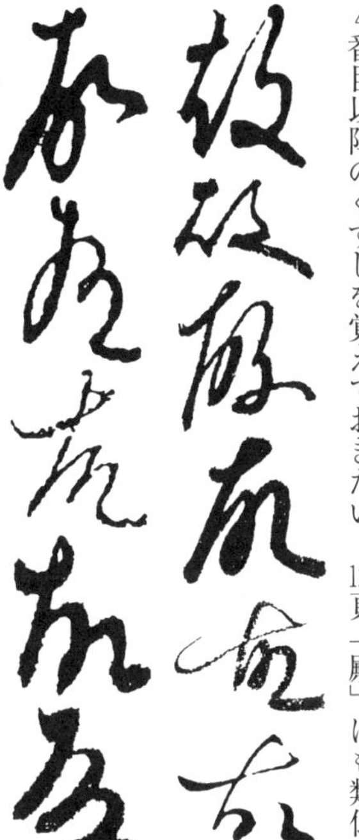

【用例】

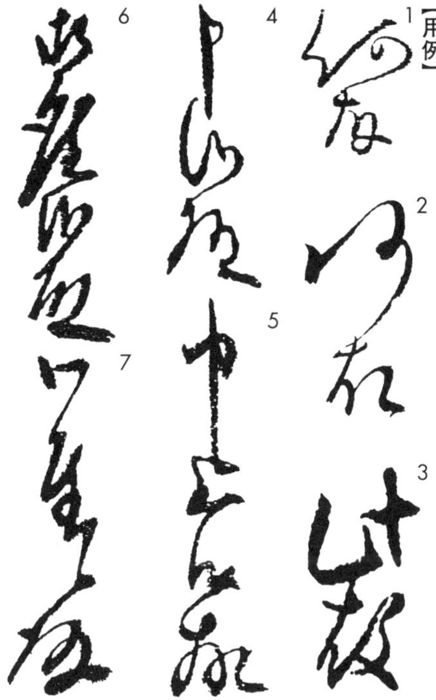

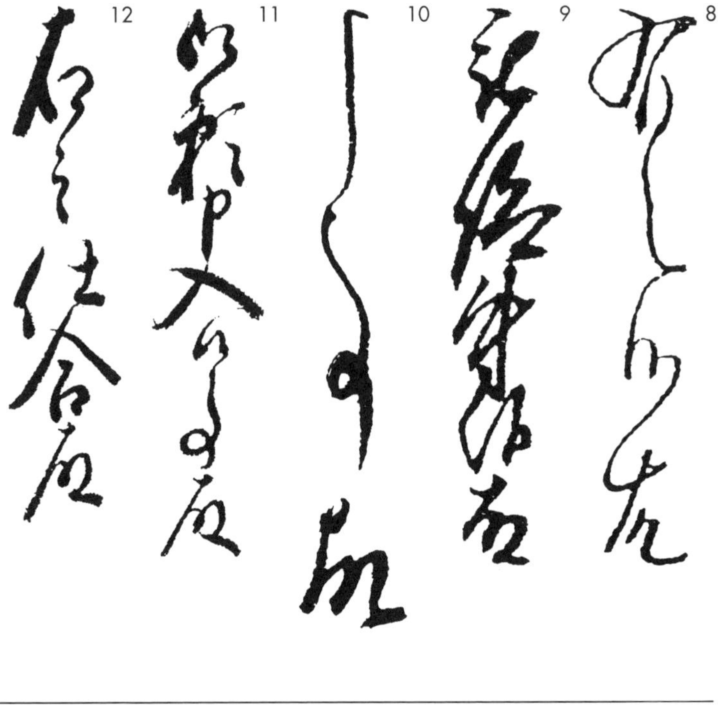

【用例】 1・2 何故《なにゆえ》　3 此故《これゆえ》　4 申候故《もうしそうろうゆえ》　5 申上候故《もうしあげそうろうゆえ》

6 御座候故《ござそうろうゆえ》　7 御坐候故《ござそうろうゆえ》　8 有レ之候故《これありそうろうゆえ》　9 被二仰付一候故《おおせつけられそうろうゆえ》

10 申事故《もうすことゆえ》　11 御頼申入候事故《おたのみもうしいれそうろうことゆえ》　12 右之仕合故《みぎのしあわせゆえ》

100
敷
4163

フ　しき　しく

◎「攵」の原形はほとんどなく、「、」が右脇に付されるくずしに特徴がある。「宜敷」「間敷」「屋敷」が頻出するので覚えたい。

【用例】

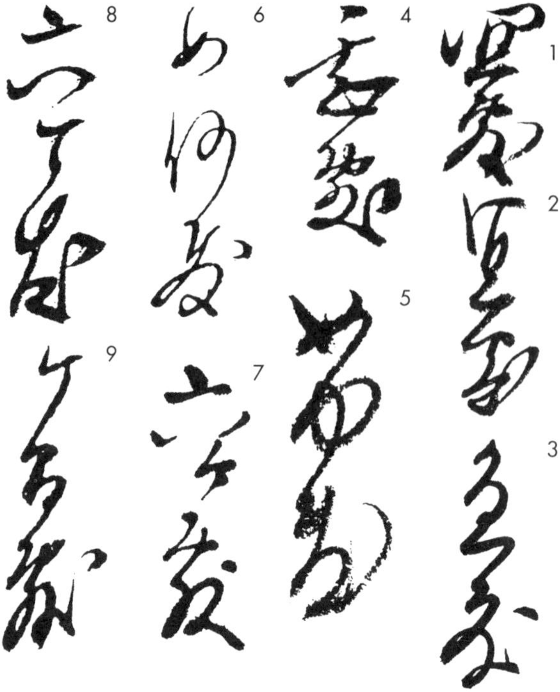

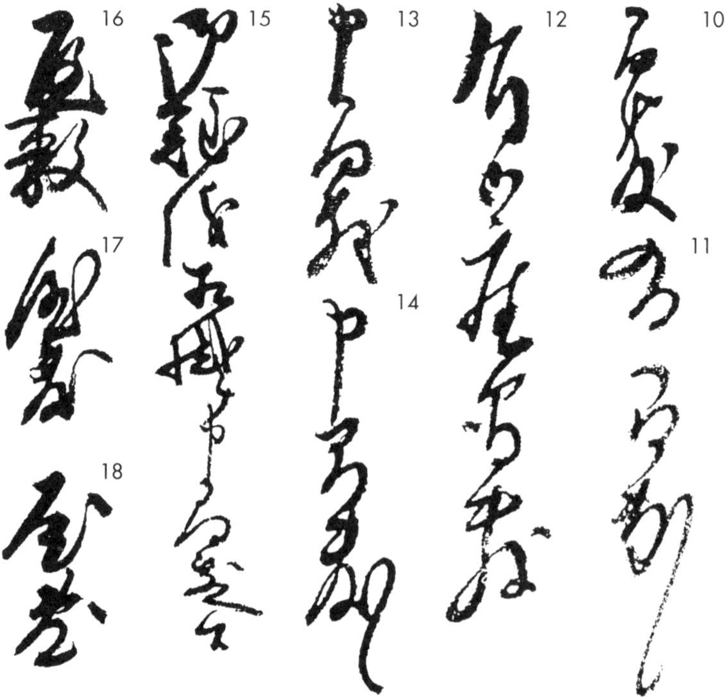

【用例】1～3宜敷《よろしく》　4甚敷《はなはだしく》　5・6如何敷《いかがわしく》　7・8六ケ敷《むつかしく》　9ケ間敷《がましく》　10間敷《まじく》　11有間敷候《あるまじくそうろう》　12有二御座《ござある》一間敷《まじく》　13申間敷《もうすまじく》　14申間敷候《もうすまじくそうろう》　15御難儀《ごなんぎ》相懸《あいか》ケ申間敷候《もうすまじくそうろう》　16～18屋敷《やしき》

101

文

4224

ブン
モン
ふみ

◎銭の単位である「文」は、用例15・16のように単独では判読できないほど極端にくずされる。画数の多いくずしにも注意。

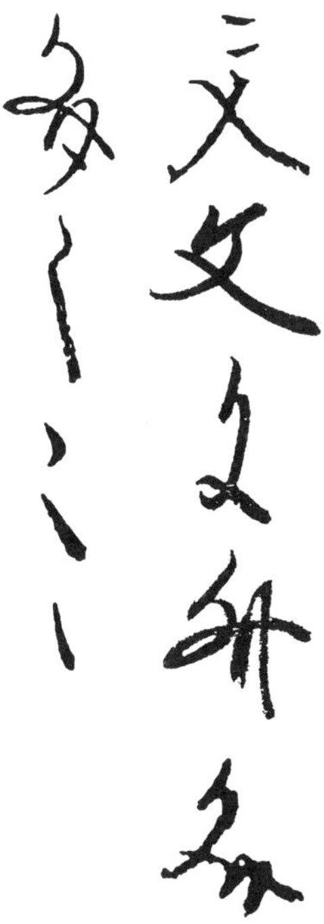

【用例】

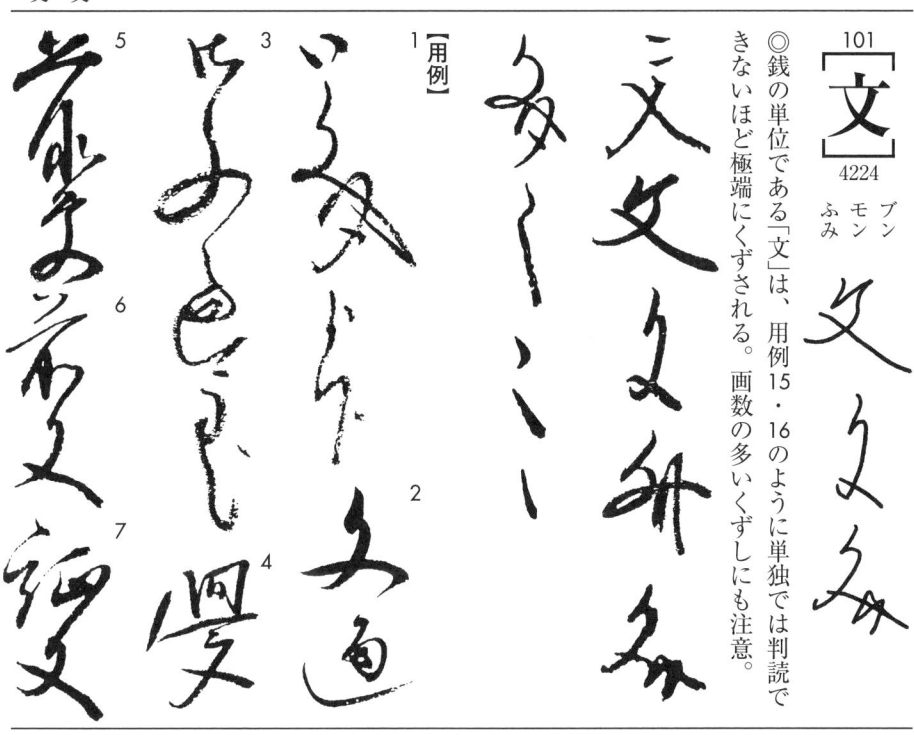

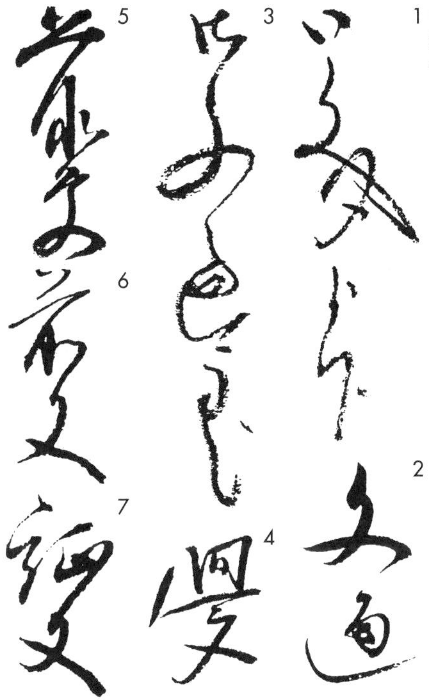

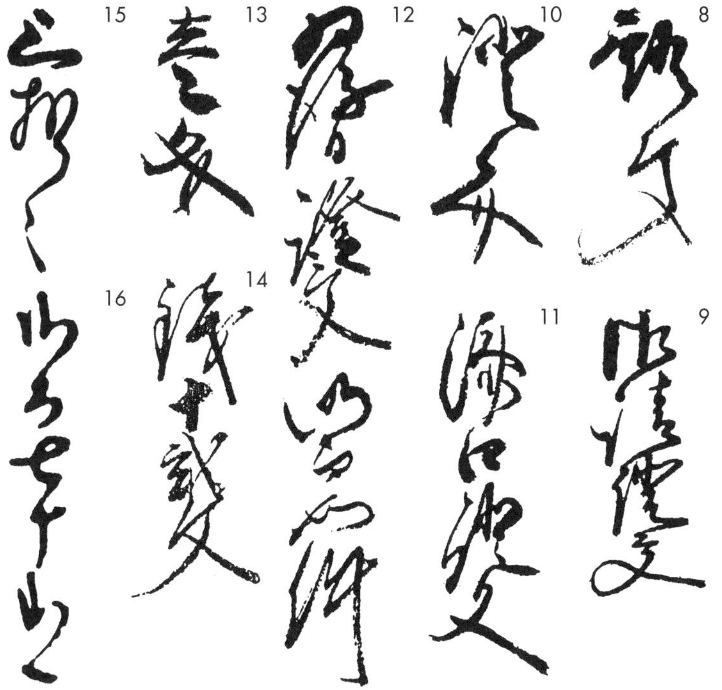

【用例】 1 御文被レ下《おふみくだされ》 2 文通《ぶんつう》 3 御文通可レ被レ下候《おぶんつうくださるべくそうろう》 4 廻文《かいぶん》 5・6 前文《ぜんぶん》 7 証文《しょうもん》 8 證文《しょうもん》 9 御請證文《おうけしょうもん》 10 證文《しょうもん》 11 済口證文《すみくちしょうもん》 12 為二後日一《ごじつのため》證文《しょうもん》仍而《よって》如レ件《くだんのごとし》 13 壱文《いちもん》 14 銭十弐文《ぜにじゅうにもん》 15 三拾文《さんじゅうもん》 16 弐百七十弐文《にひゃくななじゅうにもん》

102 [方] 4293

ホウ かた

◎くずしは「亠」を普通に書くものと「一」から入って「、」を下へつなげるものに分けられる。43頁「分」と類似することもある。

【用例】

1 2 3 4 5 6 7 8 9 10 11

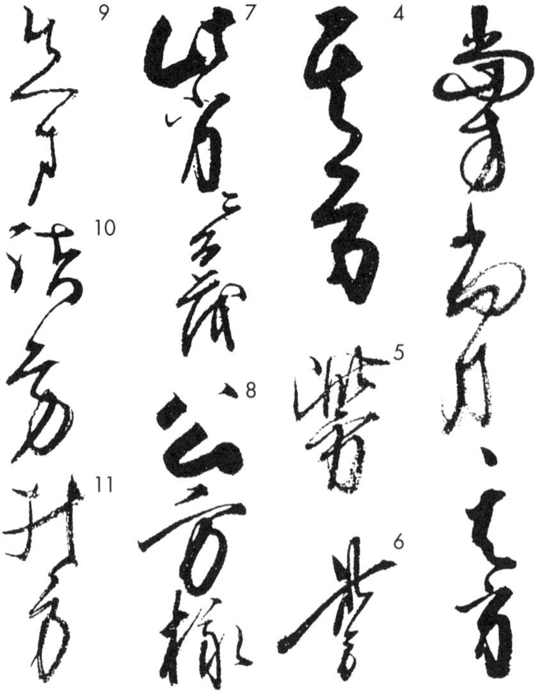

12 13 14 15 16 17 18 19 20 21 22 23 24

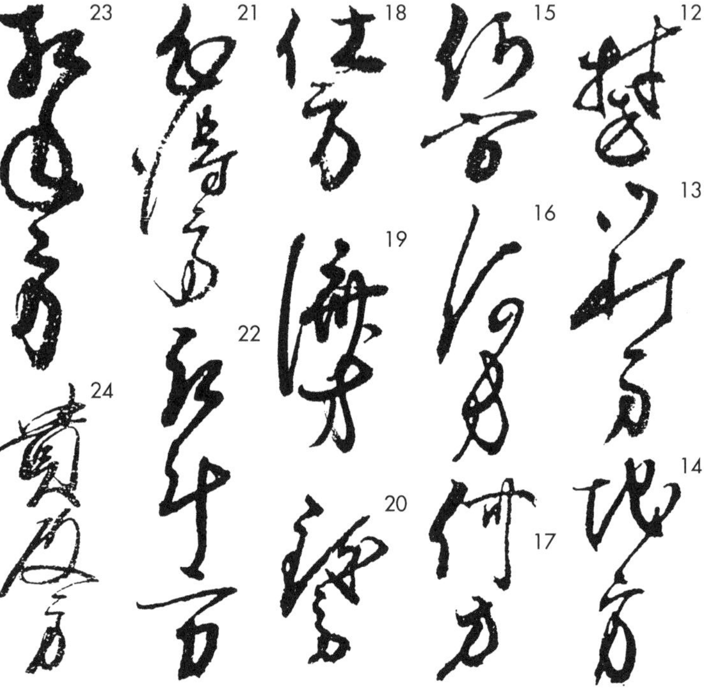

【用例】 1・2 當方《とうほう》 3・4 其方《そのほう》 5・6 此方《このほう》《こなた》 7 此方二而茂《このほうにても》 8 公方様《くぼうさま》 9 先方《せんぽう》 10 諸方《しょほう》 11・12 村方《むらかた》 13 御村方《おんむらかた》 14 地方《じかた》 15～17 何方《いずかた》 18 仕方《しかた》 19 済 方《すましかた》 20 致 方《いたしかた》 21 心得方《こころえかた》 22 取計方《とりはからいかた》 23 相手方《あいてかた》 24 貴殿方《きでんかた》

103
【日】
3892
ニチ
ジツ
ひ・か

◎頻出語であり、極端にくずされて「、」で書かれることも多い。56頁「同」や118頁「月」にも類似。用例20の特殊形に注目。

【用例】

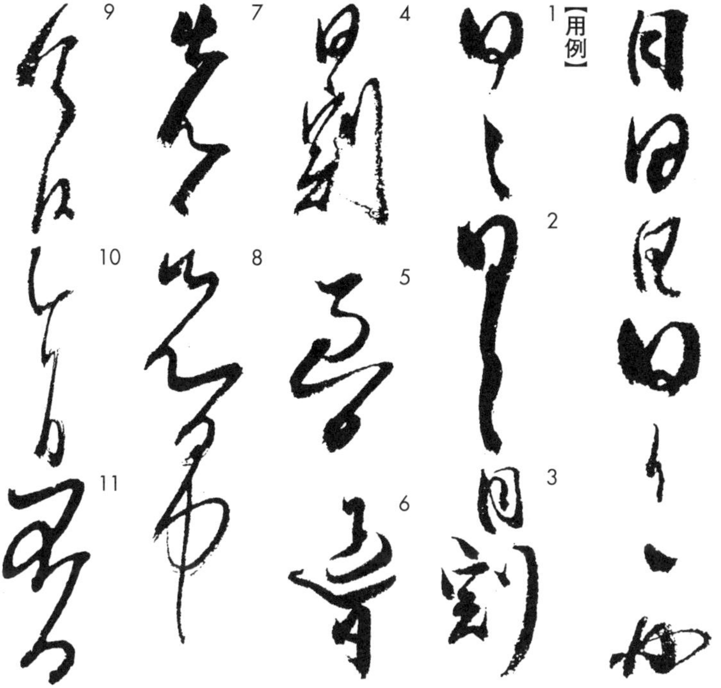

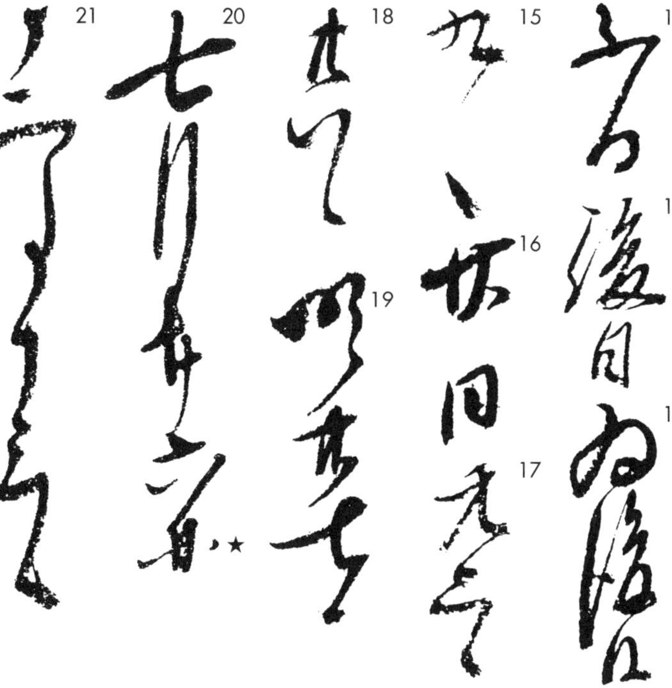

【用例】1・2日々《ひび》　3・4日割《ひわり》　5・6過日《かじつ》　7先日《せんじつ》　8先日中《せんじつちゅう》
9・10今日《こんにち》《きょう》　11・12不日《ふじつ》　13後日《ごじつ》　14為二後日《ごじつのため》一　15九日《ここのか》　16廿日《はつか》
17廿三日《にじゅうさんにち》　18廿八日《にじゅうはちにち》　19明廿七日《あくるにじゅうしちにち》　20七月廿六日《しちがつにじゅうろくにち》
21十二月十三日《じゅうにがつじゅうさんにち》

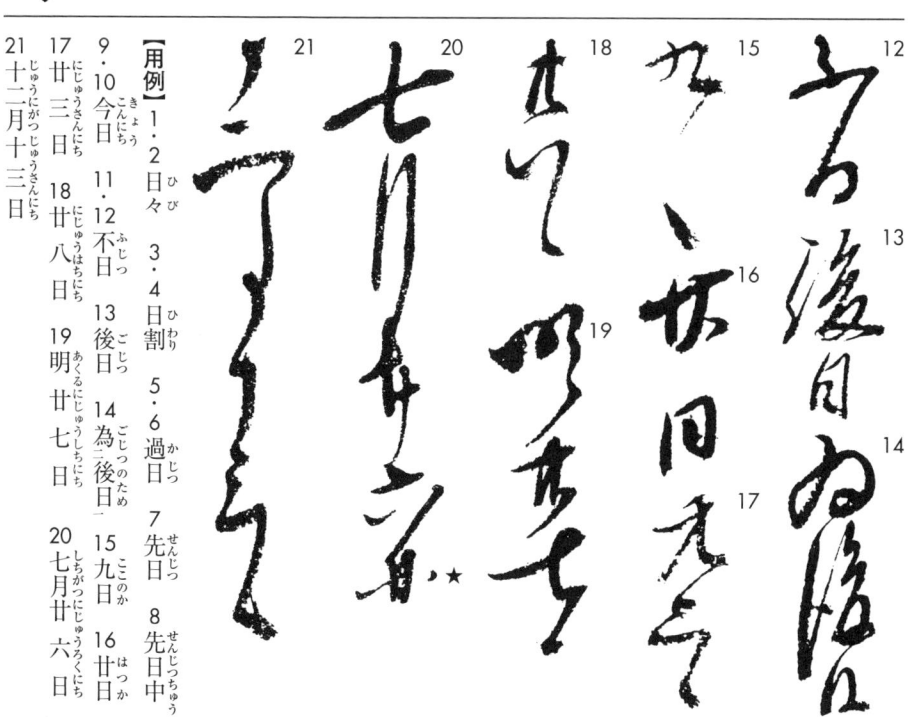

104

旨

2761

シ　むね

◎多くが「上」の下に「日」を書いた異体字のくずしである（異体字一覧参照）。一画目が省略されることもあるので注意する。

【用例】

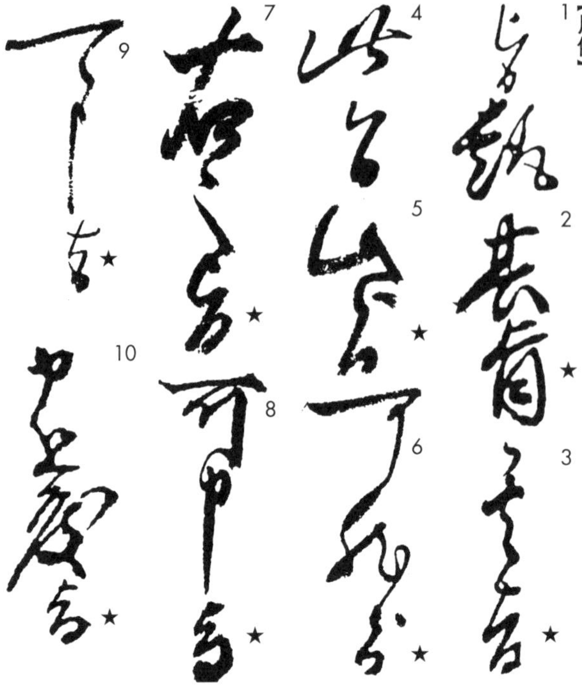

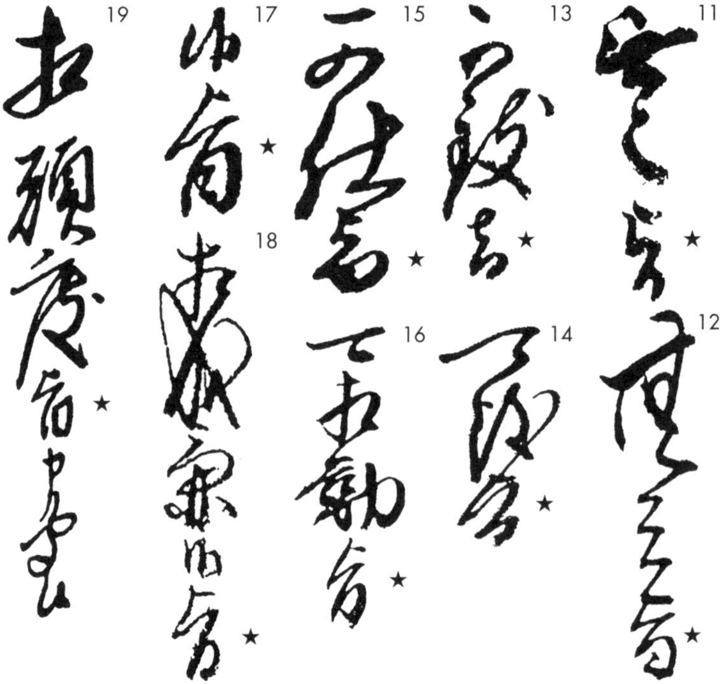

【用例】1 旨趣《ししゅ》　2・3 其旨《そのむね》　4・5 此旨《このむね》　6 可レ然旨《しかるべきむね》　7 右之旨《みぎのむね》　8・9 可レ申旨《もうすべきむね》　10 申上度旨《もうしあげたきむね》　11・12 無レ之旨《これなきむね》　13・14 可レ致旨《いたすべきむね》　15 可レ仕　旨《つかまつるべきむね》　16 可ニ相勤一旨《あいつとむべきむね》　17 候　旨《そうろうむね》　18 相成兼　候　旨《あいなりかねそうろうむね》　19 相願度旨申　聞　候《あいねがいたきむねもうしきかせそうろう》

105

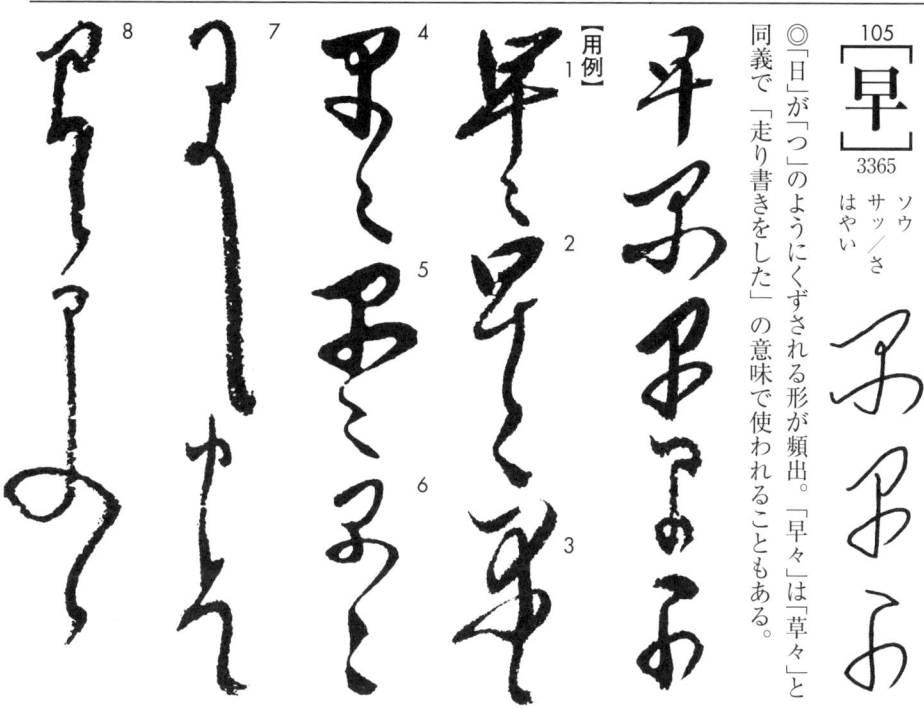

早

3365

ソウ
サッ／さ
はやい

◎「日」が「つ」のようにくずされる形が頻出。「早々」は「草々」と同義で「走り書きをした」の意味で使われることもある。

【用例】

1

2
3

4
5
6

7

8

9

10

11
12

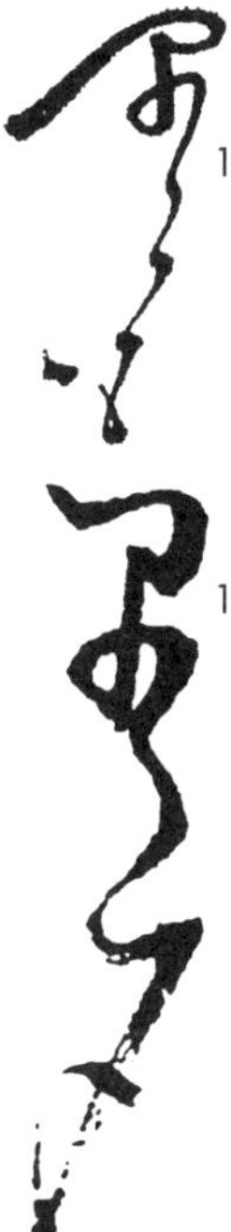

13
14
15

16
17
18

【用例】 1～6早々《そうそう》　7早々《そうそう》申《もうし》上《あげ》候《そうろう》　8早々《そうそう》申《もうし》入《いれ》候《そうろう》
9早々《そうそう》申《もうし》遣《つかわし》候《そうろう》　10早々《そうそう》如レ此《かくのごとくに》御座《ござ》候《そうろう》　11・12早々《そうそう》以上《いじょう》
13・14早追《はやおい》　15早納《はやおさめ》　16～18最早《もはや》

106
明
4432

メイ・ミョウ・ミン
あかるい・あきらか
あける・あくる

◎「日」が略されて「、」二つで書かれることもある。「月」は118頁「月」の単漢字5番目の形になることがほとんどである。

【用例】

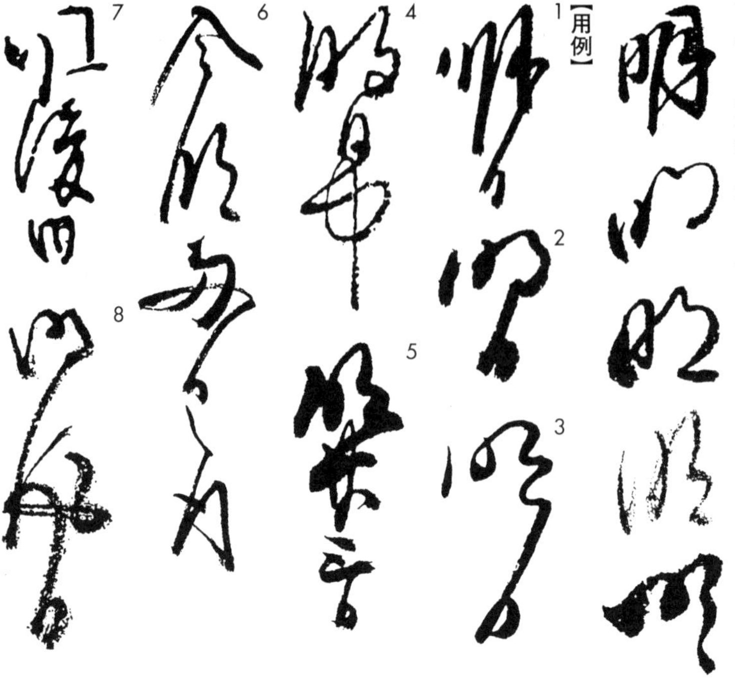

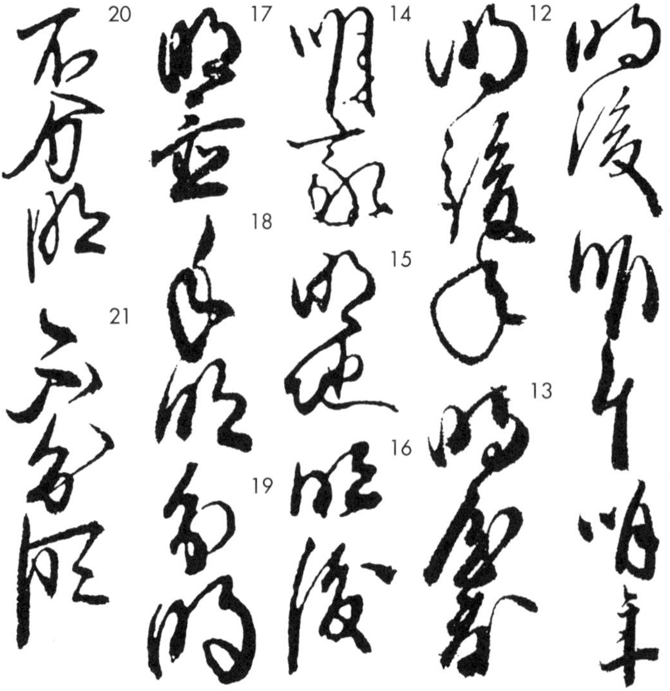

【用例】 1～3明日《あす》《みょうにち》 4明日中《あすじゅう》《みょうにちじゅう》 5明廿三日《あくるにじゅうさんにち》 6今明両日之内《こんみょうりょうじつのうち》

7・8明後日《みょうごにち》 9明後《みょうご》 10・11明年《みょうねん》《あくるとし》 12明後年《みょうごねん》 13明屋敷《あきやしき》

14明家《あきや》 15明地《あきち》 16明渡《あけわたす》 17明置《あけおく》 18手明《てあき》 19分明《ぶんめい》《ぶんみょう》

20・21不分明《ふぶんめい》《ふぶんみょう》

107

【書】

2981

ショ

かく

◎くずしは多様で、単漢字二列目は20頁「事」や42頁「出」と類似。「書」は縦棒から、「出」は縦棒を後から書くことが多い。

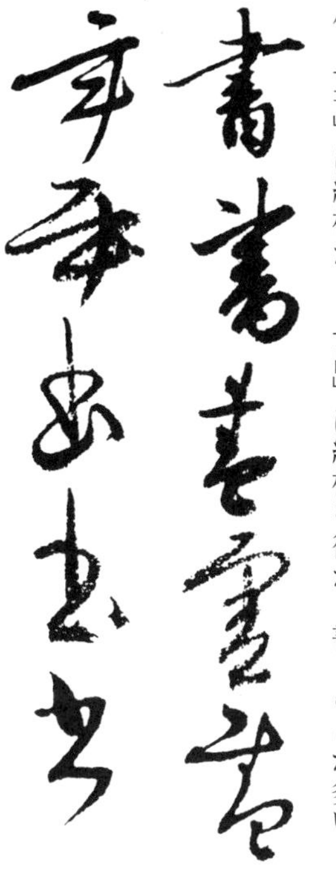

【用例】

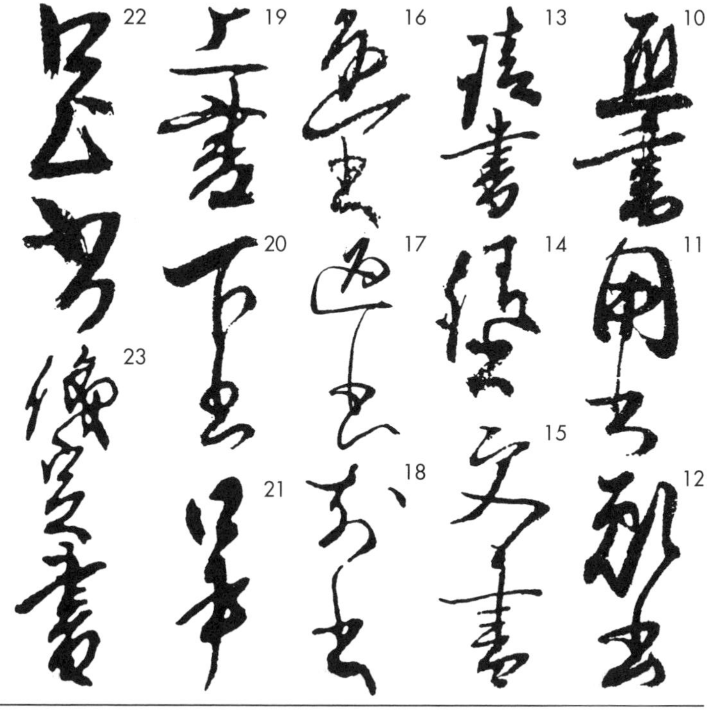

【用例】 1〜4 書付《かきつけ》 5 書中《しょちゅう》 6 書外《しょがい》 7 書札《しょさつ》 8 書上《かきあげ》 9 一書《いっしょ》

10 直書《じきしょ》 11 用書《ようしょ》 12 願書《がんしょ》 13・14 請書《うけがき》《うけしょ》 15 受書《うけがき》《うけしょ》 16・17 返書《へんしょ》

18 前書《まえがき》 19 上書《じょうしょ》《うわがき》 20 下書《したがき》 21 口書《くちがき》 22 口上書《こうじょうがき》《こうじょうしょ》 23 儀《ぎ》定書《じょうしょ》

108
【最】
2639

サイ
もっとも

◎多くが「宀」の下に50頁「取」を書いた異体字のくずしである(異体字一覧参照)。「取」が判読できれば問題ないだろう。

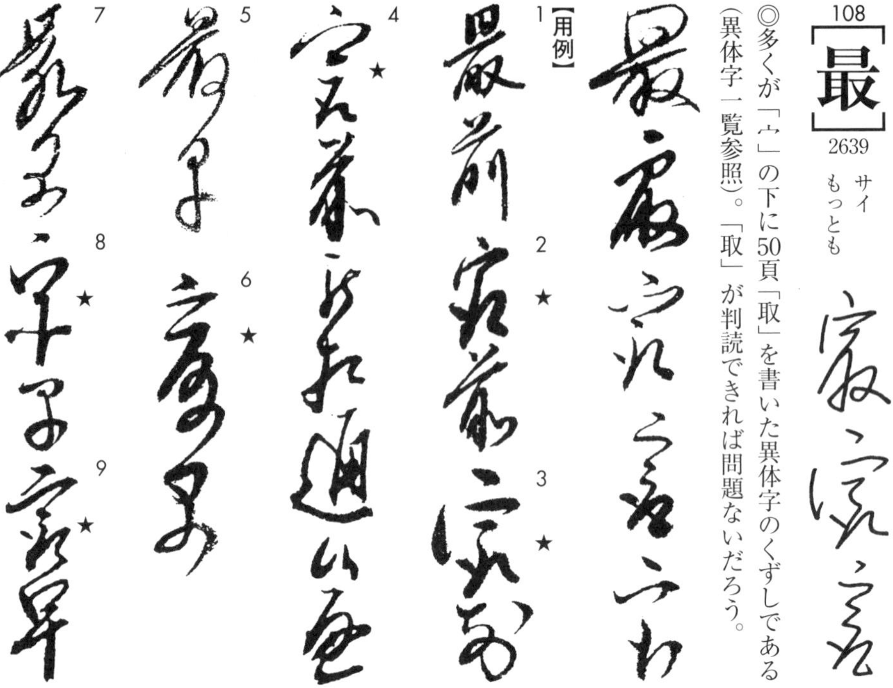

【用例】

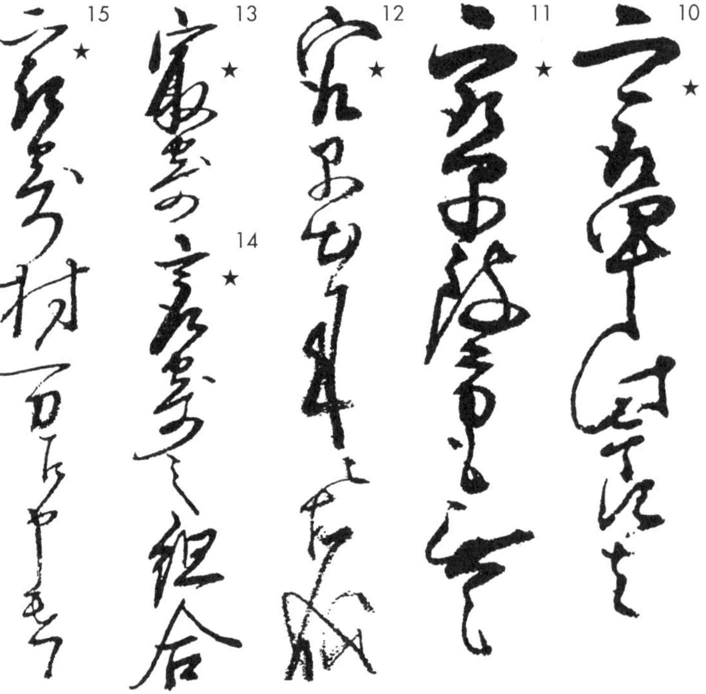

【用例】1〜3 最前《さいぜん》 4 最前被《さいぜんあいとおされ》二相通一候《そうろう》通《とおり》 5〜9 最早《もはや》

10 最早此節者《もはやこのせつは》 11 最早致方《もはやいたしかた》も無レ之《これなく》 12 最早出来《もはやしゅったい》ニ《に》相成《あいなり》

13 最寄《もより》 14 最寄《もより》之《の》組合《くみあい》 15 最寄村方《もよりむらかた》江《へ》申遣候《もうしつかわしそうろう》

109
替
3456

タイ・テイ
かえる
かわる

◎「夫」がはっきり書かれることはなく、「キ」や42頁「出」のようなくずしになることも多い。「為二取替一」は文書表題にも頻出。

【用例】

1

2

3

4

5

6

7

8

9

10

11

12

13

14

15

16

17

18

19

【用例】1 替地《かえち》 2 所替《ところがえ》 3 村替《むらがえ》 4・5 両替《りょうがえ》 6 引替《ひきかえ》 7 立替《たてかえ》 8 割替《わりかえ》 9 相替《あいかわる》 10 相替儀《あいかわるぎ》無二御座一候間《ござなくそうろうあいだ》 11 不二相替一《あいかわらず》 12 御代替り《おだいがわり》 13 取替《とりかえ》 14 取替證文《とりかえしょうもん》 15・16 為二取替一《とりかわし》《とりかわせ》 17 為二取替一《とりかわし》置申候処《おきもうしそうろうところ》 18・19 為替《かわせ》《かわし》

110
月
2378

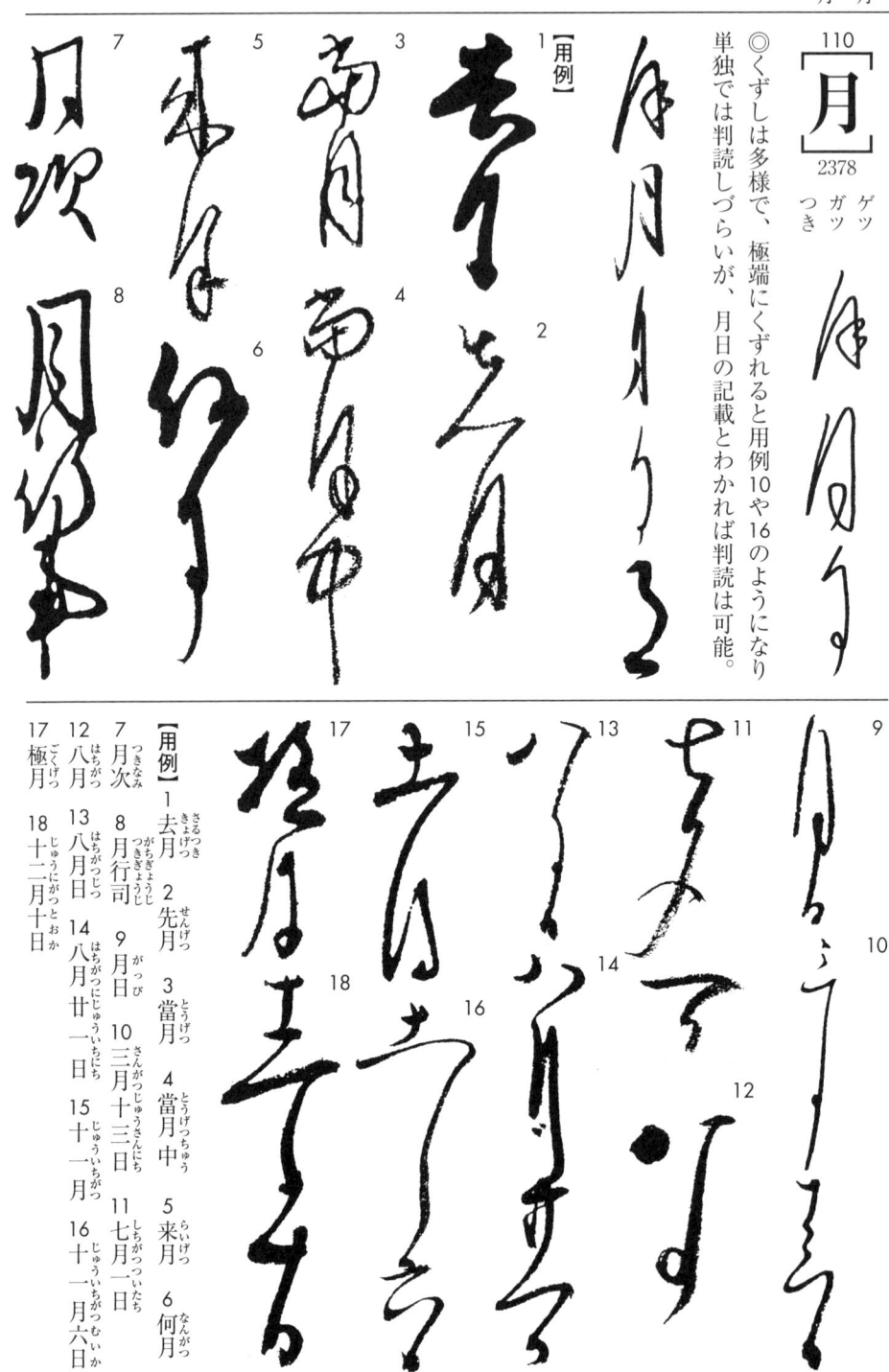

ゲツ
ガツ
つき

◎くずしは多様で、極端にくずれると用例10や16のようになり単独では判読しづらいが、月日の記載とわかれば判読は可能。

【用例】

1

2

3

4

5

6

7

8

9

10

11

12

13

14

15

16

17

18

【用例】
1 去月《さるつき》《きょげつ》 2 先月《せんげつ》 3 當月《とうげつ》 4 當月中《とうげつちゅう》 5 来月《らいげつ》 6 何月《なんがつ》
7 月次《つきなみ》 8 月行司《がちぎょうじ》《つきぎょうじ》 9 月日《がっぴ》 10 三月十三日《さんがつじゅうさんにち》 11 七月一日《しちがつついたち》
12 八月《はちがつ》 13 八月日《はちがつじつ》 14 八月廿一日《はちがつにじゅういちにち》 15 十一月《じゅういちがつ》 16 十一月六日《じゅういちがつむいか》
17 極月《ごくげつ》 18 十二月十日《じゅうにがつとおか》

111
【有】
4513

ユウ
ウ
ある

◎「有レ之」「難レ有仕合」が頻出の重要語。単漢字二列目のくずしは前頁「月」の単漢字5番目と通ずる。53頁「右」にも類似。

【用例】

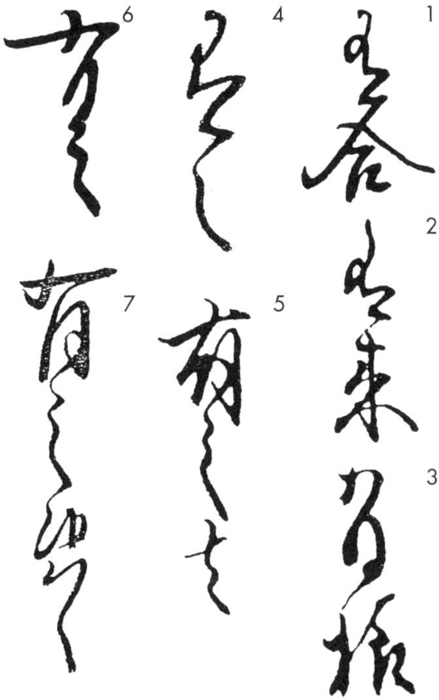

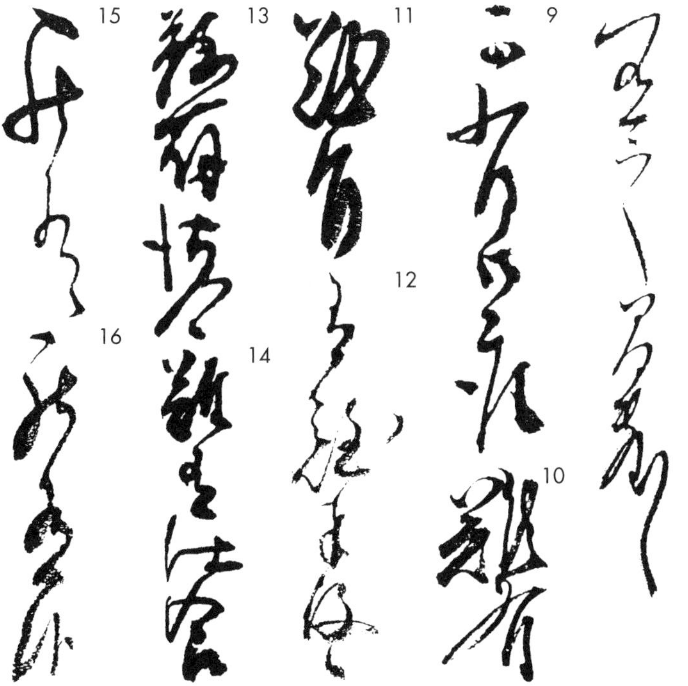

【用例】 1 有合《ありあわせ》 2 有来《ありきたり》 3 有様《ありさま》 4 有レ之《これあり》 5 有レ之者《これあらば》 6 有レ之《これあり》
7 有レ之候ハ、《これありそうらわば》 8 有レ之間敷候《これあるまじくそうろう》 9 可レ有二御座一《ござあるべく》 10・11 難レ有《ありがたし》
12 有難奉レ存候《ありがたくぞんじたてまつりそうろう》 13・14 難レ有仕合《ありがたきしあわせ》 15・16 罷有候《まかりありそうろう》

112

【村】

3428

ソン
むら

◎江戸時代の行政単位である「村」は、文書の差出・受取人の肩書などに頻出する。単漢字の4、5番目の特殊形に注意。

【用例】

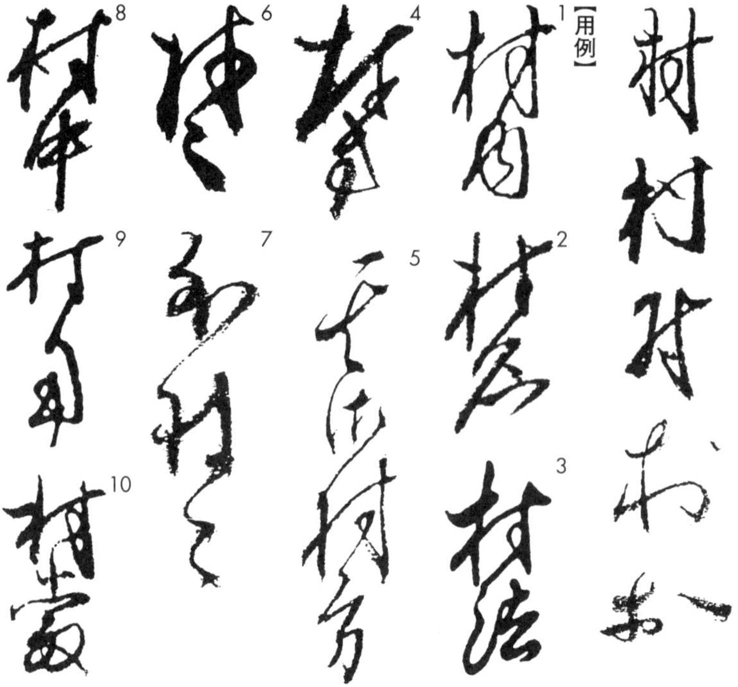

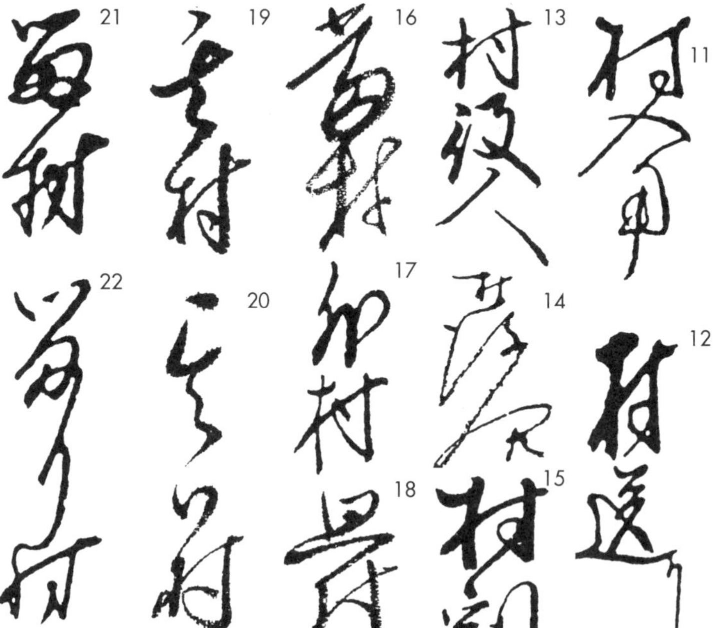

【用例】

1 村内《そんない》

2 村名《むらめい》《そんめい》

3 村法《そんぽう》

4 村方《むらかた》

5 其御村方《そのおんむらかた》

6 村々《むらむら》

7 外村々《ほかむらむら》

8 村中《むらじゅう》《そんちゅう》

9 村用《むらよう》

10 村當《むらあて》

11 村入用《むらにゅうよう》

12 村送リ《むらおくり》

13 村役人《むらやくにん》

14 村役人共《むらやくにんとも》

15 村割《むらわり》

16 當村《とうそん》

17 外村《ほかむら》

18 廻村《かいそん》

19 其村《そのむら》

20 其御村《そのおんむら》

21 留村《とまりむら》

22 留《とま》り村《むら》

113

来（來）

4572
4852

ライ・タイ
くる
きたる

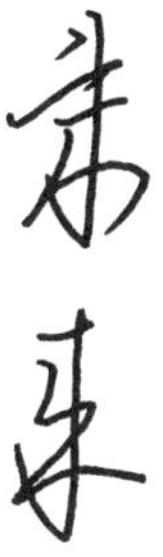

◎くずれたものは98頁「成」の特殊形に近くなるが、「来」には右脇に「、」が付かない。「以来」「出来」「来ル」は頻出する。

【用例】

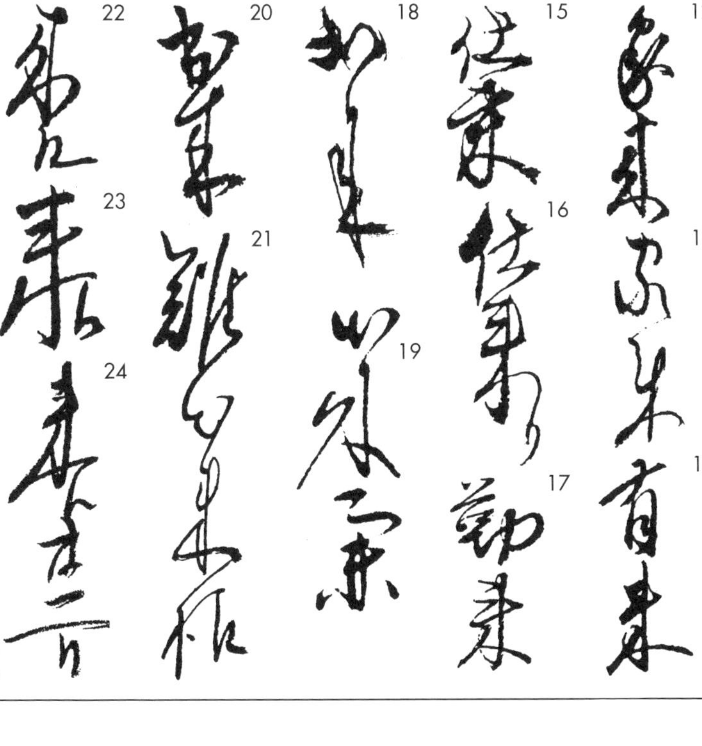

【用例】 1 来月《らいげつ》 2 来年《らいねん》 3 来状《らいじょう》 4 来意《らいい》 5・6 以来《いらい》 7 年来《ねんらい》
8 弐百年来《にひゃくねんらい》 9 近来《ちかごろ きんらい》 10 入来《じゅらい》 11 渡来《とらい》 12・13 家来《けらい》 14 有来《ありきたり》
15 仕来《しきたり》 16 仕来リ《しきたり》 17 勤来《つとめきたり》 18 出来《しゅったい でき》 19 出来兼《できかね》 20 出来《しゅったい でき》
21 難二出来一様《できがたきよう》 22・23 来ル《きたる》 24 来ル《きたる》 廿二日《にじゅうににち》

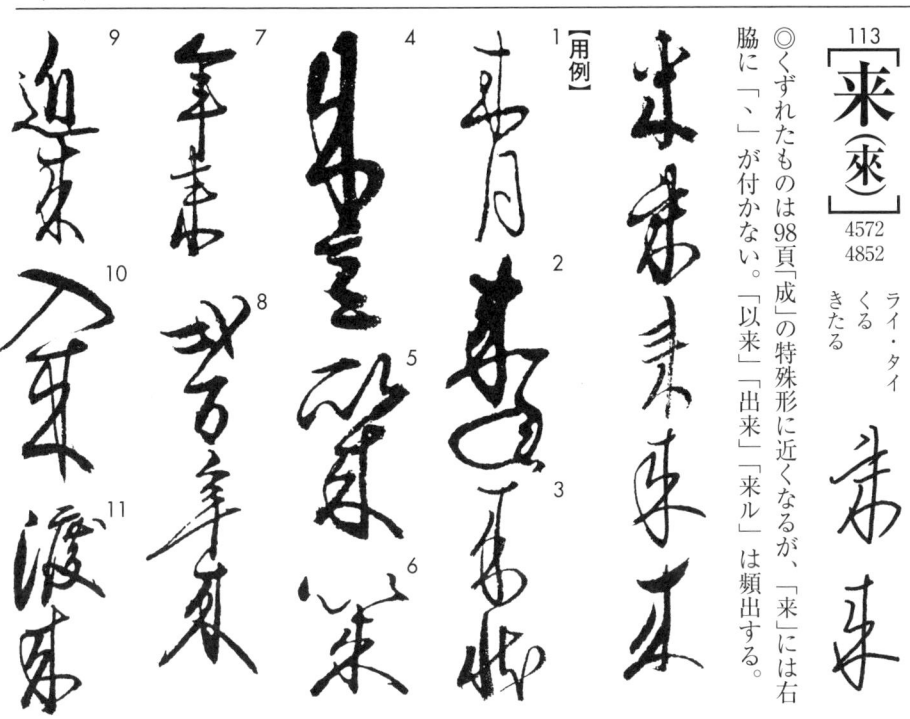

114

極

2243

キョク・ゴク
きわめる・きわめて
きめる・きめ

◎旁の「亟」がそのままくずれたものと119頁「有」と類似したものとに分かれる。ここでは「至極」「取極」を覚えておきたい。

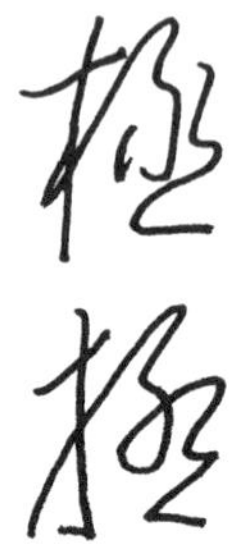

【用例】

1 2 3 4 5 6 7 8

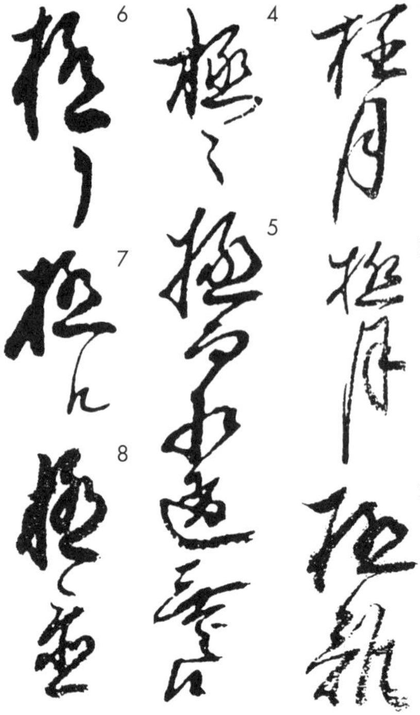

9 10 11 12 13 14 15 16 17 18 19 20 21

【用例】 1・2 極月《ごくげつ》 3 極難《ごくなん》 4 極々《ごくごく》 5 極而《きわめて》 相《そう》違《い》無レ之《これなく》候《そうろう》 6 極リ《きまり》 7 極ル《きめる》 8 極置《きめおく》 9 見極《みきわめ》 10 相極《あいきめる》 11 相極メ《あいきめ》 12・13 取極《とりきめ》 14 取極リ《とりきまり》 15〜18 至極《しごく》 19 難義至極《なんぎしごく》 20 至極《しごく》 21 不届至極《ふとどきしごく》

115

【様(様)】

4545
6075

ヨウ
さま
ざま

◎宛名等の敬称や「~候様」の形で頻出する最重要語。原形をとどめない省略形が非常に多く用いられるので判読には注意する。

【用例】

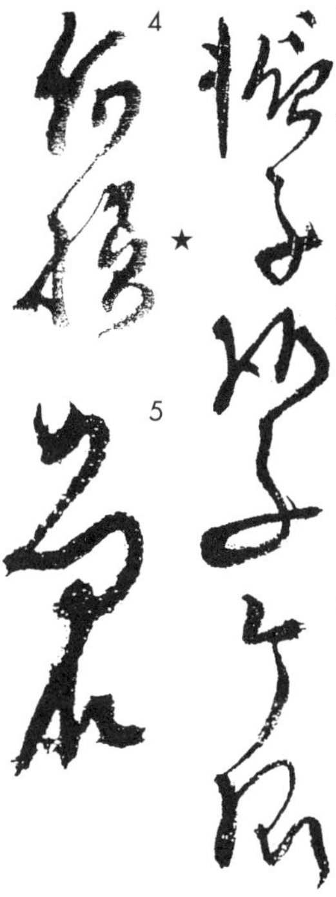

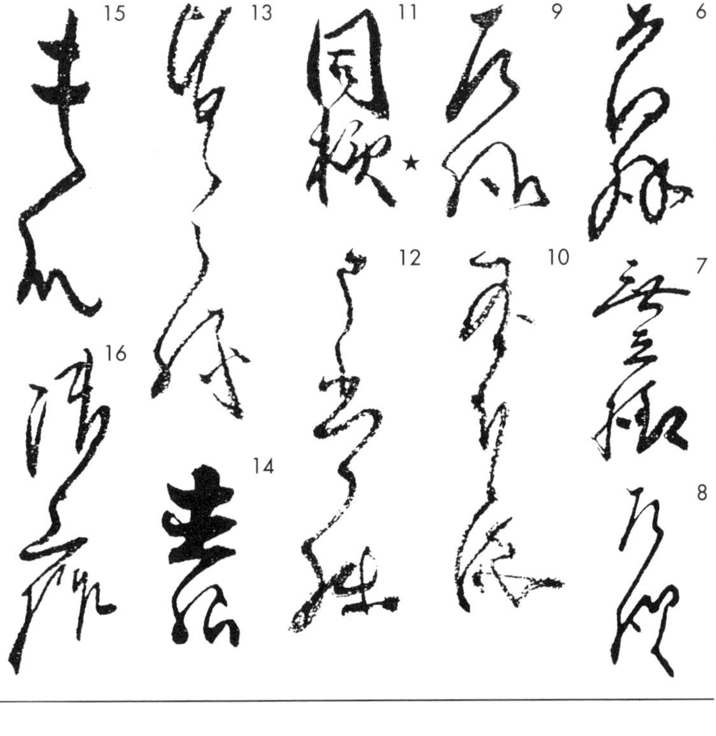

【用例】 1・2様《よう》子《す》 3ケ《か》様《よう》 4何《いか》様《よう》 5・6如何《いか》様《よう》 7無レ之様《これなきよう》 8・9左《さ》様《よう》 10可レ被レ下候様《くださるべくそうろうよう》 11同《どう》様《よう》 12申《もうし》出《いで》候《そうろう》様《よう》 13皆々様《みなみなさま》 14直《すぐ》様《さま》 15貴《き》様《さま》 16御《おん》上《うえ》様《さま》

116

次

2801

ジ・シ
つぎ・つぎに
つぐ・ついで

◎「欠」が「頁」のくずしに近くなり、203頁「頃」や206頁「頭」に似た単漢字二列目の形が頻出するので判読には注意したい。

【用例】

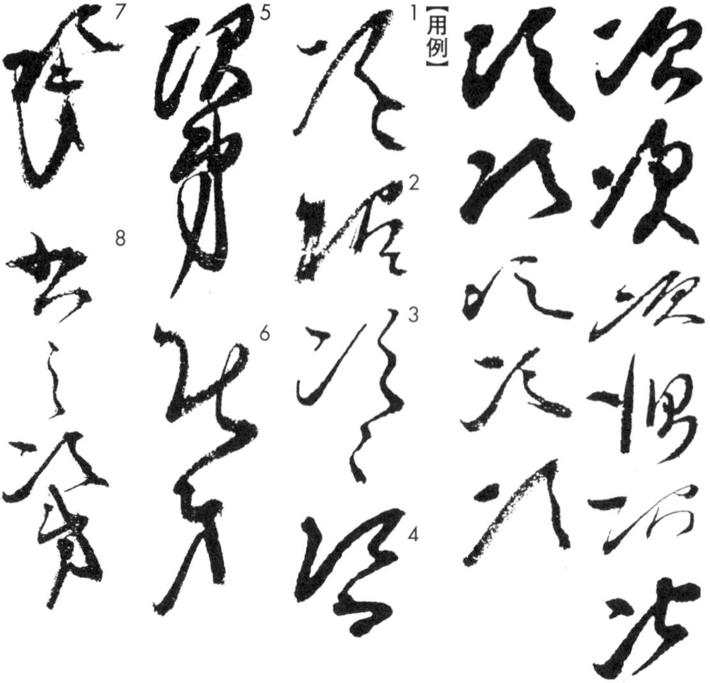

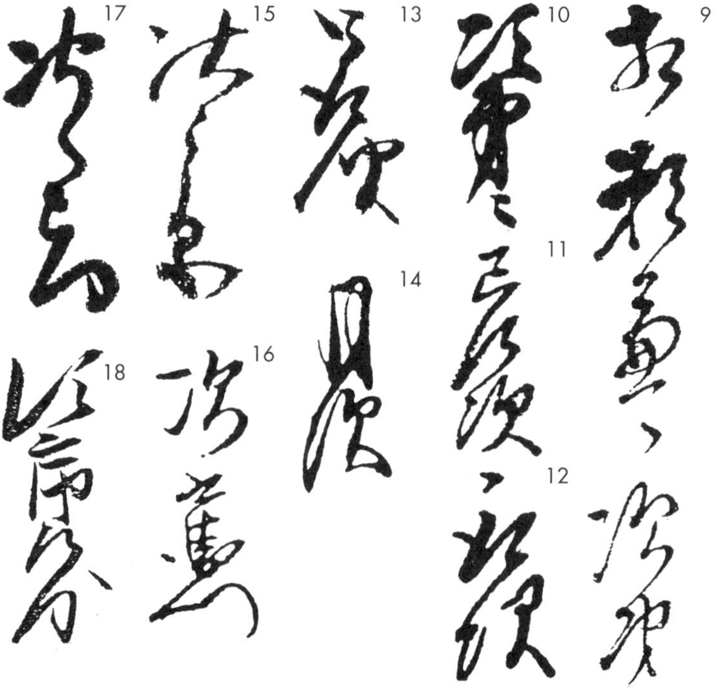

【用例】 1・2 次二《つぎに》 3 次々《つぎつぎ》 4 次而《ついで》 5〜7 次第《しだい》 8 右之次第《みぎのしだい》 9 相頼兼候《あいたのみかねそうろう》 次第《しだい》 10 次第二《しだいに》 11 差次《さしつぎ》 12 取次《とりつぎ》 13 御取次《おとりつぎ》 14 月次《つきなみ》 15 次兵衛《じへえ》 16 次右衛門《じえもん》 17 次郎右衛門《じろうえもん》 18 次郎左衛門《じろうざえもん》

117

此

2601

シ
この

◎「此段」「此節」は頻出。くずしは多様で、ほとんど原形もないので、単漢字をすべて覚えておきたい。136頁「無」にも類似あり。

【用例】

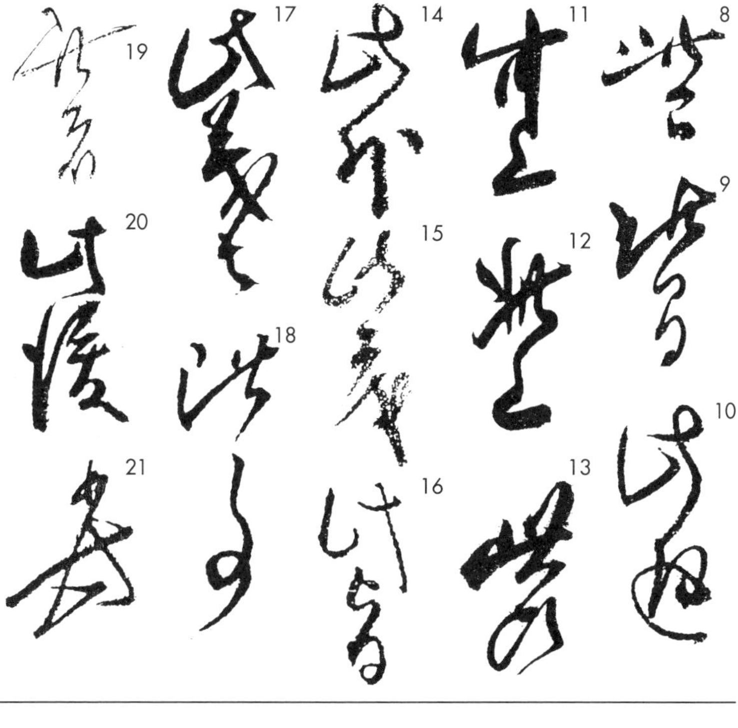

【用例】 1・2 此段《このだん》 3・4 此度《このたび／こたび》 5 此方《このほう／こなた》 6・7 此節《このせつ》 8・9 此間《このあいだ》 10 此通《このとおり》 11・12 此上《このうえ》 13 此頃《このごろ》 14 此外《このほか》 15 此茂《これも》 16 此旨《このむね》 17 此義者《このぎは》 18 此事《このこと》 19 此者《このもの》 20 此後《こののち》 21 如レ此《かくのごとし》

118

殊

2876

シュ・ジュ
ことに
こと

◎「とりわけ、意外に」の意味で用いられる「殊ニ」「殊之外」が頻出する。「歹」は154、155頁の「糸」偏と類似するので要比較。

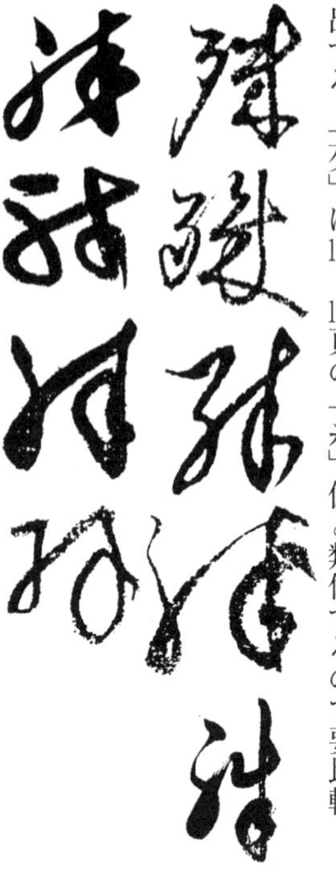

【用例】

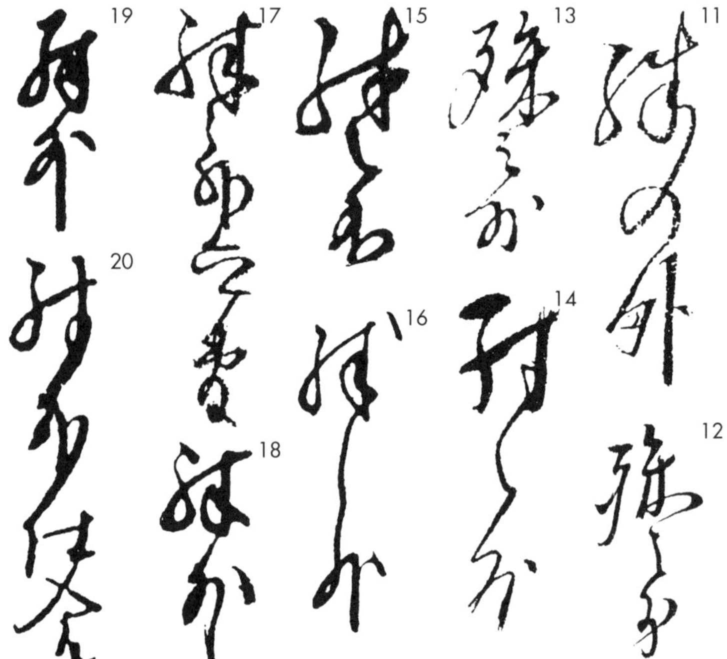

【用例】1〜10殊ニ《ことに》　11殊《こと》の外《ほか》　12〜16殊《こと》之《の》外《ほか》　17殊《こと》之《の》外《ほか》六ケ敷《むつかしく》　18・19殊外《ことのほか》　20殊外仕合《ことのほかしあわせ》

119 残（殘）

2736
6144

ザン
のこる
のこす

◎「戋」が極端にくずれると「お」や90頁「前」と似た形になる。199頁「銭」も同様。「不レ残」は頻出なので覚えておきたい。

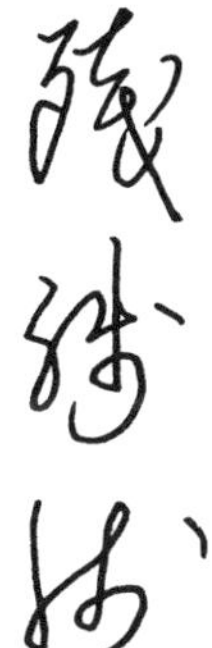

【用例】

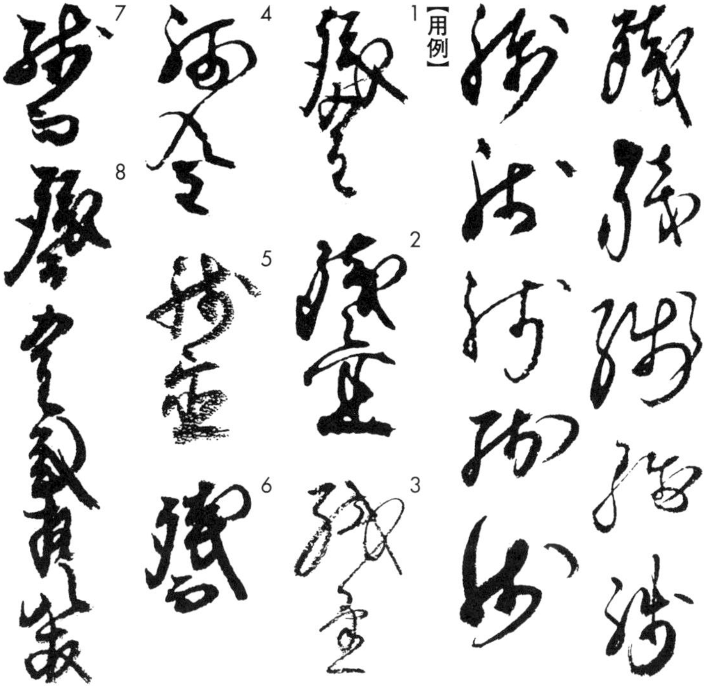

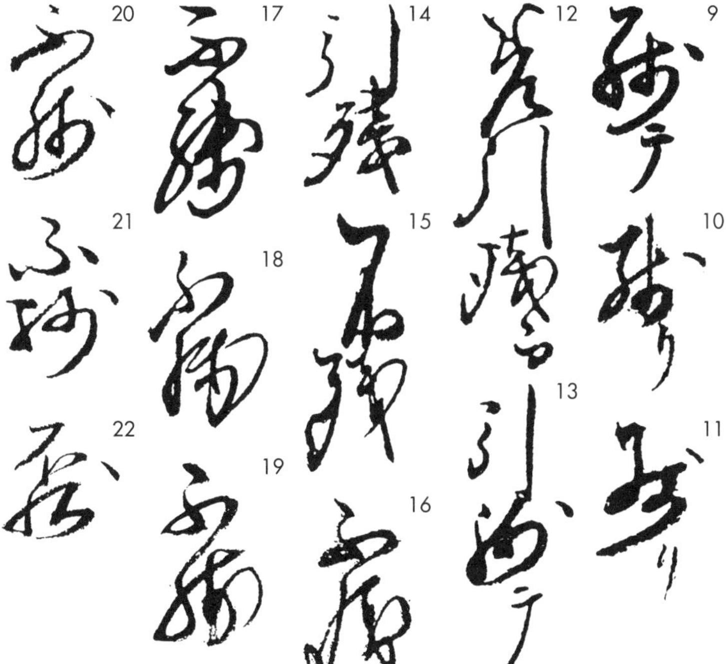

【用例】1〜4残金《ざんきん》　5残置《のこしおく》　6・7残而《のこして》　8残而金弐拾八両《のこしてきんにじゅうはちりょう》
9残テ《のこして》　10・11残リ《のこり》　12差引残而《さしひきのこして》　13引残テ《ひきのこして》　14引残《ひきのこし》
15〜22不レ残《のこらず》

120
段
3542
ダン

◎86頁「役」と旁が同じ「殳」であるが、まったくくずしが異なる点に注目。単漢字9番目以降の「あ」に似た特殊形を覚えたい。

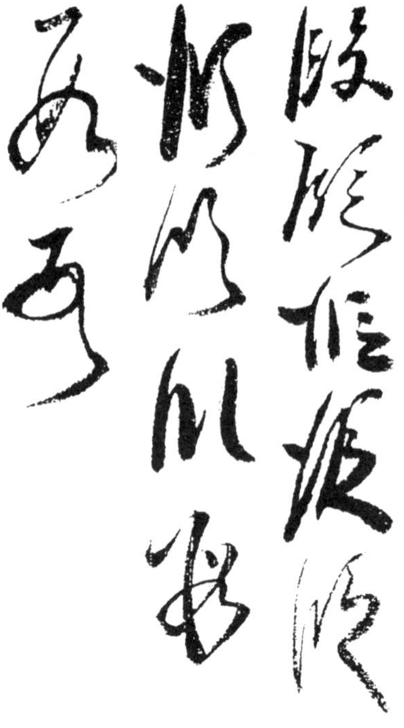

【用例】

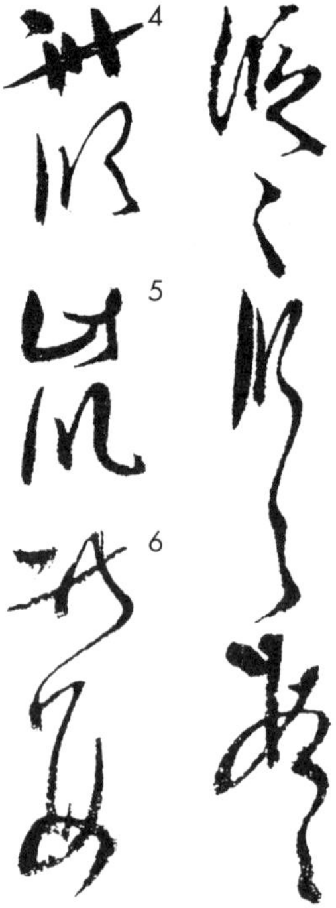

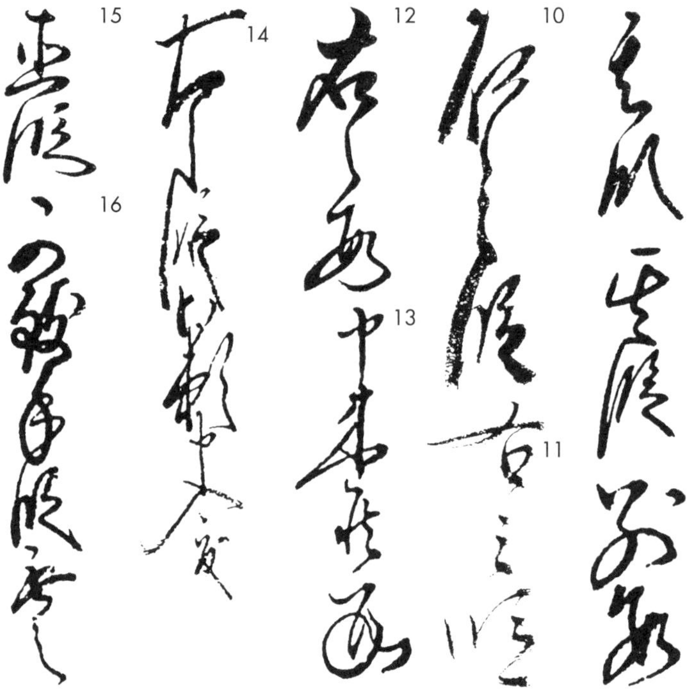

【用例】1〜3 段々《だんだん》　4〜6 此段《このだん》　7・8 其段《そのだん》　9 別段《べつだん》
10〜12 右《みぎ》之《の》段《だん》　13 申《もうし》来《きたり》候《そうろう》段《だん》
14 右《みぎ》之《の》段《だん》御頼《おたのみ》申入《もうしいれ》度《たく》
15 直段《ねだん》　16 可レ致手段無レ之《いたすべきしゅだんこれなく》

121
殿
3734

デン・テン
との・どの
しんがり

◎宛名等の敬称で頻出する重要語。50頁「取」や107頁「故」と類似のくずしもあるので注意する。「殳」は「攵」のくずしに近い。

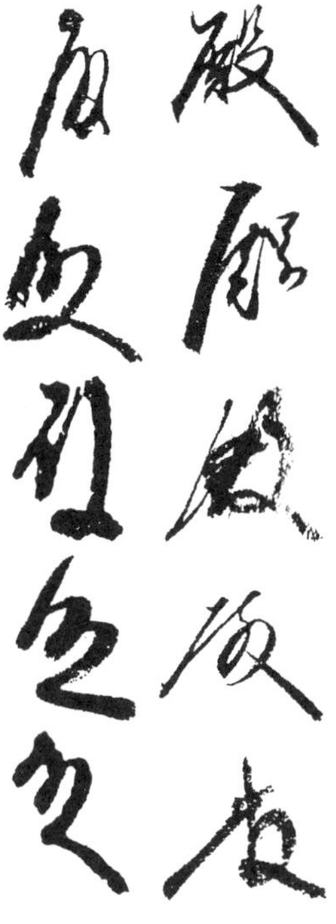

【用例】

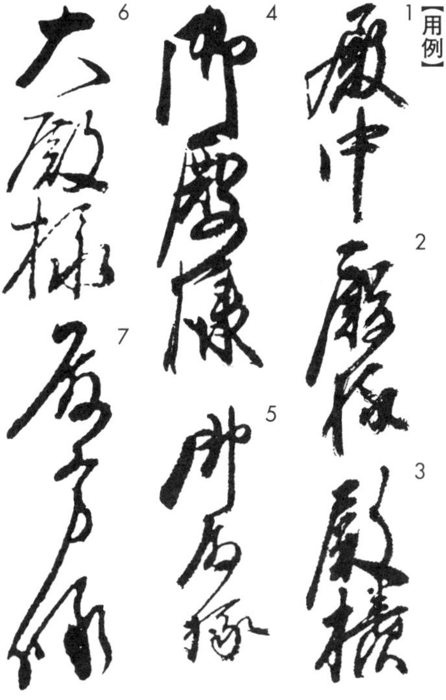

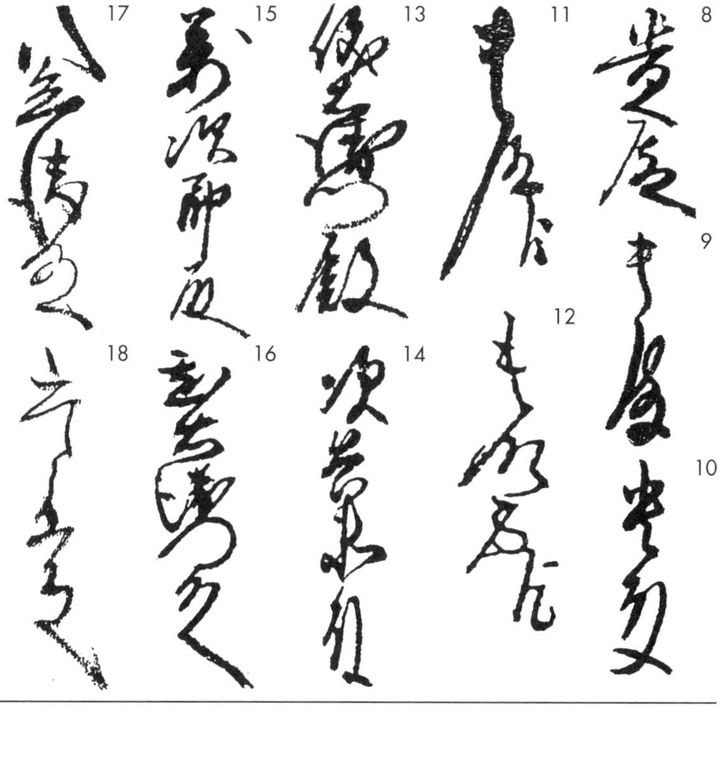

【用例】1 殿中《でんちゅう》　2・3 殿様《とのさま》　4・5 御殿様《おとのさま》　6 大殿様《おおとのさま》　7 殿方様《とのがたさま》
8～10 貴殿《きでん》　11 貴殿江《きでんへ》　12 貴殿方江《きでんかたへ》　13 儀右衛門殿《ぎえもんどの》　14 次兵衛殿《じへえどの》
15 萬次郎殿《まんじろうどの》　16 甚右衛門殿《じんえもんどの》　17 八兵衛殿《はちべえどの》　18 六郎兵衛殿《ろくろうべえどの》

122 [江] 2530

コウ
え

◎「〜江」(〜へ、〜にの意)の形で頻出する助詞。右下へ小さく書かれることが多く判読は容易だろう。「氵」のくずしが独特。

【用例】

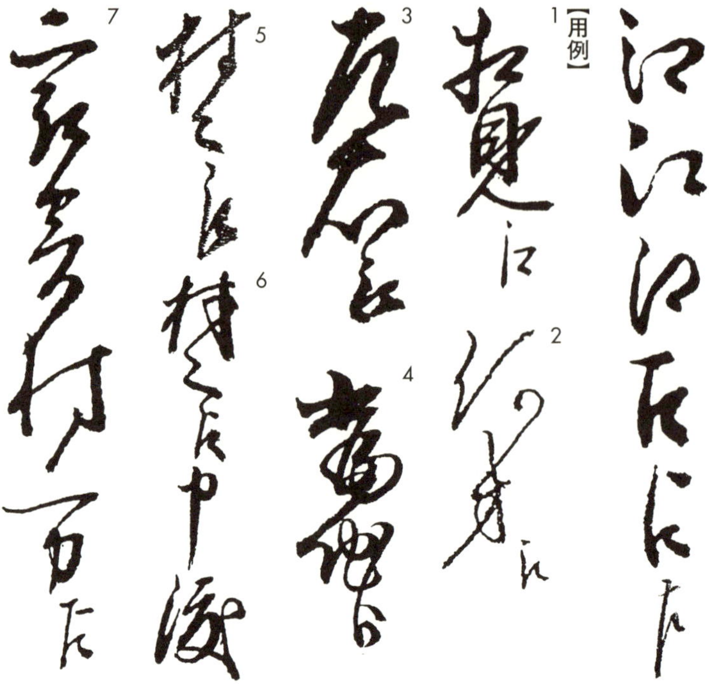

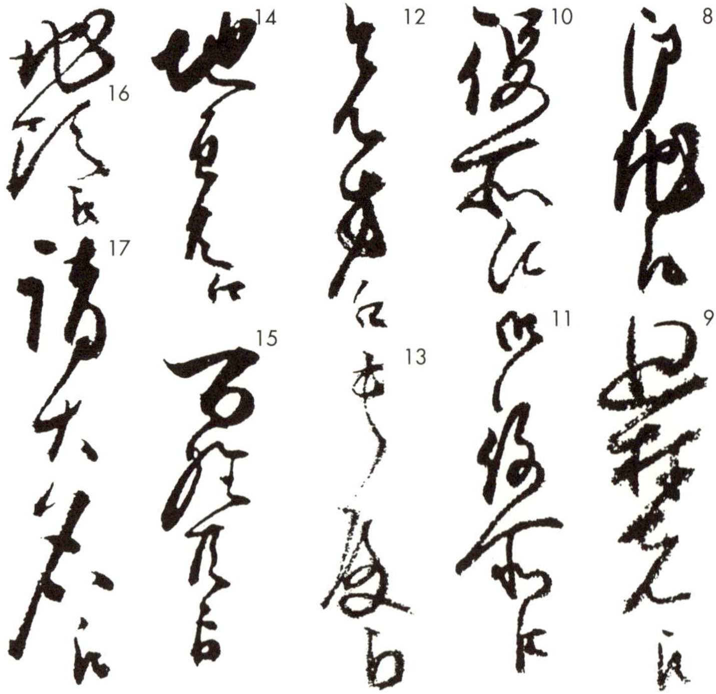

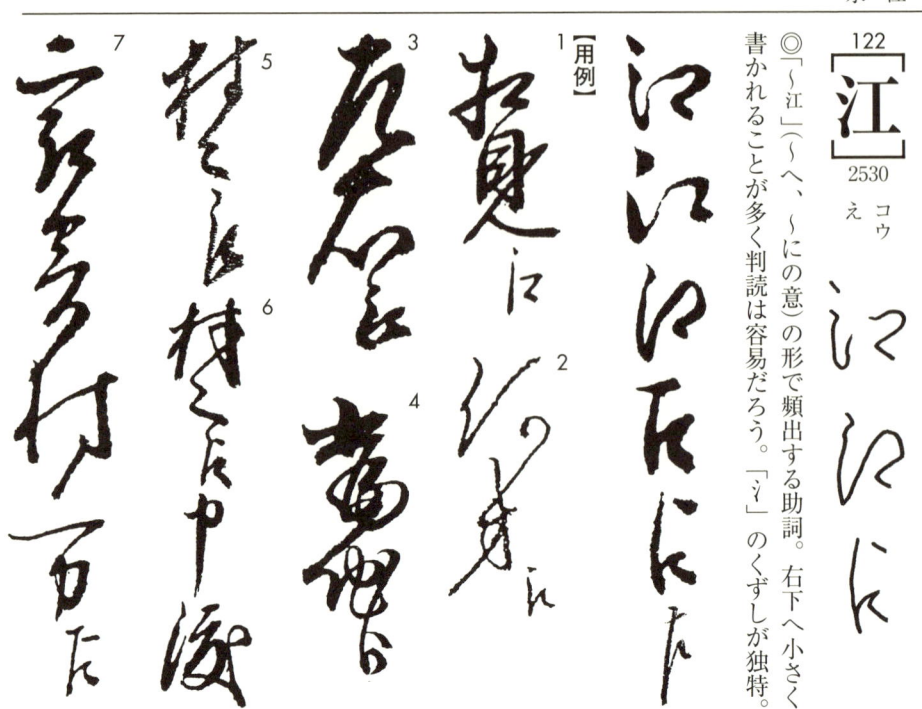

【用例】 1 相見江《あいみえ》 2 何方江《いずかたへ》 3 左右江《さゆうへ》 4 當地江《とうちへ》 5 村々江《むらむらへ》 6 村々江《むらむらへ》申渡《もうしわたし》 7 最寄村方江《もよりむらかたへ》 8 御地江《おんちへ》 9 廻村先江《かいそんさきへ》 10 役所江《やくしょへ》 11 御役所江《おやくしょへ》 12 先方江《せんぽうへ》 13 貴殿江《きでんへ》 14 地主共江《じぬしどもへ》 15 百姓共江《ひゃくしょうどもへ》 16 地頭江《じとうへ》 17 諸大名江《しょだいみょうへ》

123

決

2372

ケツ・ケチ
きめる
きまる

◎「氵」が小さく左上に「丷」のように書かれる異体字のくずしが基本形となる。161頁「聞」に類似。「決而」が頻出する。

【用例】

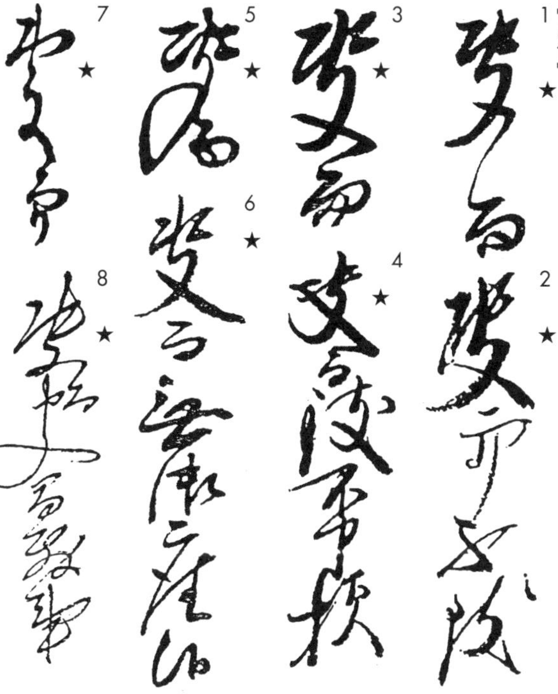

【用例】 1 決而《けっして》 2 決而不レ致《けっしていたさず》 3 決而《けっして》 4 決而致不レ申様《けっしていたしもうさざるよう》 5 決而《けっして》 6 決而無二御座一候《けっしてござなくそうろう》 7 決而《けっして》 8 決而申 入間敷事《けっしてもうしいれまじきこと》 9 決而申付間敷候《けっしてもうしつけまじくそうろう》 10 決而不二相成一事二候《けっしてあいならざることにそうろう》 11 決而御難儀相掛ケ申間敷候《けっしてごなんぎあいかけもうすまじくそうろう》 12・13 決定《けっていけつじょう》 14 一決《いっけつ》 15 内々決候 処《ないないけっしそうろうところ》 16 相決《あいきめる》

124

[法]

4301

ホウ・ハッ
ホッ
のり

◎旁は48頁「去」がそのままくずれたものと、159頁「者」に類似のくずしになるものとに分けられる。ここでは「法度」を覚えたい。

【用例】

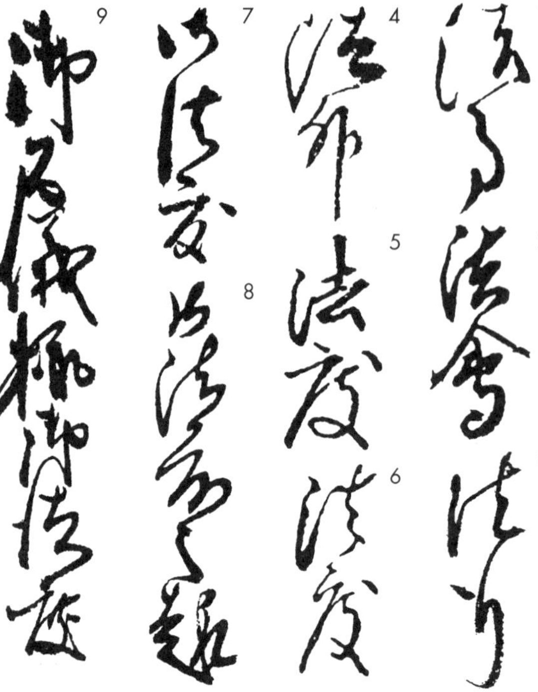

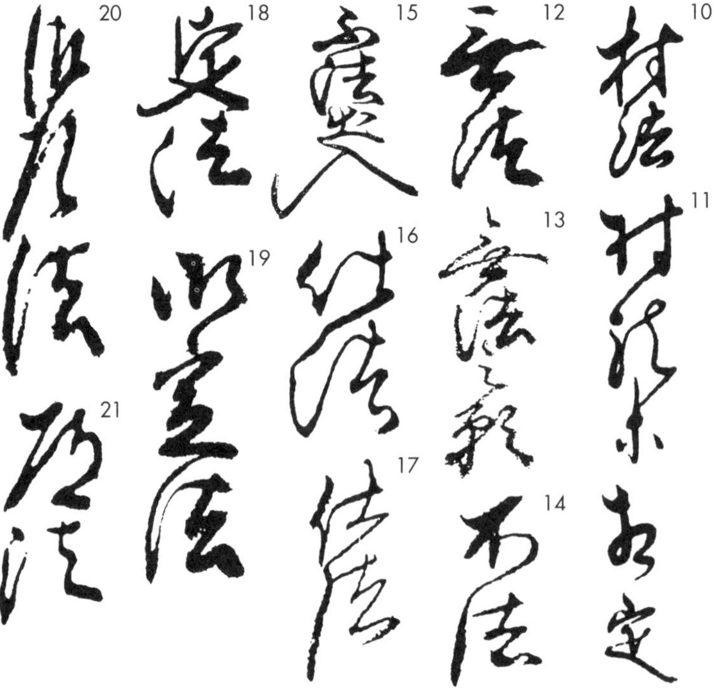

【用例】 1 法事《ほうじ》 2 法會《ほうえ》 3 法行《ほうぎょう》 4 法外《ほうがい》 5・6 法度《はっと》 7 御法度《ごはっと》
8 御法度《ごはっと》之《の》趣《おもむき》 9 御《ご》公《こう》儀《ぎ》様《さま》御法度《ごはっと》 10 村法《そんぽう》 11 村法《そんぽう》等《など》相定《あいさだめ》
12 無法《むほう》 13 無法《むほう》之《の》願《ねがい》 14 不法《ふほう》 15 不法《ふほう》出入《でいり》 16・17 仕法《しほう》
18 定法《じょうほう》 19 御《ご》定法《じょうほう》 20 御《ご》左法《さほう》 21 道法《みちのり》

125
済（濟）
2649
6327

サイ・セイ
すます・すむ
すみ

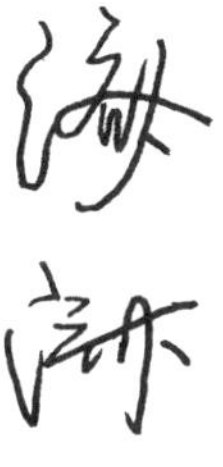

◎用例はどれも頻出の重要語。旁には91頁「兼」に近い形のくずしもある。「斉（齊）」は未収録だが同時に覚えてしまいたい。

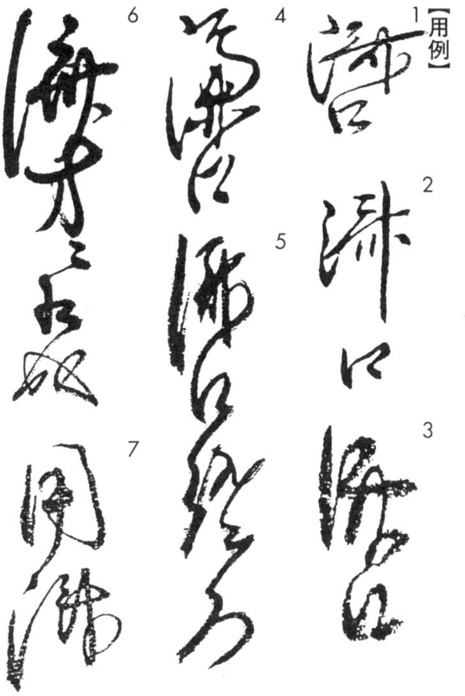

【用例】1〜4 済口《すみくち》　5 済口證文《すみくちしょうもん》　6 済方二相成《すみかた》《すましかた》《に》《あいなり》　7 用済《ようずみ》
8 内済《ないさい》　9 御済《おすまし》　10・11 相済《あいすむ》《あいすます》　12 不二相済一候間《あいすまさずそうろうあいだ》　13〜15 聞済《ききすます》
16・17 御聞済《おききすまし》　18・19 皆済《かいさい》　20 返済《へんさい》

126
渡
3747

ト／わたる
わたす
わたし

◎「氵」には「イ」や「彳」偏と同じくずしがあることに注意。旁は80頁「度」参照。「相渡」「被二仰渡一」は頻出の重要語である。

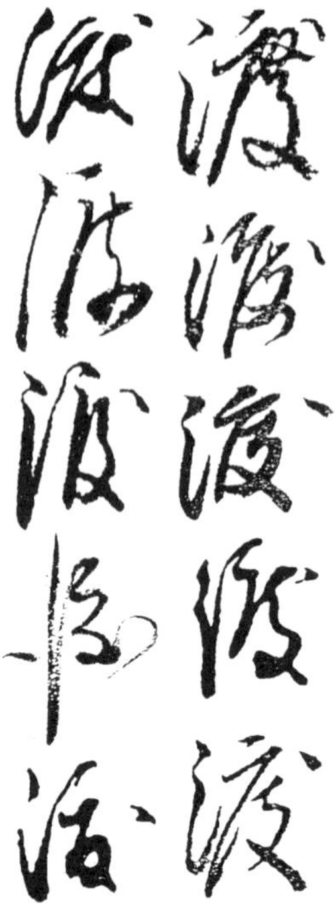

【用例】

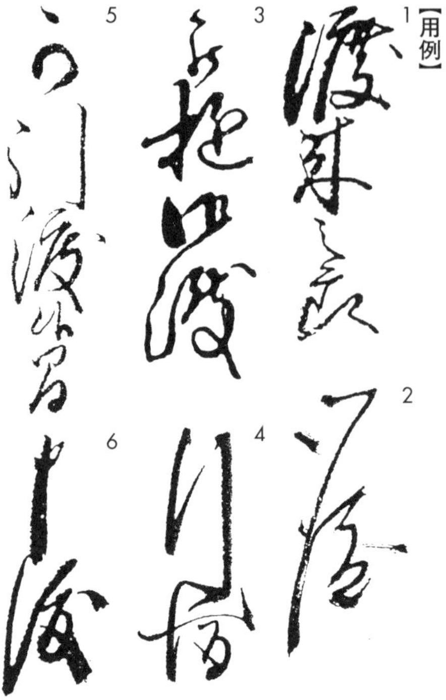

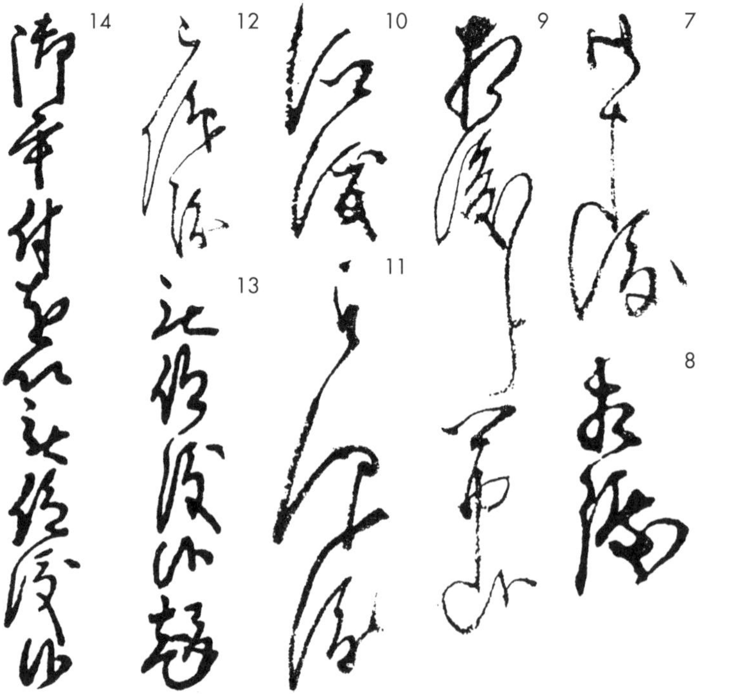

【用例】 1 渡来《とらい》之《の》節《せつ》 2 御渡《おわたし》 3 被レ遊二御渡一《おわたしあそばされ》 4 引渡《ひきわたす》 5 可二引渡一候間《ひきわたすべくそうろうあいだ》 6 申渡《もうしわたす》《もうしわたし》 7 御申渡《おもうしわたし》 8 相渡《あいわたす》 9 相渡《あいわた》し可レ申候《もうすべくそうろう》 10 仰渡《おおせわたす》 11・12 被二仰渡一《おおせわたされ》 13 被二仰渡一候趣《おおせわたされそうろうおもむき》 14 御《お》書付《かきつけ》を以《もって》被二仰渡一候《おおせわたされそうろう》

127

【為】

1657

イ／せ
なす・たる
ため・として

◎頻出の重要語で基本的には上に返って読む字である。前後の字句によって読み方が異なるので注意。省画された「ゐ」が頻出。

【用例】

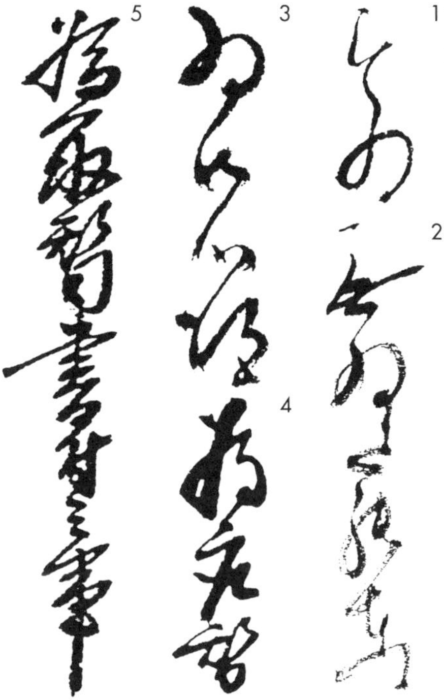

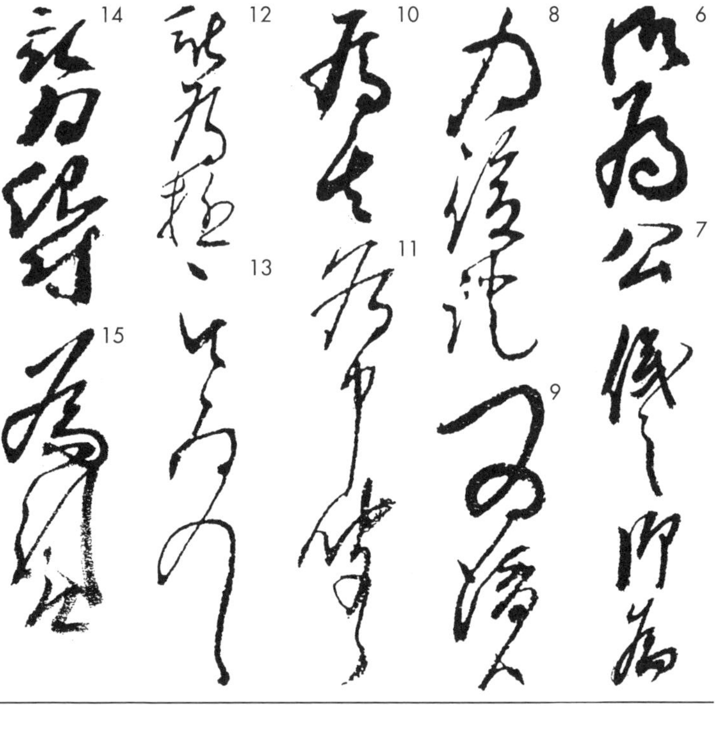

【用例】1 無為《ぶい》《むい》　2 無為二罷在候《むいにまかりありそうろう》　3 為㆓御心得㆒《おこころえのため》《おこころえとして》　4 為㆓取替㆒《とりかわし》《とりかわせ》　5 為㆓取替㆒《とりかわし》書付之事《かきつけのこと》　6 御為《おんため》　7 公儀之御為《こうぎのおんため》　8 為㆓後證㆒《ごしょうのため》　9 為㆓後日㆒《ごじつのため》　10 為㆑其《そのため》　11 為㆓申聞㆒候《もうしきかせそうろう》　12 被㆑為㆑遊《あそばせられ》　13 被㆑為㆑入候《いらせられそうろう》　14 被㆑為㆓仰付㆒《おおせつけさせられ》　15 為㆓引取㆒《ひきとらせ》

128

無

4421

ム・ブ
ない
なし

◎「無レ之」「無二御座（坐）一候」「無二相違一」が頻出の最重要語。単漢字三列目の1、5番目が基本形なのでぜひ覚えておきたい。

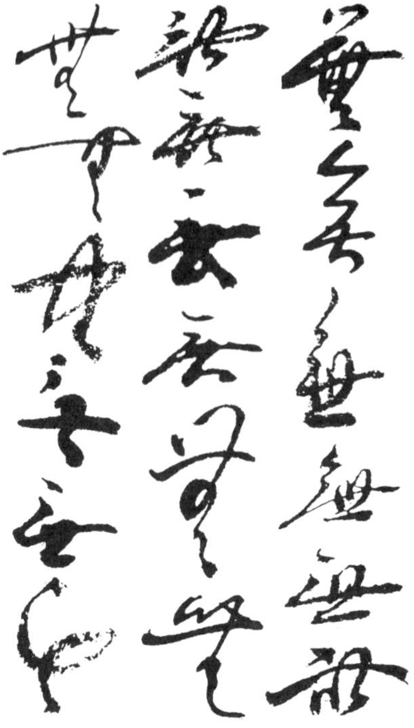

【用例】

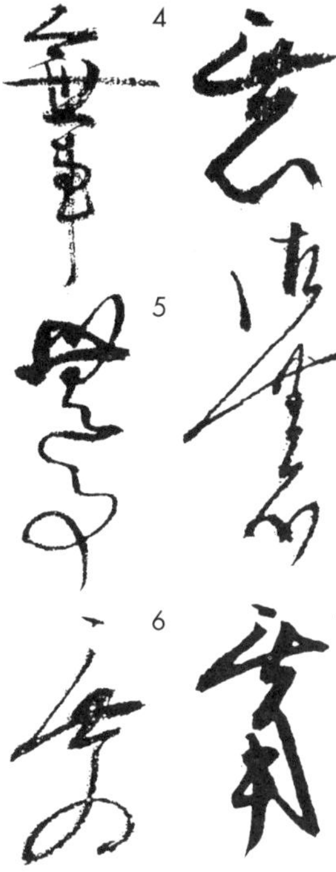

1 2 3 4 5 6

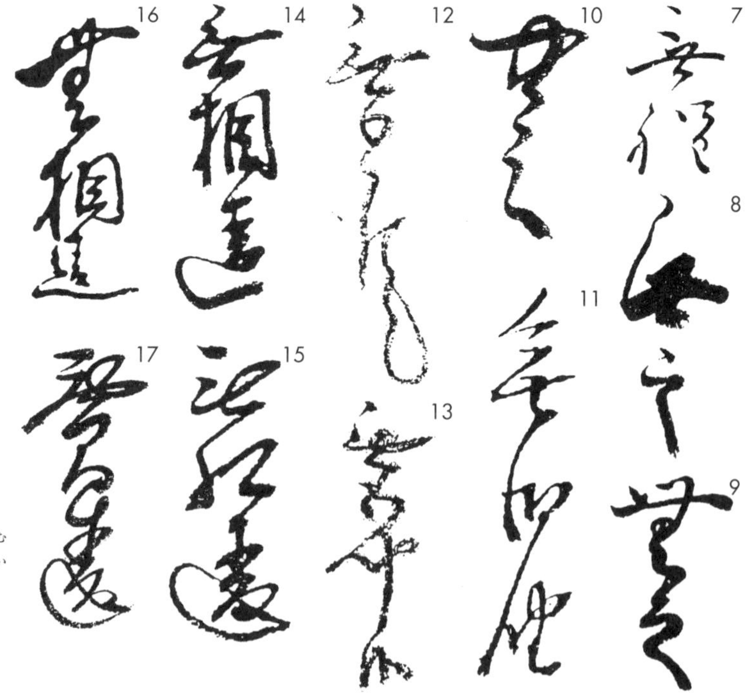

7 8 9 10 11 12 13 14 15 16 17

【用例】1 無心《むしん》 2 御無心《ごむしん》 3 無用《むよう》 4・5 無事《ぶじ》 6 無為《ぶい》《むい》 7 無レ程《ほどなく》
8～10 無レ之《これなく》 11 無二御坐一《ござなく》 12 無二御座一候《ござなくそうろう》 13 無二御坐一候《ござなくそうろう》
14～16 無二相違一《そういなく》 17 無二間違一《まちがいなく》

129
【然】
3319

ゼン・ネン
しかり・しかして
しかし・しかるに

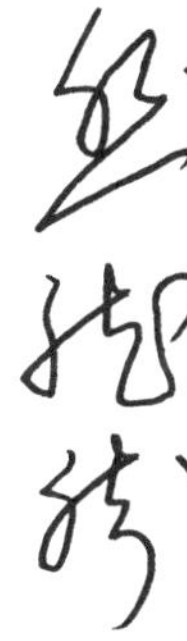

◎「灬」の原形がなくなる単漢字6番目以降のくずしが頻出するので覚えておきたい。「然者」(さての意)、「可レ然」は頻出。

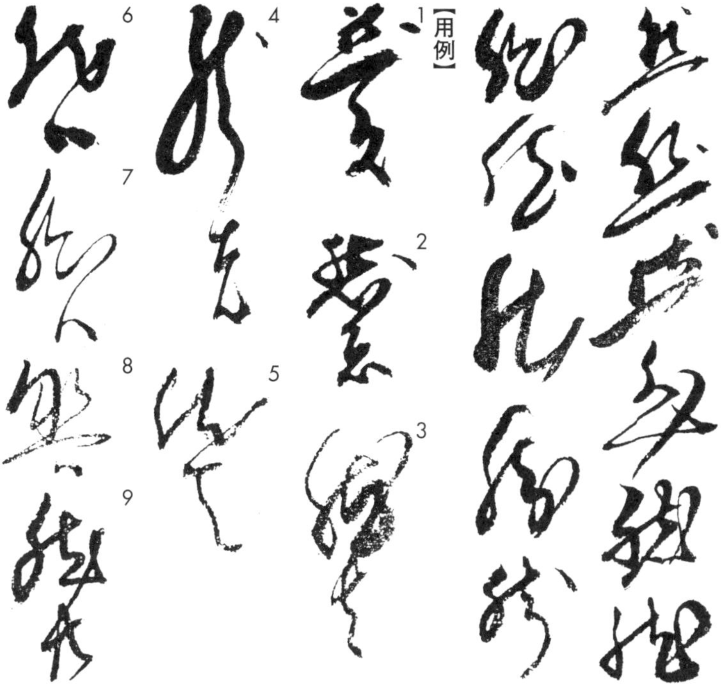

【用例】

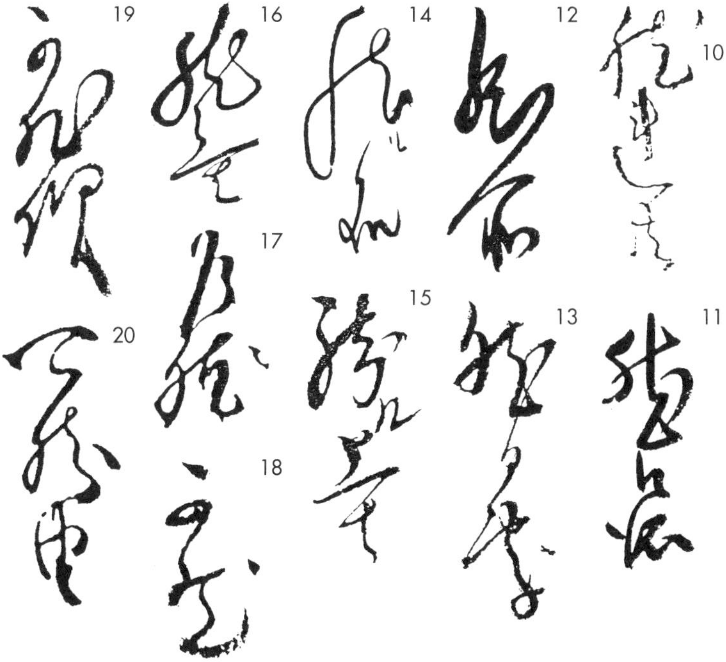

【用例】1〜5 然者《しかれば・しからば》　6〜8 然ハ《しかれば・しからば》　9 然共《しかれども》　10 然連共《しかれども》　11 然《しか》ル所《るところ》
12 然所《しかるところ》　13 然《しか》る処《ところ》　14 然《しか》ル処《るところ》　15 然《しか》ル上者《るうえは》　16 然上者《しかるうえは》
17 乍レ然《しかしながら》　18 可レ然《しかるべし》　19 可レ然様《しかるべきよう》　20 可レ然由《しかるべきよし》

130

【状】

3085

ジョウ

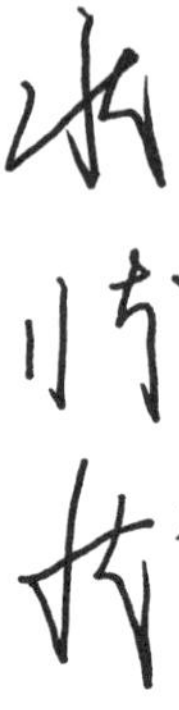

◎くずしは原形をとどめており、類似のくずしもないので「犬」の判読ができれば問題ないだろう。「受(請)状」「廻状」は頻出。

【用例】

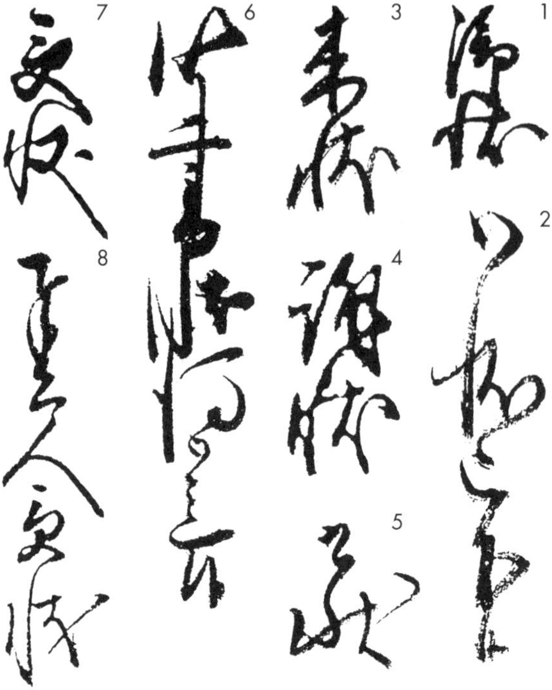

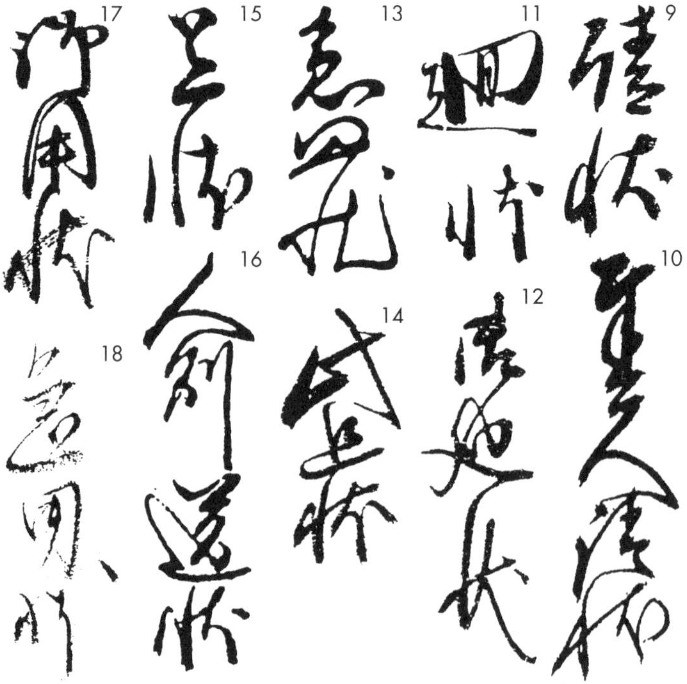

【用例】 1 御状《ごじょう》　2 御状被レ下候《ごじょうくだされそうろう》　3 来状《らいじょう》　4 訴状《そじょう》　5 書状《しょじょう》　6 以二書状一《しょじょうをもって》得二御意一候《ぎょいをえそうろう》　7 受状《うけじょう》　8 奉公人受状《ほうこうにんうけじょう》　9 請状《うけじょう》　10 奉公人請状《ほうこうにんうけじょう》　11 廻状《かいじょう》　12 御廻状《ごかいじょう》　13 急 廻状《きゅうかいじょう》《いそぎかいじょう》　14 此廻状《このかいじょう》　15 送 状《おくりじょう》　16 人別送 状《にんべつおくりじょう》　17 御用状《ごようじょう》　18 急用状《きゅうようじょう》

131

【甚】

3151

ジン　はなはだ　はなはだしい

◎「甚々」「甚以」が頻出。39頁「其」のくずしの下に92頁「心」を続けた単漢字二列目のくずしが基本形なので覚えておきたい。

【用例】

1

2

3

4

5

6

7

8

9

10

11

12

13

【用例】

1 甚大《じんだい》

2 甚不レ宜《はなはだよろしからず》

3 甚申上兼《はなはだもうしあげかね》候得共《そうらえども》

4・5 甚々《はなはだ》

6 甚以《はなはだもって》

7 甚以難儀至極ニ奉レ存候《はなはだもってなんぎしごくにぞんじたてまつりそうろう》

8 甚以不レ可レ然候《はなはだもってしかるべからずそうろう》

9 甚以奉二恐入一候《はなはだもっておそれいりたてまつりそうろう》

10 甚以而《はなはだもって》

11 甚々以《はなはだもって》

12 甚敷《はなはだしく》

13 甚々敷《はなはだしく》

132 [用] 4549

ヨウ
もちいる

◎くずしは「冂」から「ノ」を省画して「亅」で書かれるものの割合が高い。「用捨」「無用」「借用」「入用」が頻出する。

【用例】

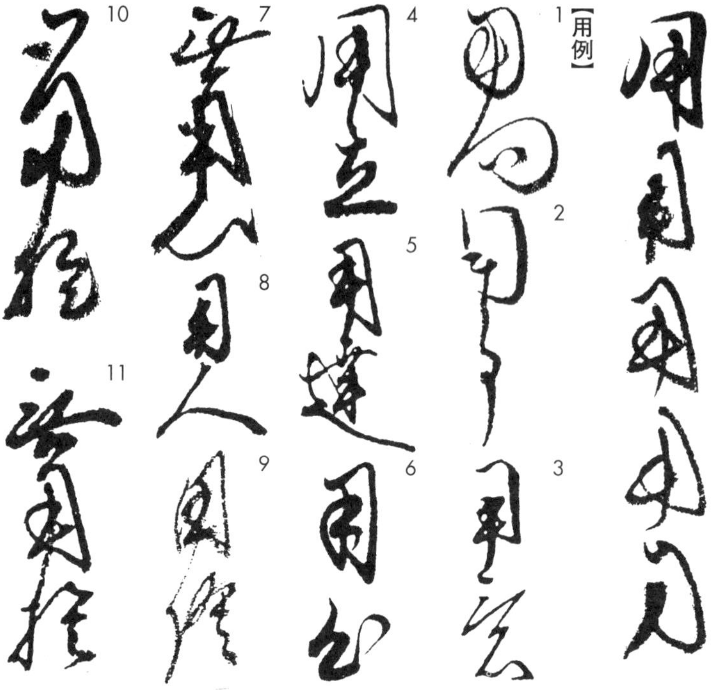

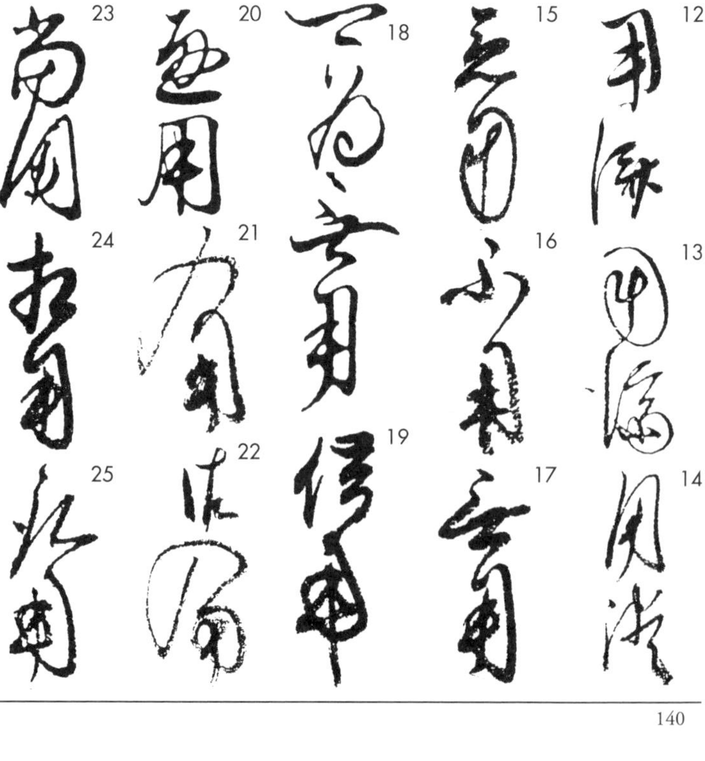

【用例】 1 用向《ようむき》 2 用事《ようじ》 3 用意《ようい》 4 用立《ようだて》 5 用達《ようたし》 6 用心《ようじん》 7 無用心《ぶようじん》 8 用人《ようにん》 9 用捨《ようしゃ》 10 御用捨《ごようしゃ》 11 無二用捨一《ようしゃなく》 12・13 用済《ようずみ》 14 用談《ようだん》 15 急用《きゅうよう》 16 不用《ふよう》 17 無用《むよう》 18 可レ為二無用一《むようたるべし》 19 借用《しゃくよう》 20 通用《つうよう》 21 入用《にゅうよう》 22 御入用《ごにゅうよう》 23 當用《とうよう》 24 相用《あいもちいる》 25 取用《とりもちいる》

133

申

3129

シン もうす さる

◎最頻出の重要語。省画されて縦棒に「、」を書いただけのくずしも多い。用例21以降は文書表題に用いられる慣用句。

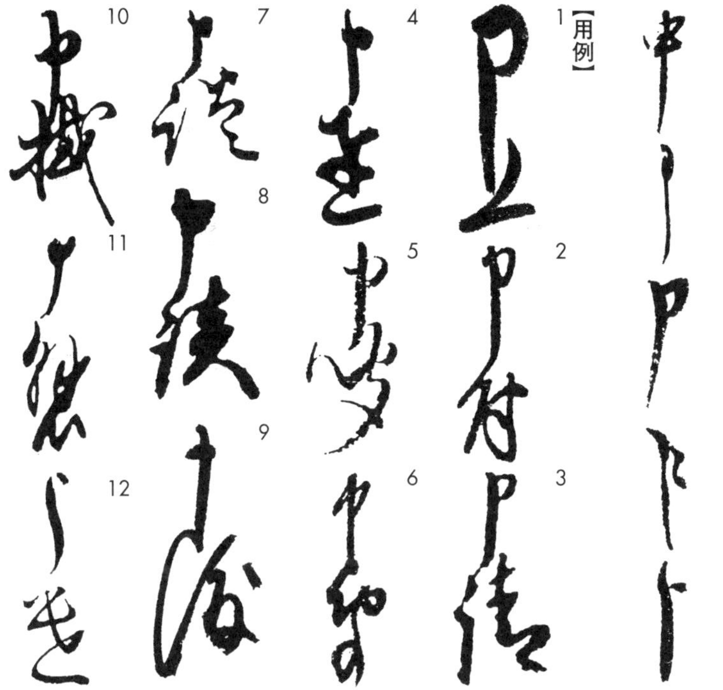

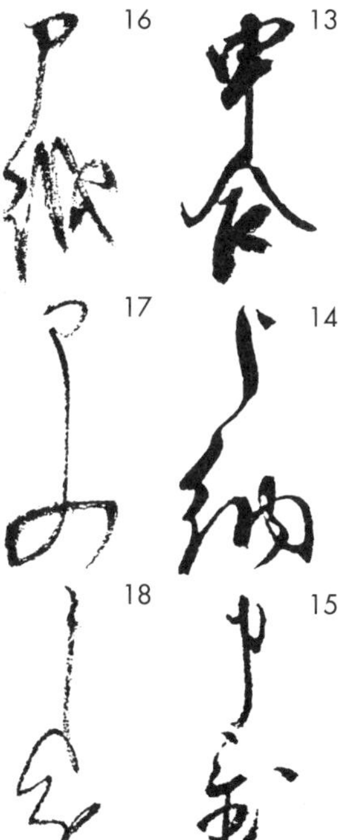

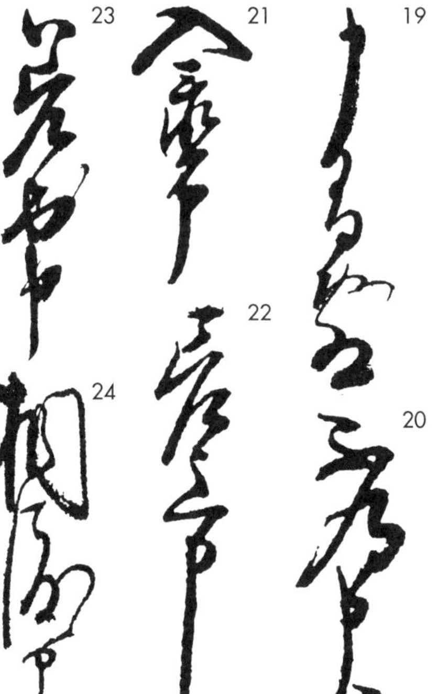

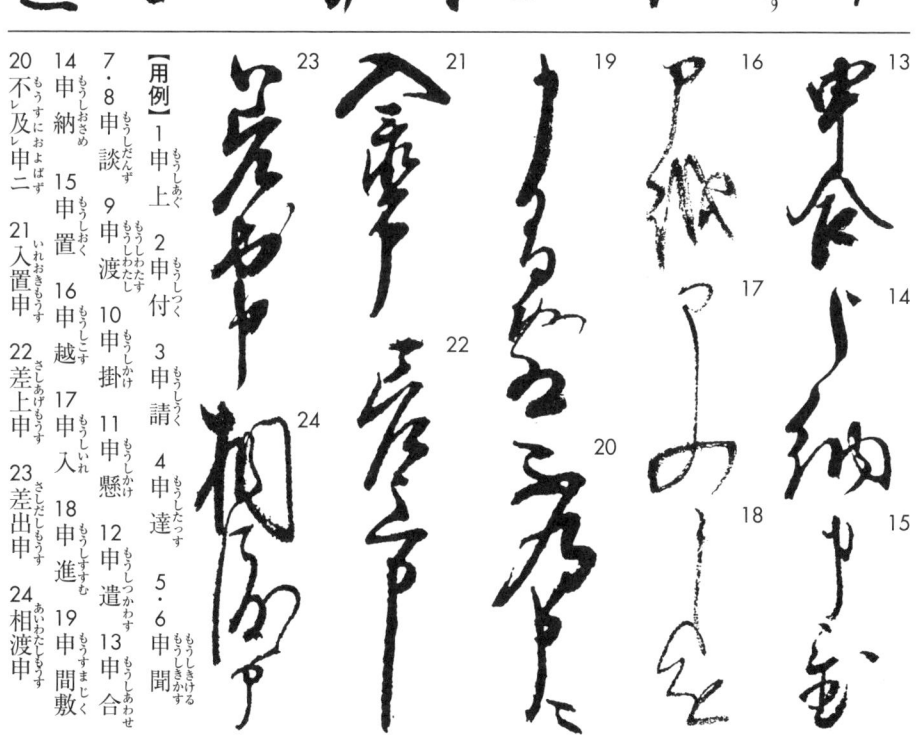

【用例】 1申上《もうしあぐ》 2申付《もうしつく》 3申請《もうしうく》 4申達《もうしたっす》 5・6申聞《もうしきける もうしきかす》 7・8申談《もうしだんず》 9申渡《もうしわたす もうしわたし》 10申掛《もうしかけ》 11申懸《もうしかけ》 12申遣《もうしつかわす》 13申合《もうしあわせ》 14申納《もうしおさめ》 15申置《もうしおく》 16申越《もうしこす》 17申入《もうしいれ》 18申進《もうしすすむ》 19申間敷《もうすまじく》 20不レ及レ申ニ《もうすにおよばず》 21入置申《いれおきもうす》 22差上申《さしあげもうす》 23差出申《さしだしもうす》 24相渡申《あいわたしもうす》

134

由

4519

ユウ・ユ
ユイ
よし・よる

◎「～之由」「～候由」の形で頻出。底の横棒が両側の縦棒と付かずに下へ延ばされたくずしが多い。61頁「坐」、74頁「届」も参照。

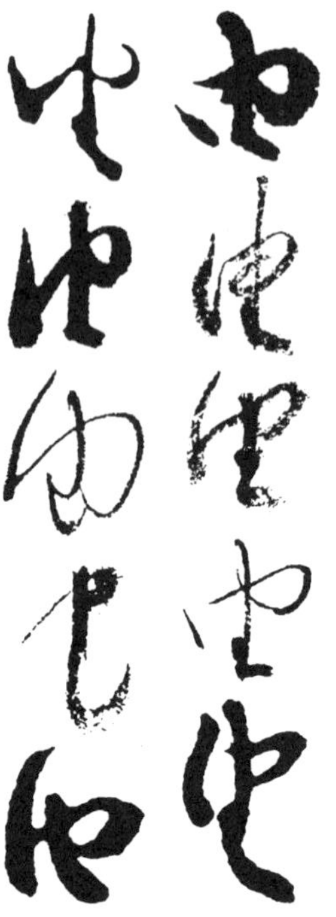

【用例】

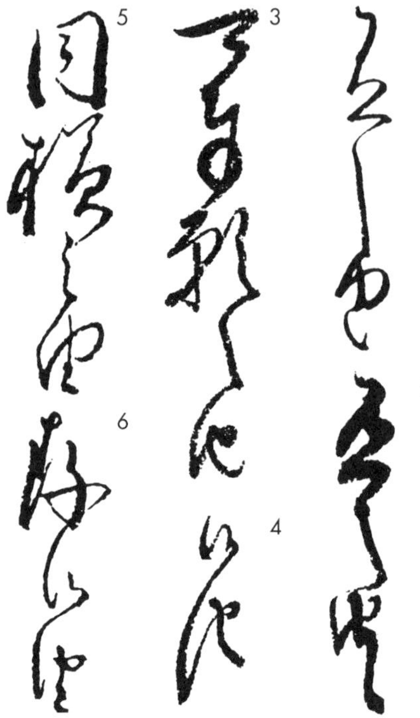

1 2 3 4 5 6

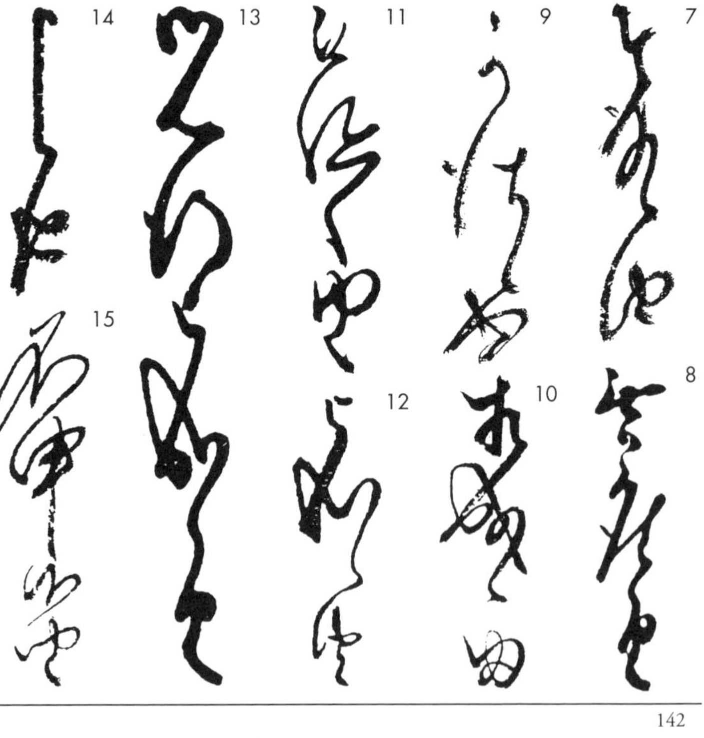

7 8 9 10 11 12 13 14 15

【用例】 1 有レ之由《これあるよし》 2 有レ之由候《これあるよしにそうろう》 3 可レ奉レ願之由《ねがいたてまつるべきのよし》 4 候由《そうろうよし》 5 同様《どうよう》之由《のよし》 6 存候由《ぞんじそうろうよし》 7 奉レ存候由《ぞんじたてまつりそうろうよし》 8 無二御座一由《ござなきよし》 9 可レ仕候由《つかまつるべくそうろうよし》 10 相成候由《あいなりそうろうよし》 11 被レ遊候由《あそばされそうろうよし》 12 被レ成候由《なされそうろうよし》 13 御心得被レ成候由《おこころえなされそうろうよし》 14 申候由《もうしそうろうよし》 15 不レ申候由《もうさずそうろうよし》

135

【留】

4617

リュウ・ル
とどめる・とどめ
とめる・とまる

◎ほとんどが異体字のくずしで、「田」は14頁「両」や73頁「当」のようになる。頭の「ツ」が横棒になったときの判読に注意。

【用例】

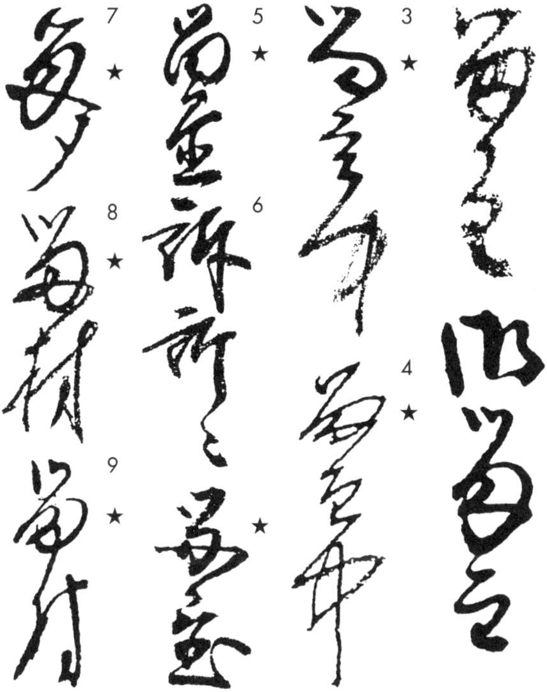

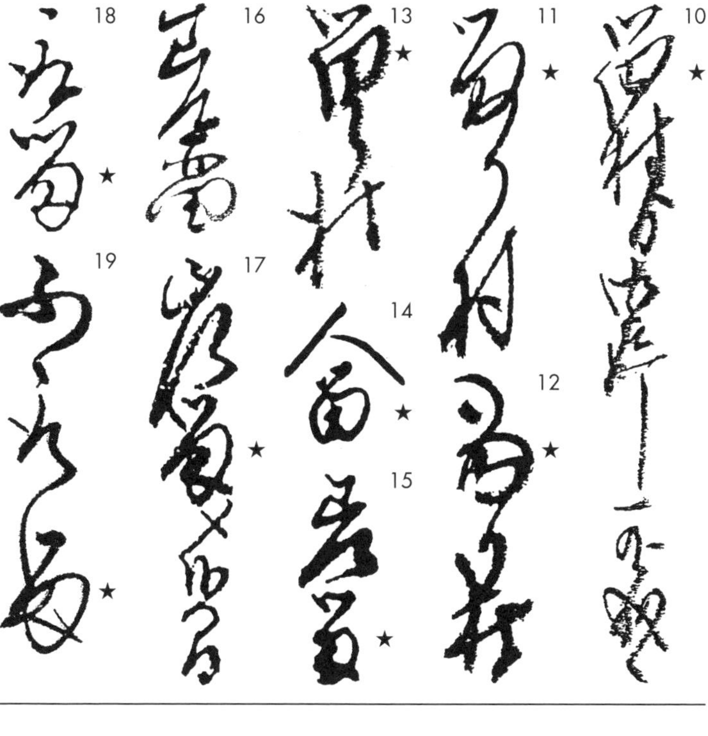

【用例】1留主《るす》　2御留主《おるす》　3・4留主中《るすちゅう》　5留置《とどめおく》《とめおく》　6訴所ニ留置《そしょにとめおく》
7留メ《とどめ》《とめ》　8・9留村《とまりむら》　10留村ゟ御返し可レ被レ成候《とまりむらよりおかえしなさるべくそうろう》　11～13留《とま》り村《むら》
14人留《ひとどめ》　15・16差留《さしとめ》　17差留メ候間《さしとめそうろうあいだ》　18取留《とりとめ》　19不二取留一《とりとめず》

136
皆
1907

カイ
みな

◎くずされても原形をとどめているので判読はそれほど問題ないだろう。年貢関係の史料に「皆済」「皆納」が頻出する。

【用例】

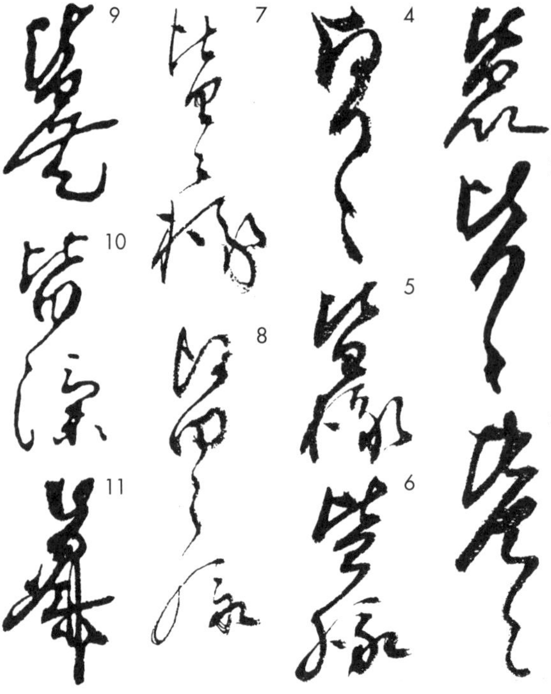

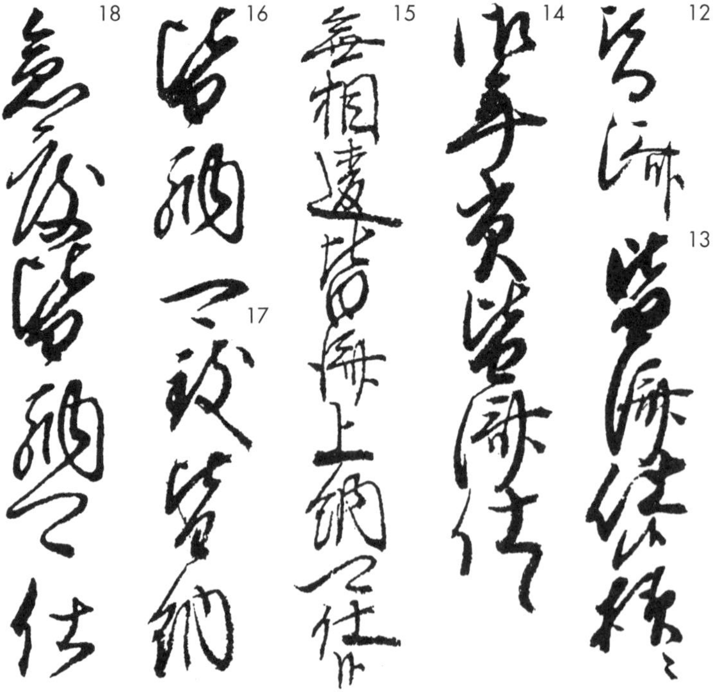

【用例】 1 皆以《みなもって》 2～4 皆々《みなみな》 5・6 皆様《みなさま》 7・8 皆々様《みなみなさま》 9 皆無《かいむ》 10～12 皆済《かいさい》 13 皆済仕候様ニ《かいさいつかまつりそうろうように》 14 御年貢皆済仕候《おねんぐかいさいつかまつりそうろう》 15 無二相違一皆済上納可レ仕候《そういなくかいさいじょうのうつかまつるべくそうろう》 16 皆納《かいのう》 17 可レ致皆納《かいのういたすべく》 18 急度皆納可レ仕《きっとかいのうつかまつるべし》

137
直
3630

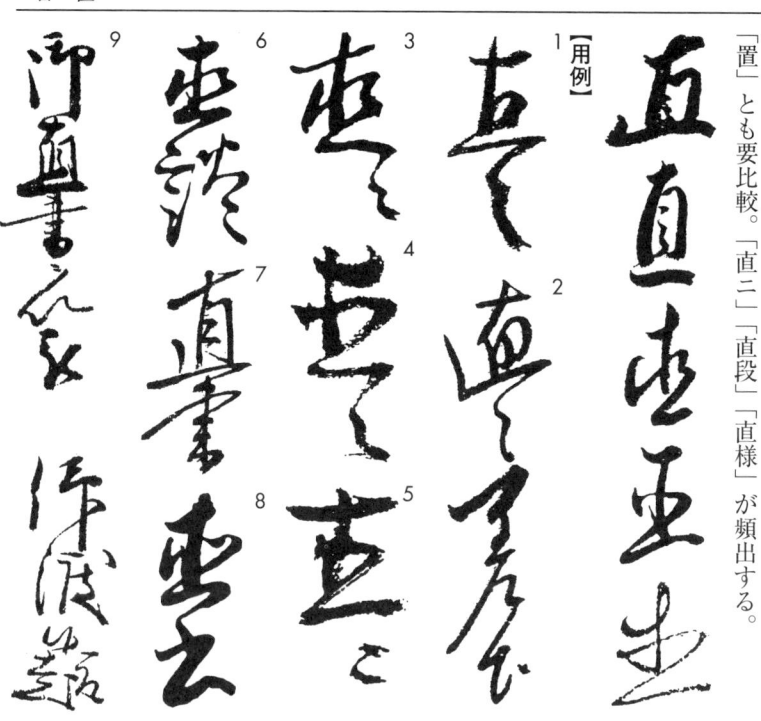

チョク・ジキ・ジカ
ただちに・なおす
ただす・すぐ・ね

◎単漢字の3~5番目の特殊形をぜひ覚えておきたい。また156頁「置」とも要比較。「直ニ」「直段」「直様」が頻出する。

【用例】

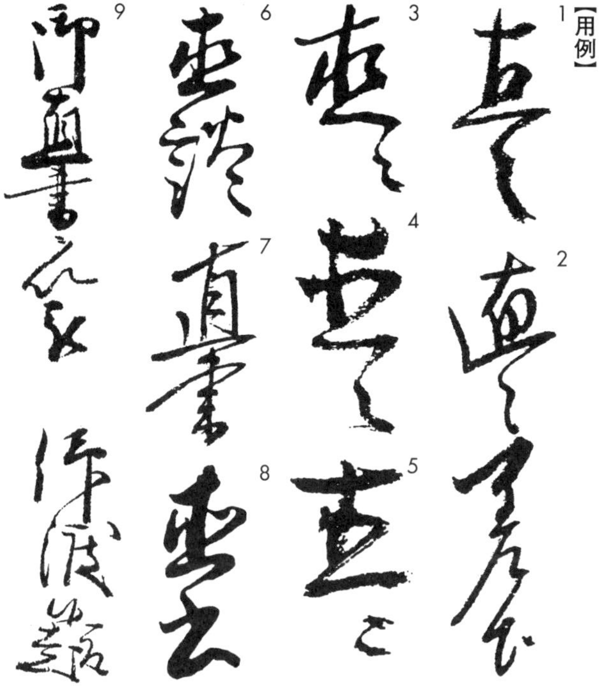

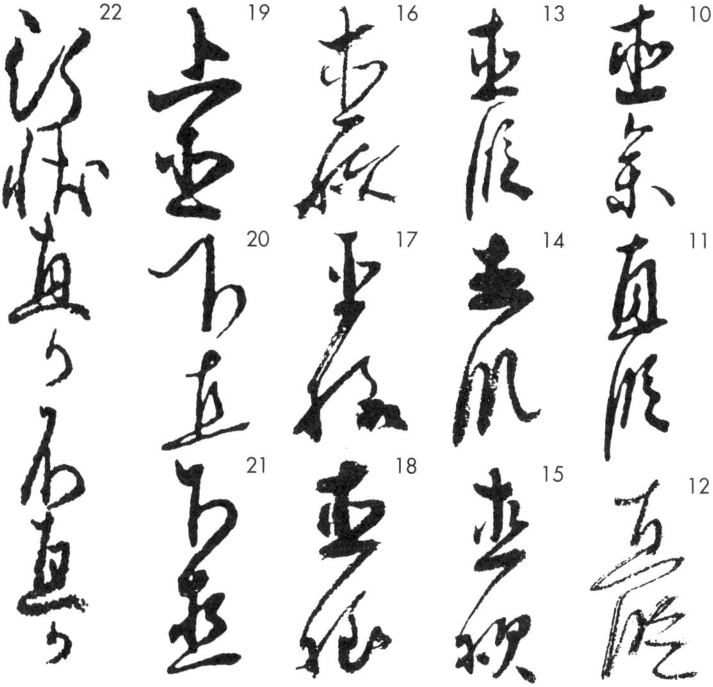

【用例】1直々《じきじき》　2直々差出《じきじきさしだす》　3~5直ニ《ただちに》《じきに》　6直談《じきだん》　7・8直書《じきしょ》
9御直書ヲ以被㆓仰渡㆒候趣《おじきしょをもっておおせわたされそうろうおもむき》　10直参《じきさん》　11~14直段《ねだん》
15~18直様《すぐさま》　19上直《うわね》　20・21下直《げじき》《したね》　22行状直《ぎょうじょうなお》り不直《ふなお》り

138
【相】
3374

ソウ
ショウ
あい

◎「目」はほとんど「」と書かれる。用例7以降の「相」は接頭語で語調を整えるものである。どの用例も頻出の重要語である。

【用例】

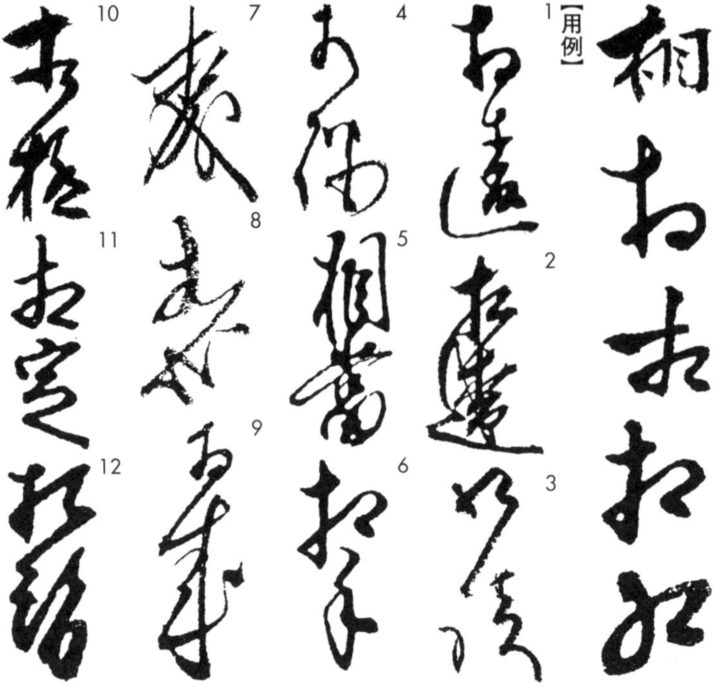

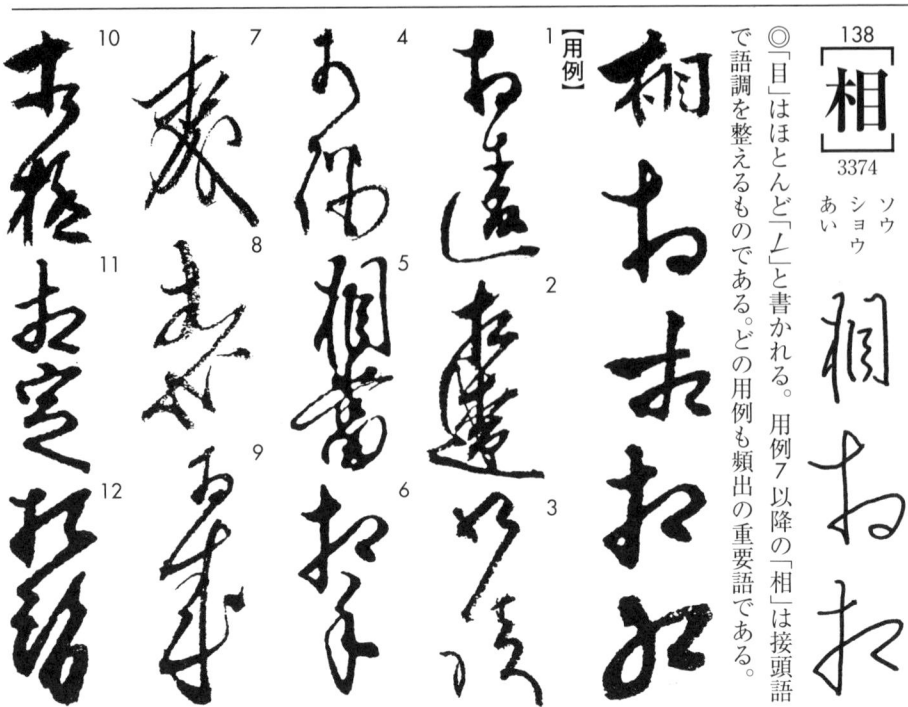

【用例】1・2 相違《そうい》　3・4 相談《そうだん》　5 相當《そうとう》　6 相手《あいて》
7〜9 相成《あいなり》　10 相極《あいきめる》　11 相定《あいさだむ》　12 相替《あいかわる》　13 相納《あいおさむ》　14 相済《あいすむ》《あいすます》
15 相勤《あいつとむ》　16 相渡《あいわたす》　17 相掛リ《あいかかり》　18 相懸《あいかかる》　19 相聞《あいきこゆ》　20 相達《あいたっす》
21 相返《あいかえす》　22 相願《あいねがう》　23 相頼《あいたのむ》　24 相預《あいあずかる》　25 相知《あいし》レ《れ》　26 相心得《あいこころえ》

139

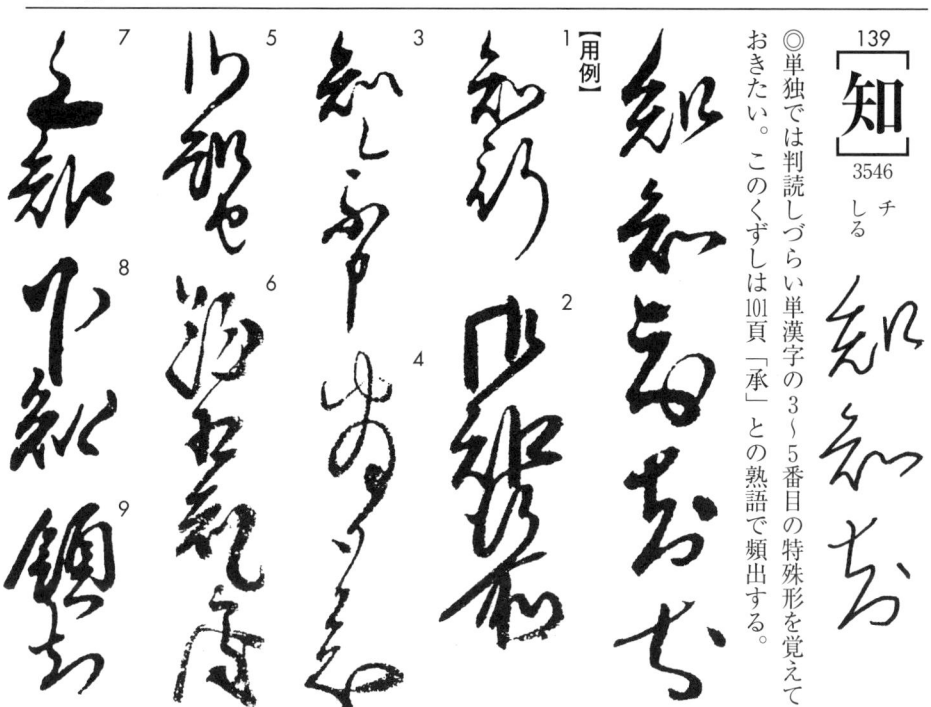

知

3546

チ
しる

◎単独では判読しづらい単漢字の3～5番目の特殊形を覚えておきたい。このくずしは101頁「承」との熟語で頻出する。

【用例】

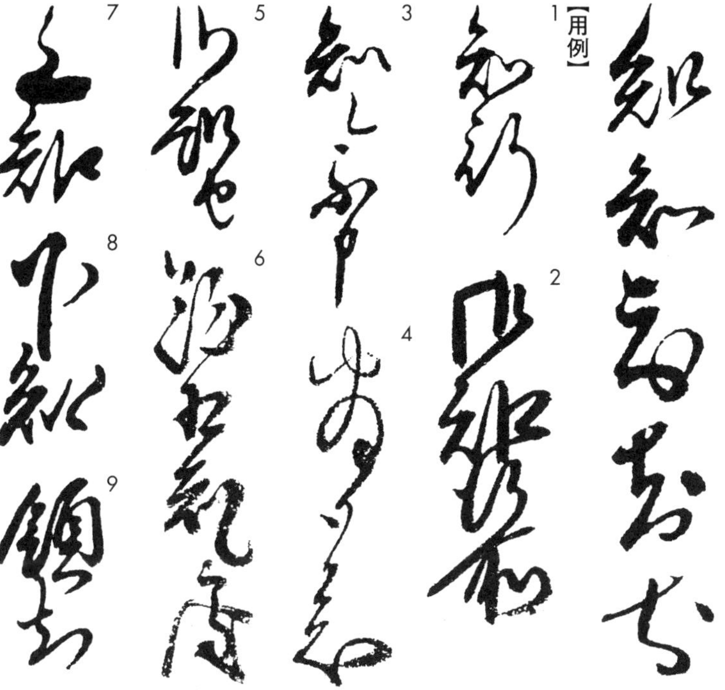

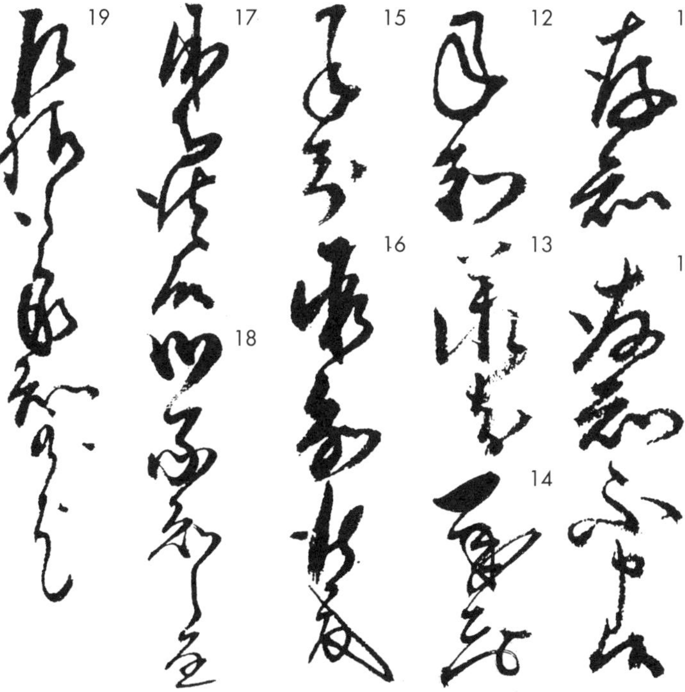

【用例】 1 知行《ちぎょう》 2 御知行所《ごちぎょうしょ》 3 知レ不レ申《しれもうさず》 4 為二御知一《おしらせ》 5 御知セ《おしらせ》 6 難二相知レ一處《あいしれがたきところ》 7 上知《じょうち》《あげち》 8 下知《げち》 9 領知《りょうち》 10 存知《ぞんじ》 11 存知不レ申候《ぞんじもうさずそうろう》 12～15 承知《しょうち》 16 承知仕度《しょうちつかまつりたく》 17 承知仕候故《しょうちつかまつりそうろうゆえ》 18 御承知之通《ごしょうちのとおり》 19 左様御承知可レ被レ下候《さようごしょうちくださるべくそうろう》

140
礼（禮）

4673
6725

レイ
ライ

◎旧字「禮」の頻度が高い。「礻」偏は「糸」偏（154、155頁）や次頁「禾」偏と同じくずしになるので旁で判断する。「御礼（禮）」は頻出。

【用例】

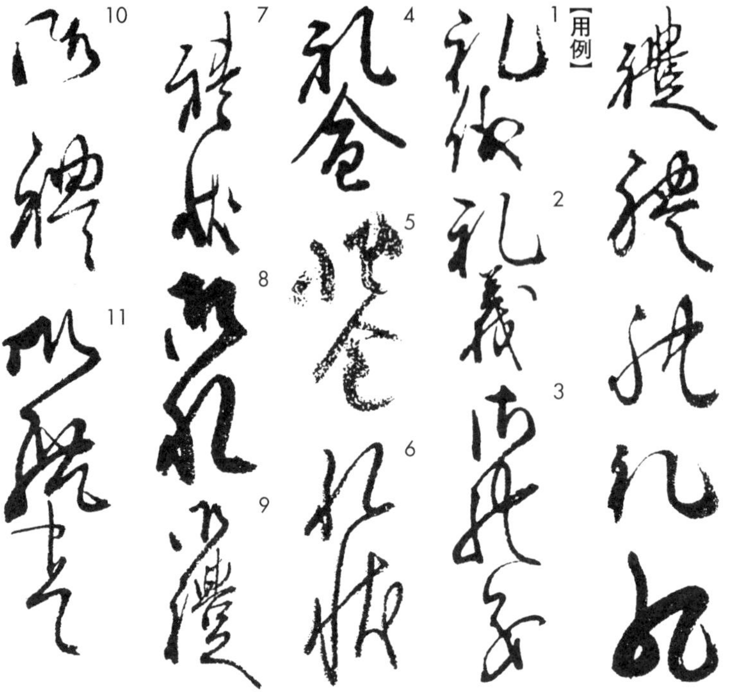

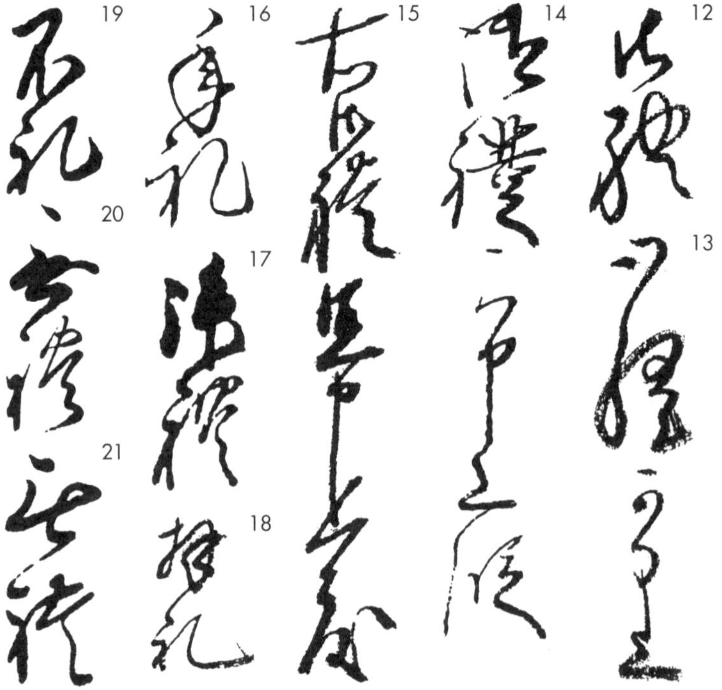

【用例】 1 礼儀《れいぎ》 2 礼義《れいぎ》 3 御禮義《おれいぎ》 4 礼金《れいきん》 5 禮金《れいきん》 6 礼状《れいじょう》 7 禮状《れいじょう》 8 御礼《おれい》 9・10 御禮《おれい》 11 御禮申上候《おれいもうしあげそうろう》 12 御禮《おれい》 13 御禮可二申上一《おれいもうしあぐべし》 14 御禮可二申上一《おれいもうしあぐべき》段《だん》 15 右《みぎ》御禮《おれい》宜申上度《よろしくもうしあげたく》 16 年礼《ねんれい》 17 拝禮《はいれい》 18 拝礼《はいれい》 19 不礼《ぶれい》 20・21 無禮《ぶれい》

141 【程】 3688

テイ　ほど

◎くずしは多様で、旁の「呈」が16頁「主」や162頁「至」のくずしに近くなることを覚えておきたい。「此程」「何程」が頻出。

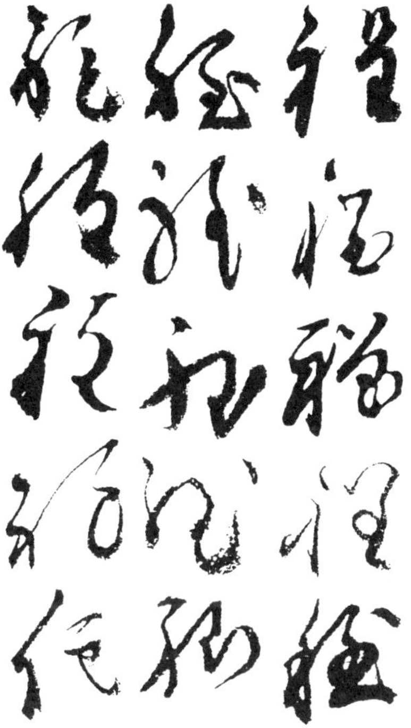

【用例】

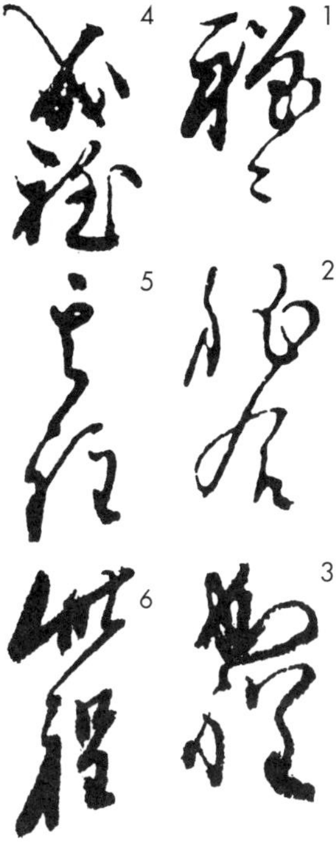

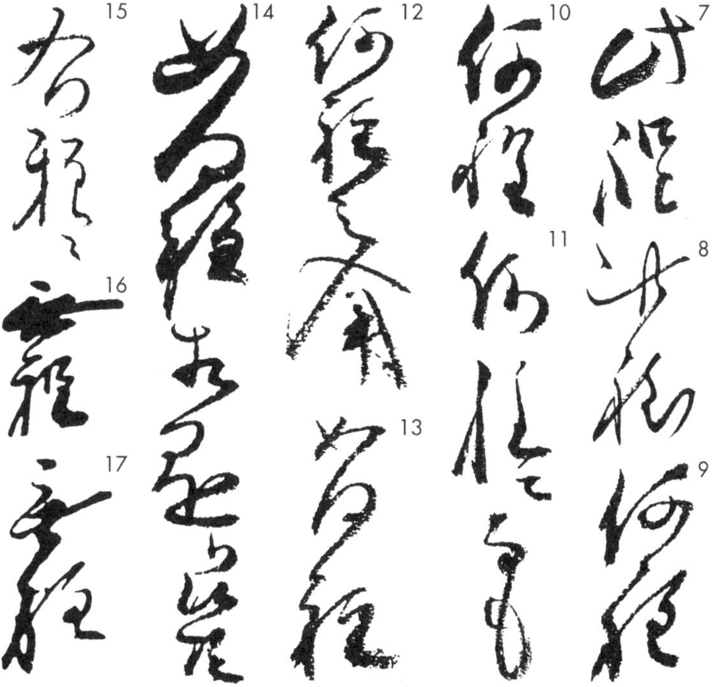

【用例】1 程々《ほどほど》　2 程合《ほどあい》　3・4 成程《なるほど》　5 其程《それほど》　6〜8 此程《このほど》　9・10 何程《いかほど》　11 何程《いかほど》二《に》而《て》も　12 何程《いかほど》之入用《のにゅうよう》　13 如何程《いかほど》　14 如何程《いかほど》相懸《あいかか》リ候共《そうろうとも》　15 右程《みぎほど》二《に》　16・17 無レ程《ほどなく》

142
立
4609

リュウ
リツ／たつ
たてる

◎くずしは横棒から入って「、」を下につなげるものと、「、」の下に「之」や「三」を書いたものがある。「立会（合）」は頻出。

【用例】

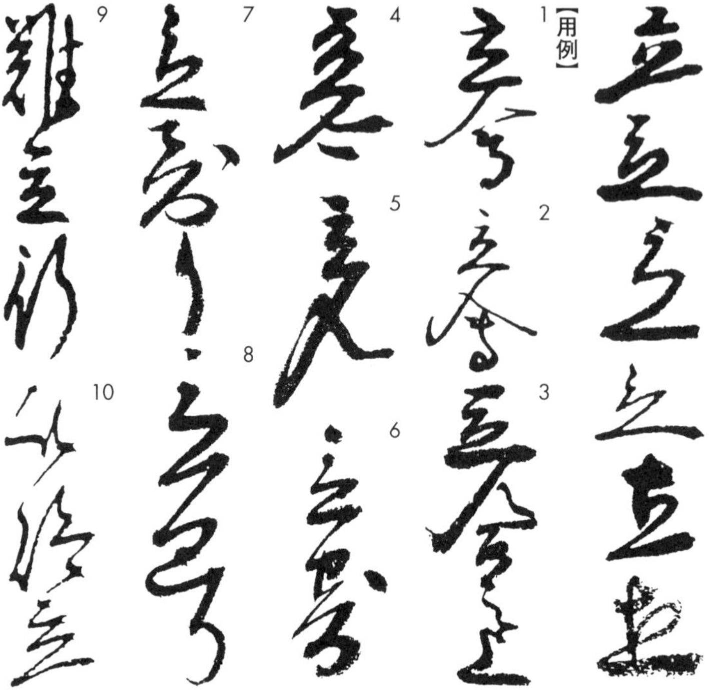

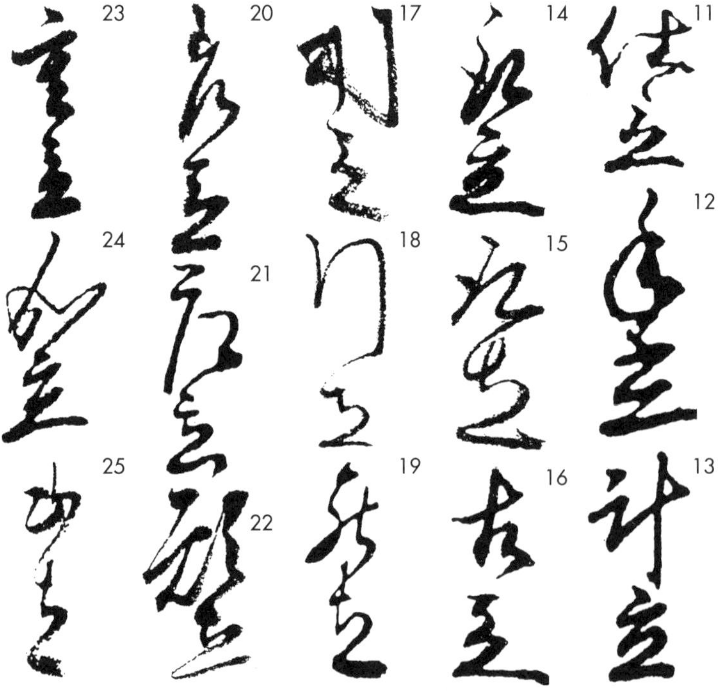

【用例】 1・2 立會《たちあい》　3 立合之上《たちあいのうえ》　4 立合《たちあい》　5 立入《たちいり》　6 立寄《たちよる》　7 立寄り《たちより》　8 立廻り《たちまわり》　9 難二立行《たちゆきがたく》一　10 被二仰立《おおせたてられ》一　11 仕立《したて》　12 手立《てだて》　13 計立《はかりたて》　14・15 取立《とりたて》　16 相立《あいたて》　17 用立《ようだて》　18 引立《ひきたて》　19 罷立《まかりたつ》　20・21 差立《さしたて》　22 願立《ねがいたて》　23 重立《おもだち》　24 成立《なりたち》《せいりつ》　25 出立《しゅったつ》

143

第

3472

ダイ
テイ

◎異体字がくずされることが多く、「⺮」が書かれることはほとんどない。「才」や158頁「義」とも類似。「次第」が頻出する。

【用例】

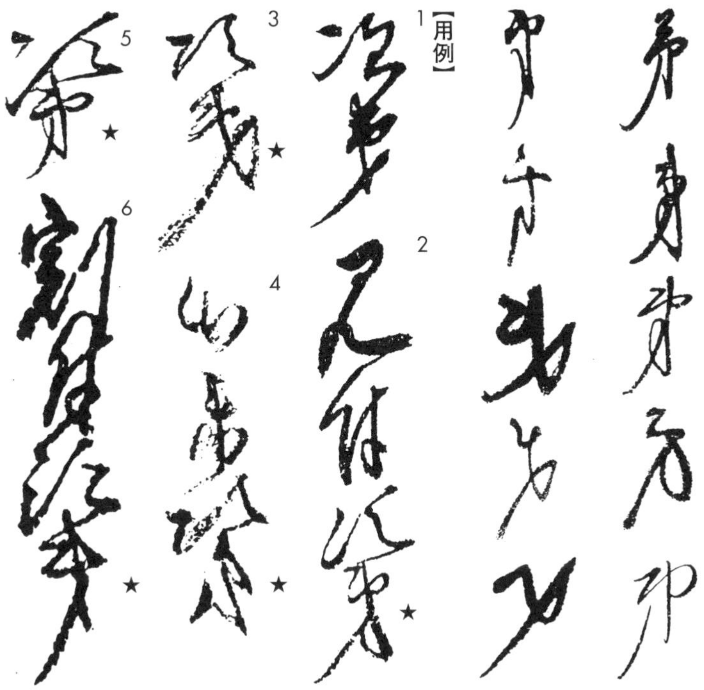

【用例】 1 次第《しだい》　2 見付次第《みつけしだい》　3 次第《しだい》　4 出来次第《できしだい》　5 次第《しだい》　6 割付次第《わりつけしだい》　7 次第《しだい》　8 願出次第《ねがいいでしだい》　9 次第《しだい》　10 御存意次第《ごぞんいしだい》　11 次第《しだい》　12 御下知次第《おげちしだい》　13・14 次第二《しだいに》　15～17 第一《だいいち》

144

等

3789

トウ
ひとしい
など・ら

◎「⺮」は23頁「以」や「ツ」のような形であらわされる。また「ホ」のようなくずしは異体字（異体字一覧参照）であり頻出する。

【用例】

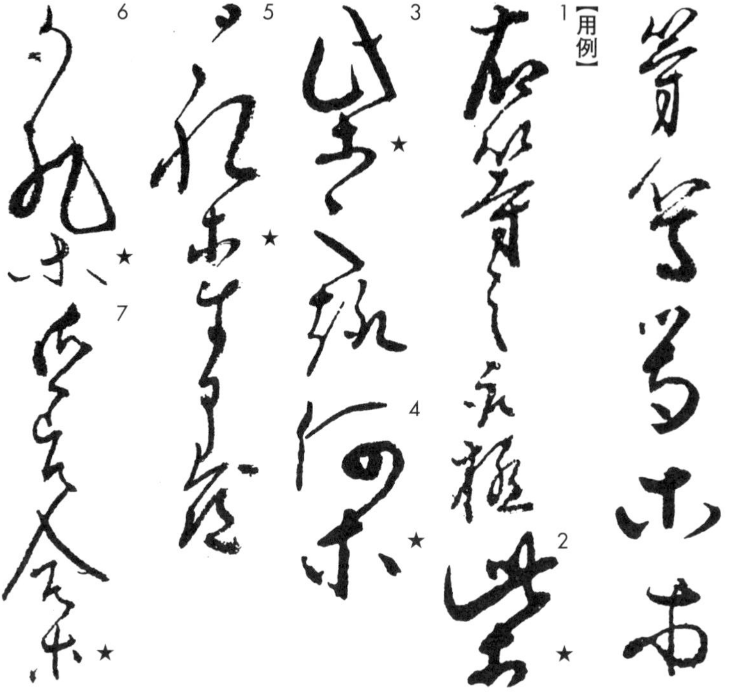

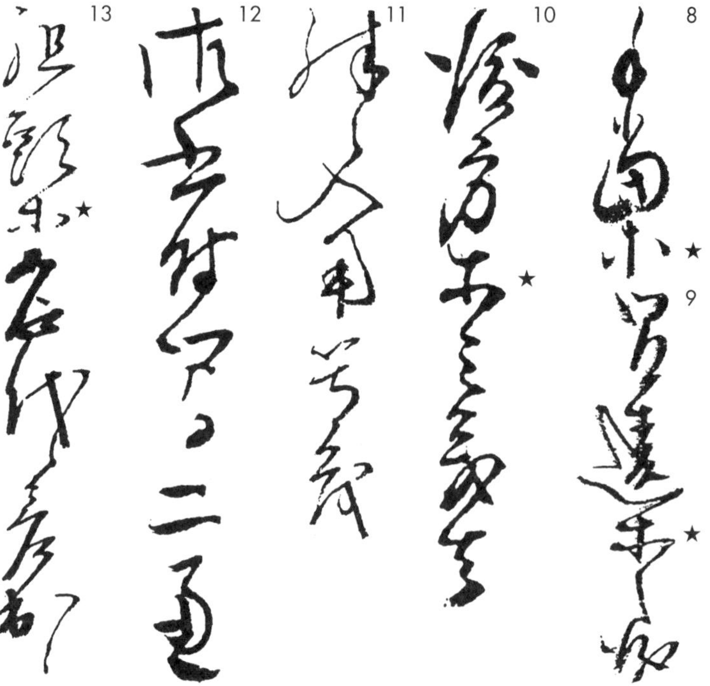

【用例】 1 右等《みぎなど》之《の》取極《とりきめ》　2 此等《これら》　3 此等《これら》之《の》趣《おもむき》　4 何等《なんら》　5 御礼等《おれいなど》奉ニ申上ー度《もうしあげたてまつりたく》　6 御礼等《おれいなど》　7 御差合等《おさしあいなど》　8 手當等《てあてなど》　9 間違等《まちがいなど》之《の》儀《ぎ》　10 渡方等《わたしかたなど》之《の》義《ぎ》者《は》　11 殊ニ《ことに》入用等《にゅうようなど》茂《も》　12 御《お》書付等《かきつけなど》ニ《に》通《つう》　13 組頭等《くみがしらなど》名代《みょうだい》ニ《に》差出候《さしだしそうろう》

145
【節】
3265

セツ　セチ　ふし

◎「⺮」が「艹」であらわされることもあり、さらに左半分に寄ることが多い。「当(當)節」「此節」「〜之節」「〜候節」が頻出する。

【用例】

1　2　3　4　5　6　7　8

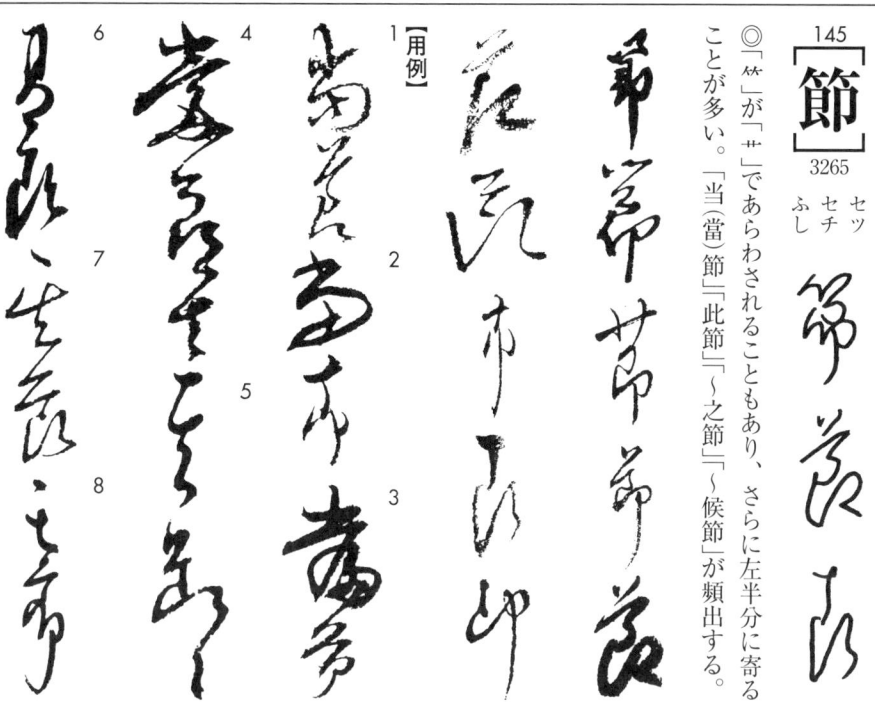

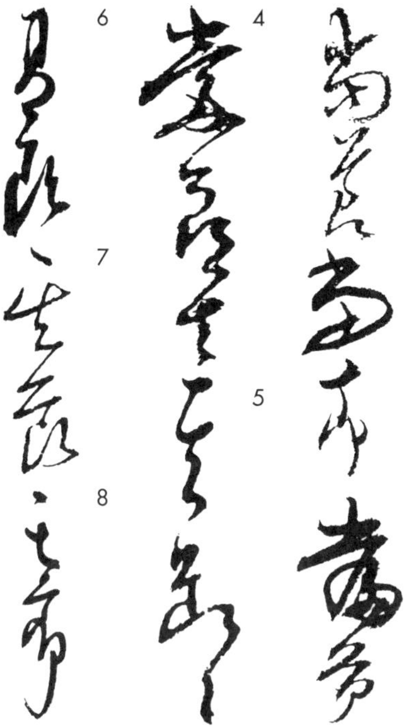

9　10　11　12　13　14　15　16

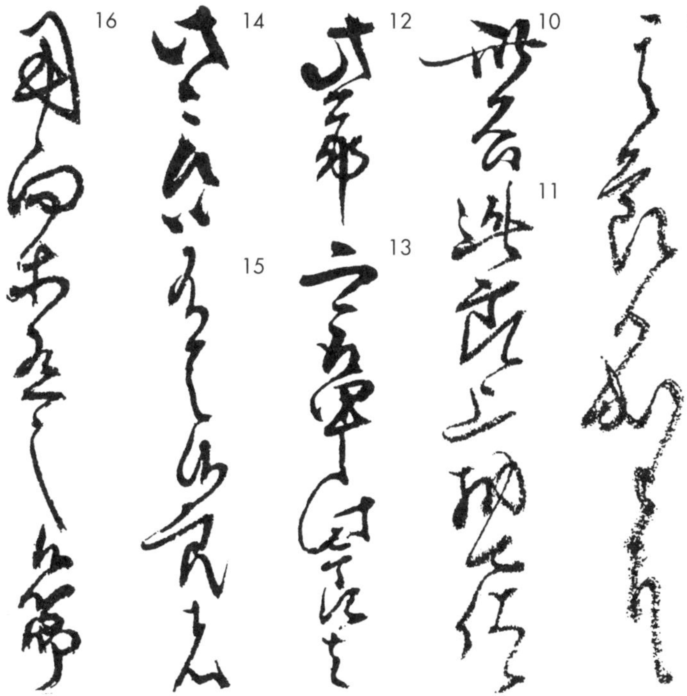

【用例】1〜3 當節《とうせつ》　4 當節者《とうせつは》　5 其節者《そのせつは》　6〜8 其節《そのせつ》
9 其節《そのせつ》御出《おいで》被ㇾ下《くだされ》候《そうろう》　10 此節《このせつ》　11 此節《このせつ》上納《じょうのう》可ㇾ仕《つかまつるべく》候《そうろう》
12 此節《このせつ》　13 最早《もはや》此節者《このせつは》　14 此節ハ《このせつは》　15 有ㇾ之《これあり》候節者《そうろうせつは》
16 用向《ようむき》等《など》有ㇾ之《これあり》候節《そうろうせつ》

146 【納】 3928

ノウ・トウ・ナ
ナッ・ナン
おさめる

◎「糸」偏の多様なくずしをぜひ覚えてほしい。他の偏と同じくずしも頻出するので、旁や前後から判読するよう常に心掛けたい。

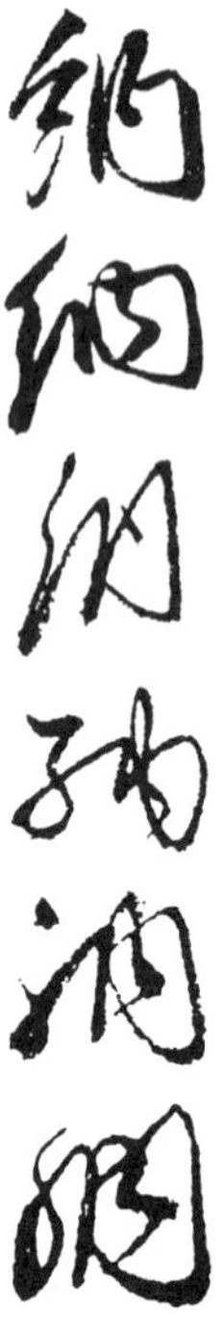

【用例】

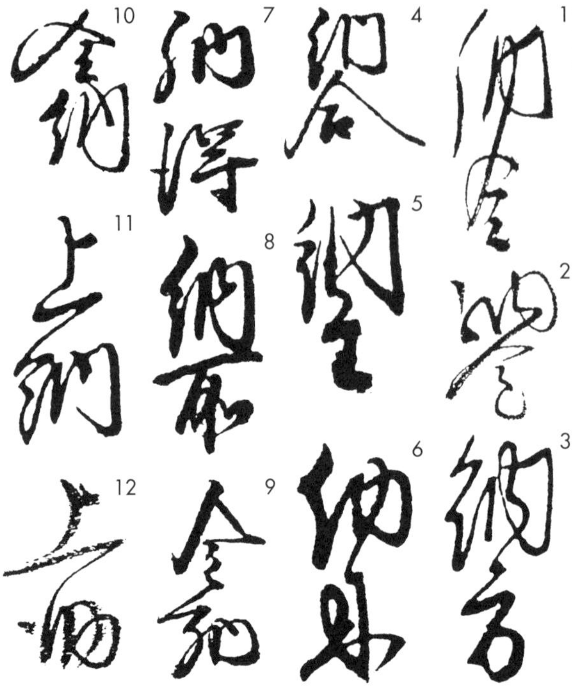

【用例】 1・2 納金《おさめきん》 3 納方《おさめかた》 4 納合《おさめあわせ》 5 納主《おさめぬし》 6 納来《おさめきたる》 7 納得《なっとく》 8 納所《なっしょ》 9・10 金納《きんのう》 11・12 上納《じょうのう》 13 上納方《じょうのうかた》 14 上納金《じょうのうきん》 15 御年貢御上納申処《おねんぐごじょうのうもうすところ》 16 先納《せんのう》 17・18 受納《じゅのう》 19 皆納《かいのう》 20 返納《へんのう》 21 奉納《ほうのう》 22 不納《ふのう》・不レ納《おさめず》 23 申納《もうしおさむ》 24 相納《あいおさむ》

147
組
3340

ソ
くみ
くむ

◎江戸時代の村方三役である「組頭」(=与頭)や「組合」が最頻出。「且」は中の横棒二本がないくずしが多い。69頁「宜」も参照。

【用例】

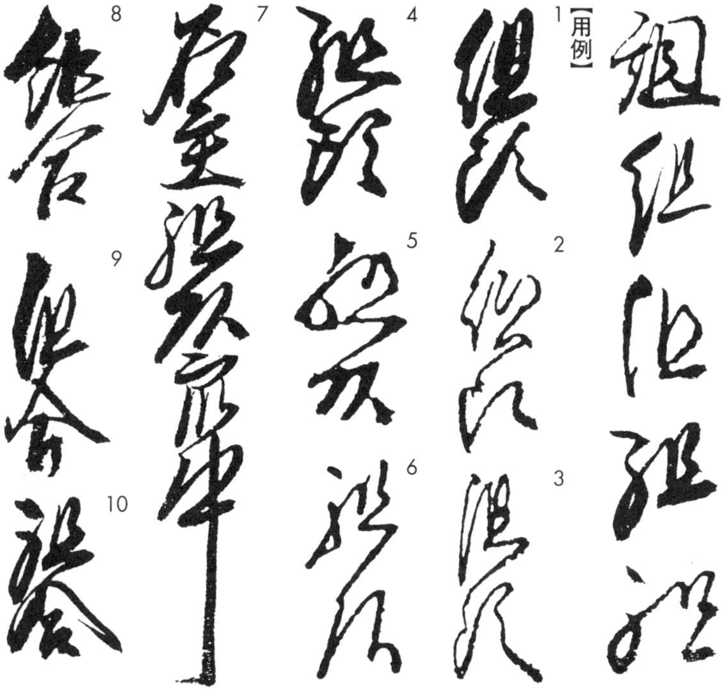

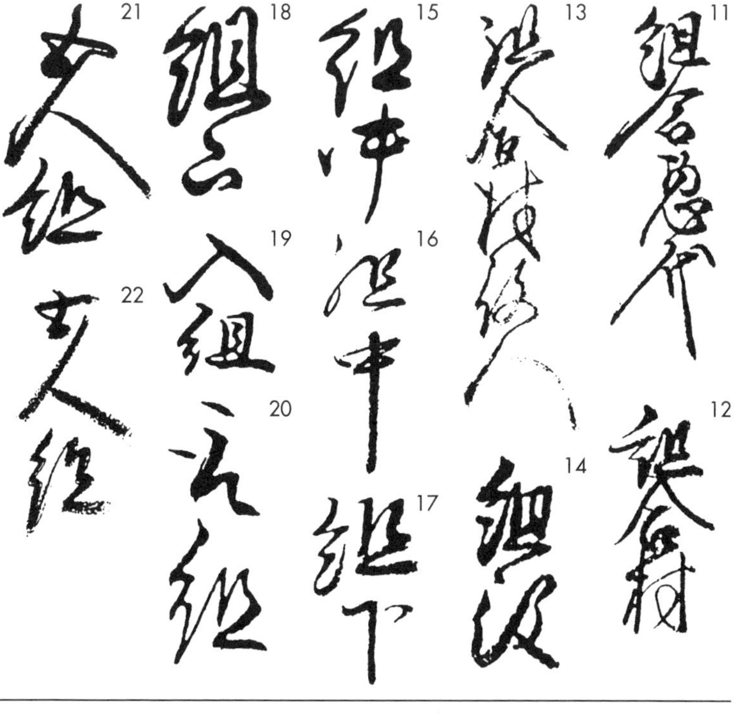

【用例】1～6組頭《くみがしら》　7名主《なぬし》・組頭《くみがしら》衆中《しゅうちゅう》　8～10組合《くみあい》
11組合惣代《くみあいそうだい》　12組合村《くみあいむら》　13組合村役人《くみあいむらやくにん》　14組役《くみやく》　15・16組中《くみちゅう》
17・18組下《くみした》　19入組《いりくみ》　20取組《とりくみ》　21・22五人組《ごにんぐみ》

148

置

3554

チ

おく

◎「三」の下に145頁「直」を合わせたくずしが基本形。用例12以降の形が頻出するので、独特の言い回しをぜひ覚えておきたい。

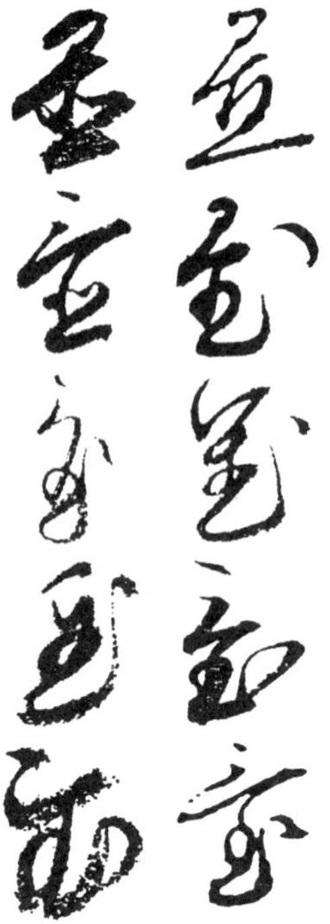

【用例】

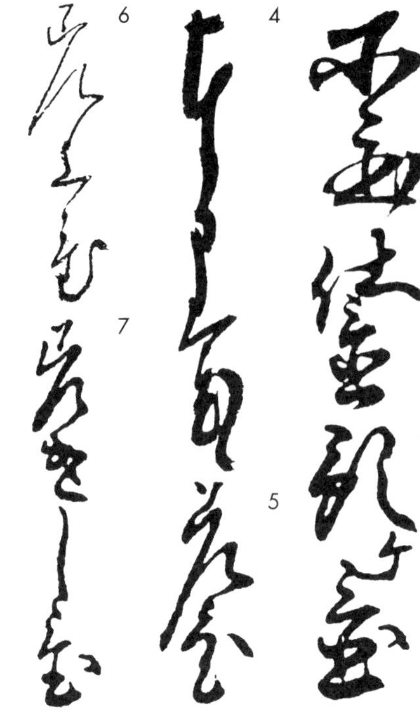

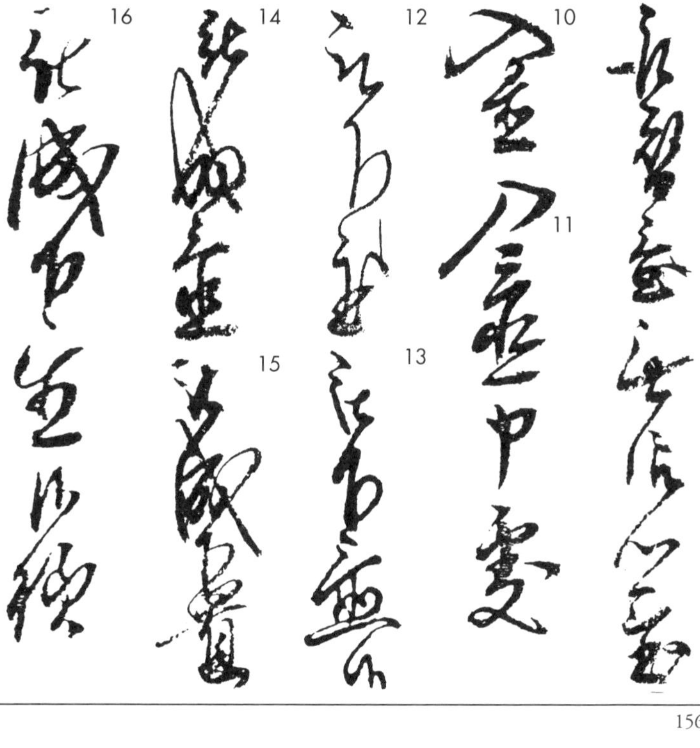

【用例】 1 所置《しょち》 2 仕置《しおき》 3 預ケ置《あずけおく》 4 奉二申上一置候《もうしあげたてまつりおきそうろう》 5 差置《さしおく》 6 差上置《さしあげおく》 7 差遣《さしつかわ》し置《おく》 8 取替置《とりかえおく》 9 無二御心置一《おこころおきなく》 10 入置《いれおく》 11 入置申處《いれおきもうすところ》 12 被二下置一《くだしおかれ》 13 被二下置一候《くだしおかれそうろう》 14 被二成置一《なしおかれ》 15 被二成下置一《なしくだしおかれ》 16 被二成下置一候様《なしくだしおかれそうろうよう》

149
罷
4077

ヒ
まかる
やめる

◎動詞の上に添えて謙譲の意をあらわす接頭語。「罒」が横棒や「、」で省画されることが多い。「罷出」「罷成」「罷在」が頻出。

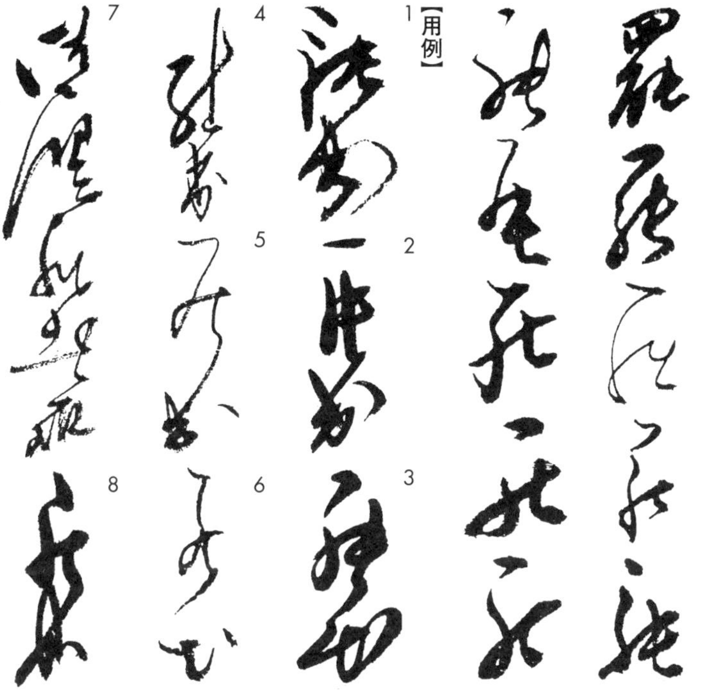

【用例】1〜6罷出《まかりいず》　7御届《おとどけ》ニ《に》罷出候処《まかりいでそうろうところ》　8・9罷成《まかりなる》
10御為《おんため》ニ罷成候様《まかりなりそうろうよう》　11・12罷在《まかりあり》　13罷有《まかりあり》
14段々心懸罷在候得共《だんだんこころがけまかりありそうらえども》　15〜17罷越《まかりこす》　18罷過《まかりすごす》《まかりすぎる》　19罷立《まかりたつ》
20罷下《まかりくだる》

150

【義】

2133

ギ
よし

◎「〜之義」「〜候義」の形で34頁「儀」と混用される頻出の重要語。単漢字の5番目が基本形である。省画されたくずしを覚えたい。

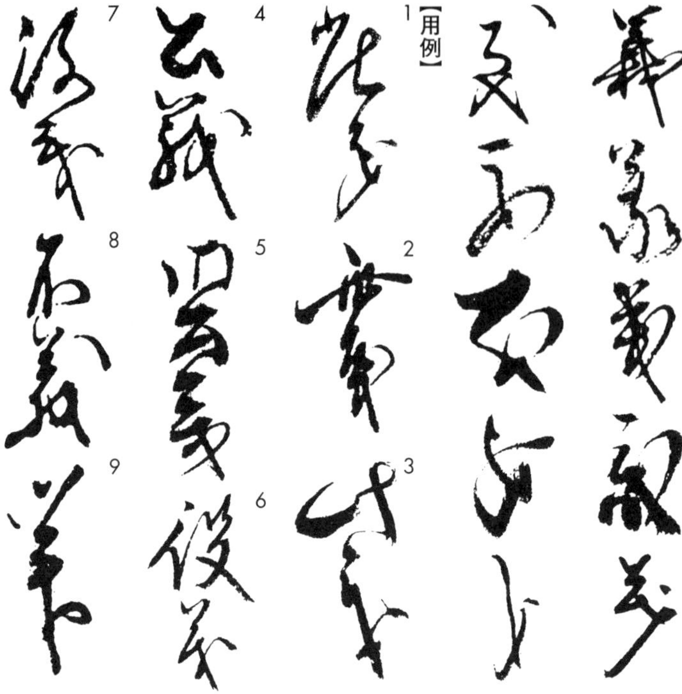

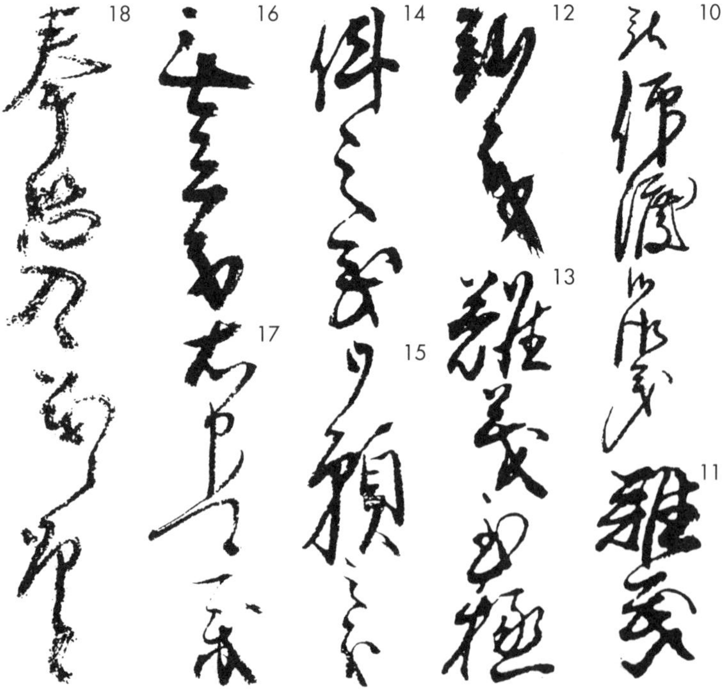

【用例】 1〜3 此義《このぎ》 4 公義《こうぎ》 5 御公義《ごこうぎ》 6・7 役義《やくぎ》 8 不義《ふぎ》 9 御義《おんぎ》 10 被㆓仰渡㆒候《おおせわたされそうろう》御義《おんぎ》 11・12 難義《なんぎ》 13 難義《なんぎ》至極《しごく》 14 件之義《くだんのぎ》 15 御願之義《おねがいのぎ》 16 無㆑之義《これなきぎ》 17 右申上候義《みぎもうしあげそうろうぎ》 18 奉㆓恐入㆒候義ニ御坐候《おそれいりたてまつりそうろうぎにござそうろう》

151

【者】

2852

シャ
もの
は

◎助詞の形で頻出する最重要語で、「～は(ば)」と読む。助詞の用例は単漢字二列目、「者(もの)」は単漢字一列目のくずしが多い。

【用例】

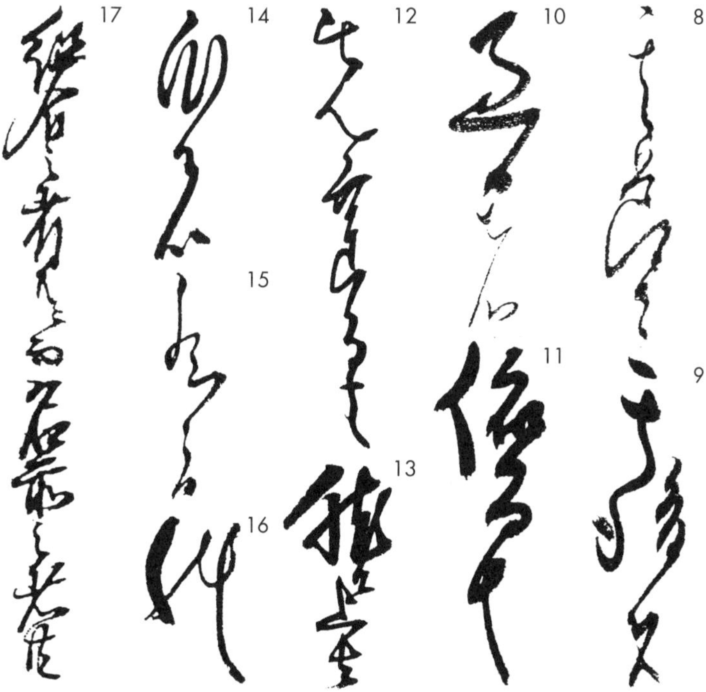

【用例】1 達者《たっしゃ》 2 右者《みぎは》 3 先者《まずは》 4 右ニ付而者《みぎについては》 5・6 左候得者《さそうらえば》 7 左候へ者《さそうらえば》 8 其節者《そのせつは》 9 其後者《そのごは》 10 過日者《かじつは》 11 依而者《よっては》 12 先達而者《せんだっては》 13 然ル上者《しかるうえは》 14～16 然者《しかれば》《しからば》 17 組合《くみあい》之者共《のものども》ニ而《にて》名前《なまえ》之者共《のものども》

152

而

2809

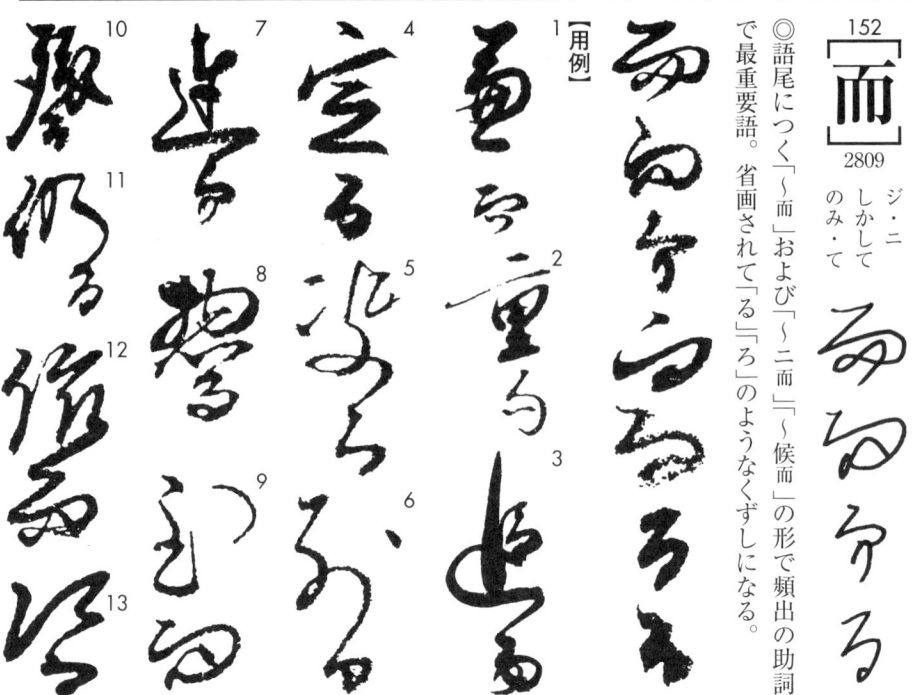

ジ・ニ
しかして
のみ・て

◎語尾につく「～而」および「～二而」「～候而」の形で頻出の助詞で最重要語。省画されて「る」「ろ」のようなくずしになる。

【用例】

1 2 3 4 5 6 7 8 9 10 11 12 13

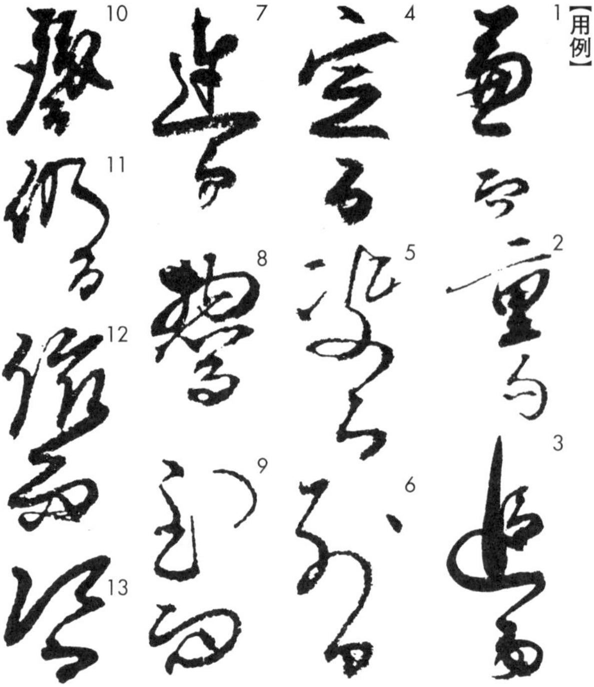

14 15 16 17 18 19 20 21 22

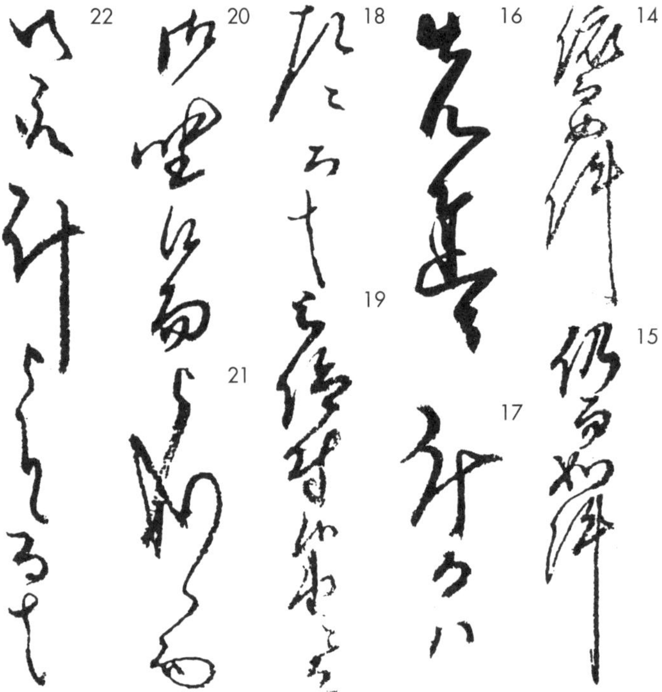

【用例】 1 兼而《かねて》 2 重而《かさねて》 3 追而《おって》 4 定而《さだめて》 5 決而《けっして》 6 別而《べっして》 7 達而《たって》 8 惣而《すべて》《そうじて》 9 至而《いたって》 10 残而《のこして》 11 仍而《よって》 12 依而《よって》 13 次而《ついで》 14 依而如レ件《よってくだんのごとし》 15 仍而如レ件《よってくだんのごとし》 16 先達而《せんだって》 17 付而ハ《ついては》 18 左二而者《さにては》 19 被二仰付一候由二而《おおせつけられそうろうよしにて》 20 御坐候而《ござそうらいて》《ござそうろうて》 21 被レ成候而《なされそうろうて》 22 御取計被レ下候而者《おとりはからいくだされそうろうては》

153
【聞】
4225

ブン・モン
きく・きこえ
きこえる

◎門構えは200頁「門」参照。「耳」が「夕」のようにくずされる単漢字二列目の独特な形をぜひ覚えたい。「聞済」「被二仰聞一」は頻出。

【用例】

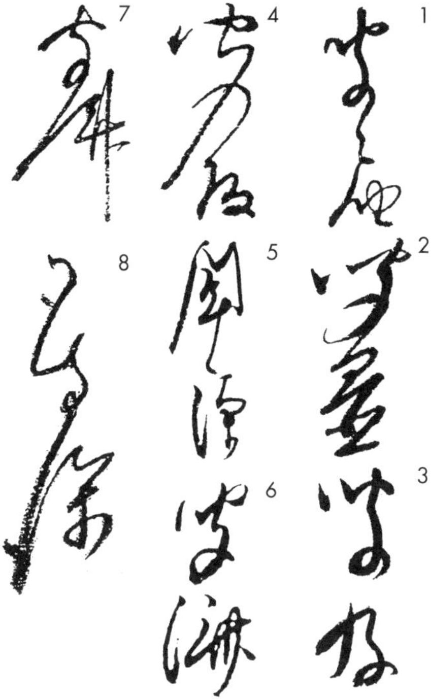

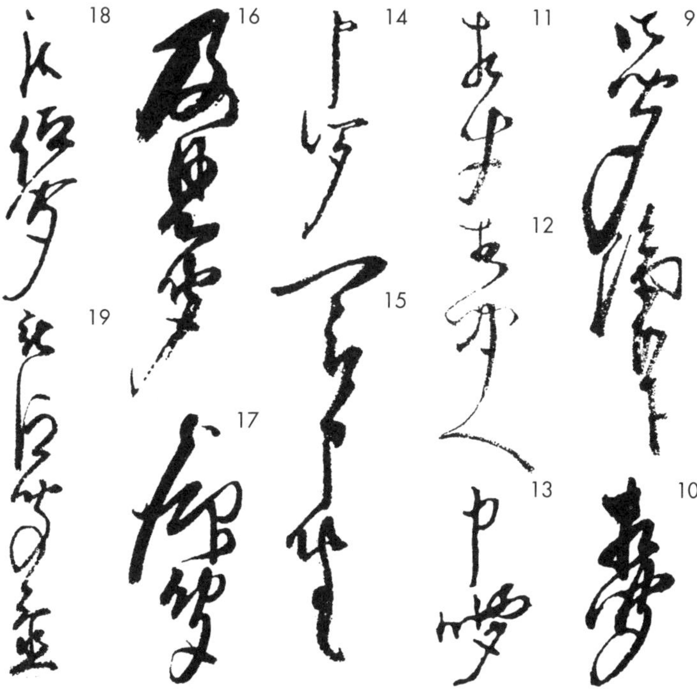

【用例】 1 聞届《ききとどけ》 2 聞置《ききおく》 3 聞及《ききおよぶ》 4 聞取《ききとる》 5〜7 聞済《ききすます》
8 御聞済《おききすます》 9 御聞済被レ下《おききすましくだされ》 10・11 相聞《あいきこゆ》 12 相聞へ《あいきこえ》
13・14 申聞《もうしきける》《もうしきかす》 15 可レ被二申聞一候《もうしきかさるべくそうろう》 16 及二見聞一《けんぶんにおよび》《みききにおよび》 17・18 被二仰聞一《おおせきかされ》
19 被二仰聞置一《おおせきかしおかれ》

154
【至】
2774

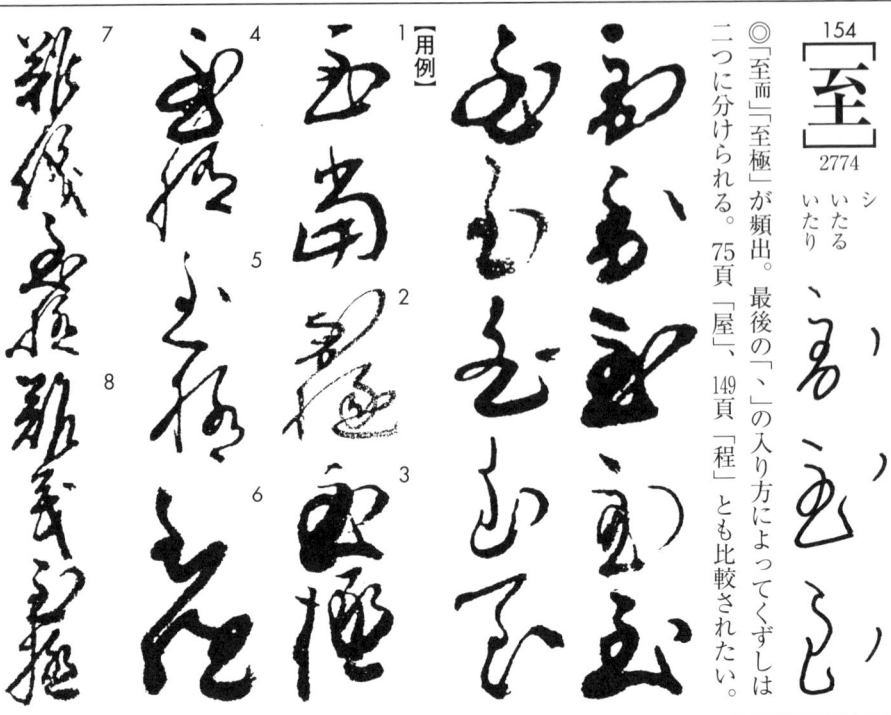

シ
いたる
いたり

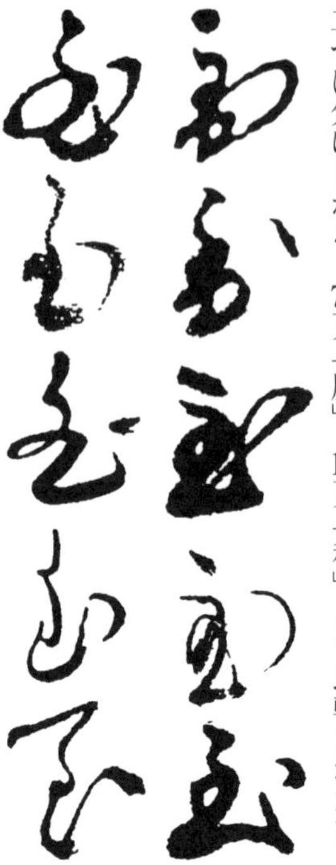

◎「至而」「至極」が頻出。最後の「、」の入り方によってくずしは二つに分けられる。75頁「屋」、149頁「程」とも比較されたい。

【用例】

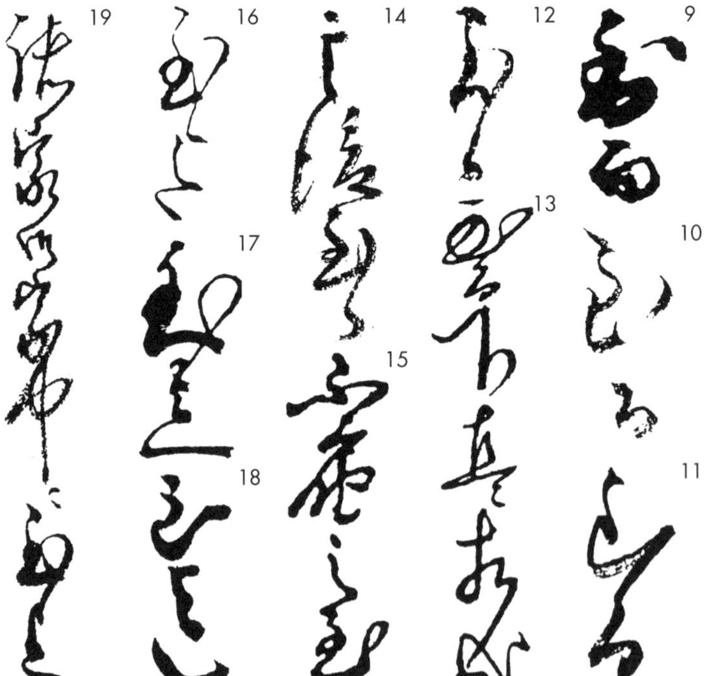

【用例】1 至当《しとう》　2～6 至極《しごく》　7 難儀至極《なんぎしごく》　8 難義至極《なんぎしごく》
9～12 至而《いたって》　13 至而《いたって》下直《したね》ニ相成《あいなり》　14 其後至リ《そのごにいたり》　15 不届之至《ふとどきのいたり》
16～18 至 迄《いたるまで》　19 諸家《しょけ》御《ご》家中《かちゅう》ニ至 迄《いたるまで》

155
【致】
3555

チ
いたす

◎「至」偏は199頁「金」偏のようになり、単漢字二列目は80頁「度」に類似するので注意する。「攵」は「支」のようにくずされる。

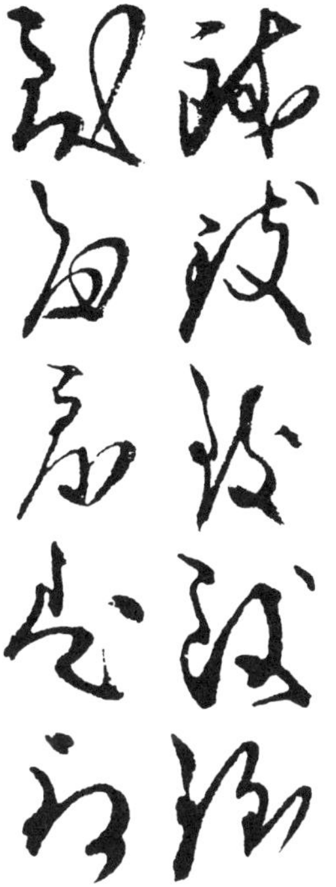

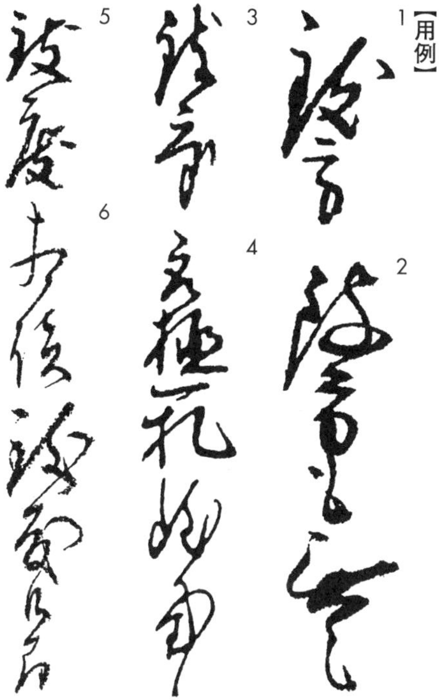

【用例】1 致方《いたしかた》 2 致方《いたしかた》も無レ之《これなく》 3 致置《いたしおく》 4 取極《とりきめ》一札《いっさつ》致置候《いたしおきそうろう》 5 致度《いたしたく》 6 相談《そうだん》致度候間《いたしたくそうろうあいだ》 7 致来《いたしきたる》 8 致《いたす》間敷《まじく》 9 可レ致《いたすべく》 10 可レ致哉《いたすべきや》之《の》段《だん》 11 被レ致《いたされ》二用意《ようい》一 12 可レ被レ致候《いたさるべくそうろう》 13 一致《いっち》不レ致《いたさず》 14 為レ致申間敷《いたさせもうすまじく》 15 可レ為レ致《いたさすべく》 16 不レ為レ致《いたさせず》

156
茂
4448

モ
しげる

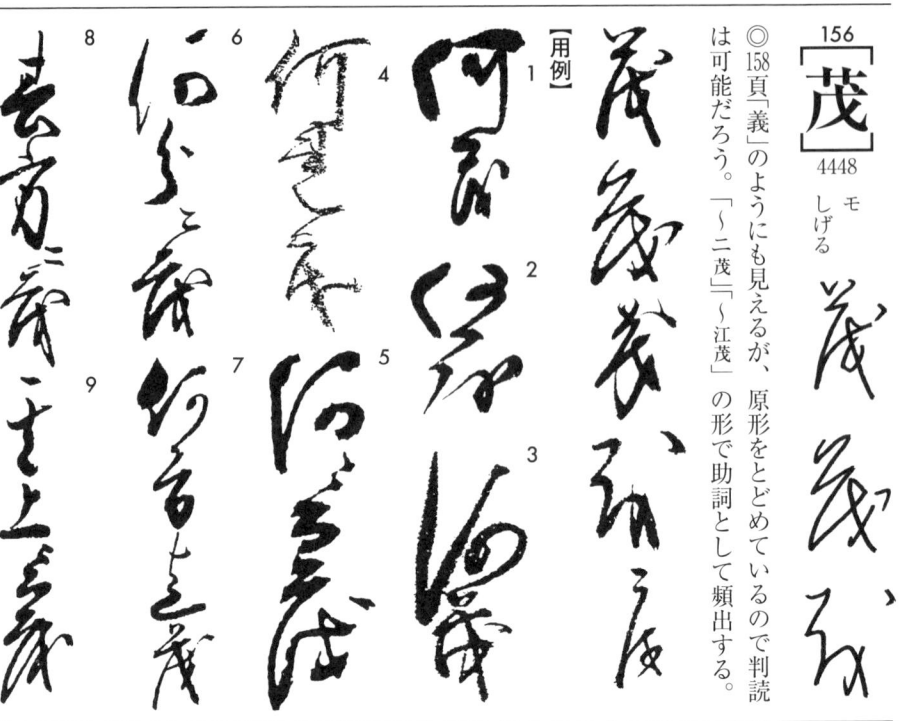

◎158頁「義」のようにも見えるが、原形をとどめているので判読は可能だろう。「～ニ茂」「～江茂」の形で助詞として頻出する。

【用例】

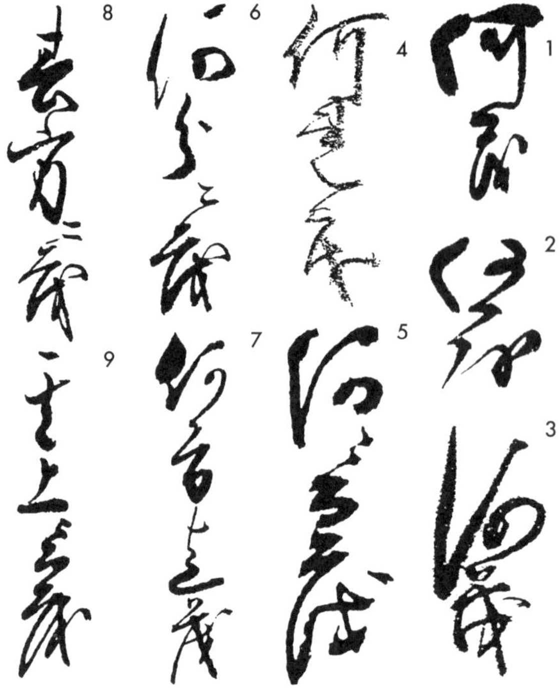

【用例】 1～3 何茂《いずれも》　4 何連茂《いずれも》　5 何ニ而茂《いずれにても》　6 何分ニ茂《なにぶんにも》　7 何方迄茂《いずかたまでも》　8 其方ニ茂《そのほうにも》　9 其上ニ而茂《そのうえにても》　10 貴殿ニ茂《きでんにも》　11 同人儀茂《どうにんぎも》　12 御一同江茂《ごいちどうへも》　13 如何ニ茂《いかがにも》　14 無二間茂一《まもなく》　15 此度茂《このたびも》　16 此儀茂《このぎも》　17 致方茂無レ之《いたしかたもこれなく》　18 仕方茂無二御座一《しかたもござなく》

157
【蔵】
3402
ゾウ
くら

◎「艹」に137頁「然」を合わせたようなくずしが基本形。年貢を納める「蔵」に関わる用例だけでなく、人名「～蔵」が頻出する。

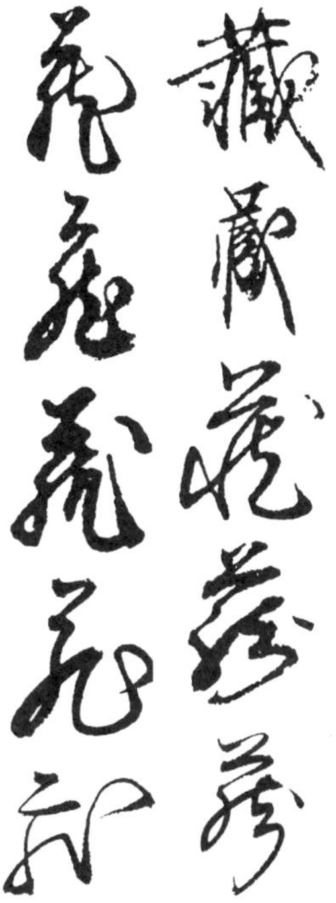

【用例】

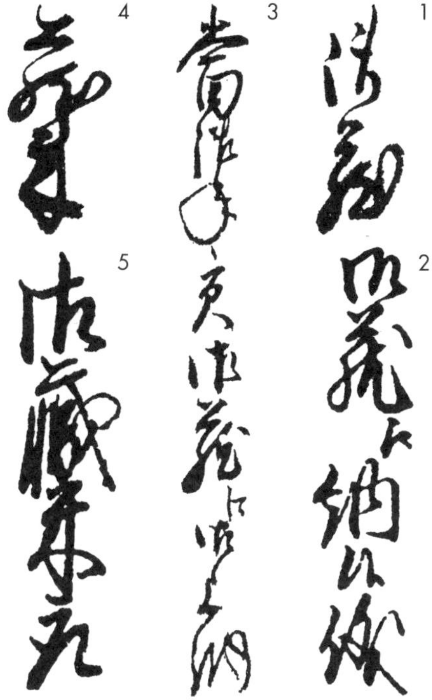

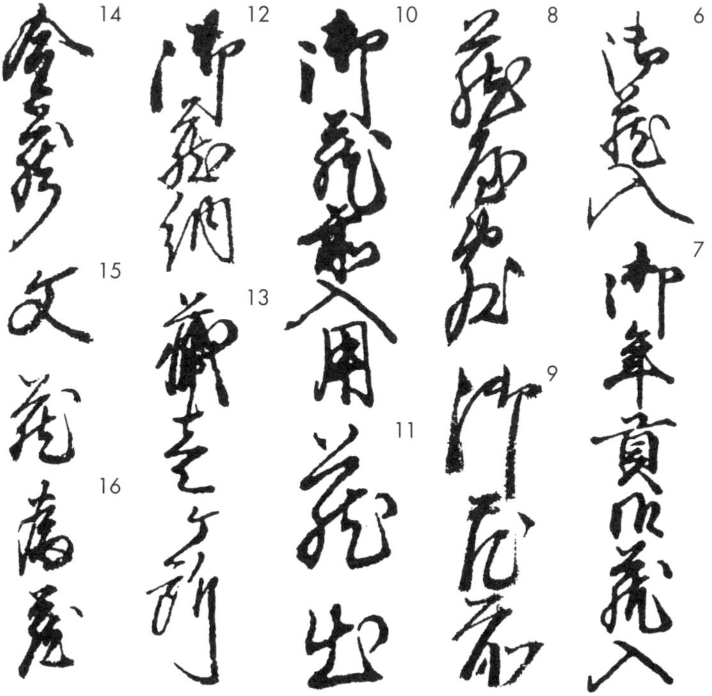

【用例】1 御蔵《おくら》 2 御蔵《おくら》江《へ》納《おさめ》候儀《そうろうぎ》 3 當《とう》御《お》年貢《ねんぐ》御《お》蔵《くら》江《へ》御《ご》上納《じょうのう》 4 蔵米《くらまい》 5 御蔵米取《おくらまいとり》 6 御蔵入《おくらいり》 7 御年貢《おねんぐ》御蔵入《おくらいり》 8 蔵屋敷《くらやしき》 9 御蔵前《おくらまえ》 10 御蔵前《おくらまえ》 入用《にゅうよう》 11 蔵出《くらだし》 12 御蔵納《おくらおさめ》 13 蔵壱ケ所《くらいっかしょ》 14 金蔵《きんぞう》 15 文蔵《ぶんぞう》 16 為蔵《ためぞう》

158
【衆】
2916
シュウ
シュ

◎文書の宛先等が個人でない場合に、「～衆」「～衆中」という形が頻出。「血」は原形がなく、「亠」か「、」と「つ」であらわされる。

【用例】

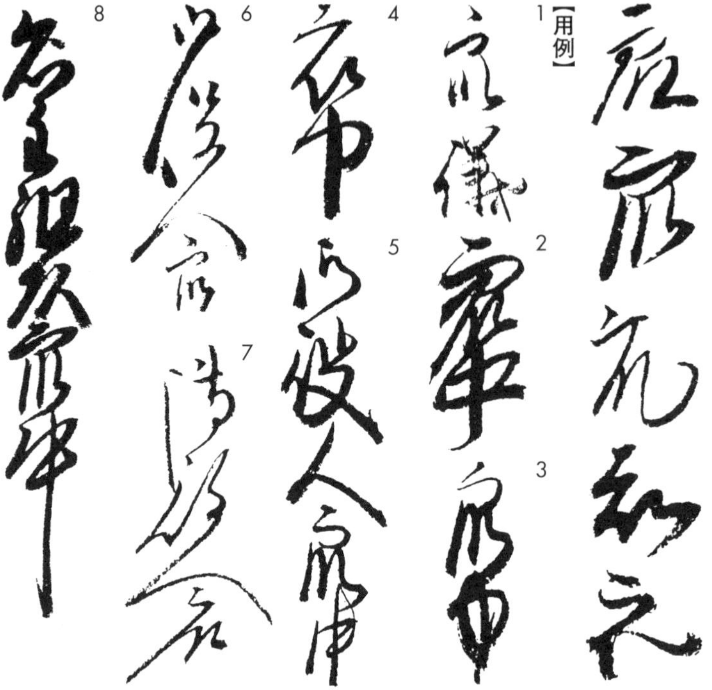

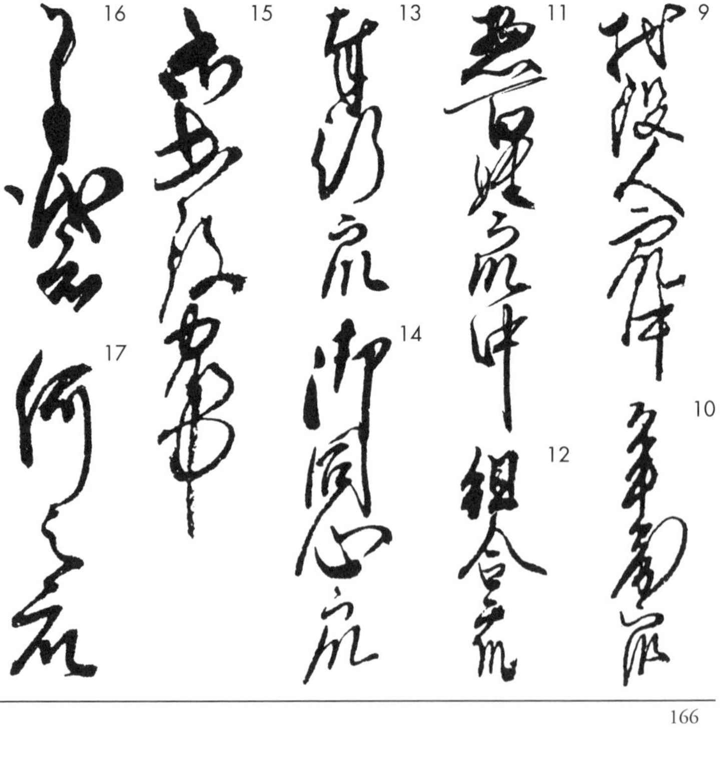

【用例】1 衆儀《しゅうぎ》 2～4 衆中《しゅうちゅう》 5 御役人衆中《おやくにんしゅうちゅう》 6・7 御役人衆《おやくにんしゅう》 8 名主《なぬし》・組頭《くみがしら》 衆中《しゅうちゅう》 9 村役人衆中《むらやくにんしゅうちゅう》 10 年寄衆《としよりしゅう》 11 惣百姓《そうびゃくしょう》 衆中《しゅうちゅう》 12 組合衆《くみあいしゅう》 13 奉行衆《ぶぎょうしゅう》 14 御同心衆《ごどうしんしゅう》 15 御出役衆中《ごしゅつやくしゅうちゅう》 16 御手代衆《おてだいしゅう》 17 何之衆《いずれのしゅう》

159 行 2552

コウ・ギョウ
いく・ゆく
おこなう

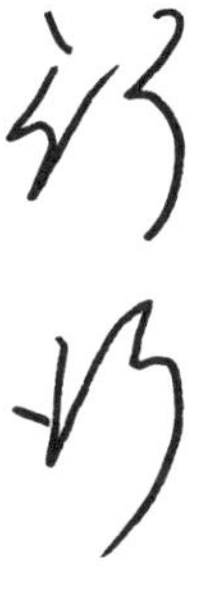

◎くずれると84頁「引」と類似する。ここでは特に単漢字二列目のくずしを覚えておきたい。「知行所」「奉行」「(不)行届」が頻出。

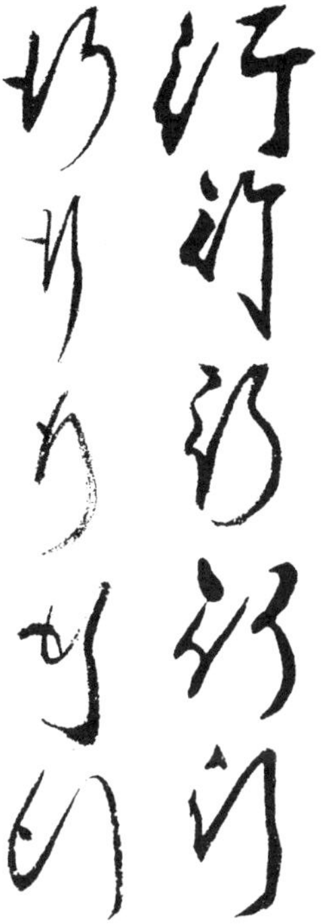

【用例】

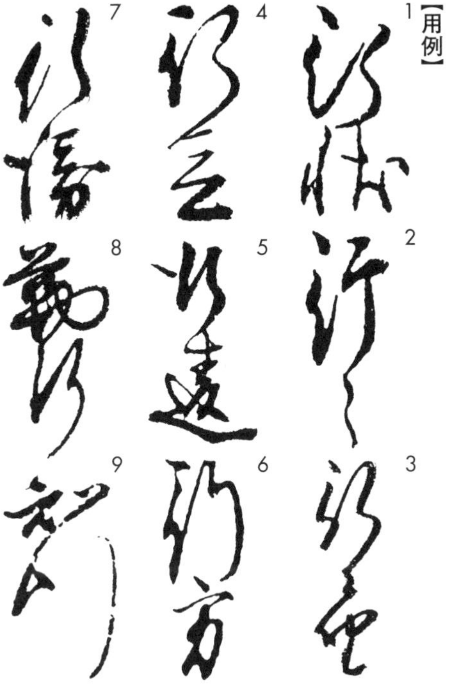

1 2 3 4 5 6 7 8 9

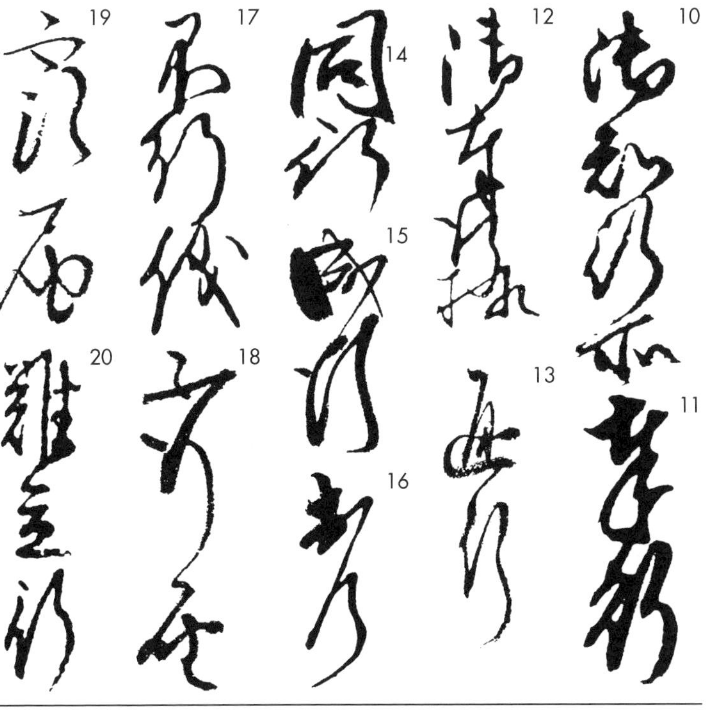

10 11 12 13 14 15 16 17 18 19 20

【用例】1 行状《ぎょうじょう》 2 行々《ゆくゆく》 3 行届《ゆきとどく》 4 行立《ゆきたつ》 5 行違《ゆきちがい》 6 行方《ゆくえ》 7 行衛《ゆくえ》 8 勤行《ごんぎょう》 9 知行《ちぎょう》 10 御知行所《ごちぎょうしょ》 11 奉行《ぶぎょう》 12 御奉行様《おぶぎょうさま》 13 通行《つうこう》 14 同行《どうこう》 15 成行《なりゆき》 16 出行《いでゆく》 17 不行儀《ふぎょうぎ》 18・19 不《ふ》行届《ゆきとどき》・不㆓行届《ゆきとどかず》㆒ 20 難㆓立行㆒《たちゆきがたく》

160

衛

1750

エイ・エ
まもる
まもり

◎人名の「〜右(左)衛門」「〜兵衛」が頻出の最重要語。用例8〜10、14〜16のように「衛」が書かれないものも多いので注意する。

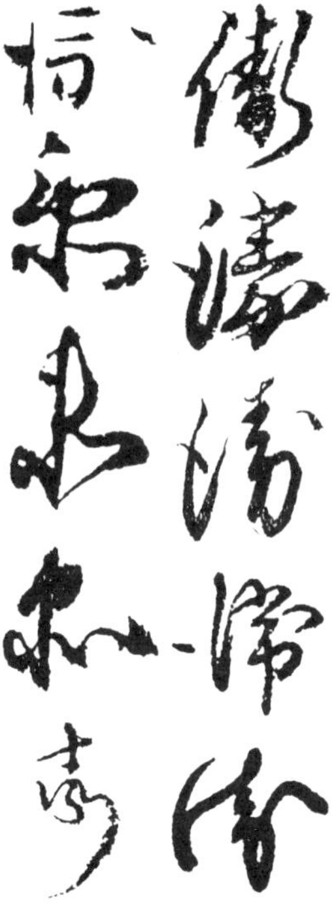

【用例】

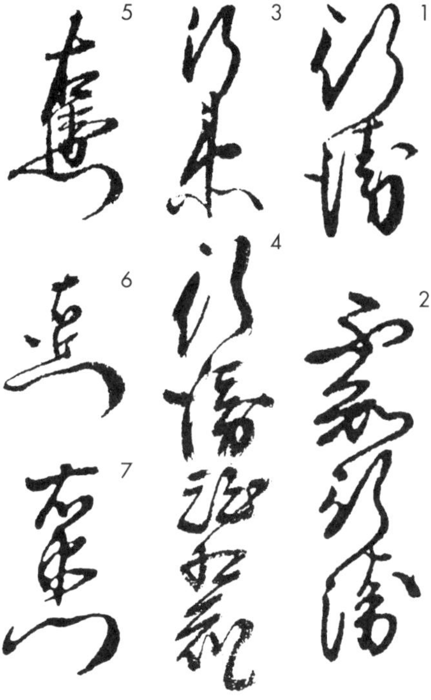

【用例】 1 行衛《ゆくえ》 2 不レ知二行衛一《ゆくえしれず》 3 行衛《ゆくえ》 4 行衛《ゆくえ》難二相知レ一《あいしれがたく》
5〜10 右衛門《えもん》 11〜16 左衛門《さえもん》《ざえもん》 17〜21 兵衛《へえ》《べえ》 22 次郎兵衛《じろうべえ》

161

被

4079

ヒ
こうむる
る・らる

◎最頻出の重要語。受身や尊敬の意をあらわし、上に返って読む。極端にくずされると「ら」や「ヒ」、43頁「分」に近くなる。

【用例】

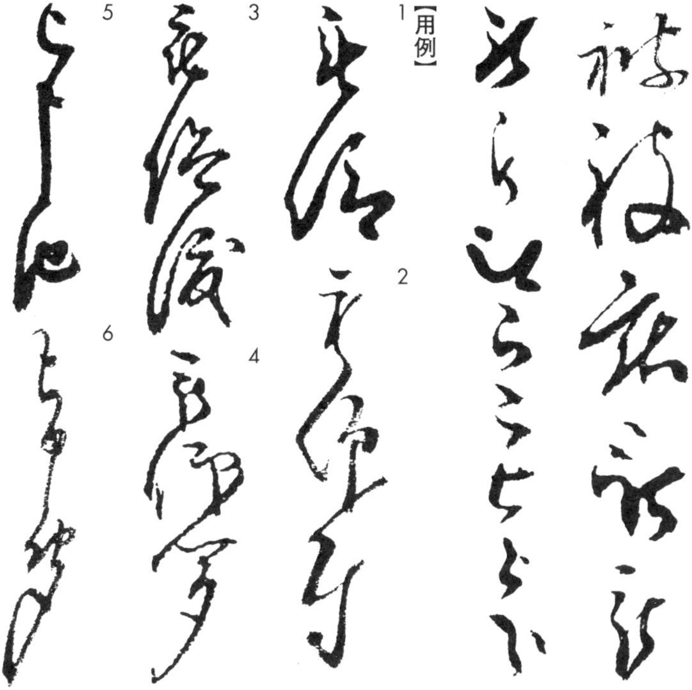

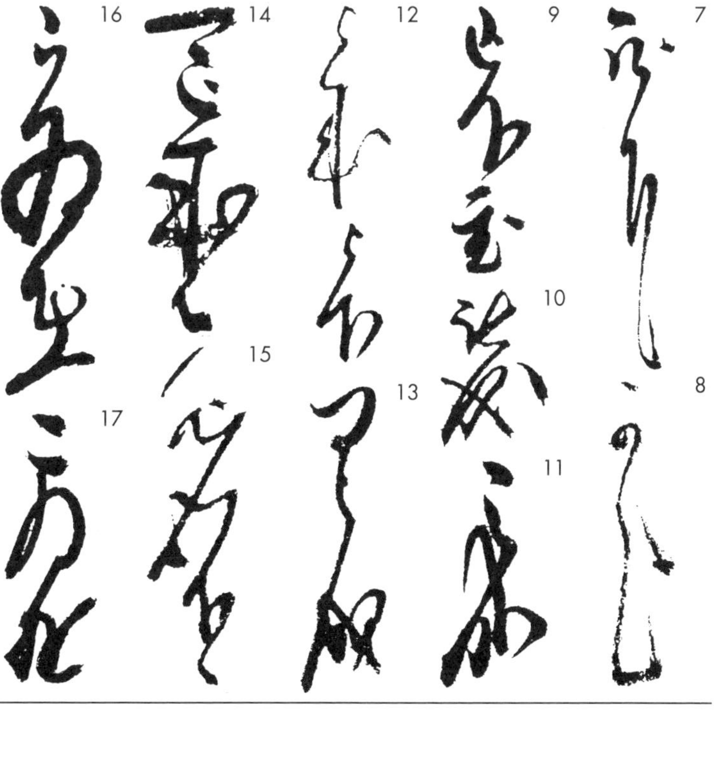

【用例】1 被レ仰《おおせられ》 2 被二仰付一《おおせつけられ》 3 被二仰渡一《おおせわたされ》 4 被二仰聞一《おおせきかされ》 5 被レ申由《もうさるよし》 6 被二申聞一《もうしきかされ》 7・8 可レ被レ下候《くださるべくそうろう》 9 被二下置一《くだしおかれ》 10・11 被レ成《なされ》 12 被レ成被レ下《なされくだされ》 13 可レ被レ成《なさるべく》 14 可レ被レ成候《なさるべくそうろう》 15 可レ被二成下一候《なしくださるべくそうろう》 16 被レ為レ在《あらせられ》 17 被レ為レ遊《あそばせられ》

162
見
2411

ケン・ゲン
みえる
みる

◎「つ」と「ん」を合わせたような形が基本形。「兄」（あまり出ない）と誤読しなければ問題ない。「見分」（＝検分）が頻出する。

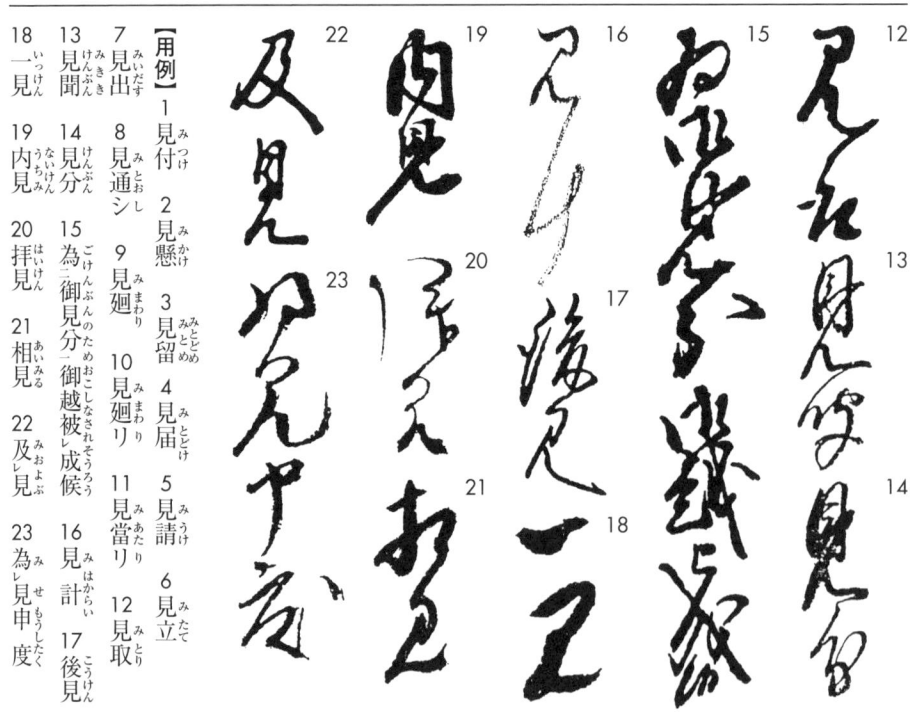

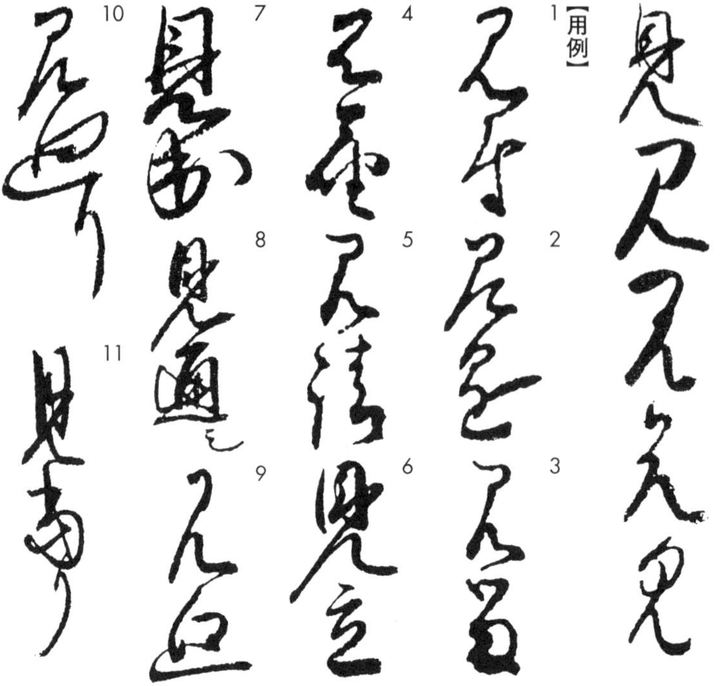

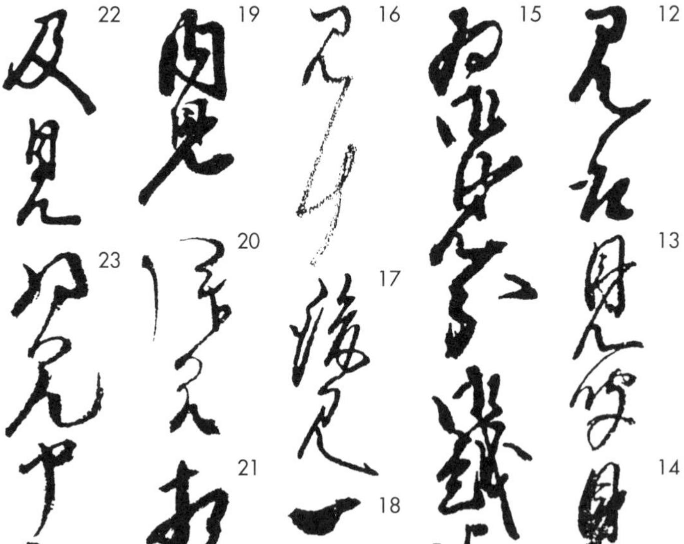

【用例】
1 見付《みつけ》
2 見懸《みかけ》
3 見留《みとどめ》《みとめ》
4 見届《みとどけ》
5 見請《みうけ》
6 見立《みたて》
7 見出《みいだす》
8 見通シ《みとおし》
9 見廻《みまわり》
10 見廻リ《みまわり》
11 見當リ《みあたり》
12 見取《みとり》
13 見聞《みきき》《けんぶん》
14 見分《けんぶん》
15 為ニ御見分一《ごけんぶんのため》御越被ㇾ成候《おこしなされそうろう》
16 見計《みはからい》
17 後見《こうけん》
18 一見《いっけん》
19 内見《ないけん》《うちみ》
20 拝見《はいけん》
21 相見《あいみる》
22 及ㇾ見《みおよぶ》
23 為《み》ㇾ見《せ》申度《もうしたく》

163

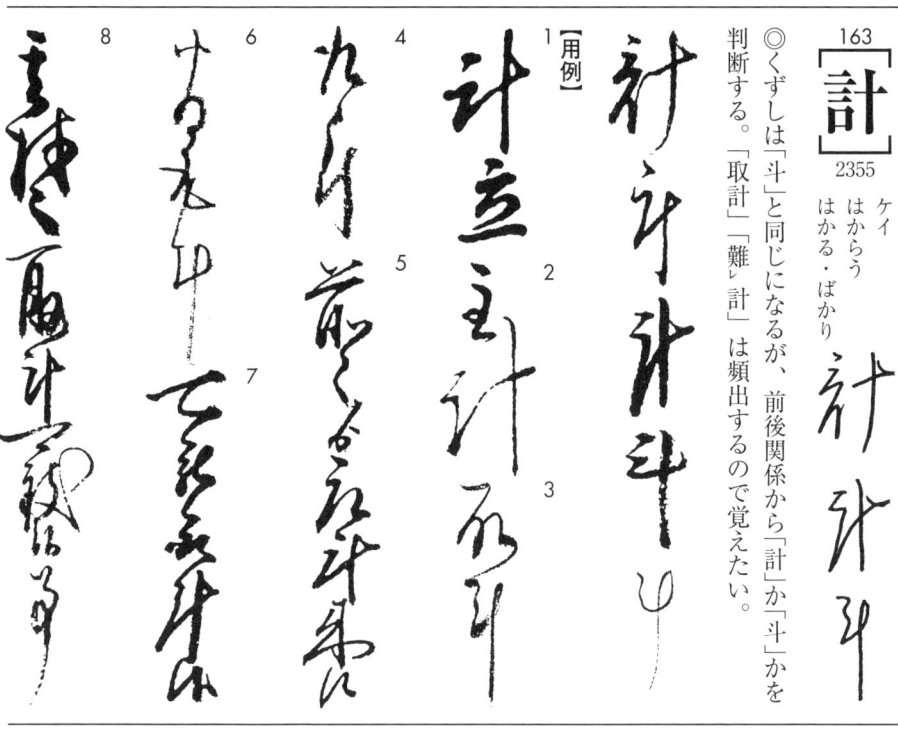

計

2355

ケイ
はからう
はかる・ばかり

◎くずしは「斗」と同じになるが、前後関係から「計」か「斗」かを判断する。「取計」「難㆑計」は頻出するので覚えたい。

【用例】

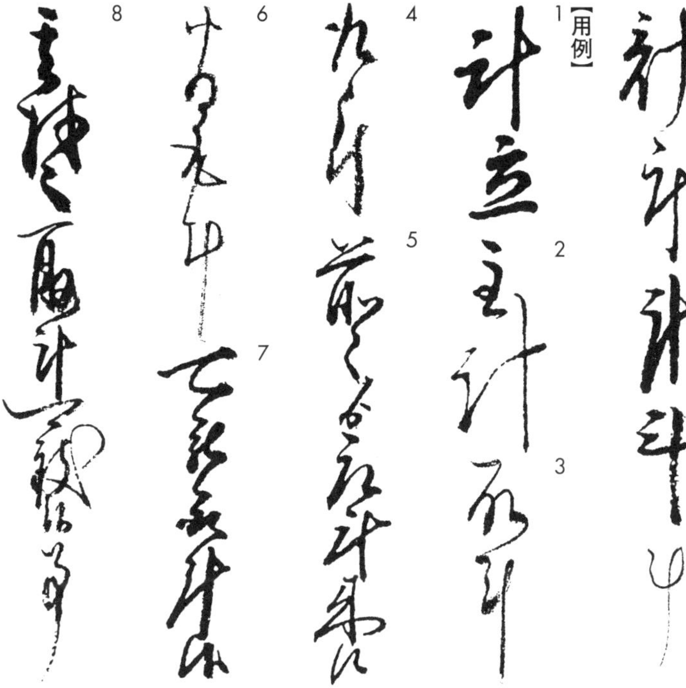

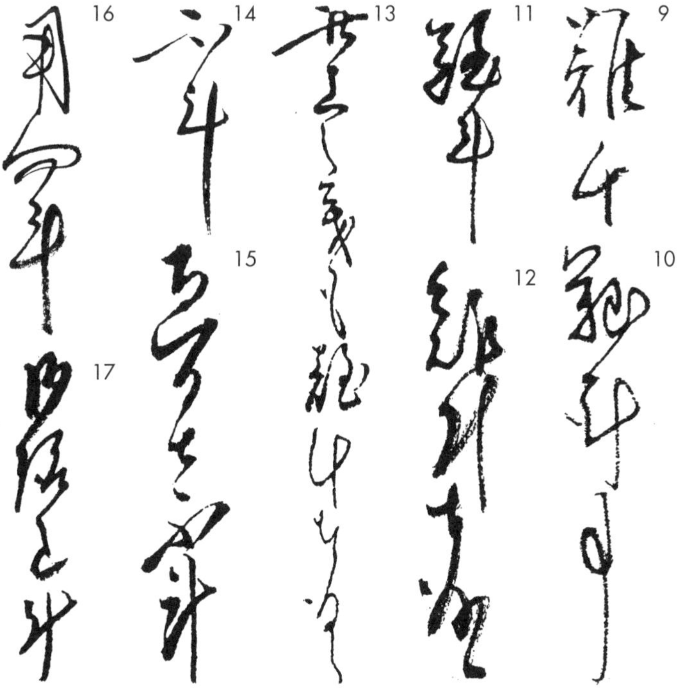

【用例】 1 計立《はかりたて》　2 主計《かずえ》　3・4 取計《とりはからい》　5 前々ゟ取計来候《まえまえよりとりはからいきたりそうろう》　6 為㆓取計㆒《とりはからわせ》　7 可㆑被㆓取計㆒候《とりはからわるべくそうろう》　8 其村々取計可㆑致候事《そのむらむらとりはからいいたすべくそうろうこと》　9 難㆑計《はかりがたし》　10 難㆑計事《はかりがたきこと》　11 難㆑計《はかりがたし》　12 難㆑計奉㆑存候《はかりがたくぞんじたてまつりそうろう》　13 此上之義《このうえのぎ》も難㆑計奉㆑存候《はかりがたくぞんじたてまつりそうろう》　14 不㆑計《はからず》　15 過日《かじつ》者《は》不㆑計《はからず》　16 用向計《ようむきばかり》　17 御趣意計《ごしゅいばかり》

164

訴

3342

ソ
うったえる
うったえ

◎「言」は単漢字2番目以下の形が基本形なのでぜひ覚えたい。また「氵」と間違えないように注意。「御訴」「出訴」が頻出する。

【用例】

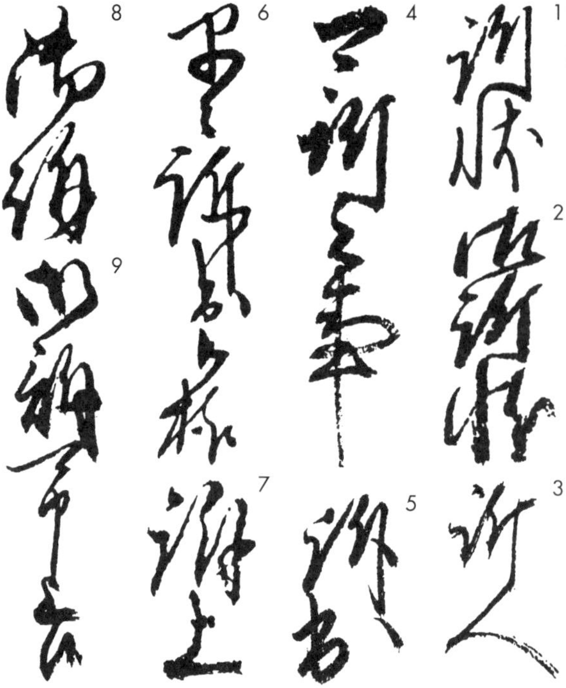

【用例】1 訴状《そじょう》 2 御訴状《ごそじょう》 3 訴人《そにん》 4 可レ訴之事《うったうべきのこと》 5 訴 出《うったえいで》
6 早々訴 出 候 様《そうそううったえいでそうろうよう》 7 訴 上《うったえあげ》 8 御訴《おうったえ》 9 御訴 可二申上一候《おうったえもうしあぐべくそうろう》
10 直々御訴 被レ成候与茂《じきじきおうったえなされそうろうとも》
11 其段難二捨置一御訴 被レ遊候《そのだんすておきがたくおうったえあそばされそうろう》
12 追訴《ついそ》 13 越訴《おっそ》 14・15 出訴《しゅっそ》 16 出訴致 度《しゅっそいたしたく》 17 出訴為レ致候《しゅっそいたさせそうろう》
18 奉二出訴一候《しゅっそたてまつりそうろう》

165

証（證）

3058
7590

ショウ
あかし

◎旧字「證」のくずしが基本。「登」（未収録）は「證」のときだけ単漢字5番目のくずしになる。「証（證）文」「為二後証（證）一」が頻出。

【用例】

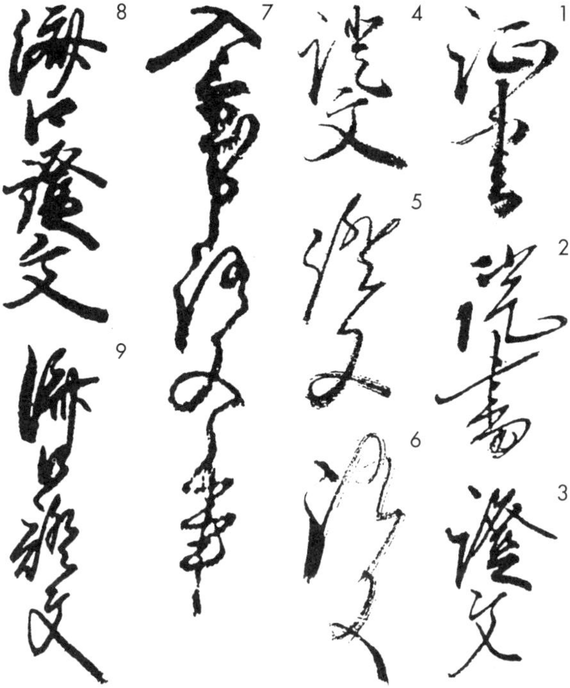

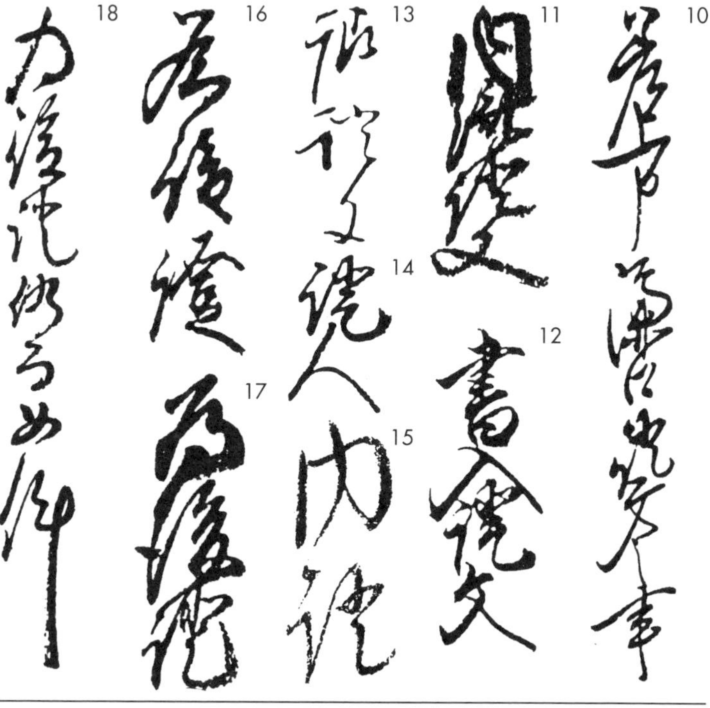

【用例】 1 証書《しょうしょ》 2 證書《しょうしょ》 3～6 證文《しょうもん》 7 入置申《いれおきもうす》 證文之事《しょうもんのこと》 8・9 済口證文《すみくちしょうもん》 10 差上申《さしあげもうす》 済口證文之事《すみくちしょうもんのこと》 11 内済證文《ないさいしょうもん》 12 書入證文《かきいれしょうもん》 13 請證文《うけしょうもん》 14 證人《しょうにん》 15 内證《ないしょう》 16・17 為二後證一《ごしょうのため》 18 為二後證一仍而如レ件《ごしょうのためよってくだんのごとし》

166

諸

2984

シヨ

もろもろ

◎用例8のような、旁が159頁「者」の単漢字二列目のようなくずしになることはほとんどない。「諸事」「諸入用」が頻出。

【用例】

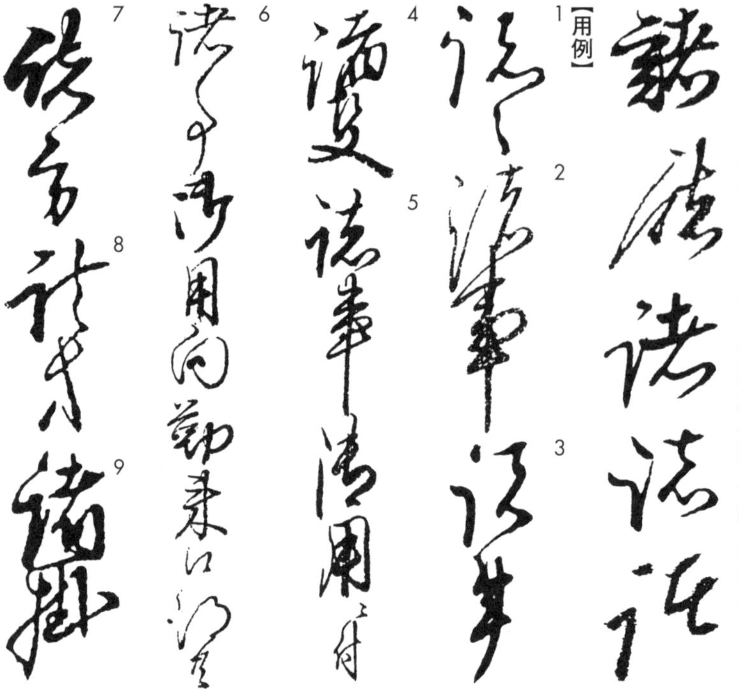

【用例】 1 諸々《しょしょ》 2～4 諸事《しょじ》 5 諸事御用二付《しょじごようにつき》 6 諸事御用向勤 来 候得共《しょじごようむきつとめきたりそうらえども》 7・8 諸方《しょほう》 9 諸掛《しょがかり》 10 諸役《しょやく》 11 御年貢諸役《おねんぐしょやく》 12 諸役人《しょやくにん》 13 諸役銭《しょやくせん》 14 諸 入用《しょにゅうよう》 15 村中諸 入用《むらじゅうしょにゅうよう》 16 諸 入用割合《しょにゅうようわりあい》 17 諸向《しょむき》 18 諸家《しょけ》 19 諸御大 名 衆《しょおだいみょうしゅう》

167

【請】

3233

セイ・ショウ
シン／こう
うける・うけ

◎「請取」「請書」が頻出の重要語で51頁「受」と混同される。ここでは特徴的な旁の「青」（未収録）のくずしをぜひ覚えておきたい。

【用例】

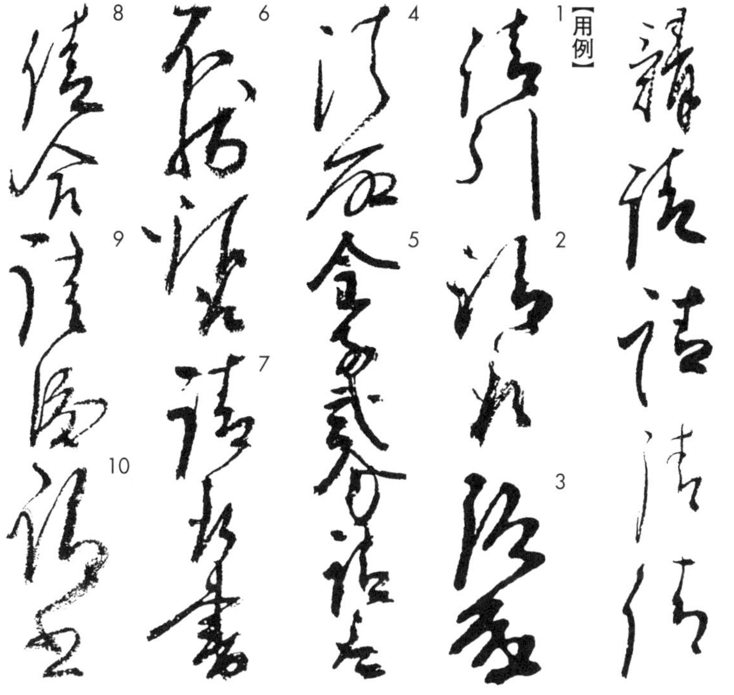

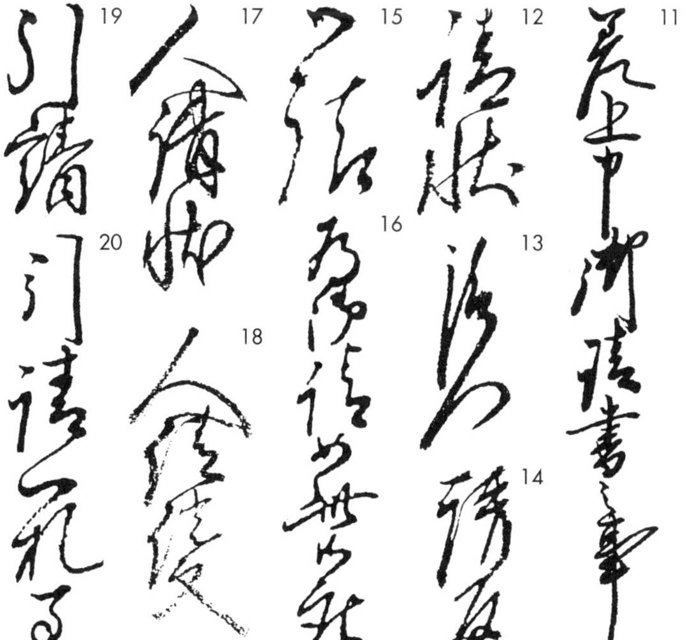

【用例】 1 請引《しょういん》《うけひく》 2～4 請取《うけとり》 5 金子《きんす》弐分《にぶ》請取《うけとり》 6 不レ残《のこらず》請取《うけとり》 7 請取書《うけとりがき》《うけとりしょ》 8 請合《うけあう》 9 請渡《うけわたし》 10 請書《うけがき》《うけしょ》 11 差上申《さしあげもうす》 御請書之事《おうけしょのこと》 12 請状《うけじょう》 13 請人《うけにん》 14 請返《うけかえし》 15 御請《おうけ》 16 為二御請一如レ此御座候《おうけのためかくのごとくにござそうろう》 17 人請状《ひとうけじょう》 18 人請證文《ひとうけしょうもん》 19 引請《ひきうけ》 20 引請一札事《ひきうけいっさつのこと》

168
談
3544

ダン

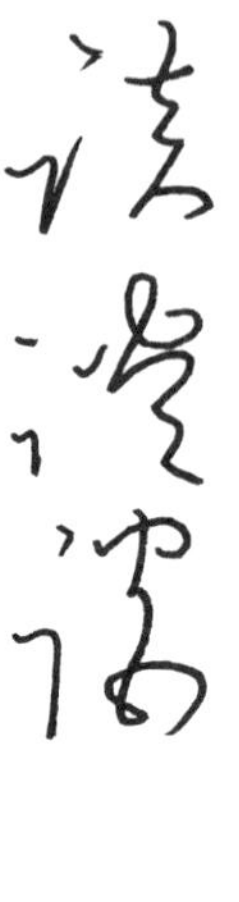

◎「炎」（未収録）のくずし様がまったく異なる単漢字の2、7、9番目をぜひ覚えておきたい。「申談」「相談」が頻出する。

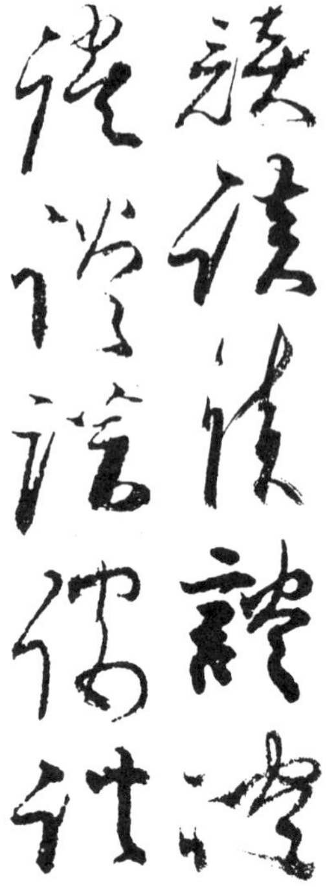

【用例】

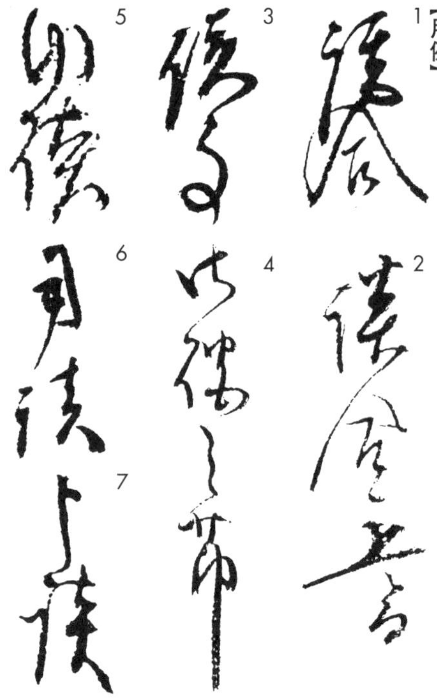

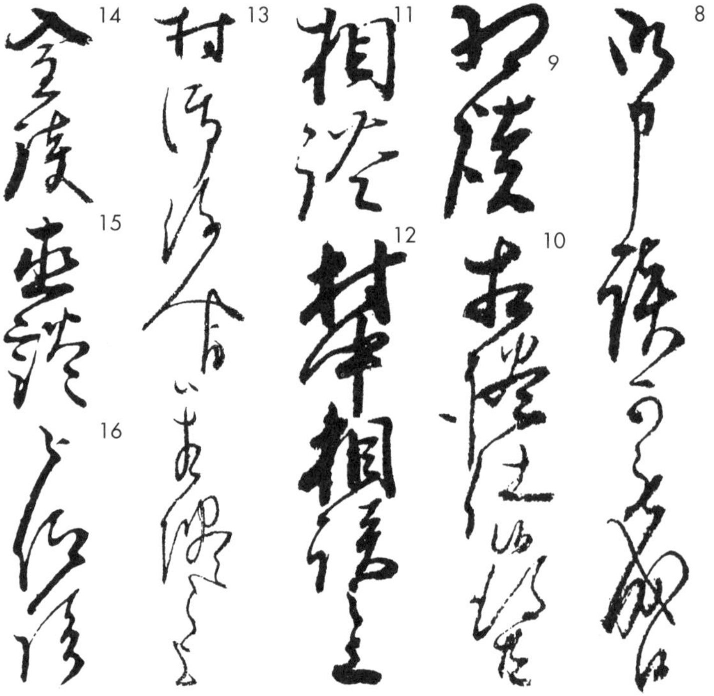

【用例】 1 談合《だんごう》 2 談合候上ニ而《だんごうそうろううえにて》 3 談事《だんじごと》 4 御談之節《おだんじのせつ》

5 内談《ないだん》 6 用談《ようだん》 7 申 談《もうしだんず》 8 御申 談 可レ被レ成候《おもうしだんじなさるべくそうろう》 9 相談《そうだん》

10 相談仕 候得共《そうだんつかまつりそうらえども》 11 相談《そうだん》 12 村中相談之上《むらじゅうそうだんのうえ》

13 村御役人江御相談之上《むらおやくにんへごそうだんのうえ》 14 金談《きんだん》 15 直談《じきだん》 16 被二仰談一《おおせだんぜられ》

169

貢

2555

コウ・ク
みつぐ
みつぎ

◎江戸時代の租税を指した「年貢」が頻出する。「工」は「亠」と省画され、「貝」は「つ」に「人」を合わせたようなくずしになる。

【用例】

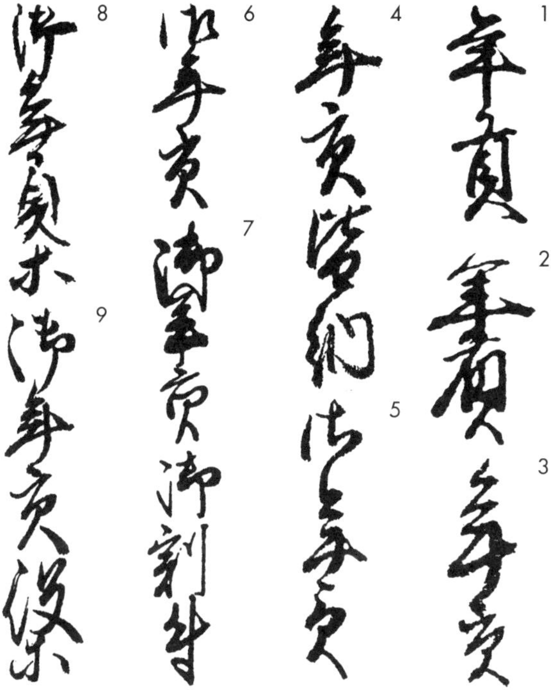

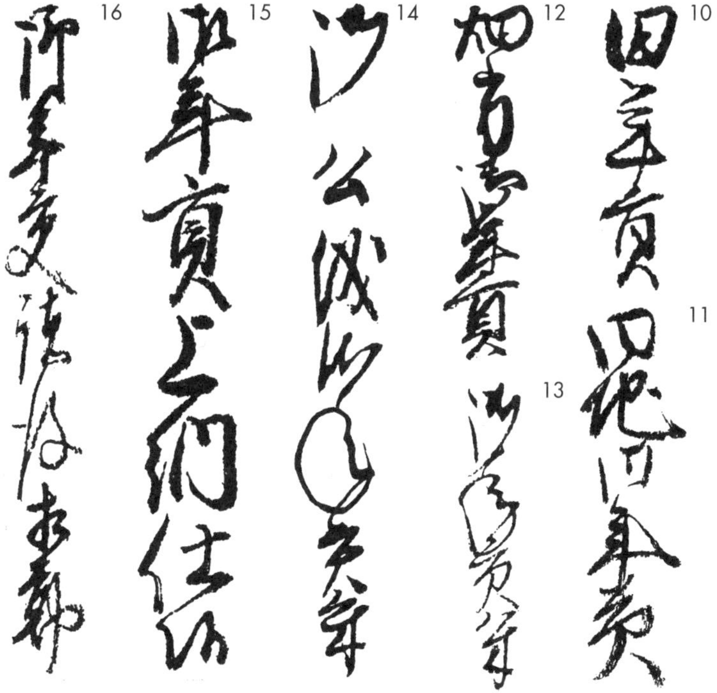

【用例】1〜3年貢《ねんぐ》　4年貢皆納《ねんぐかいのう》　5・6御年貢《おねんぐ》　7御年貢御割付《おねんぐおわりつけ》
8御年貢等《おねんぐなど》　9御年貢役等《おねんぐやくなど》　10田年貢《たねんぐ》　11田地御年貢《でんちおねんぐ》
12畑方御年貢《はたかたおねんぐ》　13御年貢米《おねんぐまい》　14御公儀御年貢米《ごこうぎおねんぐまい》
15御年貢上納　仕　候《おねんぐじょうのうつかまつりそうろう》　16御年貢諸役相勤《おねんぐしょやくあいつとめ》

170

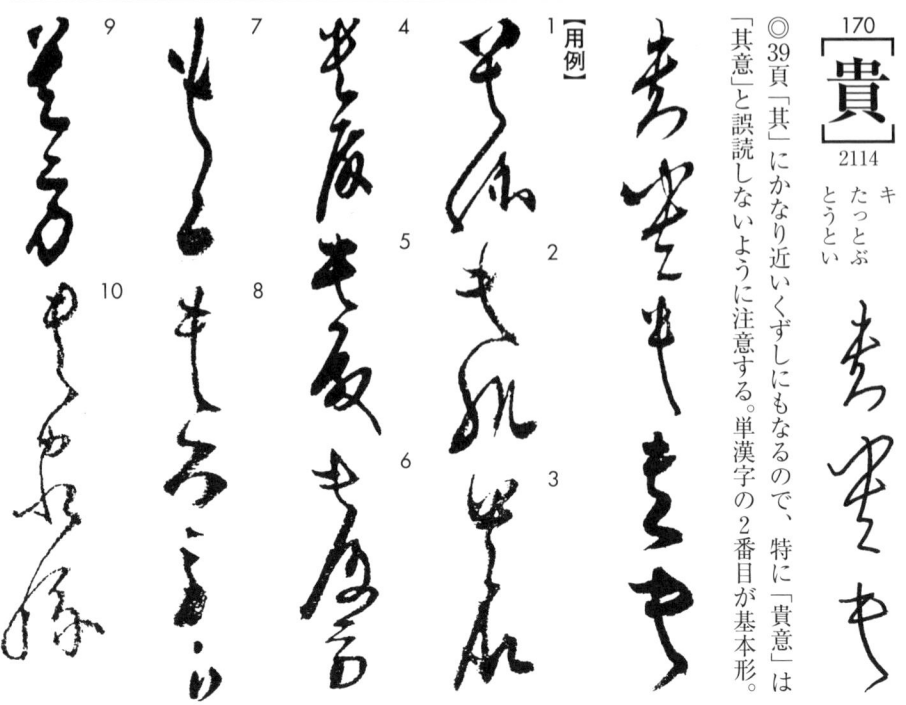

貴

2114

キ

たっとぶ

とうとい

◎39頁「其」にかなり近いくずしにもなるので、特に「貴意」は「其意」と誤読しないように注意する。単漢字の2番目が基本形。

【用例】

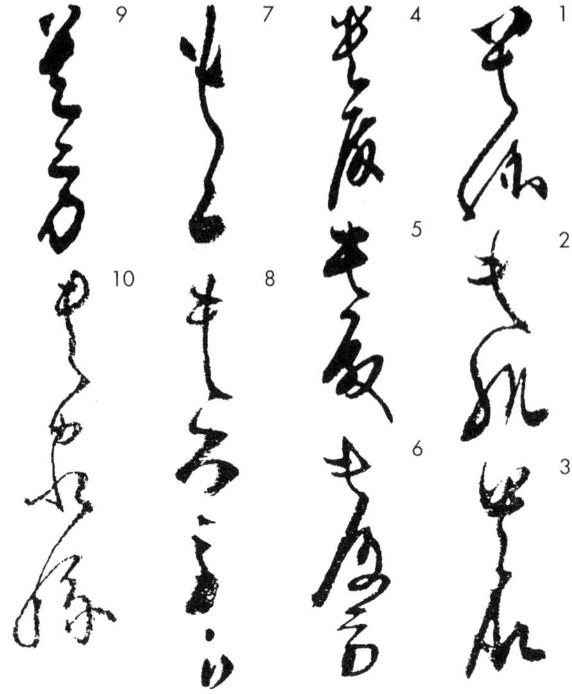

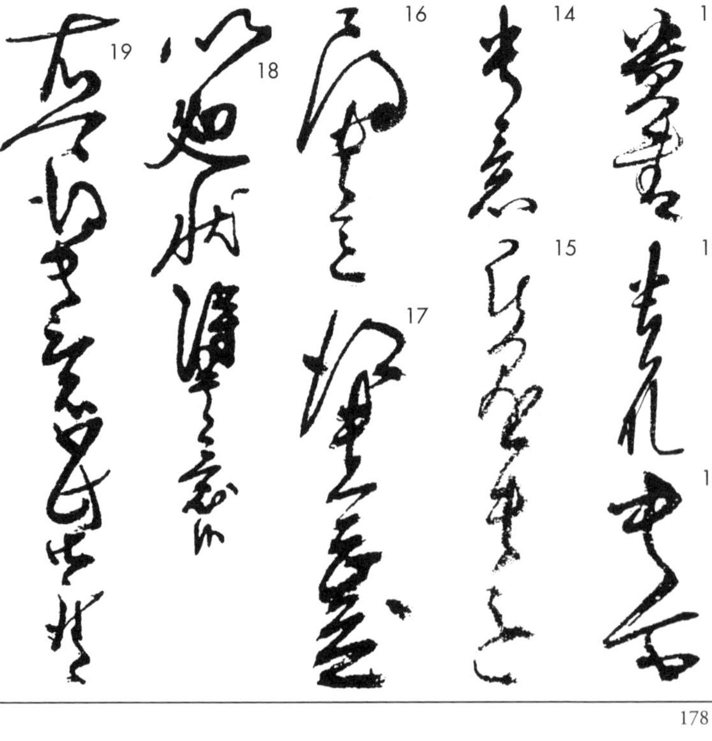

【用例】 1～3 貴様《きさま》 4・5 貴殿《きでん》 6 貴殿方《きでんかた》 7 貴公《きこう》 8 貴公方江《きこうかたへ》 9 貴方《きほう》 10 貴家様《きかさま》 11 貴書《きしょ》 12 貴札《きさつ》 13 貴所《きしょ》 14 貴意《きい》 15 被レ懸二貴意一《きいをかけられ》 16 可レ得二貴意一《きいをうべく》 17 得二貴意一度《きいをえたく》 18 以二廻状一得二貴意一候《かいじょうをもってきいをえそうろう》 19 右可レ得二貴意一如レ此御座候《みぎきいをうべくかくのごとくにござそうろう》

171

越

1759

エツ・オチ
こす・こし
こえる

◎「走」が左側に寄って偏のように書かれることが多い。省画された単漢字5番目のくずしに注意。「罷越」「被㆓仰越㆒」が頻出。

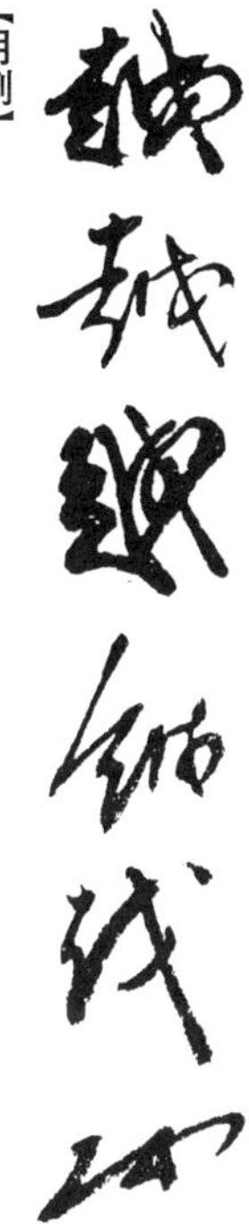

【用例】

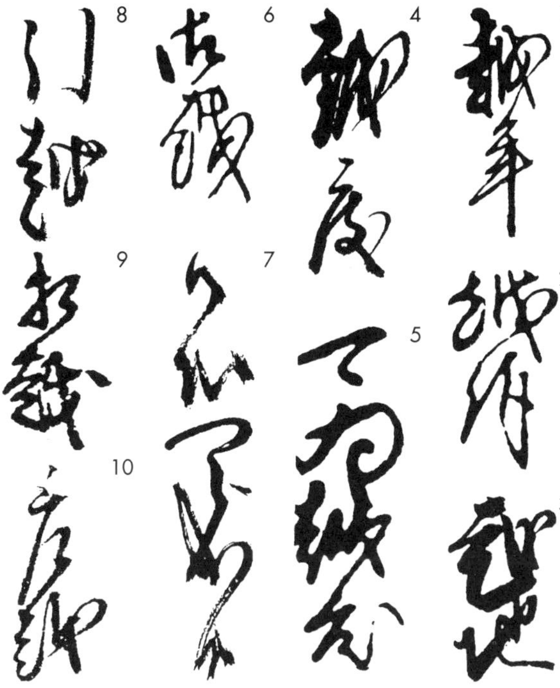

【用例】 1 越年《おつねん》《えつねん》 2 越訴《おっそ》 3 越地《こしち》 4 越度《おちど》 5 可㆑為㆓越度㆒《おちどたるべし》 6 御越《おこし》 7 御越可㆑被㆑成候《おこしなさるべくそうろう》 8 引越《ひっこし》 9 相越《あいこす》 10・11 差越《さしこす》 12・13 申越《もうしこす》 14〜16 罷越《まかりこす》 17 近所迄罷越見分仕候《きんじょまでまかりこしけんぶんつかまつりそうろう》 18 被㆓仰越㆒《おおせこされ》 19 被㆓仰越㆒候通《おおせこされそうろうとおり》 20 御返書被㆓仰越㆒被㆑下度《ごへんしょおおせこされくだされたく》

172

趣

2881

シュ
おもむき
おもむく

◎「～之趣」「～候趣」が頻出の重要語。くずしは多様で「走」が省画された単漢字二、三列目をぜひ覚えたい。50頁「取」も参照。

【用例】

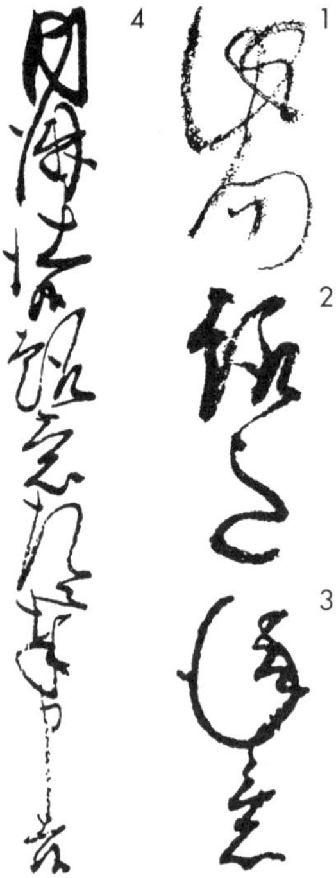

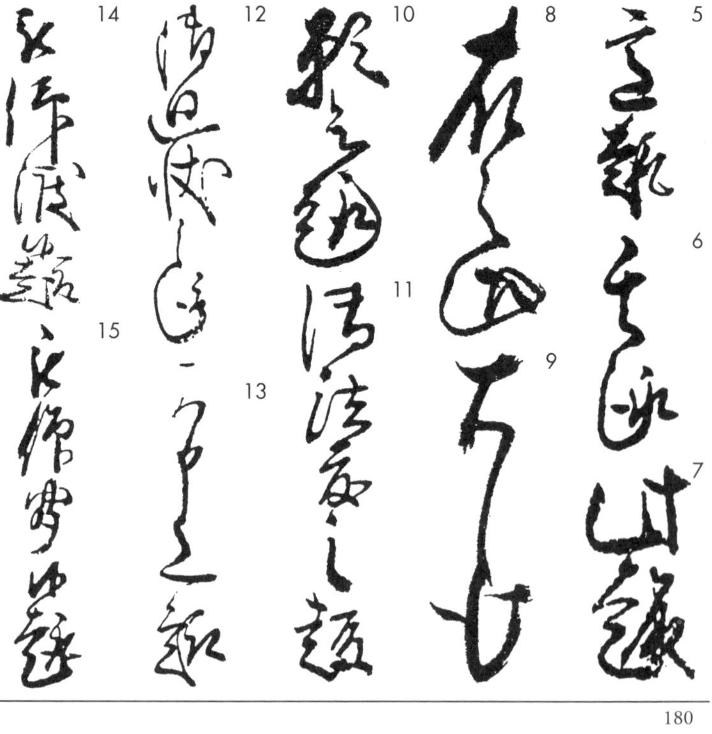

【用例】1 趣向《しゅこう》　2・3 趣意《しゅい》　4 内済仕候《ないさいつかまつりそうろう》　趣意《しゅい》左ニ《さに》　奉二申上一候《もうしあげたてまつりそうろう》　5 意趣《いしゅ》　6 其趣《そのおもむき》　7 此趣《このおもむき》　8・9 右《みぎ》之《の》趣《おもむき》　10 願《ねがい》之《の》趣《おもむき》　11 御法度《ごはっと》之《の》趣《おもむき》　12 御廻状《ごかいじょう》之《の》趣《おもむき》　13 可二申上一趣《もうしあぐべきおもむき》　14 被二仰渡一候趣《おおせわたされそうろうおもむき》　15 被二仰聞一候趣《おおせきかされそうろうおもむき》

173
辺(邊)
4253
7820
ヘン
あたり

◎旧字「邊」のくずしが多く用いられる。「公辺(邊)」は「公儀」と同義(34頁参照)。以下195頁まで「辶」のくずし様に注目したい。

【用例】1～8

9～16

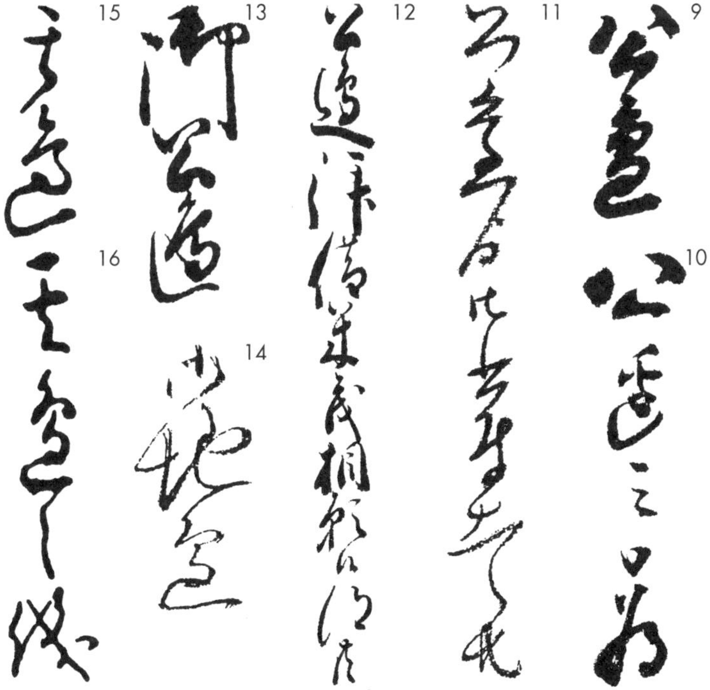

【用例】1 近辺《きんぺん》 2～4 近邊《きんぺん》 5 村々近邊《むらむらきんぺん》 6 在邊《ざいへん》 7～9 公邊《こうへん》 10 公邊之御為《こうへんのおんため》 11 公邊ゟ御書付出候共《こうへんよりおかきつけいでそうろうとも》 12 公邊拝借米茂相願候得共《こうへんはいしゃくまいもあいねがいそうらえども》 13 御公邊《ごこうへん》 14 御地邊《おんちへん》《おんちあたり》 15 其邊《そのへん》 16 其邊之儀《そのへんのぎ》

174

迄

4388

キツ
まで

◎くずしは9頁「与」に「辶」をあわせた形が頻出。なお、ここに挙げたものはすべて異体字のくずしである(異体字一覧参照)。

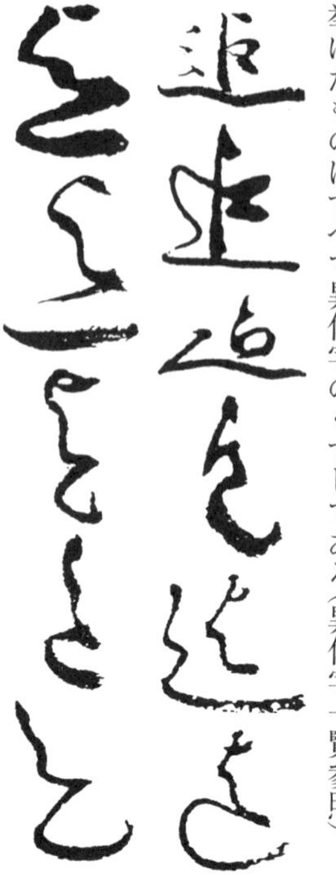

【用例】

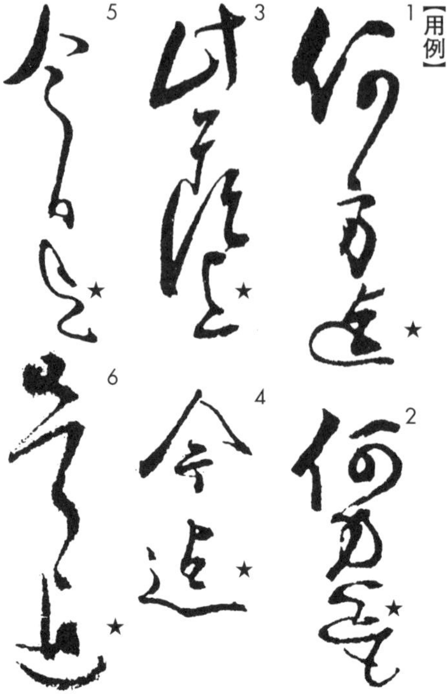

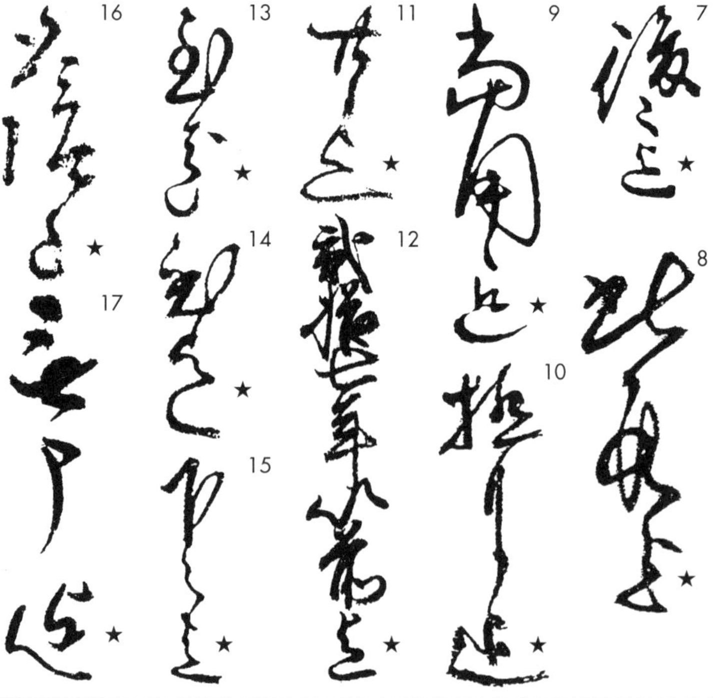

【用例】 1 何方迄《いずかたまで》 2 何方迄《いずかたまで》も 3 此節迄《このせつまで》 4 今迄《いままで》 5 今日迄《きょうまで》《こんにちまで》 6 先々迄《さきざきまで》 7 後々迄《のちのちまで》 8 此段迄《このだんまで》 9 当用迄《とうようまで》 10 極月迄《ごくげつまで》 11 廿日迄《はつかまで》 12 弐拾七年《にじゅうしちねん》以前迄《いぜんまで》 13・14 至迄《いたるまで》 15 下々迄《しもじもまで》 16 御請迄《おうけまで》 17 無二申迄一《もうすまでもなく》

175
近
2265

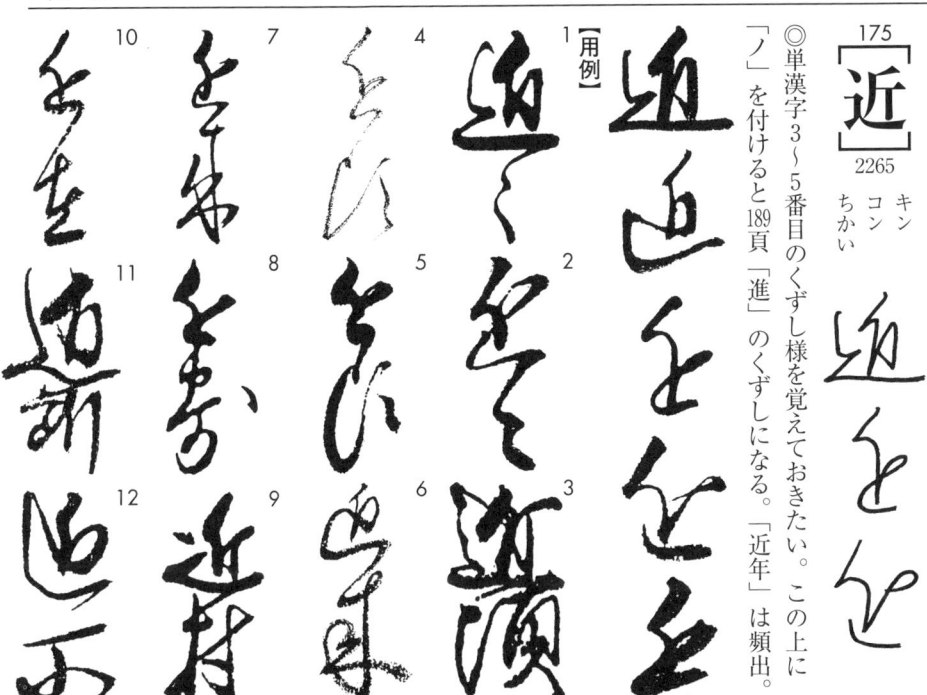

キン
コン
ちかい

◎単漢字3～5番目のくずし様を覚えておきたい。この上に「ノ」を付けると189頁「進」のくずしになる。「近年」は頻出。

【用例】

1 2 3 4 5 6 7 8 9 10 11 12

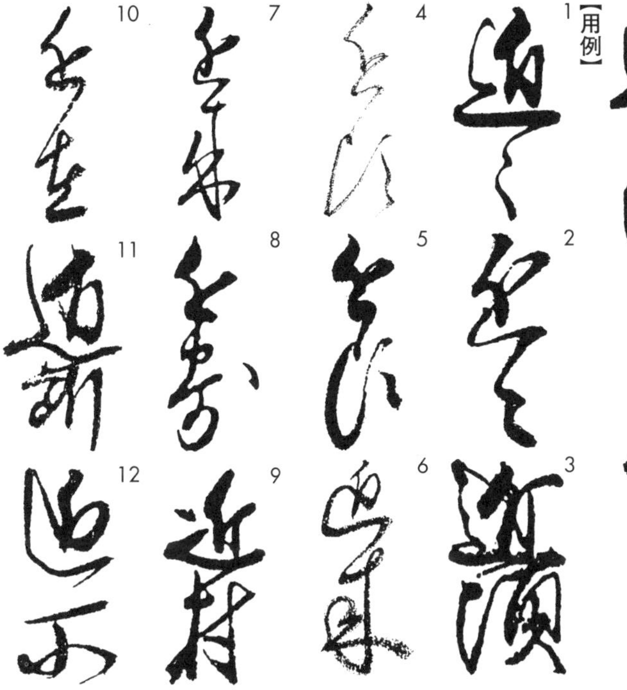

13 14 15 16 17 18 19 20 21 22 23 24

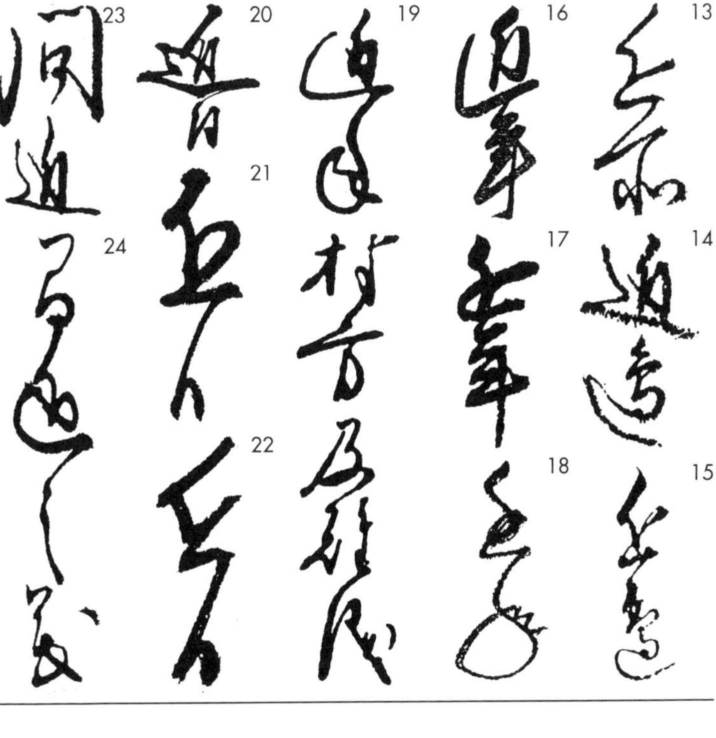

【用例】1・2 近々《ちかぢか》　3～5 近頃《ちかごろ》　6・7 近来《きんらい》《ちかごろ》　8 近寄《ちかよる》　9 近村《きんそん》
10 近在《きんざい》　11～13 近所《きんじょ》　14・15 近邊《きんぺん》　16～18 近年《きんねん》
19 近年《きんねん》村方《むらかた》及二難儀一《なんぎにおよび》　20～22 近日《きんじつ》　23 間近《まぢか》　24 間近之義《まぢかのぎ》

176

返

4254

ヘン
かえる
かえす

◎「反」の二画目が「辶」を突き抜けて左下に出る単漢字5番目のくずしが独特。「返済」「相返」が頻出する。187頁「通」に類似。

【用例】

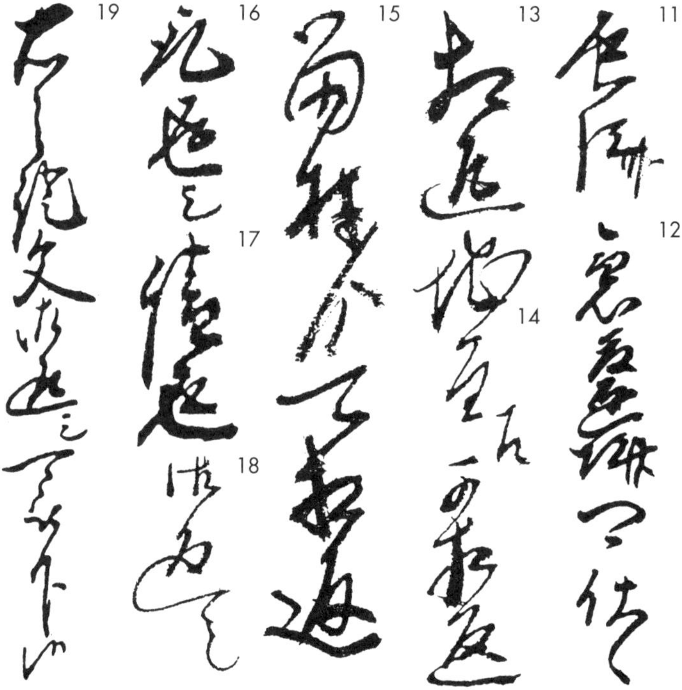

【用例】 1 返事《へんじ》 2 返書《へんしょ》 3 返状《へんじょう》 4 返札《へんさつ》 5 返金《へんきん》 6・7 返納《へんのう》

8 返納難儀《へんのうなんぎ》之《の》趣《おもむき》 9 返済《へんさい》 10 當年《とうねん》返済《へんさい》可レ申候《もうすべくそうろう》 11 返済《へんさい》

12 急度《きっと》返済《へんさい》可レ仕候《つかまつるべくそうろう》 13 相返《あいかえす》 14 地主《じぬし》江《へ》可二相返一《あいかえすべし》

15 留村《とまりむら》ゟ《より》可二相返一《あいかえすべし》 16 取返シ《とりかえし》 17 請返《うけかえし》 18 御返シ《おかえし》

19 右之《みぎの》證文《しょうもん》御返シ《おかえし》可レ被レ下候《くださるべくそうろう》

177
[送]
3387

ソウ
おくる
おくり

◎単漢字5番目のくずしに注意。用例4～7は結婚や養子縁組等に伴う他村(町)への転居届(6頁「本書の効果」参照)に頻出。

【用例】

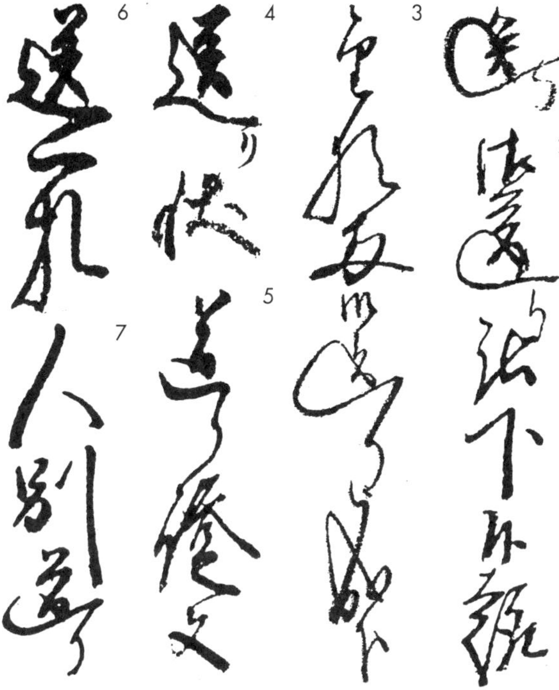

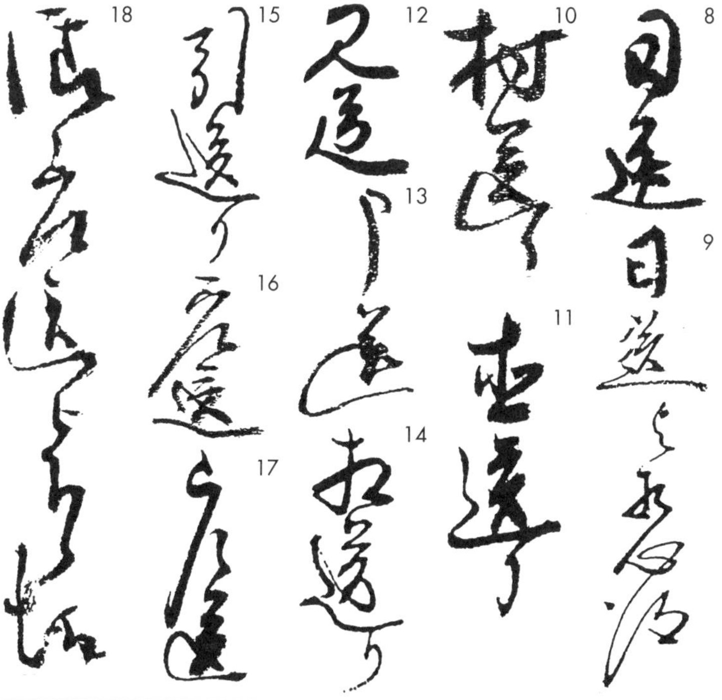

【用例】 1 送リ《おくり》 2 御送リ被レ下候趣《おおくりくだされそうろうおもむき》 3 金拾両御送リ被二成下一《きんじゅうりょうおおくりなしくだされ》 4 送リ状《おくりじょう》 5 送リ證文《おくりしょうもん》 6 送一札《おくりいっさつ》 7 人別送リ《にんべつおくり》 8 日送《ひおくり》 9 日送与相心得《ひおくりとあいこころえ》 10 村送リ《むらおくり》 11 直送リ《じかおくり》 12 見送《みおくり》 13 申送《もうしおくり》 14 相送リ《あいおくり》 15 引送リ《ひきおくり》 16・17 差送《さしおくり》 18 御差送被レ下候趣《おさしおくりくだされそうろうおもむき》

178
追
3641

ツイ
おう

◎くずしは183頁「近」や184頁「返」とも類似するので、前後の字句に注意を払って判読したい。「追而」「追々」は頻出する。

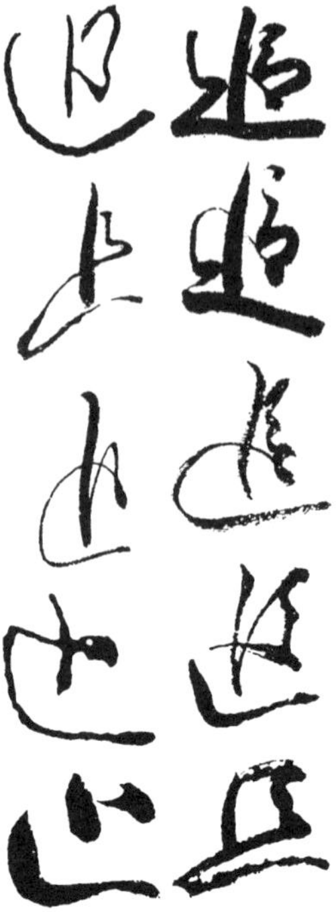

【用例】

1 2 3 4 5 6 7 8 9

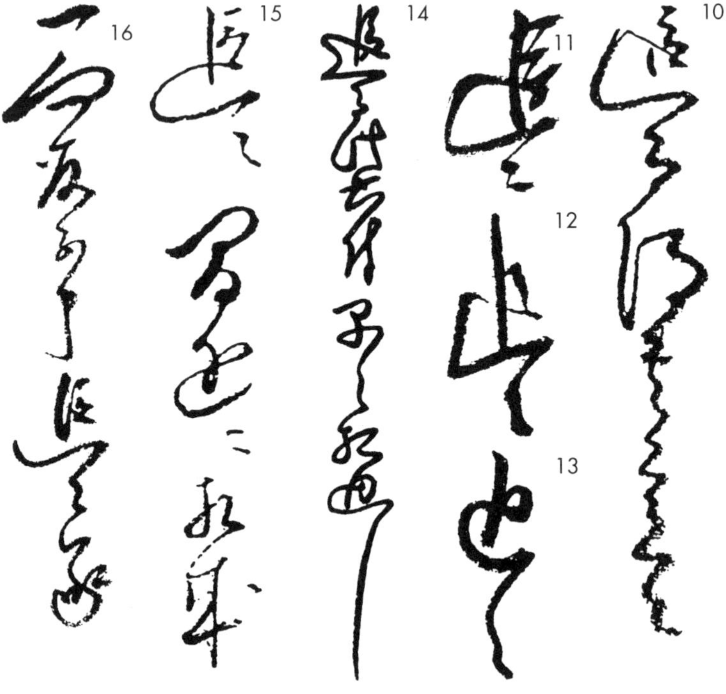

10 11 12 13 14 15 16

【用例】 1 追年《ついねん》 2・3 追日《ついじつ》 4・5 追訴《ついそ》 6 追付《おっつけ》 7～9 追而《おって》 10 追而《おって》得二貴意一《きいをえ》候《そうろう》 11～13 追々《おいおい》 14 追々《おいおい》此《この》書付《かきつけ》早々《そうそう》相廻《あいまわ》し 15 追々《おいおい》間近《まぢか》ニ《に》相成《あいなり》 16 一向《いっこう》存不レ申《ぞんじもうさず》追々《おいおい》承《うけたまわり》

179

【通】

3644

ツウ・ツ
とおる・とおり
かよう

◎「～之通」「～候通」の形で頻出する重要語。極端にくずされることはなく、単漢字二列目の2、4番目を覚えておけば十分。

【用例】

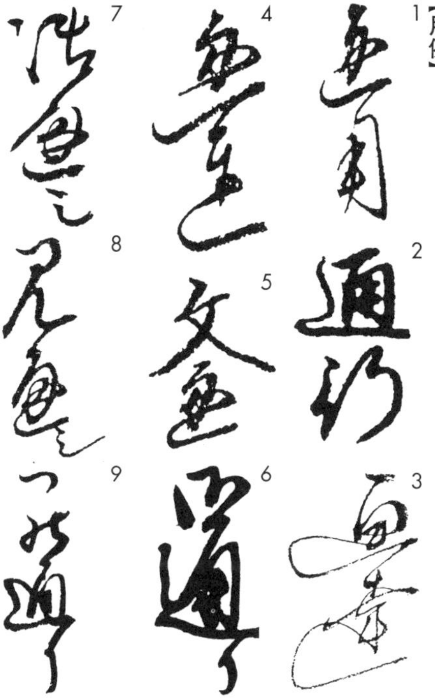

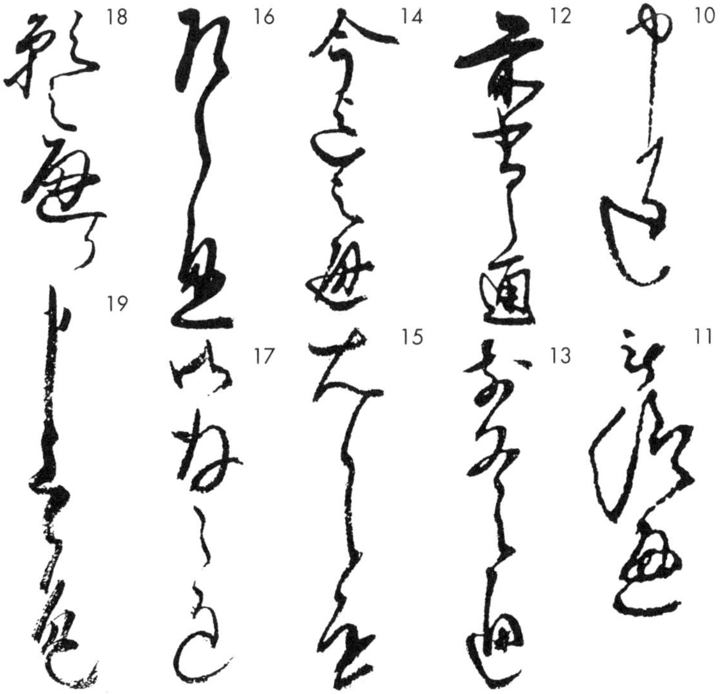

【用例】 1 通用《つうよう》 2 通行《つうこう》 3・4 通達《つうたつ》 5 文通《ぶんつう》 6 御通リ《おとおり》
7 御通シ《おとおし》 8 見通シ《みとおし》 9 罷通リ《まかりとおり》 10 申通《もおしとおす》 11 被二仰通一《おおせとおされ》
12 前書之通《まえがきのとおり》 13 前文之通《ぜんぶんのとおり》 14 今迄之通《いままでのとおり》 15 右之通《みぎのとおり》 16 左之通《さのとおり》
17 御存之通《ごぞんじのとおり》 18 願之通リ《ねがいのとおり》 19 申上候通《もうしあげそうろうとおり》

180
連
4702

レン
つらなる
つれる・つれ

◎用例9、14～20の「連」は仮名の「れ」として頻繁に用いられる。この場合、旁は115頁「書」や171頁「計」に類似する。

【用例】

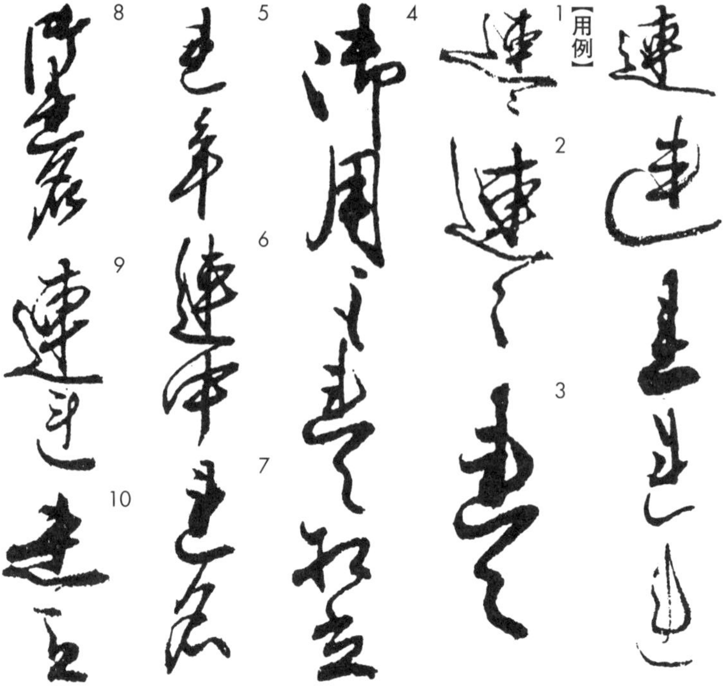

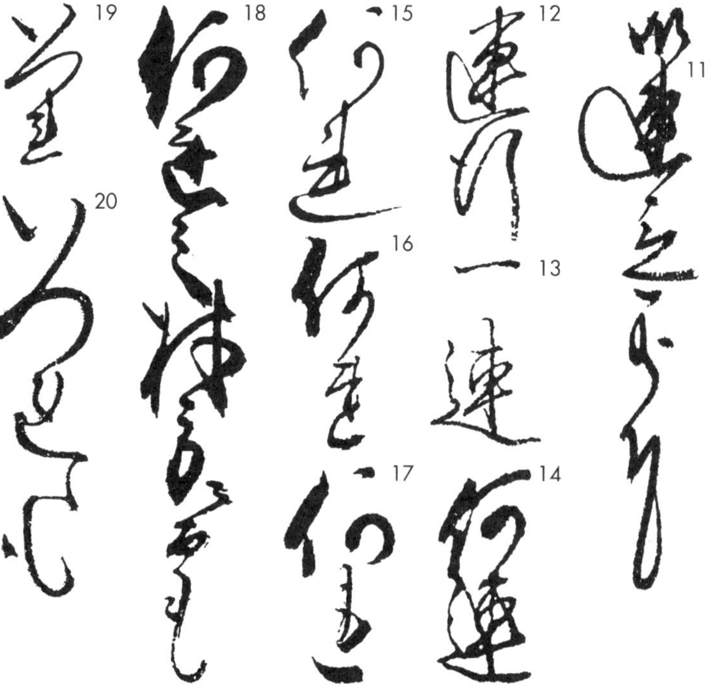

【用例】 1～3 連々《れんれん》 4 御用《ごよう》も連々相立《れんれんあいたち》 5 連年《れんねん》 6 連中《れんちゅう》 7 連名《れんめい》 8 御連名《ごれんめい》 9 連《つ》連《れ》 10 連立《つれだつ》 11 御連立《おつれだち》可レ被レ下候《くださるべくそうろう》 12 連行《つれゆく》 13 一連《いちれん》 14～17 何連《いずれ》 18 何連《いずれ》之《の》村方《むらかた》二《に》而《て》も 19 いつ連《いずれ》 20 いつ《いず》連《れ》二《に》も

181

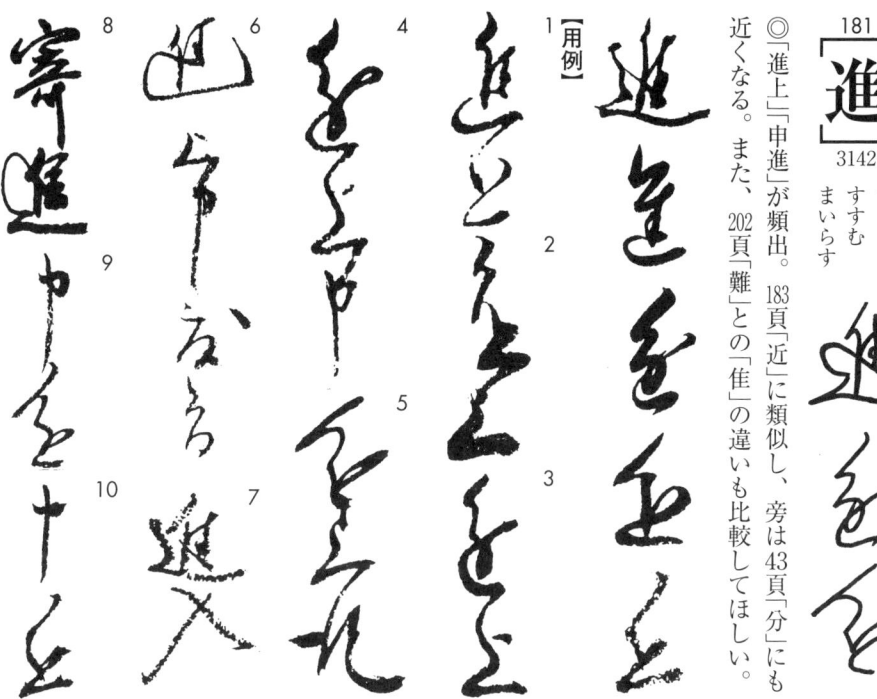

進

3142

シン
すすむ
まいらす

◎「進上」「申進」が頻出。183頁「近」に類似し、旁は43頁「分」にも近くなる。また、202頁「難」との「隹」の違いも比較してほしい。

【用例】

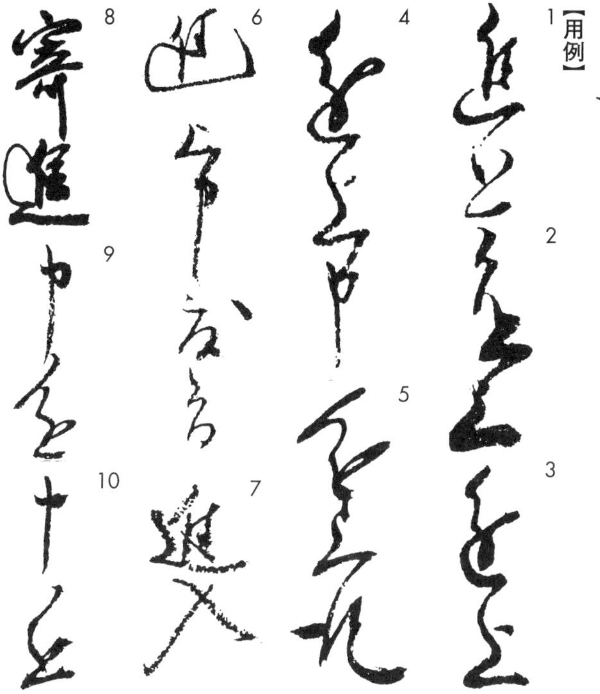

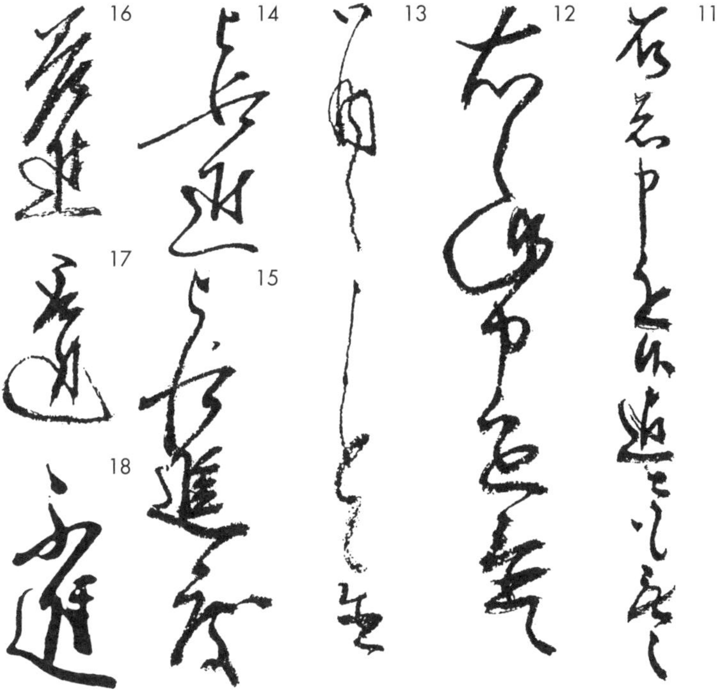

【用例】1〜3進上《しんじょう》 4進上申《しんじょうもうす》 5進上仕候《しんじょうつかまつりそうろう》 6進上《しんじょう》申度候間《もうしたくそうろうあいだ》 7進入《すすみいる》 8寄進《きしん》 9・10申進《もうししんず》 11右者申進《みぎはもうししんじ》候迄《そうろうまで》ニ《に》も無レ之《これなく》 12右之趣申進置候《みぎのおもむきもうししんじおきそうろう》 13御内々申進置《ごないないもうししんじおく》 14被二仰進一《おおせすすめられ》 15被二仰進一度《おおせすすめられたく》 16差進《さしすすむ》 17取進《とりすすむ》 18不レ進《すすまず》

182

【過】

1865

カ／すぎる
すごす
あやまち

◎旁が「る」に似たくずしになることを覚えておけば判読は容易だろう。187頁「通」の省画形に類似あり。「過日」「過分」は頻出。

【用例】

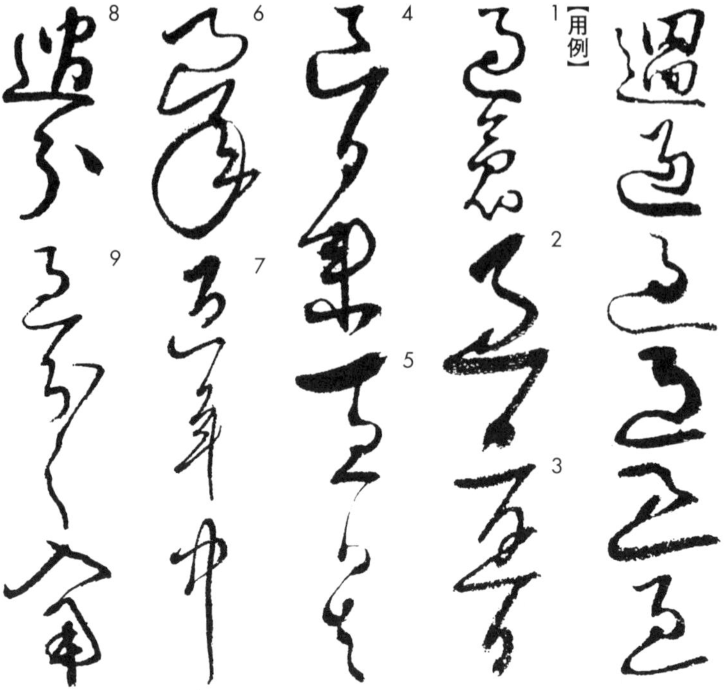

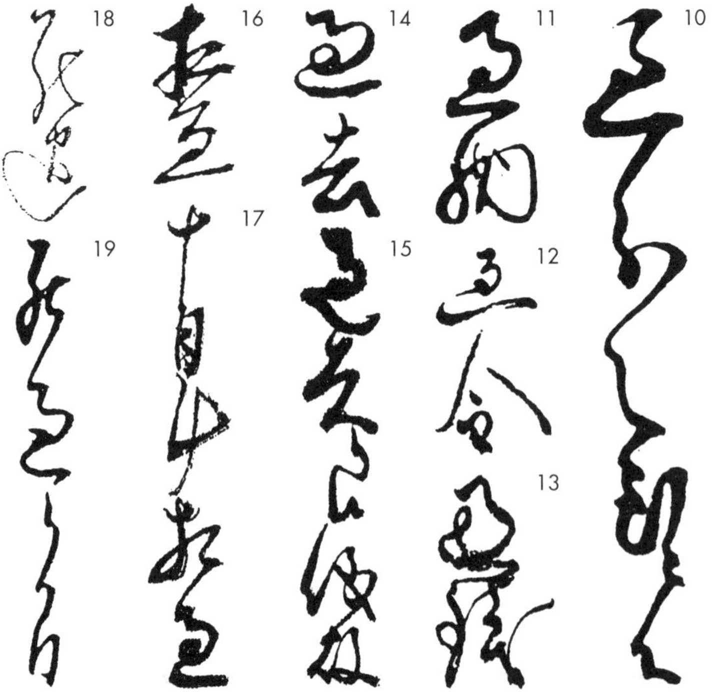

【用例】1 過急《かきゅう》 2・3 過日《かじつ》 4 過日来《かじつらい》 5 過日者《かじつは》 6 過年《かねん》 7 過年中《かねんちゅう》 8 過分《かぶん》 9 過分之入用《かぶんのにゅうよう》 10 過分之至ニ候《かぶんのいたりにそうろう》 11 過納《かのう》 12 過金《かきん》 13 過銭《かせん》 14 過去《かこ》《すぎさる》 15 過去リ候儀故《すぎさりそうろうぎゆえ》 16 相過《あいすぎる》 17 十日計相過《とおかばかりあいすぎ》 18 罷過《まかりすごす》《まかりすぎる》 19 罷過候間《まかりすぎそうろうあいだ》

183

達

3503

タツ・ダチ
たち
たっし

◎「先達(而)」「御達」「相達」が頻出の重要語。旁の「幸」は65頁「奉」と同じくずしになる。省画されると156頁「置」にも類似。

【用例】

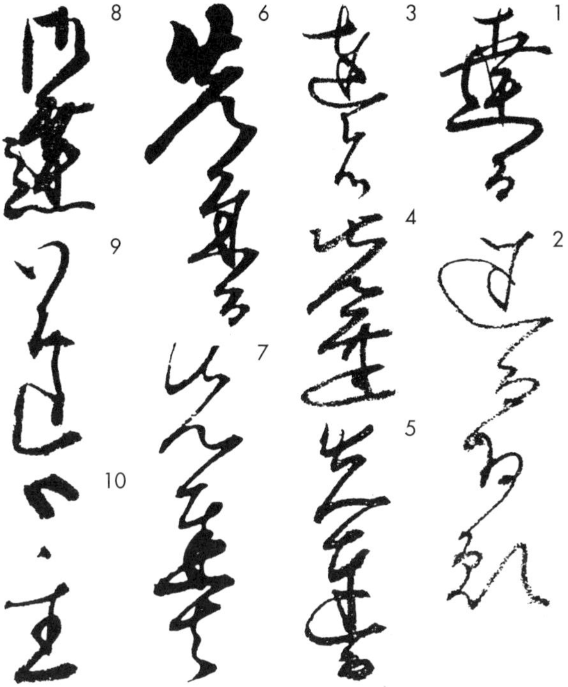

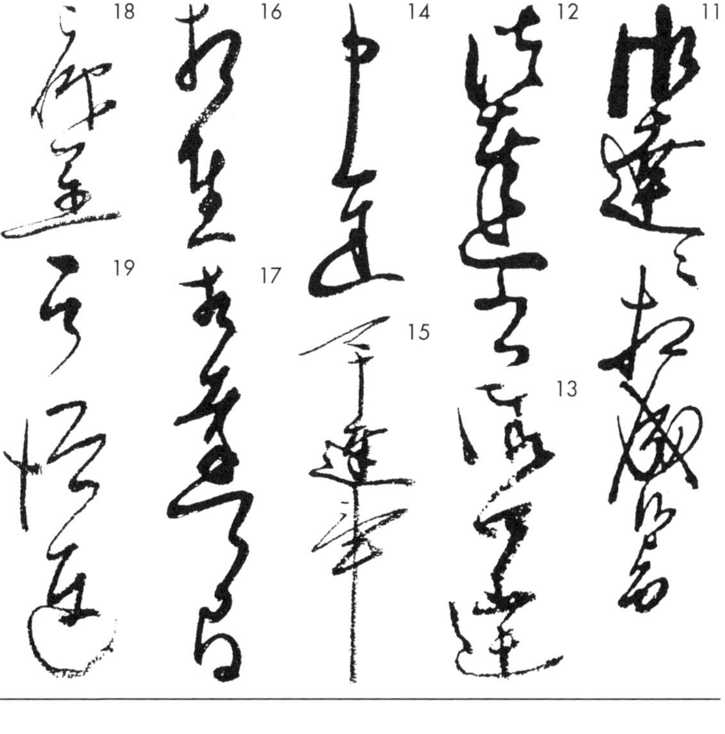

【用例】 1 達而《たって》 2 達而《たって》相願《あいねがい》 3 達者《たっしゃ》 4 先達《せんだって》 5・6 先達而《せんだって》 7 先達者《せんだっては》 8〜10 御達《おたっし》 11 御達二《おたっしに》相成候旨《あいなりそうろうむね》 12 御達書《おたっしがき》 13 御口達《ごこうたつ》 14 申達《もうしたっす》 15 可二申達一事《もうしたっすべきこと》 16 相達《あいたっす》 17 相達候間《あいたっしそうろうあいだ》 18・19 被二仰達一《おおせたっせられ》

184

道

3827

ドウ　トウ　みち

◎88頁「得」に酷似した、単漢字二列目の特殊なくずしをぜひ頭に入れておきたい。用例では「道中」「同道」が頻出する。

【用例】

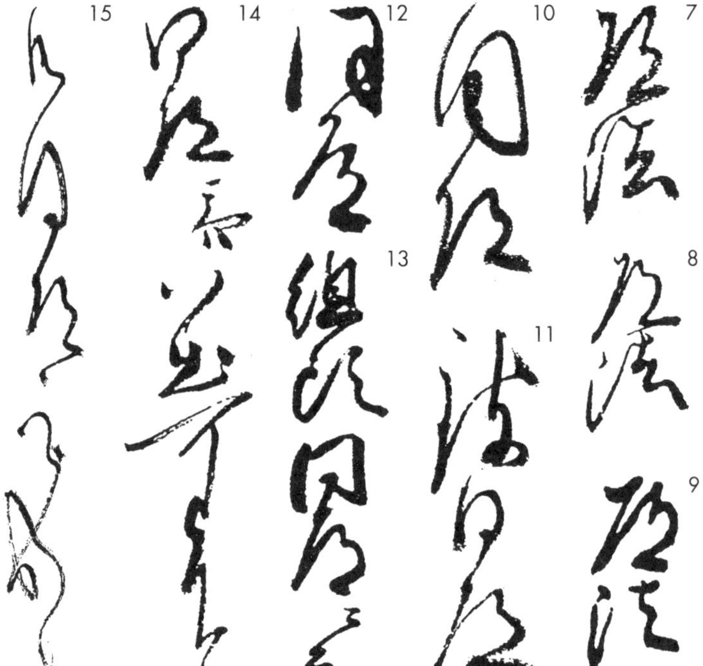

【用例】1 道程《どうてい》　2～4 道中《どうちゅう》　5 道中二而《どうちゅうにて》　6 道中懸リ《どうちゅうがかり》御役所江《おやくしょへ》可二申出一《もうしいずべく》候《そうろう》　7～9 道法《みちのり》　10 同道《どうどう》　11 致二同道一《どうどういたし》　12 同道《どうどう》　13 組頭《くみがしら》同道《どうどう》二而《にて》　14 同道《どうどう》二而《にて》御出可レ被レ下《おいでくださるべく》候《そうろう》　15 御同道可レ被レ成《ごどうどうなさるべく》候《そうろう》

185
遊
4523

ユウ・ユ
あそばす
あそぶ

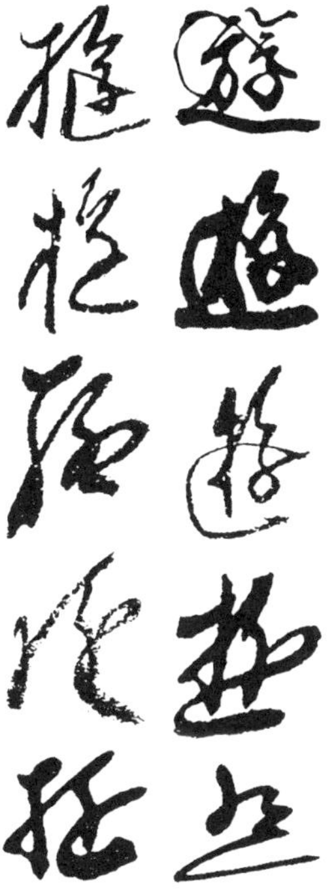

◎「扌」の右側に183頁「近」が書かれたような異体字（異体字一覧参照）のくずしが頻出。「被レ遊」「被レ為レ遊」を覚えておきたい。

【用例】

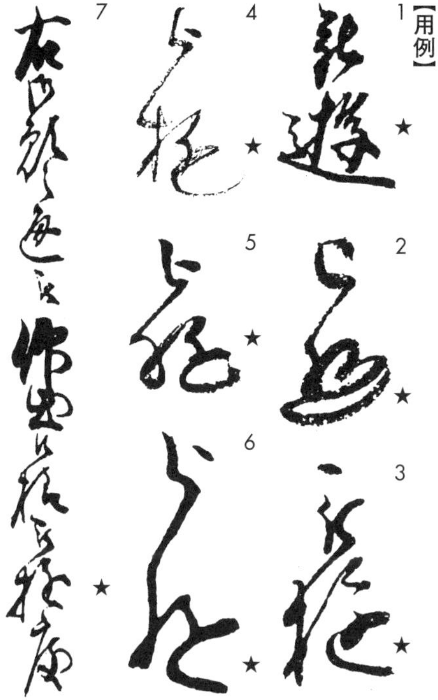

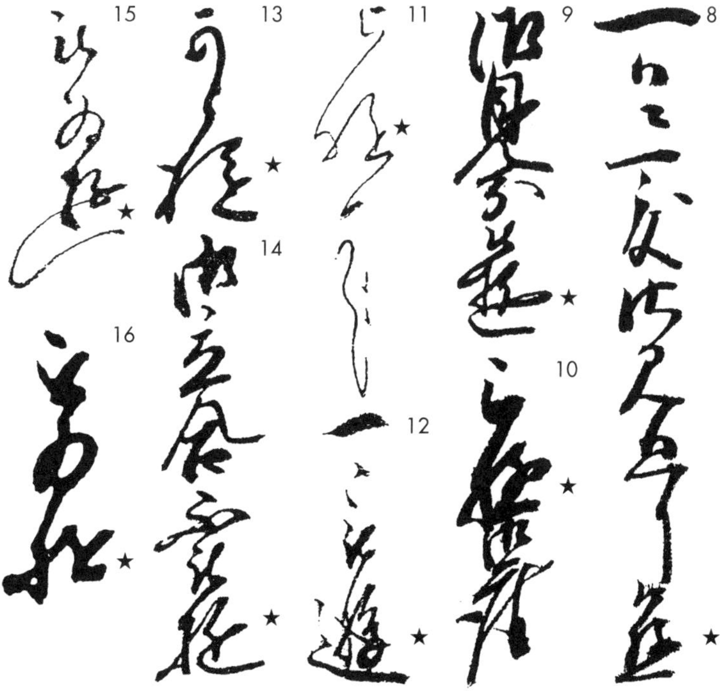

【用例】 1～6 被レ遊《あそばされ》 7 右《みぎ》御願《おねがい》之《の》通《とおり》被二仰出一《おおせいだされ》候《そうろう》様《よう》被レ遊《あそばされ》度《たく》 8 一日《いちにち》二《に》一度《いちど》御《お》見廻《みまわ》リ被レ遊《あそばされ》 9 御見分《ごけんぶん》被レ遊《あそばされ》 10 被レ遊二御座一《ござあそばされ》 11 被レ遊可レ被レ下候《あそばされくださるべくそうろう》 12・13 可レ被レ遊《あそばさるべく》 14 御立合《おたちあい》不レ被レ遊《あそばされず》 15・16 被レ為レ遊《あそばせられ》

186

違

1667

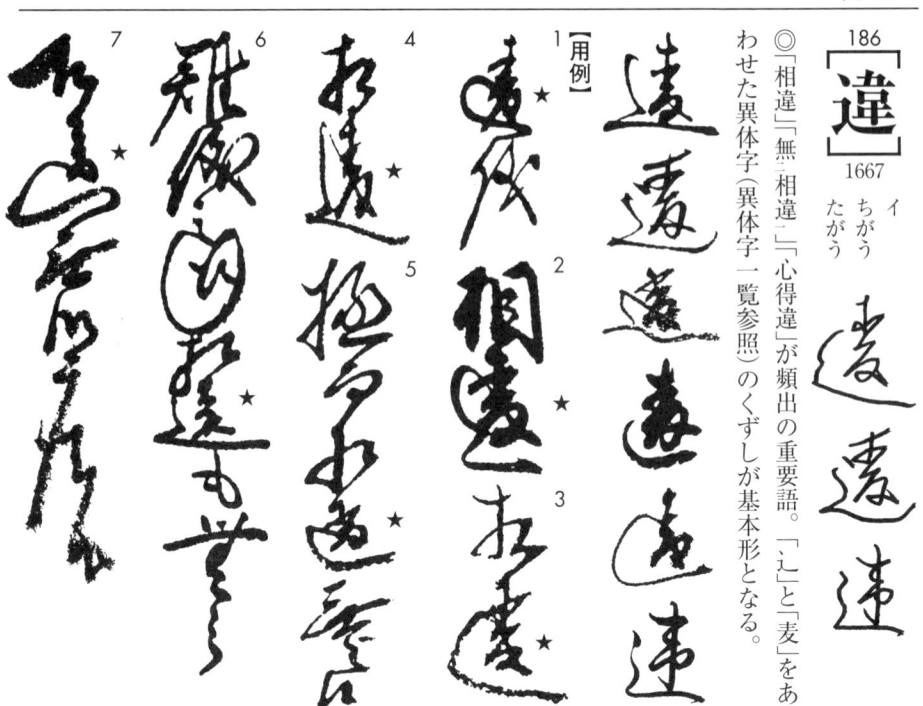

イ
ちがう
たがう

◎「相違」「無二相違一」「心得違」が頻出の重要語。「辶」と「麦」をあわせた異体字（異体字一覧参照）のくずしが基本形となる。

【用例】

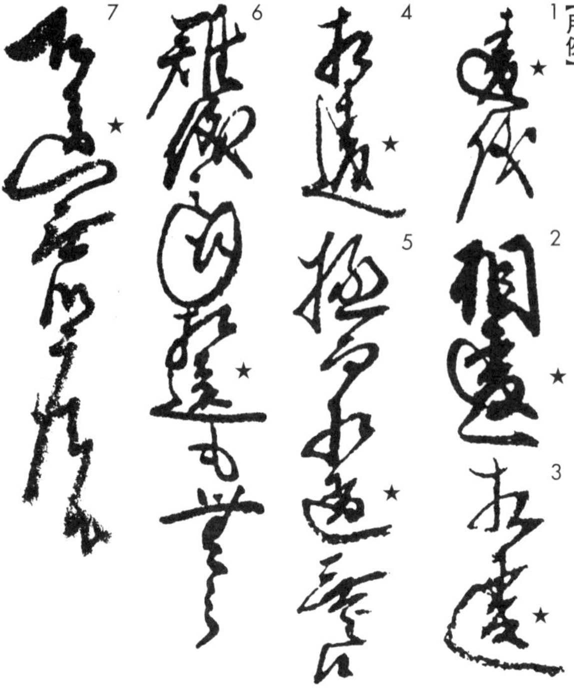

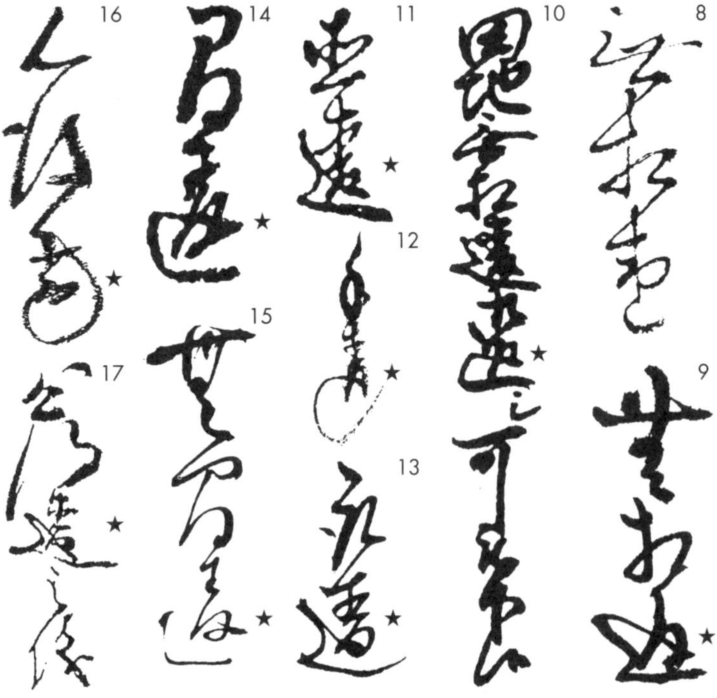

【用例】1 違儀《いぎ》　2〜4 相違《そうい》　5 極而《きわめて》相違《そうい》無レ之《これなく》候《そうろう》　6 難儀《なんぎ》之《の》趣《おもむき》相違《そうい》も無レ之《これなく》　7 相違《そうい》無二御座一《ござなく》候《そうろう》　8・9 無二相違一《そういなく》　10 田地《でんち》無二相違一《そういなく》御返《おかえ》シ可レ被レ下《くださるべく》候《そうろう》　11 直違《ねちがい》　12 手違《てちがい》　13 取違《とりちがい》　14 間違《まちがい》　15 無二間違一《まちがいなく》　16 心得違《こころえちがい》　17 心得違《こころえちがい》之《の》儀《ぎ》

187
遣
2415

ケン
つかう・つかわす
つかい・やる

◎178頁「貴」に「辶」を続けたようなくずしが基本形である。用例では「差遣」「申遣」が重要なのでぜひ覚えておきたい。

【用例】

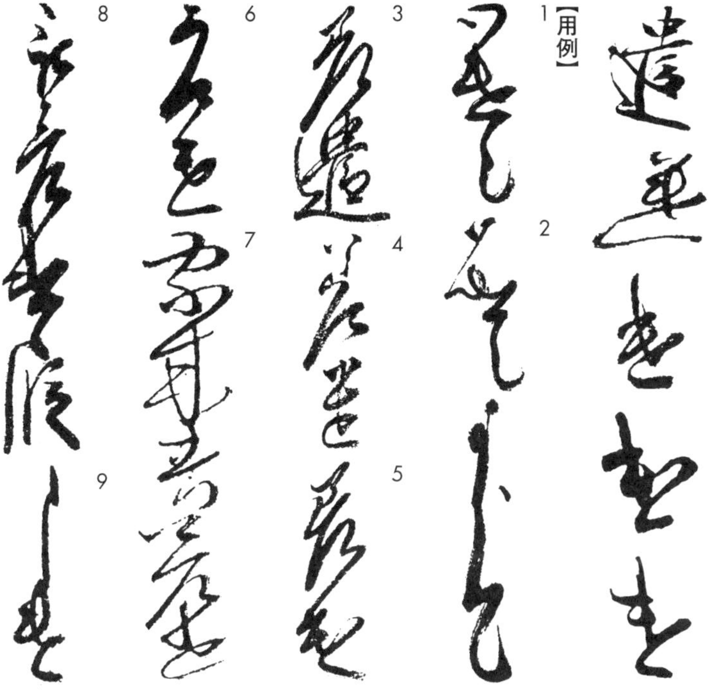

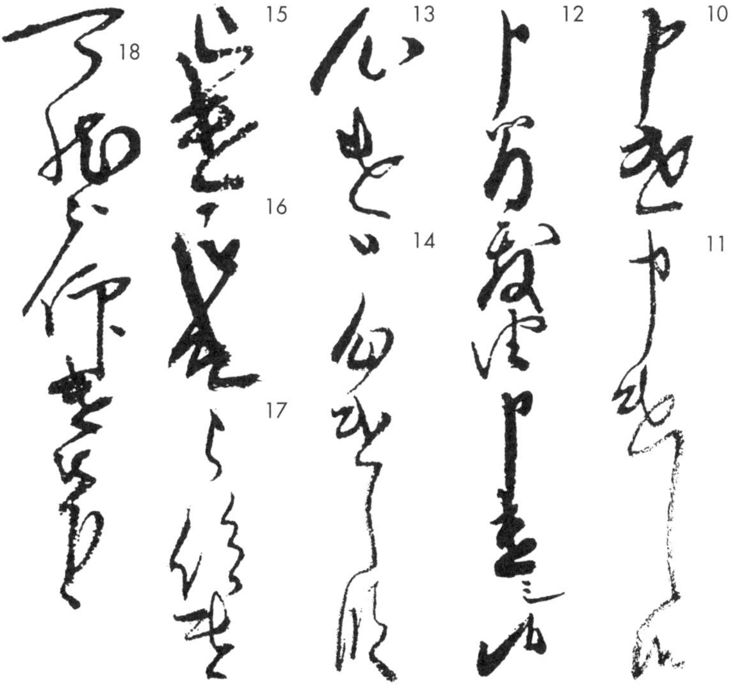

【用例】 1 御《お》遣《つかわ》し　2 御《お》遣《つかわ》し可レ被レ下候《くださるべくそうろう》　3～6 差遣《さしつかわす》　7 家来共差遣《けらいどもさしつかわす》　8 被二差遣一候段《さしつかわされそうろうだん》　9・10 申遣《もうしつかわす》　11 申遣《もうしつかわ》し候《そうろう》　12 申《もうす》間敷《まじき》由《よし》申遣《もうしつかわ》シ《し》候《そうろう》　13 心遣《こころづかい》　14 御心遣《おこころづかい》之段《のだん》　15・16 被レ遣《つかわされ》　17 被二仰遣一《おおせつかわされ》　18 可レ然《しかるべく》被二仰遣一《おおせつかわされ》被レ下候《くだされそうろう》

188

【郎】

4726

ロウ

◎人名の「～郎右（左）衛門」「～郎兵衛」「～郎」が頻出の重要語。極端に省画されると「ら」や「り」と同形になるので注意する。

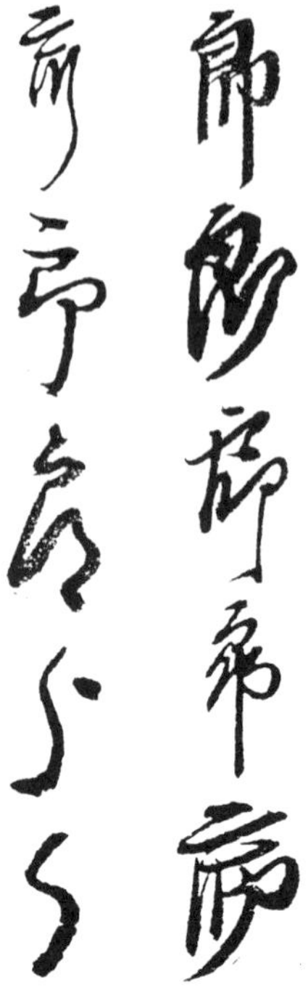

【用例】

1

2

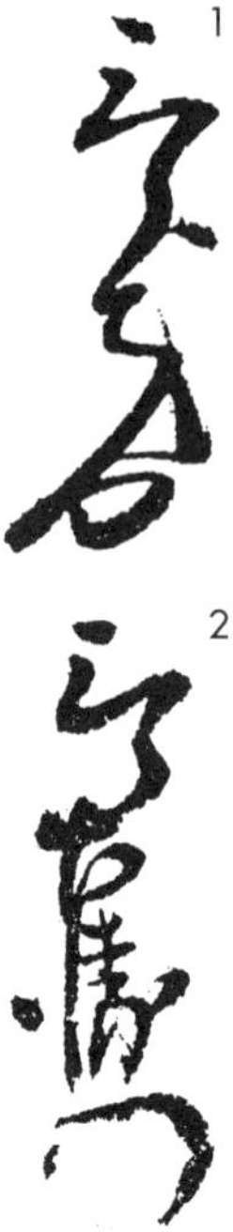

3

4

5

6

7

8

9

10

11

12

13

14

15

16

【用例】 1・2 三郎右衛門《さぶろうえもん》 3 七郎右衛門《しちろうえもん》 4 八郎右衛門《はちろうえもん》 5 七郎左衛門《しちろうざえもん》 6 八郎左衛門《はちろうざえもん》 7 次郎左衛門《じろうざえもん》 8 重郎左衛門《じゅうろうざえもん》 9・10 次郎兵衛《じろうべえ》 11 重郎兵衛《じゅうろうべえ》 12 五郎八《ごろうはち》 13 重次郎《じゅうじろう》 14 万次郎《まんじろう》 15 金重郎《きんじゅうろう》 16 多三郎《たさぶろう》

189 【重】 2937

ジュウ・チョウ
おもい・おもり
え・かさねる
かさなる

◎「亠」の下に「里」（未収録。単漢字一列目）あるいは「生」（67頁「姓」参照。単漢字二列目）を書いたくずしが基本形となる。

【用例】

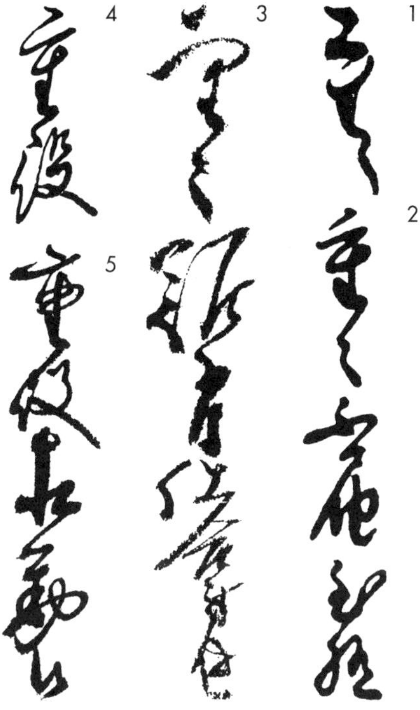

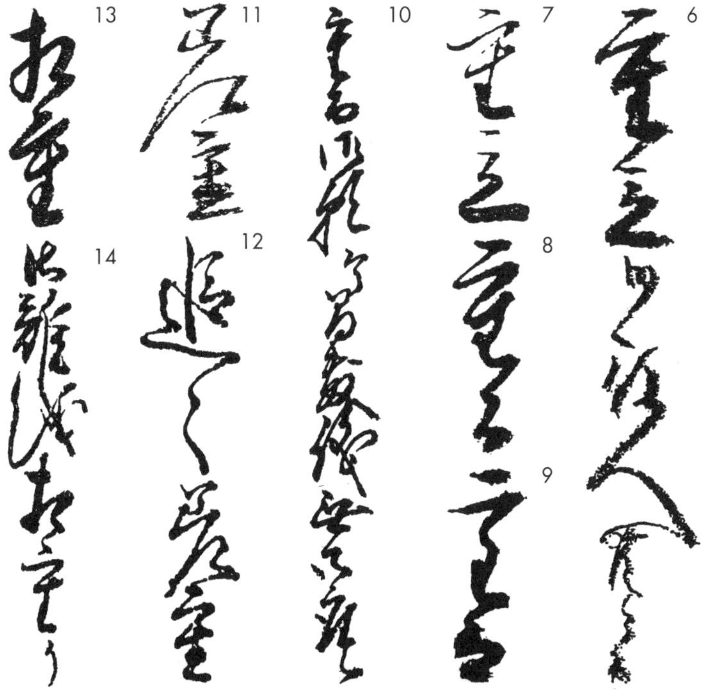

【用例】1 重々《じゅうじゅう》《かさねがさね》 2 重々《じゅうじゅう》不届《ふとどき》至極《しごく》 3 重々《じゅうじゅう》難レ有《ありがたき》仕合《しあわせに》奉レ存候《ぞんじたてまつりそうろう》 4 重役《おもやく》 5 重役相勤候《おもやくあいつとめそうろう》 6 重立候《おもだちそうろう》役人共《やくにんども》ニ而《にて》 7 重立《おもだち》 8・9 重而《かさねて》 10 重而《かさねて》御願《おねがい》ケ間敷《がましき》儀《ぎ》無二御座一候《ござなくそうろう》 11 差重《さしおもる》 12 追々差重《おいおいさしおもり》 13 相重《あいかさなる》 14 御難儀《ごなんぎ》相重リ《あいかさなり》

190

【金】

2266

キン・コン
かね
かな

◎江戸時代に通用した貨幣（金貨）の総称で、単位は両（14頁）、朱（未収録）、分（43頁）。「ヘ」の下に16頁「主」を書くくずしが基本形。

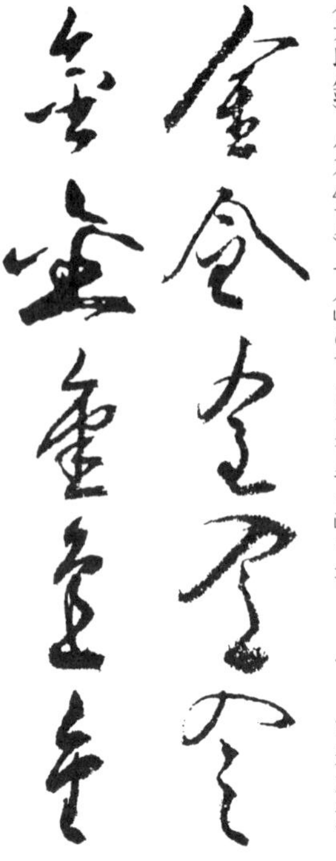

【用例】

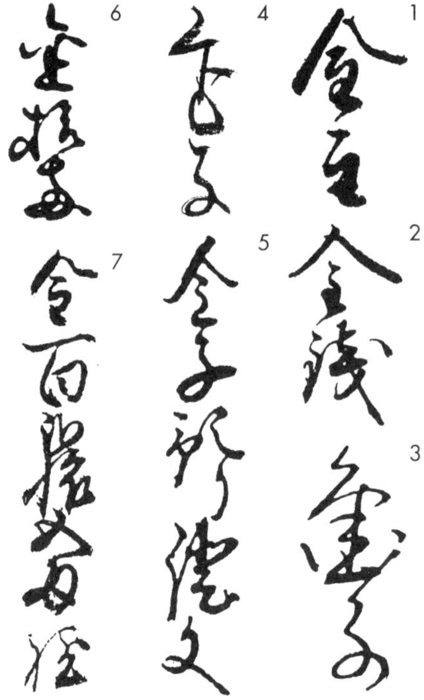

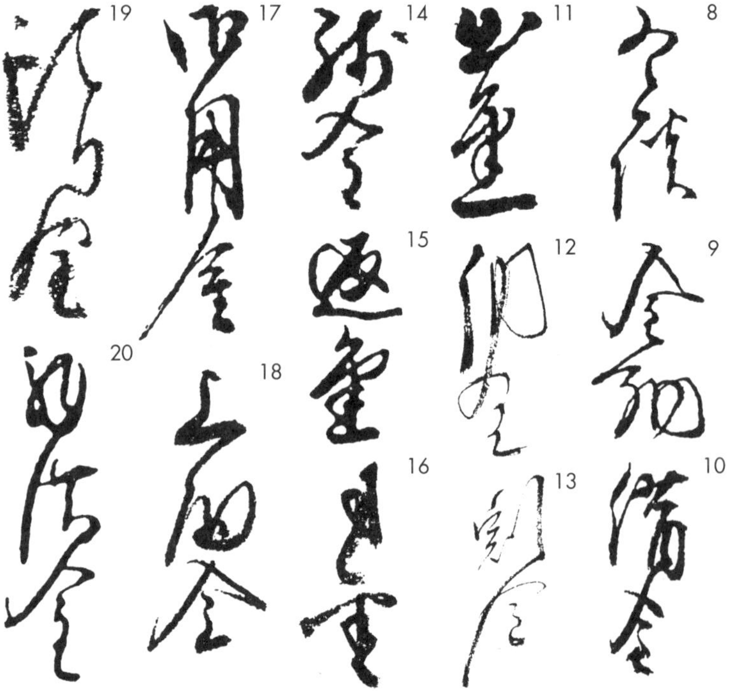

【用例】 1 金主《きんしゅ》　2 金銭《きんせん》　3・4 金子《きんす》　5 金子《きんす》預《あずか》リ証文《しょうもん》　6 金拾両《きんじゅうりょう》　7 金百弐拾五両程《きんひゃくにじゅうごりょうほど》　8 金談《きんだん》　9 金納《きんのう》　10 借金《しゃっきん》　11 出金《しゅっきん》　12 納金《おさめきん》　13 割金《わりきん》　14 残金《ざんきん》　15 返金《へんきん》　16 用金《ようきん》　17 御用金《ごようきん》　18 上納金《じょうのうきん》　19 預リ金《あずかりきん》　20 拝借金《はいしゃくきん》

191

銭（錢）

3312
7902

セン
ぜに

◎「金」偏が162頁「至」に似た形になる点に注目したい。旁は127頁「残」とも要比較。銭は江戸時代の貨幣で、単位は文（109頁）。

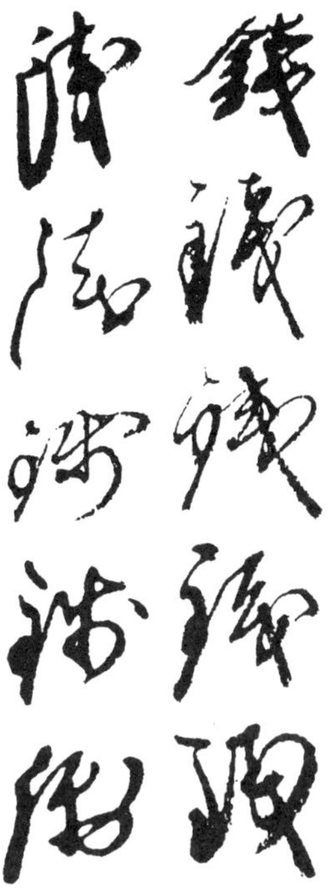

【用例】

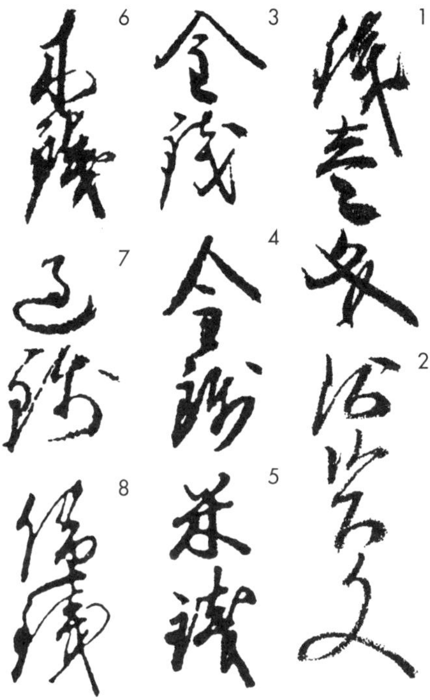

【用例】1 銭壱文《ぜにいちもん》 2 銭弐百文《ぜににひゃくもん》 3・4 金銭《きんせん》 5 米銭《べいせん》 6 木銭《きせん》 7 過銭《かせん》 8 借銭《しゃくせん》 9 口銭《こうせん》 10 口銭差出 候様《こうせんさしだしそうろうよう》 11 出銭《しゅっせん》 12 出 銭申 付候へ共《しゅっせんもうしつけそうらえども》 13 役銭《やくせん》 14 諸役銭等《しょやくせんなど》 15 諸役出 銭等《しょやくしゅっせんなど》 16 地役銭《じやくせん》 17 四文銭《よんもんせん》 18 渡 銭《わたしせん》

192
門
4471
モン
かど

◎人名の「～右衛門」「～左衛門」が頻出の重要語。「門」構えは「ワ」や「つ」に類似する。極端にくずされても判読は可能だろう。

【用例】

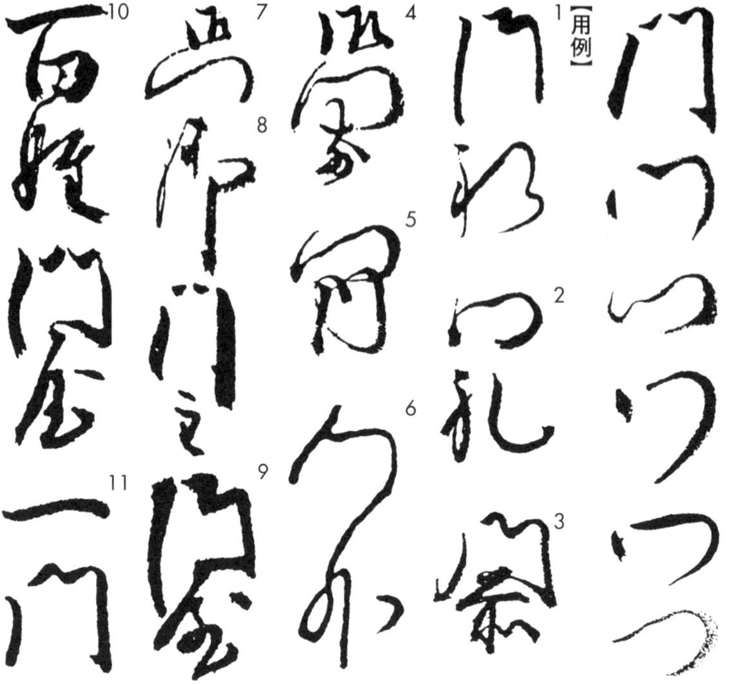

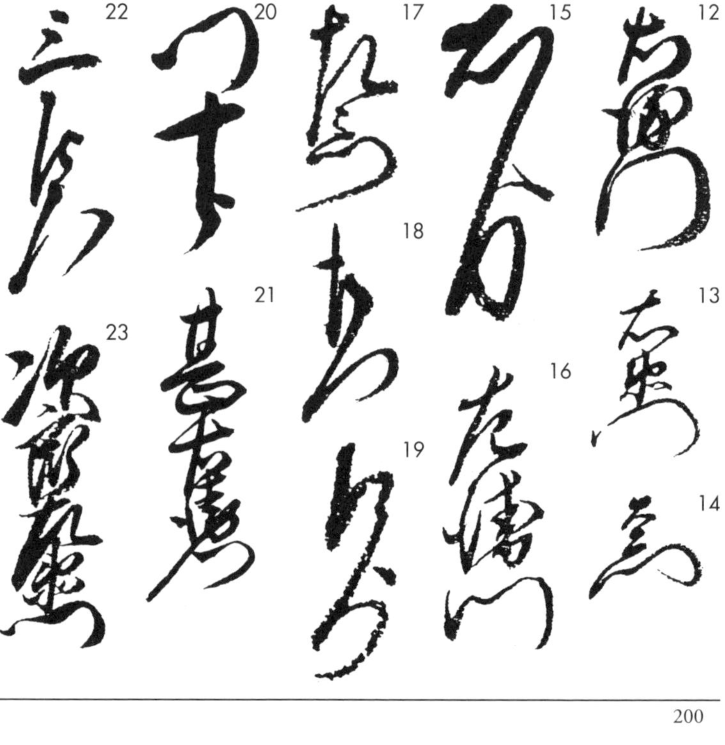

【用例】 1・2 門礼《もんれい》 3 門前《もんぜん》 4 御門前《ごもんぜん》 5 門内《もんない》 6 門外《もんがい》 7 御門《ごもん》 8 御門主《ごもんしゅ》 9 門屋《かどや》 10 百姓門屋《ひゃくしょうかどや》 11 一門《いちもん》 12～15 右衛門《えもん》 16～19 左衛門《さえもん》 20 門十郎《もんじゅうろう》 21 甚右衛門《じんえもん》 22 三左衛門《さんざえもん》 23 次郎左衛門《じろうざえもん》

193

間

2054

カン・ケン　あいだ　ま

◎「～候間」「間敷」が頻出する最重要語。「門」構えを小さく「日」を大きく書くのが特徴で、単漢字二列目のくずしが基本形。

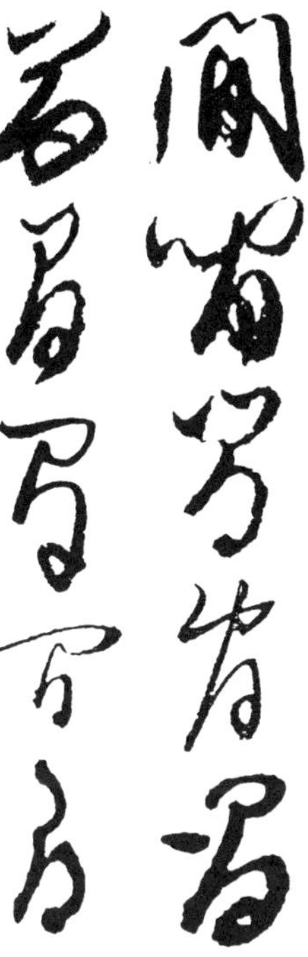

【用例】

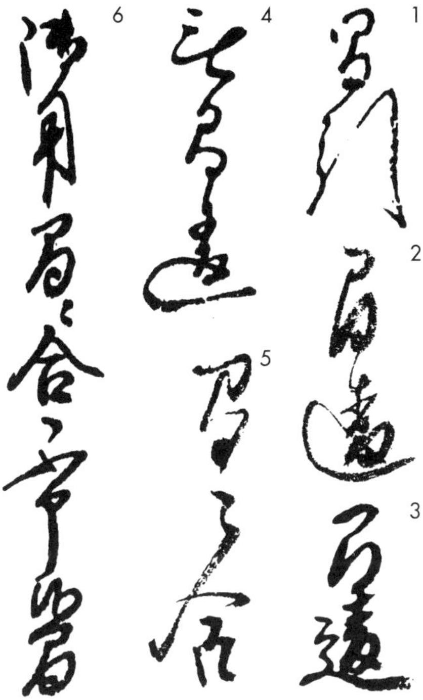

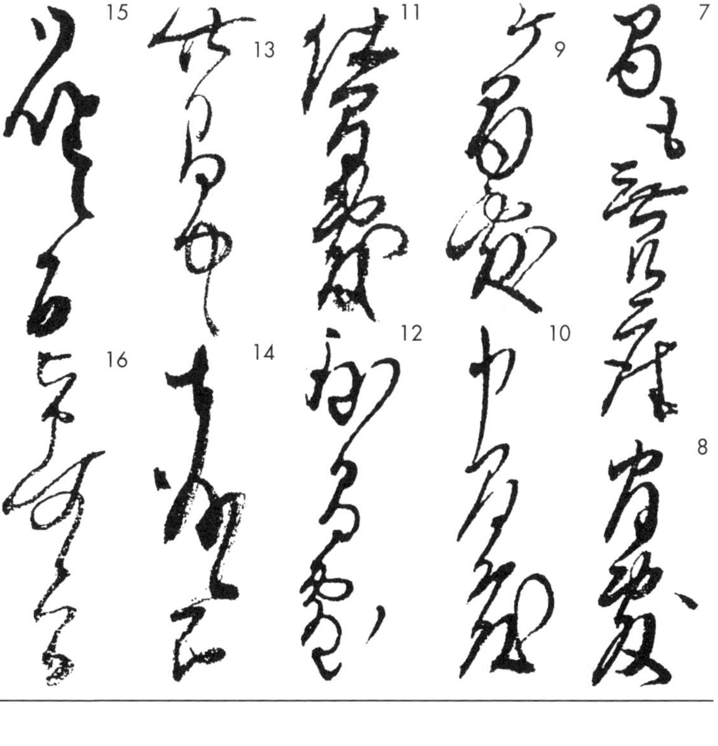

【用例】1 間引《まびき》　2・3 間違《まちがい》　4 無二間違一《まちがいなく》　5 間《ま》ニ合《にあう》　6 御用《ごよう》間《ま》ニ合《にあい》不レ申《もうさず》候間《そうろうあいだ》　7 間《ま》も無二御座一《ござなく》　8 間敷《まじく》　9 ケ間敷《がましく》　10 申間敷《もうすまじく》　11 仕間敷《つかまつるまじく》　12 致間敷《いたすまじく》　13 此間中《このあいだじゅう》　14 奉レ存候間《ぞんじたてまつりそうろうあいだ》　15 御坐候間《ござそうろうあいだ》　16 被二申聞一候間《もうしきかされそうろうあいだ》

194 【難】 3881

ナン
かたい
むずかしい

◎くずしは多様で、「隹」が「生」（67頁「姓」）や162頁「至」と類似する点に注目。ほとんど異体字のくずしである。「難レ有」は頻出。

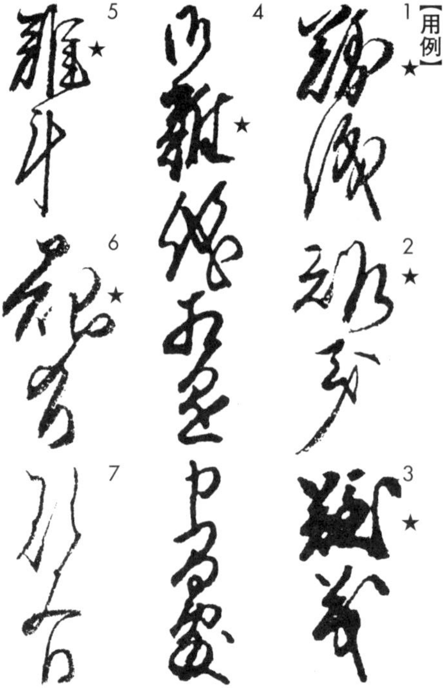

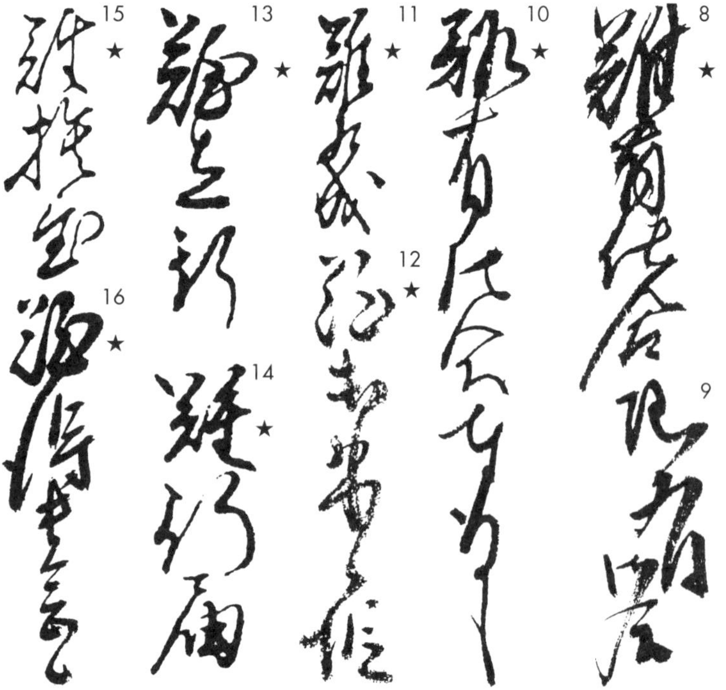

【用例】1 難儀《なんぎ》　2・3 難義《なんぎ》　4 御難儀相懸申《ごなんぎあいかけもうす》 間敷《まじく》　5 難レ計《はかりがたし》
6・7 難レ有《ありがたし》　8・9 難レ有仕合《ありがたきしあわせ》　10 難レ有仕合《ありがたきしあわせに》 奉レ存候《ぞんじたてまつりそうろう》
11 難二相成一《あいなりがたく》　12 難二出来一候段《できがたくそうろうだん》　13 難二立行一《たちゆきがたく》　14 難二行届一《ゆきとどきがたく》
15 難二捨置一《すておきがたく》　16 難レ得二貴意一候《きいをえがたくそうろう》

195

頃

2602

ケイ
キョウ
ころ

◎「頁」（203〜208頁）は「し」や18頁「之」、124頁「次」の「欠」部分のくずしに類似するのでぜひ覚えておきたい。206頁「頭」と酷似。

【用例】

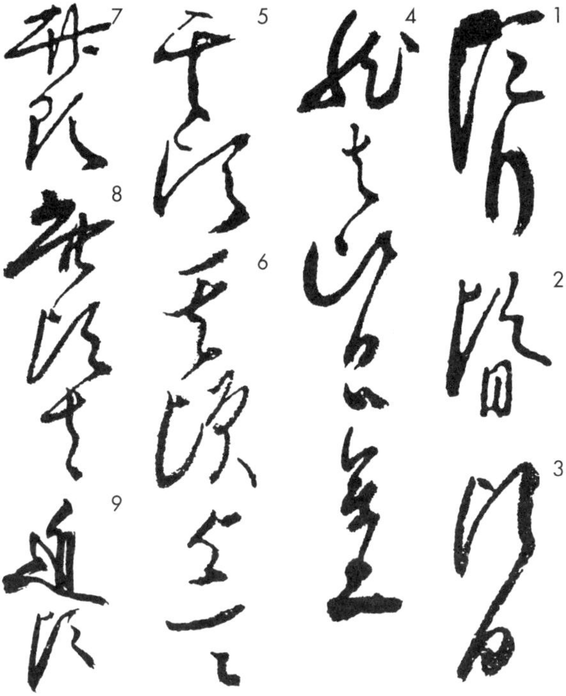

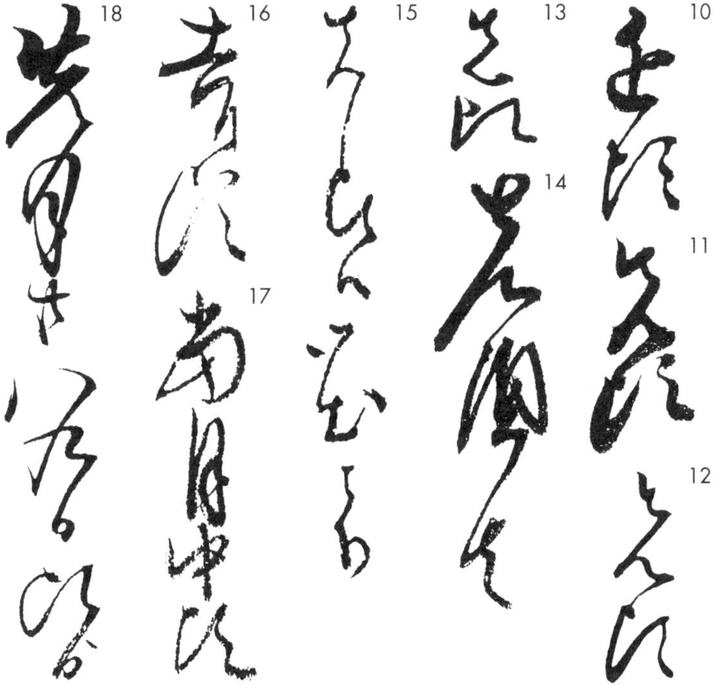

【用例】 1〜3 頃日《けいじつ》 4 然者《しからば》頃日《けいじつ》ハ《は》参上《さんじょう》 5 其頃《そのころ》 6 其頃迄《そのころまで》ニ《に》

7 此頃《このごろ》 8 此頃《このごろ》者《は》 9・10 近頃《ちかごろ》 11〜13 先頃《さきごろ》 14 先頃《さきごろ》者《は》

15 先頃《さきごろ》ハ《は》御出《おいで》被レ下《くだされ》 16 去《さ》ル《る》頃《ころ》 17 當月中頃《とうげつなかごろ》

18 先月《せんげつ》 廿《にじゅう》 八《はち》九《く》日頃《にちごろ》ゟ《より》

196

預

4534

ヨ　あずける　あずかる

◎「予」（未収録）の上の「マ」が「、」一つか二つで書かれるくずしが基本形。類似字はないので「予」を確実に覚えておきたい。

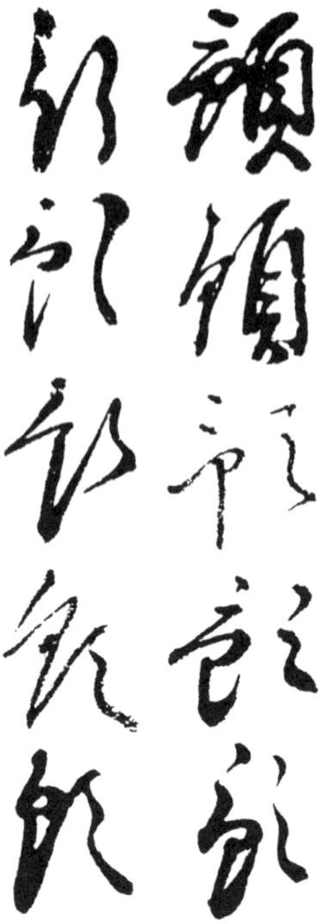

【用例】

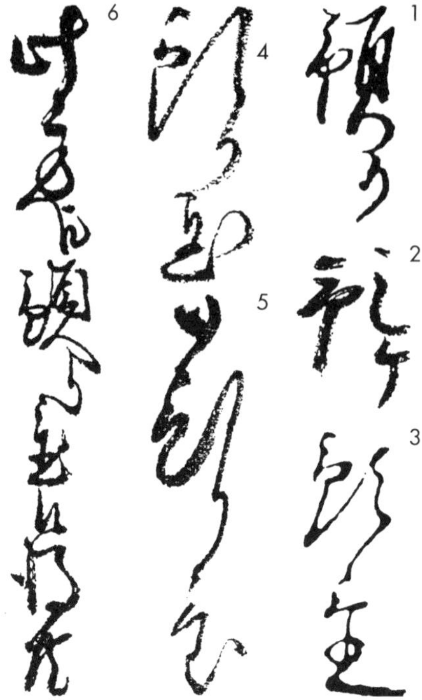

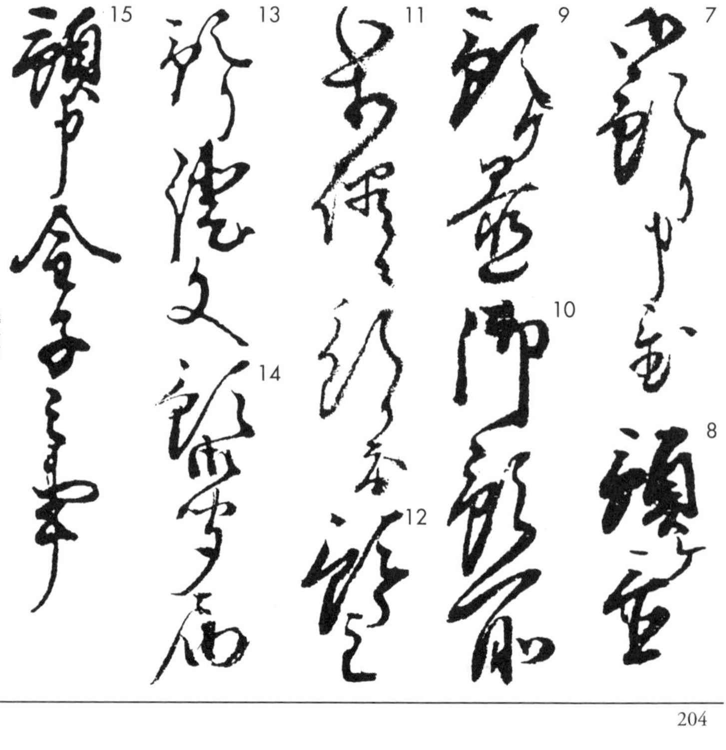

【用例】1 預リ《あずかり》　2 預ケ《あずけ》　3 預置《あずけおく》《あずかりおく》　4 預リ《あずかり》置《おく》　5 御《お》預リ《あずかり》置《おく》　6 此方江《このほうへ》預リ《あずかり》置候得共《おきそうらえども》　7 御《お》預リ《あずかり》申置《もうしおく》　8・9 預ケ《あずけ》置《おく》　10 御《お》預所《あずかりしょ》　11 御相談《ごそうだん》ニ《に》預リ《あずかり》度《たく》　12 預リ《あずかり》主《ぬし》　13 預リ《あずかり》證文《しょうもん》　14 預ニ御聞届一《おききとどけにあずかり》　15 預《あずかり》申《もうす》金子《きんす》之《の》事《こと》

197

【領】

4646

リョウ
レイ

◎「令」（未収録）は「へ」が下にかなり縦長の「ㄥ」になるのが特徴。くずれると128頁「段」と酷似する。「領分」「領主」が頻出。

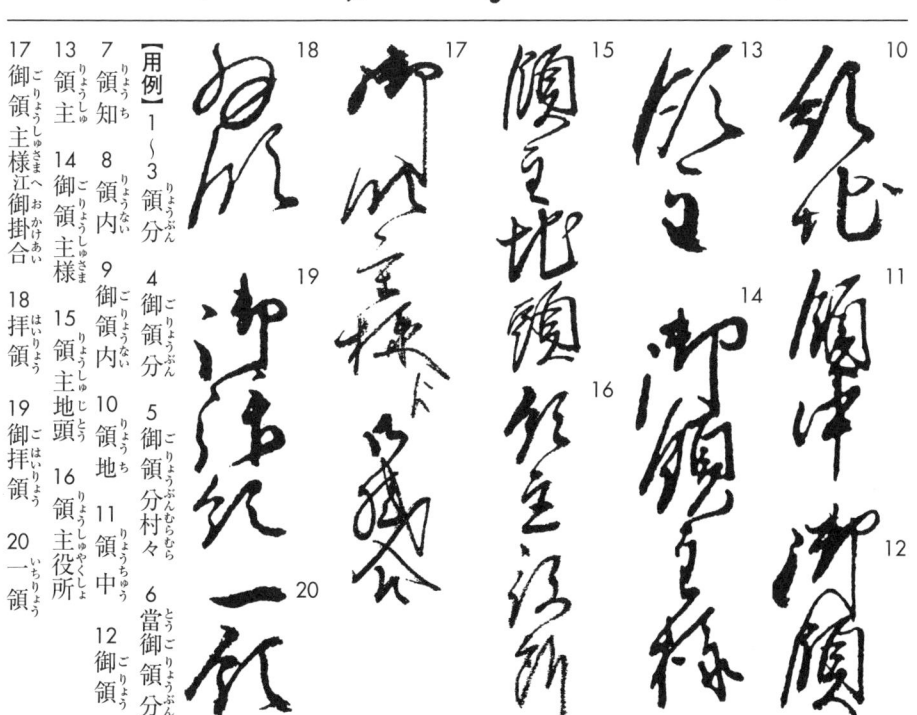

【用例】

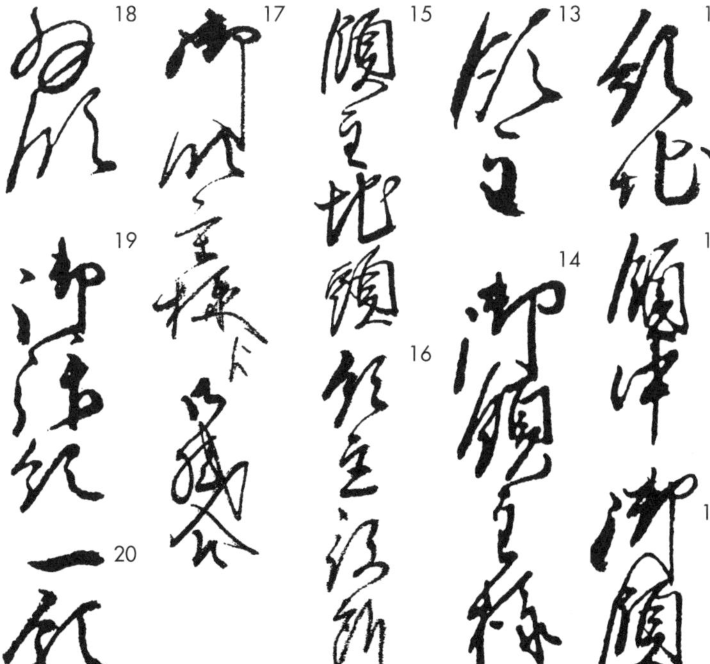

【用例】1～3 領分《りょうぶん》 4 御領分《ごりょうぶん》 5 御領分村々《ごりょうぶんむらむら》 6 當御領分《とうごりょうぶん》 7 領知《りょうち》 8 領内《りょうない》 9 御領内《ごりょうない》 10 領地《りょうち》 11 領中《りょうちゅう》 12 御領《ごりょう》 13 領主《りょうしゅ》 14 御領主様《ごりょうしゅさま》 15 領主地頭《りょうしゅじとう》 16 領主役所《りょうしゅやくしょ》 17 御領主様江御掛合《ごりょうしゅさまへおかけあい》 18 拝領《はいりょう》 19 御拝領《ごはいりょう》 20 一領《いちりょう》

198

【頭】

3812

トウ・ズ
あたま
かしら・かみ

◎「組（与）頭」「地頭」が頻出。「豆」の原形がない単漢字4番目以降のくずしを覚えたい。特に9〜11番目の特殊形に注意する。

【用例】

【用例】 1 頭取《とうどり》 2 頭立《かしらだち》 3 座頭《ざとう》 4 年頭《ねんとう》 5 出頭《しゅっとう》 6 地頭《じとう》 7 御地頭様《ごじとうさま》 8 地頭所《じとうしょ》 9 御地頭所《ごじとうしょ》 10 御地頭替《ごじとうがえ》 11 領主《りょうしゅ》地頭《じとう》ゟ《より》家来《けらい》差出《さしだし》 12 地頭《じとう》領主《りょうしゅ》江《へ》相頼《あいたのみ》 13 与頭《くみがしら》 14〜19 組頭《くみがしら》

199

頼

4574

ライ
たのむ
たよる

◎「束」（未収録）は151頁「第」や「未」のようなくずしになる。次頁「願」とはくずしも用例も酷似するので判読には十分注意。

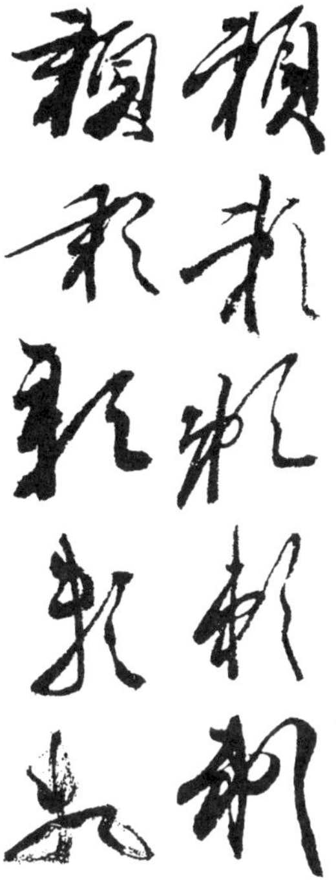

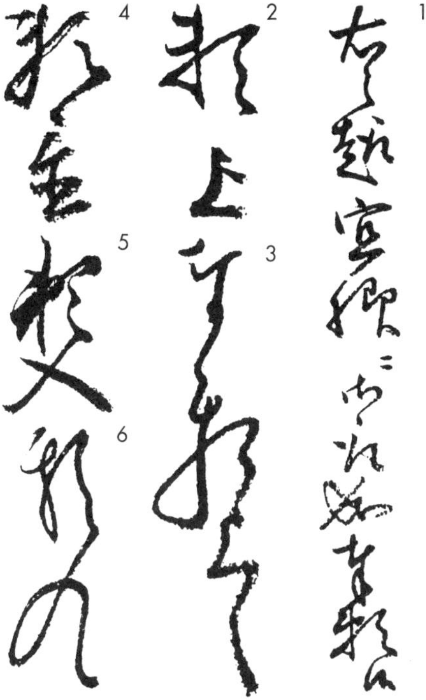

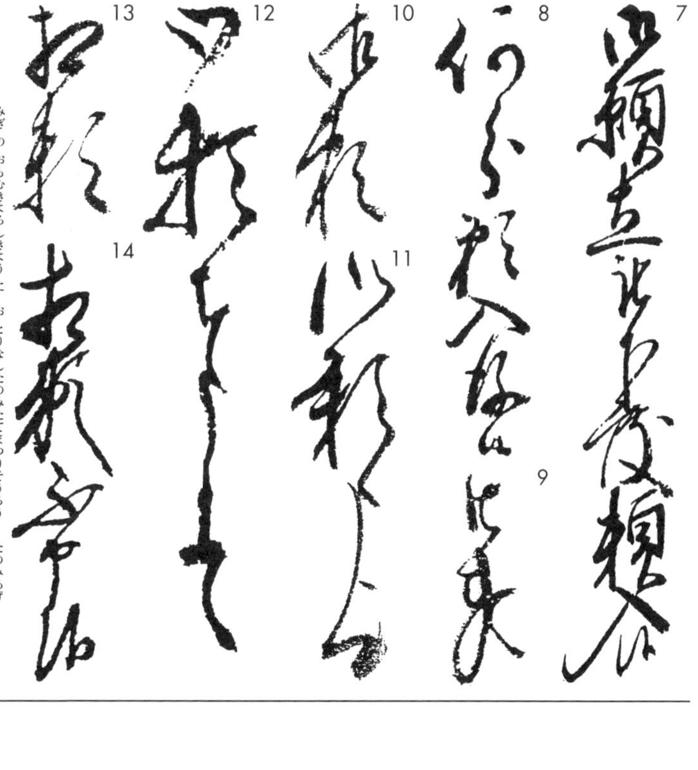

【用例】 1右《みぎ》之《の》趣《おもむき》宜様《よろしきよう》ニ《に》御取成《おとりなし》奉レ頼候《たのみたてまつりそうろう》　2頼上《たのみあげ》　3奉二頼上一候《たのみあげたてまつりそうろう》　4頼置《たのみおく》　5頼入《たのみいる》　6頼入候《たのみいりそうろう》　7御願立被レ下度頼入候《おねがいたてくだされたくたのみいりそうろう》　8何分頼入存候《なにぶんたのみいりぞんじそうろう》　9・10御頼《おたのみ》　11御頼申上候《おたのみもうしあげそうろう》　12御頼奉二申上一候《おたのみもうしあげたてまつりそうろう》　13相頼《あいたのむ》　14相頼不レ申候《あいたのみもうさずそうろう》

200
【願】
2074

ガン
ねがう
ねがい

◎「東」の縦棒が上に突き抜けるのに対し、「原」が突き抜けない点を頭に入れて「頼」と見分けてほしい。「願上」「御願」は頻出。

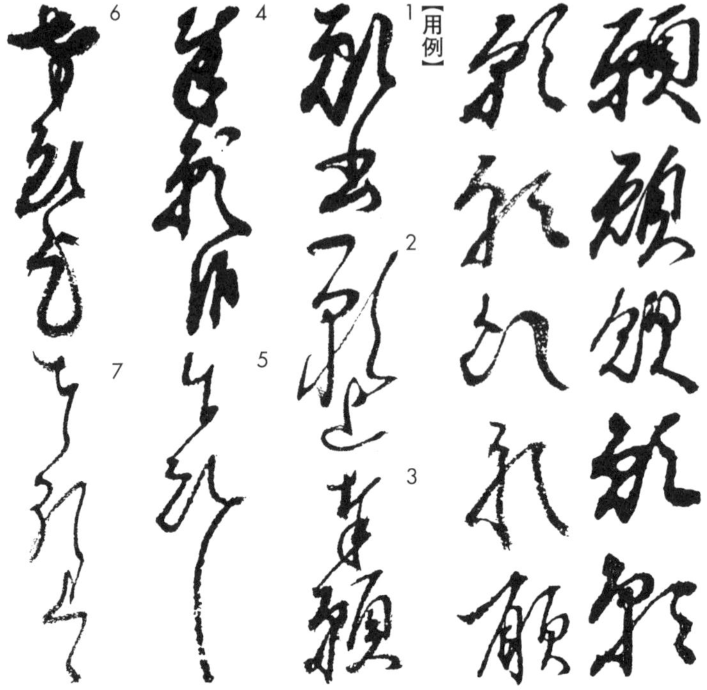

【用例】 1 願書《がんしょ》 2 願上《ねがいあげ》 3 奉レ願《ねがいたてまつる》 4・5 奉レ願候《ねがいたてまつりそうろう》 6・7 奉二願上一候《ねがいあげたてまつりそうろう》 8 願立《ねがいたて》 9 願出《ねがいいで》 10 願済《ねがいすます》 11・12 願置《ねがいおく》 13 出願《しゅつがん》 14・15 願之通《ねがいのとおり》 16 御願《おねがい》 17 御願被二成下一《おねがいなしくだされ》 18 御願申上度《おねがいもうしあげたく》 19 相願《あいねがう》 20 相願置《あいねがいおく》

異体字一覧

音訓や意味のうえからは同じ字として用いられるが、標準的な字体（正字）とは異なる字を異体字という。たとえば「左」に対して「左」、「留」に対して「畄」、「弁」に対して「并」が、それぞれの異体字にあたる。

ここでは、本書に収録した二〇〇字のなかで、よく用いられる異体字を掲げた。異体字の定義には諸説あるが、ここには江戸時代の古文書判読の参考にするため、漢和辞典などで確認できない江戸時代特有のものも含めた。

異体字も、筆写の際には常用漢字に直すのが一般的である。ただし異体字のまま書き記した史料集などもある。

〔揮毫／服部大超〕

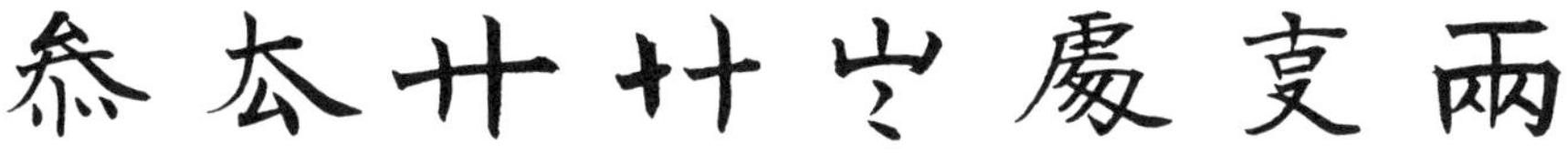

両	事	処	出	廿	廿	去	参
14	20	41	42	47	47	48	49

ページ

参	坐	多	宜	左	年	弁	弐
49	61	64	69	76	78	79	83

ページ

所	承	日	旨	最	最	様	決
99	101	111	112	116	116	123	131

ページ

法	留	第	等	迄	遊	違	難
132	143	151	152	182	193	194	202

ページ

古《こ》文書《もんじょ》くずし字《じ》200選《せん》 覚えておきたい

2001年11月15日　第１刷発行
2025年６月10日　第11刷発行

編　　者——柏書房編集部
発 行 者——富澤凡子
発 行 所——柏書房株式会社
〒113-0033 東京都文京区本郷2-15-13
Tel 03-3830-1891（営業）
Tel 03-3830-1894（編集）

組　　版——i-Media　市村繁和
装　　幀——桂川　潤
印 刷 所——モリモト印刷
製 本 所——ブックアート

ISBN4-7601-2155-2 C1021

索　　引

ここでは、学習の便を考え、本書に収録した用例のなかから項目を選定し、五十音順に配列した。なお、読み方を統一させているために用例解読文とは齟齬があることをお断りしておく。

あ行

あいあずかる　相預　146
あいおくり　相送リ　185
あいおさむ　相納　146, 154
あいかえす　相返　146, 184
あいかかり　相掛リ　105, 146
あいかかる　相掛　105
あいかかる　相懸　97, 146
あいかさねる　相重　197
あいかわらず　不相替　13, 117
あいかわる　相替　117, 146
あいきこゆ　相聞　146, 161
あいきめる　相極　122, 146
あいきめる　相決　131
あいこころえ　相心得　58, 92, 146
あいこころがけ　相心懸　92
あいこす　相越　179
あいさだむ　相定　70, 146
あいさだめもうす　相定申　70
あいしれ　相知レ　146
あいしれがたく　難相知レ　147
あいすぎる　相過　190
あいすます　相済　41, 133, 146
あいすまず　不相済　133
あいたっす　相達　146, 191
あいたて　相立　150
あいたのみかね　相頼兼　124
あいたのむ　相頼　146, 207
あいつとむ　相勤　46, 112, 146
あいて　相手　146
あいてかた　相手方　100, 110
あいとどけ　相届　74
あいなりがたく　難相成　202
あいなりかね　相成兼　91, 112
あいなる　相成　32, 41, 98, 99, 142, 146
あいねがう　相願　112, 146, 208
あいまわし　相廻　82
あいまわり　相廻リ　82
あいみえ　相見　130, 170
あいもちいる　相用　140
あいわからず　不相分　13, 43
あいわけ　相分ケ　43
あいわたす　相渡　134, 141, 146
あきち　明地　114
あきや　明家　114
あきやしき　明屋敷　75, 114
あくる　明　47, 111, 114
あけおく　明置　114
あけわたす　明渡　114
あずかり　預り　204
あずかりおく　預り置　204
あずかりおく　預置　204
あずかりきん　預り金　198
あずかりしょ　預所　99
あずかりしょうもん　預り證文　204
あずかりぬし　預り主　204
あずかりもうす　預申　204
あずけ　預ケ　204
あずけおく　預ケ置　156, 204
あすじゅう　明日中　114
あそばさるべく　可被遊　52, 193
あそばされ　被遊　142, 193
あそばせられ　被為遊　135, 169, 193
あとやく　後役　87
あらせらるべし　可被為在　59
あらせられ　被為在　59, 169
ありあわせ　有合　55, 119
ありがたきしあわせ　難有仕合　24, 55, 119, 202
ありがたし　有難　119
ありがたし　難在　59
ありがたし　難有　32, 68, 119, 202
ありきたり　有来　119, 121
ありさま　有様　119
あるまじく　有間敷　108
いえもち　家持　71, 103
いえやしき　家屋敷　75
いがい　意外　96
いかが　如何　18, 30, 58, 66, 164
いかがわしく　如何敷　30, 108
いかほど　何程　30, 149
いかほど　如何程　149
いかよう　何ケ様　30
いかよう　何様　30, 123
いかよう　如何様　30, 66, 123
いぎ　違儀　194
いご　以後　23, 87
いしゅ　意趣　96, 180
いじょう　以上　11, 23
いずかた　何方　30, 110, 130, 164, 182
いずれ　いつ連　188
いずれ　何　164, 166
いずれ　何連　30, 188
いずれも　何茂　30, 164
いずれも　何連茂　164
いぜん　以前　23, 90
いぜん　依然　31
いたさすべく　可為致　163
いたさせず　不為致　163
いたさせもうすまじく　為致申間敷　163
いたさるべく　可被致　163
いたしおく　致置　163
いたしかた　致方　110, 163, 164
いたしきたる　致来　163
いたしたく　致度　163
いたすべし　可致　112, 163
いたすまじく　致間敷　163, 201
いたって　至而　160, 162
いたるまで　至迄　162, 182
いちどう　一同　27, 56, 95
いちにん　壱人　62

いちにんべつ　壱人別　44
いちねん　壱年　62
いちぶ　壱分　62
いちもん　一門　200
いちもん　壱文　109
いちりょう　一領　205
いちりょう　壱両　62
いちりょうじつ　一両日　14
いちりょうにん　一両人　14, 79
いちれん　一連　188
いっかしょ　壱ヶ所　62
いっかねん　壱ヶ年　62
いっけつ　一決　131
いっけん　一件　28
いっけん　一見　170
いっけん　壱間　62
いっこう　一向　54, 186
いっさつのこと　一札之事　18, 20
いっしょ　一所　99
いっしょ　一書　115
いっせん　壱銭　62
いっそん　壱村　62
いっちいたさず　一致不致　163
いっつう　壱通　62
いでゆく　出行　167
いま　今　21, 47
いままで　今迄　21, 182, 187
いまもって　今以　21, 23
いよいよ　弥　85
いよいよ　弥々　85
いよいよもって　弥以　85
いよいよもって　弥々以　23, 85
いらい　以来　23, 121
いらい　依頼　31
いらいじょう　依頼状　31
いらせられ　被為入　135
いりあい　入會　27
いりあいち　入会地　27
いりくみ　入組　155
いれおきもうす　入置申　141, 156, 173
いれおく　入置　156
うけあう　承合　101
うけあう　請合　175
うけおく　承置　101
うけかえす　請返　175, 184
うけさせられ　被為受　51
うけしょ　受書　51, 115
うけしょ　請書　115, 175
うけじょう　受状　138
うけじょう　請状　138, 175
うけしょうもん　請證文　173
うけたまわり　承リ　101
うけたまわりたく　承度　80, 101
うけたまわりながら　乍承　19
うけたまわるにおよび　及承　17, 101
うけち　請地　60
うけとどけ　承届　74, 101
うけとり　受取　37, 50, 51
うけとり　請取　50, 175
うけとりしょ　受取書　51
うけとりしょ　請取書　50, 175
うけにん　受人　51, 79
うけにん　請人　175
うけわたす　請渡　175
うちがり　内借　33
うちきん　内金　40
うちしょうもん　内證文　40
うったえあげ　訴上　172
うったえいで　訴出　172
うわがき　上書　115
うわね　上直　145
えつねん　越年　179
えもん　右衛門　53, 168, 200
おあずかりしょ　御預所　204
おいおい　追々　186, 197
おいで　御出　42
おうけ　御請　175
おうけしょ　御受書　51
おうけしょうもん　御請證文　109
おうけとり　御受取　51
おうけのため　為御請　175
おうけまで　御請迄　182
おうったえ　御訴　172
おおく　多く　64
おおせあげられ　被仰上　11, 29
おおせいだされ　被仰出　29, 42
おおせきかさるべく　可被仰聞　52
おおせきかされ　被仰聞　29, 161, 169, 180
おおせきかしおかれ　被仰聞置　161
おおせくだされ　仰被下　29
おおせくだされ　被仰下　10, 29
おおせこされ　被仰越　29, 179
おおせすすめられ　被仰進　189
おおせたっせられ　被仰達　191
おおせたてられ　被仰立　150
おおせだんぜられ　被仰談　176
おおせつかわされ　被仰遣　195
おおせつけ　仰付　26
おおせつけさせられ　被為仰付　29, 135
おおせつけられ　被仰付　26, 29, 32, 107, 160, 169
おおせとおされ　被仰通　187
おおせのごとく　如仰　66
おおせのごとく　如仰之　66
おおせられ　被仰　29, 169
おおせわたされ　被仰渡　29, 34, 58, 134, 158, 169, 180
おおせわたす　仰渡　134
おおとのさま　大殿様　129
おかえし　御返シ　184
おかかり　御掛リ　105
おかきつけ　御書付　26, 134, 152
おかけあい　御掛合　105
おかけあいにおよび　及御掛合　17
おかね　御金　102
おききおよび　御聞及　17
おききすます　御聞済　133, 161
おききとどけ　御聞届　74
おききとどけにあずかり　預御聞届　204
おくら　御蔵　165
おくらいり　御蔵入　165
おくらまいとり　御蔵米取　165
おくらまえ　御蔵前　165
おくらまえにゅうよう　御蔵前入用　165
おくり　送リ　185
おくりいっさつ　送一札　185
おくりじょう　送リ状　185
おくりじょう　送状　138
おくりしょうもん　送リ證文　185
おげこう　御下向　54
おげち　御下知　151
おこころえ　御心得　135, 142
おこころおきなく　無御心置　156
おこころがけ　御心掛ケ　105

おこころがけ　御心懸　97
おこころづかい　御心遣　195
おこころをかけられ　被懸御心　97
おこし　御越　179
おごんし　御勤仕　46
おさげ　御下ケ　98
おさしあい　御差合　152
おさしおくり　御差送　185
おさだめ　御定　70
おさめあわせ　納合　154
おさめかた　納方　154
おさめきたる　納来　154
おさめきん　納金　154
おさめぬし　納主　154
おじきしょ　御直書　145
おしらせ　為御知　147
おしらせ　御知セ　147
おすまし　御済　133
おそれいりたてまつりる　奉恐入　32, 94, 158
おそれいる　恐入　37, 94
おそれおおく　恐多　64
おそれながら　乍恐　19, 65, 94
おだいがわり　御代替り　117
おたちあい　御立合　193
おたちあい　御立會　27
おたっし　御達　89, 191
おたっしがき　御達書　79, 191
おたのみ　御頼　107, 207
おだんじ　御談　176
おちど　越度　80, 179
おつかわし　御遣し　195
おっそ　越訴　172, 179
おっつけ　追付　186
おって　追而　160, 186
おつとめ　御勤　46
おつとめやく　御勤役　46
おつれだち　御連立　188
おであい　御出會　27
おてだい　御手代　79
おてだいしゅう　御手代衆　166
おてまえ　御手前　90
おとおし　御通シ　187
おとおり　御通り　187
おとしより　御年寄　78
おとどけ　御届　74, 157
おとのさま　御殿様　129
おとりつぎ　御取次　124
おとりはからい　御取計　160
おとりよせ　御取寄　72
おなり　御成　89, 98
おねがい　御願　41, 89, 158,208
おねがいたて　御願立　207
おねんぐ　御年貢　45, 78, 144, 154, 165, 174, 177
おねんぐまい　御年貢米　177
おねんぐやく　御年貢役　177
おひきあてとして　為御引當　84
おぶぎょうさま　御奉行様　65, 167
おぶぎょうしょ　御奉行所　99
おふみ　御文　109
おぶんつう　御文通　109
おまわりさき　御廻り先　82
おもうしだんじ　御申談　176
おもうしわたし　御申渡　134
おもだち　重立　150, 197
おもやく　重役　197
おやくしょ　御役所　86, 130
おやくにん　御役人　86
おやくにんしゅう　御役人衆　166
おやくにんしゅうちゅう　御役人衆中　166
おやくまえしゅう　御役前衆　86
おやしき　御屋敷　75
おやしきがえ　御屋敷替　75
おやしきさま　御屋敷様　75
およばず　不及　17
およばれ　被及　17
およびがたし　難及　17
おるす　御留主　143
おれい　御礼　89, 148, 152
おれい　御禮　148
おれいぎ　御禮義　148
おわかりかね　御分兼　43
おわたし　御渡　134
おわりつけ　御割付　45
おんうえさま　御上様　123
おんぎ　御儀　34, 89
おんぎ　御義　89, 158
おんこと　御事　20
おんため　御為　89, 135, 157
おんち　御地　130
おんちあたり　御地邊　181
おんちゅう　御中　15, 89
おんなぬし　御名主　16
おんなぬしちゅう　御名主中　16
おんむらおやくにんしゅう　御村御役人衆　86
おんむらかた　御村方　110

か行

かいぎょう　廻行　82
がいけん　外見　63
かいごう　會合　27
かいさい　皆済　133, 144
かいしょ　會所　27
かいじょう　廻状　82, 138
かいじょうをもって　以廻状　82, 178
かいそん　廻村　82, 120, 130
かいのう　皆納　144, 154
かいぶん　廻文　82, 109
がいぶん　外聞　63
かいまい　廻米　82
かいむ　皆無　144
かえち　替地　117
かきあげ　書上　115
かきいれしょうもん　書入證文　173
かきつけ　書付　26, 115
かきつけをもって　以書付　23
かきつけをもって　書付ヲ以　23
かきゅう　過急　190
かきん　過金　190
かくのごとくにござそうろう　如此ニ御坐候　66
かくのごとくにござそうろう　如此御坐候　61
かくのごとくにござそうろう　如此御座候　81
かくのごとし　如此　66, 125
かけあい　掛合　55, 105
かけあい　懸合　17, 55, 97
かけおく　掛置　105
かけきたる　懸来　97
かけひき　掛引　105
かけられ　被懸　97
かさねて　重而　160, 197
かしきん　借シ金　33
かじつ　過日　111, 159, 171, 190

かじつらい　過日来　190
かしらだち　頭立　206
かずえ　主計　16, 171
かせん　過銭　190, 199
がちぎょうじ　月行司　118
かちゅう　家中　15, 71
がっぴ　月日　118
かどや　門屋　200
かない　家内　40, 54, 71
かねがね　兼々　91
かねて　兼而　91, 160
かねん　過年　78, 190
かねんちゅう　過年中　190
かのう　過納　190
かぶん　過分　43, 190
がましく　ヶ間敷　108, 201
かよう　ヶ様　123
かり　借リ　33
かりうけ　借受　33
かりおく　借置　33
かりぬし　借主　16, 33
かわせ　為替　117
がんしょ　願書　115, 208
がんにん　願人　95
きい　貴意　96, 178
きいをうべく　可得貴意　178
きいをえ　得貴意　88, 96
きいをえがたく　難得貴意　202
きいをえたく　得貴意　80, 178
きいをかけられ　被懸貴意　178
きか　貴下　10
きかさま　貴家様　178
ききあわす　聞合　55
ききおく　聞置　161
ききおよぶ　及聞　17
ききおよぶ　聞及　161
ききすます　聞済　133, 161
ききとどけ　聞届　74, 161
ききとる　聞取　161
きこう　貴公　36, 178
きこうかた　貴公方　178
きこうさま　貴公様　36
きさつ　貴札　178
きさま　貴様　123, 178
きしょ　貴所　178
きしょ　貴書　178
ぎじょう　儀定　34
ぎじょうしょ　儀定書　115
きしん　寄進　72, 189
きせん　木銭　199
きたる　来　47
きたる　来ル　121
きっと　急度　80, 93, 144, 184
きでん　貴殿　129, 130, 164, 178
きでんかた　貴殿方　110,
129, 178
きほう　貴方　178
きまり　極リ　122
きめおく　極置　122
きめる　極ル　122
きゅうかいじょう　急廻状
93, 138
きゅうきゅう　急々　93
きゅうごよう　急御用　93
きゅうよう　急用　93, 140
きゅうようがき　急用書　93
きゅうようじょう　急用状　138
ぎょい　御意　89, 96
ぎょいをうべく　可得御意　96
ぎょいをえ　得御意　88
ぎょいをえかね　得御意兼　91
ぎょいをえず　不得御意　13
ぎょいをえたく　得御意度　80
ぎょいをかけられ　被懸御意　97
きょうきょう　恐々　94
ぎょうじょう　行状　145, 167
きょきょげつ　去々月　48
きょげつ　去月　48, 118
きょげつちゅう　去月中　48
きょねん　去年　48, 78
きょねんちゅう　去年中　15, 48
きわめて　極而　122, 194
きんいちりょう　金壱両　14,
62, 83
きんざい　近在　59, 183
きんじ　勤事　46
きんじつ　近日　40, 183
きんしゅ　金主　16, 198
きんじゅうりょう　金拾両　104,
185, 198
きんじょ　近所　179, 183
きんす　金子　14, 175, 198
きんすあずかしょうもん
金子預り證文　198
きんせん　金銭　198, 199
きんぞう　金蔵　165
きんそん　近村　183
きんだん　金談　176, 198
きんにじゅうりょう
金弐拾両　83, 104
きんにぶ　金弐分　83
きんにりょう　金弐両　83
きんねん　近年　183
きんのう　金納　154, 198
きんぺん　近辺　181
きんぺん　近邊　181, 183
きんらい　近来　121, 183
くげ　公家　71
くじ　公事　36
くじでいり　公事出入　36
くださるべくそうろう　可被下候
10, 32, 52, 123, 169
くだされ　被下　10
くだしおかれ　被下置　10,
156, 169
くだんのぎ　件之義　158
くだんのごとし　如件　28
くちがき　口書　115
くぼう　公方　36
くぼうさま　公方様　36, 110
くみあい　組合　55, 155, 159
くみあいいちどう　組合一同　56
くみあいしゅう　組合衆　166
くみあいそうだい　組合惣代　155
くみあいむら　組合村　155
くみがしら　組頭　152, 155,
192, 206
くみがしら　与頭　9, 206
くみした　組下　155
くみちゅう　組中　15, 155
くみやく　組役　155
くら　蔵　165
くらだし　蔵出　165
くらまい　蔵米　165
くらやしき　蔵屋敷　75, 165
けいじつ　頃日　203
げこう　下向　54
げち　下知　10, 147
けっして　決而　131, 160
けってい　決定　131
けにん　家人　71

けらい　家来　71, 121, 195
けらい　家頼　71
けらいしゅう　家来衆　71
けんぶん　見分　43, 170
ごいちどう　御一同　56, 164
こうぎ　公儀　34, 36
こうぎ　公義　36, 135, 158
こうけん　後見　170
こうご　向後　54, 87
こうじょう　口上　11
こうじょうしょ　口上書　115
こうせん　口銭　199
こうねん　後年　78
こうねん　向年　54
こうへん　公邊　36, 181
こうよう　公用　36
ごかいじょう　御廻状　138, 180
ごかいそん　御廻村　82
ごかちゅう　御家中　71
ごかないさま　御家内様　40, 71
ごくげつ　極月　118, 122, 182
ごくごく　極々　122
ごくなん　極難　122
ごけ　後家　71, 87
ごけにん　御家人　71
ごけんぶん　御見分　193
ごけんぶんのため　為御見分　170
ごこうぎ　御公儀　36, 89
ごこうぎ　御公義　158, 177
ごこうぎさま　御公義様　132
ごこうたつ　御口達　191
ごこうへん　御公邊　181
こころえ　心得　88, 92
こころえかた　心得方　34, 110
こころえがたく　難心得　9, 65, 88, 92
こころえちがい　心得違　88, 92, 194
こころがけ　心掛　92, 105
こころがけ　心懸　92, 97
こころづかい　心遣　195
こころづけ　心付　92
こころもち　心持　92
ござあそばされ　被遊御座　193
ござあるべく　可有御座　119
ござあるまじく　御座有間敷　119
ござあるまじく　有御座間敷　108
ござそうらえども　御坐候得共　61
ござそうらえども　御座候得共　81, 88
ござそうらえば　御坐候へハ　61
ござそうらえば　御坐候得者　88
ござそうらえども　御坐候へ共　37
ござそうろう　御坐候　32, 37, 41, 58, 61, 107, 160, 201
ござそうろう　御座候　26, 32, 41, 58, 81, 107
ござなく　無御坐　61, 136
ござなく　無御座　81, 142
ござなくそうろう　無御坐候　37, 61, 136
ござなくそうろう　無御座候　26, 32, 81, 136
ござなされ　被成御坐　61
ごさほう　御左法　132
ごじさん　御持参　103
こしち　越地　179
ごじつ　後日　87, 111
ごじつにおよび　及後日　17
ごじつのため　為後日　22, 28, 31, 87, 109, 111, 135
ごじとうがえ　御地頭替　206
ごじとうさま　御地頭様　206
ごじとうしょ　御地頭所　206
ごじとうしょさま　御地頭所様　60
ごしゅい　御趣意　171
ごしゅっきん　御出勤　42
ごしゅつやくさま　御出役様　86
ごしゅつやくしゅうちゅう　御出役衆中　166
ごじゅのう　御受納　51
ごじょう　御状　138
ごしょういん　御承引　84, 101
ごしょうち　御承知　52, 101, 147
ごしょうのため　為後證　135, 173
ごじょうほう　御定法　132
ごしょじょう　御書状　102
ごぜん　御前　89
ごぜんさま　御前様　90
ごそう　御左右　76
ごそうだん　御相談　204
ごそじょう　御訴状　172
ごぞんい　御存意　151
ごぞんじ　御存　68, 89, 187
ごちぎょうしょ　御知行所　147, 167
ごどうい　御同意　56
ごどうしんしゅう　御同心衆　166
ごどうどう　御同道　192
ことし　今年　21
ことすみ　事済　20
ことに　殊ニ　126, 152
ことのほか　事外　63
ことのほか　殊の外　63, 126
ことのほか　殊外　126
ことのほか　殊之外　18, 63, 126
ごないい　御内意　40, 96
ごないしゃく　御内借　40
ごないない　御内々　189
ごなんぎ　御難儀　108, 197, 202
ごにゅうよう　御入用　140
ごにんぐみ　五人与　9
ごにんぐみ　五人組　79, 155
このあいだ　此間　125
このあいだじゅう　此間中　15, 201
このうえ　此上　11, 125, 171
このおもむき　此趣　180
このかいじょう　此廻状　138
このぎ　此儀　34, 164
このぎ　此義　125, 158
このこと　此事　125
このごろ　此頃　125, 203
このせつ　此節　125, 153, 182
このたび　此度　80, 125, 164
このだん　此段　32, 125, 128, 182
このとおり　此通　125
こののち　此後　125
このほう　此方　110, 125, 204
このほか　此外　125
このほど　此程　149
このむね　此旨　112, 125
このもの　此者　125
ごはいしゃくきん　御拝借金　33
ごはいりょう　御拝領　205
ごはっと　御法度　80, 89, 132, 180
こびゃくしょう　小百姓　67
ごへんしょ　御返書　179
ごほうこう　御奉公　36
ごほうのう　御奉納　65
こまえそうだい　小前惣代　95

こまえびゃくしょう
小前百姓　67
こまえむらやくにんそうだい
小前村役人惣代　95
ごみょうだい　御名代　25
ごむしん　御無心　89, 136
こめだい　米代　25
こめや　米屋　75
ごもん　御門　200
ごもんしゅ　御門主　200
ごもんぜん　御門前　200
こや　小屋　75
ごよう　御用　46, 89, 188, 201
ごようがかり　御用掛リ　105
ごようがかり　御用懸リ　97
ごようきん　御用金　198
ごようさき　御用先　35
ごようしゃ　御用捨　106, 140
ごようしゃびけ　御用捨引ケ　106
ごようじょう　御用状　138
ごようむき　御用向　54
ごりょう　御領　205
ごりょうしゅさま　御領主様　205
ごりょうない　御領内　205
ごりょうにん　御両人　14
ごりょうぶん　御領分　205
これあらば　有之者　119
これあり　有之　18, 37, 58, 107, 119, 142, 153
これあるべし　可有之　18, 52, 58
これあるまじく　有之間敷　119
これなく　無之　18, 37, 58, 112, 123, 136, 158
これにより　仍之　22
これにより　依之　18, 31
これも　此茂　125
これゆえ　此故　107
これら　此等　152
これをうけたまわり　承之　101
ごれんめい　御連名　188
こわり　小割　45
ごんぎょう　勤行　46, 167
ごんし　勤仕　46
こんど　今度　21, 80
こんにち　今日　21, 111, 182
こんみょうにち　今明日　21
こんみょうりょうじつ
今明両日　114
こんゆうがた　今夕方　21

さ行

ざいかた　在方　59
ざいざい　在々　59
ざいしょ　在所　59, 99
さいぜん　最前　90, 116
ざいへん　在邊　59, 181
さえもん　左衛門　76, 168, 200
さきごろ　先頃　35, 203
さきざき　先々　35, 182
さきほど　先程　35
さげふだ　下ケ札　10
さしあい　差合　55
さしあげ　差上　11, 41, 77
さしあげおく　差上置　156
さしあげもうす　差上申　20, 141, 173, 175
さしいそぎ　差急　77
さしいれ　差入　77
さしおく　差置　77, 156
さしおくり　差送　77, 185
さしおもる　差重　77, 197
さしかかり　差掛リ　105
さしかかり　差懸リ　97
ざしき　座敷　81
さしこす　差越　179
さしすすむ　差進　189
さしだしもうす　差出申　141
さしだす　差出　11, 42, 77
さしたて　差立　77, 150
さしつかわす　差遣　77, 156, 195
さしつぎ　差次　124
さして　差而　77
さしとめ　差留　77, 143
さしひき　差引　77, 84, 127
さしむき　差向　54
さそうらえば　左候へ者　159
さそうらえば　左候得者　76, 159
さそうらはば　左候ハヽ　76
さそうらへば　左候へ者　76
さそうろうては　左候而ハ　76
さそうろうては　左候而者　76
さだめおく　定置　70
さだめがき　定書　70
さだめて　定て　70
さだめて　定而　70, 160
ざとう　座頭　206
さにては　左ニ而者　160
さにもうしあげそうろう
左ニ申上候　76
さのとおり　左之通　18, 76, 187
さべつ　差別　44
さべつなく　無差別　44
さゆう　左右　130
さよう　左様　76, 123, 147
さりながら　乍去　19, 48
さる　去ル　48
さるころ　去ル頃　203
さんかい　参會　27, 49
さんきん　参勤　46, 49
ざんきん　残金　127, 198
さんじょう　参上　11, 49
さんだい　参内　49
しあわせ　仕合　24, 55, 107
しおき　仕置　24, 156
じかおくり　直送リ　185
しかかり　仕掛リ　105
しかけ　仕懸　97
しかしながら　乍然　19, 137
しかた　仕方　110, 164
じかた　地方　60, 110
しからば　然ハ　137
しからば　然者　137, 159, 203
じがり　地借　33, 60
しかるうえは　然上者　11, 137, 159
しかるところ　然る處　137
しかるところ　然処　41
しかるところ　然所　99, 137
しかるところ　然處　41
しかるべし　可然　9, 18, 52, 58, 68, 112, 137, 195
しかれども　然共　37, 137
しかれども　然連共　137
じきさん　直参　49, 145
じきじき　直々　145, 172
じきしょ　直書　115, 145
しきたり　仕来　24, 121
じきだん　直談　145, 176
じきに　直ニ　145
しごく　至極　122, 162
じさん　持参　49, 103

じさんきん　持参金　103
ししゅ　旨趣　112
じしょ　地所　60, 99
しだい　次第　124, 151
したがき　下書　115
したて　仕立　150
したね　下直　10, 145
したやく　下役　10
しとう　至當　162
じとう　地頭　60, 130, 206
じとうしょ　地頭所　60, 99, 206
じとうりょうしゅ　地頭領主　206
じぬし　地主　16, 60, 130, 184
じびき　地引　84
しほう　仕法　132
しまう　仕廻　82
じまわり　地廻リ　60, 82
しもじも　下々　34, 182
しゃくせん　借銭　199
じやくせん　地役銭　199
しゃくち　借地　33
しゃくちぬし　借地主　33
しゃくや　借屋　33
しゃくや　借家　33
しゃくよう　借用　33, 140
しゃっきん　借金　33, 198
しゅい　趣意　96, 180
しゅうぎ　衆儀　166
じゅうじゅう　重々　197
しゅうちゅう　衆中　15, 166
じゅうぶいち　拾分一　104
しゅこう　趣向　180
しゅさつ　手札　100
しゅじん　主人　16
しゅじんかた　主人方　16
しゅだん　手段　100, 128
しゅつがん　出願　208
しゅっきん　出勤　42, 46
しゅっきん　出金　198
しゅっけ　出家　71
しゅっせん　出銭　199
しゅっそ　出訴　42, 172
しゅったい　出来　42, 121
しゅったつ　出立　42, 150
しゅっとう　出頭　206
しゅつやく　出役　42, 86
じゅのう　受納　51, 154
じゅらい　入来　121
しょういん　承引　101
しょういん　請引　175
しょうしょ　証書　173
しょうしょ　證書　173
しょうち　承知　18, 101, 147
じょうち　上知　147
しょうにん　證人　173
じょうのう　上納　11, 154
じょうのう　定納　70
じょうのうかた　上納方　154
じょうのうきん　上納金　154, 198
じょうほう　定法　70, 132
しょうもん　証文　109
しょうもん　證文　109, 173
じょうやく　定役　70
しょがい　書外　63, 115
しょがかり　諸掛　174
しょがん　所願　99
しょけ　諸家　162, 174
しょさつ　書札　115
しょじ　所持　99, 103
しょじ　諸事　20, 174
しょしょ　所々　99
しょしょ　諸々　174
しょじょう　書状　138
しょじょうをもって　以書状　138
しょぞん　所存　99
しょだいみょう　諸大名　130
しょち　所置　99, 156
しょちゅう　書中　15, 115
しょにゅうよう　諸入用　174
しょほう　諸方　110, 174
しょむき　諸向　54, 174
しょやく　諸役　86, 199
しょやくせん　諸役銭　174, 199
しょやくにん　諸役人　174
しんがい　心外　63, 92
しんがん　心願　92
しんじょう　進上　189
しんじょうもうす　進上申　189
じんだい　甚大　139
すぎさり　過去　48, 190
すぐさま　直様　145
すすまず　不進　189
すすめいる　進入　189
すておかず　不捨置　106
すておきがたく　難捨置　106, 202
すておく　捨置　106
すましかた　済方　110, 133
すみくち　済口　133
すみくちしょうもん　済口證文　109, 133, 173
ぜに　銭　62, 109, 199
せんげつ　先月　35, 118, 203
せんげつちゅう　先月中　15
ぜんけん　前件　28
ぜんご　前後　87, 90
ぜんごながら　乍前後　19
せんじつ　先日　35, 111, 182
せんじつちゅう　先日中　111
せんぜん　先前　90
せんせんばんばん　千々万々　12
せんだって　先達　35, 191
せんだって　先達而　35, 159, 160, 191
せんだってちゅう　先達而中　15
せんだってちゅう　先達中　35
ぜんだん　前段　90
ぜんど　前度　90
せんねん　先年　35, 78
せんのう　先納　154
せんばん　千万　12
せんばん　千萬　12
せんばんありがたし　千万難有　12
ぜんぶん　前文　109, 187
せんぽう　先方　35, 110, 130
そうい　相違　146, 194
そういなく　無相違　136, 144, 194
そうかた　惣方　95
そうじて　惣而　95, 160
そうそう　早々　113, 172
そうそうながら　乍早々　19
そうだい　惣代　25, 56, 95
そうだいなぬし　惣代名主　57
そうだん　相談　17, 146, 163, 176
そうとう　相當　146
そうのう　早納　113
そうびゃくしょう　惣百姓　67, 95
そうびゃくしょうしゅうちゅう

惣百姓衆中　166
そうよせ　惣寄　95
そうらえども　候得共　32, 37, 88
そうらえば　候得者　88
そしょ　訴所　143
そじょう　訴状　138, 172
そにん　訴人　172
そのい　其意　96
そのいをえがたく　難得其意　39
そのいをえらるべく　可被得其意　39
そのうえ　其上　11, 39, 164
そのうち　其内　39, 40
そのおもむき　其趣　39, 180
そのおんち　其御地　39, 60
そのおんむら　其御村　120
そのぎ　其儀　17, 39
そのぎ　其義　39
そのご　其後　39, 87, 159, 162
そのころ　其頃　203
そのせつ　其節　39, 153, 159
そのため　為其　39, 135
そのだん　其段　39, 128, 172
そのち　其地　60
そのところ　其所　39
そのへん　其邊　181
そのほう　其方　39, 110, 164
そのほか　其外　39, 63
そのむね　其旨　39, 88, 112
そのむら　其村　120
そのむらむら　其村々　171
それほど　其程　149
それまで　其迄　39
ぞんい　存意　96
ぞんがい　存外　63, 68
ぞんじ　存知　68, 147
ぞんじたてまつりそうろう　奉存候　32, 37, 41, 65, 68, 142, 201
ぞんじつき　存付　26, 68
ぞんじながら　乍存　19
ぞんじのとおり　存之通　68
ぞんじよらず　不存寄　72
ぞんじより　存寄　68, 72
ぞんぜず　不存　13
そんない　村内　40, 120
そんぽう　村法　120, 132

た行

だいいち　第一　151
だいがわり　代替　25
だいきん　代金　25, 83
だいけん　代兼　25, 91
だいさん　代参　25
だいだい　代々　25
だいみょうしゅう　大名衆　57
たちあい　立合　55, 150
たちあい　立會　27, 150
たちいり　立入　150
たちまわり　立廻り　150
たちゆきがたく　難立行　150, 167, 202
たちよる　立寄　72, 150
たっしゃ　達者　159, 191
たって　達而　160, 191
たてかえ　立替　117
たねんぐ　田年貢　177
たのみあげ　頼上　207
たのみいり　頼入　207
たのみおく　頼置　207
たびたび　度々　80
たぶん　多分　43, 64
たよう　多用　64
だんごう　談合　55, 176
だんじ　談事　176
だんだん　段々　128, 157
ちかごろ　近頃　183, 203
ちかぢか　近々　183
ちかよる　近寄　183
ちぎょう　知行　147, 167
ちぎょうしょ　知行所　99
ちだい　地代　25
ちゅうげん　中間　15
ついじつ　追日　186
ついそ　追訴　172, 186
ついで　次而　124, 160
ついでながら　乍次而　19
ついては　付而ハ　26, 160
ついねん　追年　186
つうこう　通行　167, 187
つうたつ　通達　187
つうよう　通用　140, 187
つかわされ　被遣　195
つぎつぎ　次々　124
つきなみ　月次　118, 124
つぎに　次ニ　124
つけおく　付置　26
つとめきたり　勤来　46, 121
つとめやく　勤役　46
つれ　連連　188
つれだつ　連立　188
つれゆく　連行　188
であい　出合　55
であい　出會　27, 42
てあき　手明　114
てあて　手當　73, 79, 100
でいり　出入　34, 42
ていれ　手入　100
できがたく　難出来　121, 202
できかね　出来兼　91, 121
できしだい　出来次第　151
てだい　手代　25, 100
てだいちゅう　手代中　15
てだて　手立　100, 150
てちがい　手違　100, 194
てまえ　手前　100
てまだい　手間代　100
てまわし　手廻　100
てより　手寄　72
でんち　田地　60, 75, 177, 194
でんちゅう　殿中　129
どうい　同意　56, 96
とうおねんぐ　當御年貢　165
とうげつ　當月　9, 73, 90, 118, 203
とうげつちゅう　當月中　118
どうこう　同行　167
とうごりょうぶん　當御領分　205
とうこん　當今　73
とうこん　當今　21
とうざ　當座　73, 81
とうしょ　當所　99
どうしょ　同所　56
どうしん　同心　56, 92
とうせつ　當節　73, 153
どうぜん　同前　56, 90
どうぜん　同然　56
とうそん　當村　73, 86, 120
とうち　當地　60, 73, 130
どうちゅう　道中　192
どうてい　道程　192

どうどう　同道　56, 192
とうどり　頭取　206
とうにん　當人　73
どうにん　同人　56, 164
とうねん　當年　73, 78, 184
とうぶん　當分　43, 73
とうほう　當方　73, 110
どうやく　同役　56, 86
とうよう　當用　73, 140, 182
どうよう　同様　56, 123, 142
とくしん　得心　88
とくと　得与　9, 88
ところがえ　所替　117
ところやくにん　所役人　99
としより　年寄　72, 78
としよりしゅう　年寄衆　166
としよりやく　年寄役　86
とどけあげ　届上　74
とどめ　留メ　143
とのがたさま　殿方様　129
とのさま　殿様　129
とまりむら　留り村　120, 143
とまりむら　留村　143, 184
とめおく　留置　143
とらい　渡来　121, 134
とりあげ　取上ケ　11
とりいそぎ　取急　50, 93
とりおく　取置　50
とりかえ　取替　50, 117, 156
とりかえし　取返シ　184
とりかえしょうもん
取替證文　117
とりかかり　取掛　105
とりかわし　為取替　50, 117, 135
とりきまり　取極リ　122
とりきめ　取極　50, 122, 163
とりくみ　取組　155
とりすすむ　取進　189
とりたて　取立　50, 150
とりちがい　取違　194
とりつぎ　取次　50, 124
とりとめ　取留　143
とりとめず　不取留　143
とりはからい　取計　50, 110, 171
とりひき　取引　50, 84
とりもち　取持　103
とりもちいる　取用　140
とりよせ　取寄　72

な行

ないい　内意　40, 96
ないがい　内外　40
ないけん　内見　170
ないさい　内済　40, 133, 180
ないさいしょうもん
内済證文　173
ないしゃく　内借　40
ないしょう　内證　173
ないじょう　内状　40
ないだん　内談　40, 176
ないつう　内通　40
ないない　内々　40, 131
なかだち　中立　15
なかなか　中々　15
なさるべく　可被成　32, 52,
98, 169
なされ　被成　98, 142, 160, 169
なされくだされ　被成被下　169
なされず　不被成　13
なしおかれ　被成置　156
なしくださるべく　可被成下
32, 98, 169
なしくだされ　被成下　10
なしくだしおかれ　被成下置
10, 156
なすべからず　不可成　13
なっしょ　納所　154
なっとく　納得　154
なにごと　何事　20, 30
なにごとによらず
何事ニ不寄　72
なにごとによらず　不依何事
20, 31
なににても　何ニ而茂　30
なにぶん　何分　30, 43, 164, 207
なにゆえ　何故　107
なにより　何寄　30, 72
なぬし　名主　16, 27, 57, 67,
155, 166
なぬししゅうちゅう　名主衆中
15, 57
なぬしだい　名主代　57
なぬしだいけん　名主代兼　57
なぬしちゅう　名主中　15, 57
なぬしやく　名主役　57, 86
なまえ　名前　57, 90
なみき　幷木　79
なよせ　名寄　72
ならびに　幷ニ　79
なりかね　成兼　91
なりたち　成立　150
なりゆき　成行　98, 167
なるほど　成程　98, 149
なんがつ　何月　118
なんぎ　難儀　34, 202
なんぎ　難義　17, 158, 194, 202
なんぎしごく　難儀至極
34, 162
なんぎしごく　難義至極
122, 158, 162
なんとも　何共　30, 37, 91
なんなりとも　何成共　30
なんら　何等　152
にゅうしゅ　入手　100
にゅうよう　入用　64, 79, 140
にんべつ　人別　44, 104
にんべつおくり　人別送リ
44, 185
にんべつおくりじょう
人別送状　138
ねがいあげ　願上　11, 208
ねがいあげたてまつる　奉願上
65, 208
ねがいいで　願出　208
ねがいいでしだい　願出次第　151
ねがいおく　願置　208
ねがいすます　願済　208
ねがいたて　願立　150, 208
ねがいたてまつる　奉願
65, 142, 208
ねがいのおもむき　願之趣　180
ねがいのぎ　願之儀　34
ねがいのとおり　願之通　187, 208
ねだん　直段　128, 145
ねちがい　直違　194
ねんぐ　年貢　78, 177
ねんぐかいのう　年貢皆納　177
ねんちゅう　年中　15, 78
ねんとう　年頭　78, 206
ねんない　年内　78
ねんねん　年々　78

ねんらい　年来　78, 121
ねんれい　年礼　148
のうきん　納金　198
のこしおく　残置　127
のこして　残テ　127
のこして　残而　127, 160
のこらず　不残　127, 175
のこり　残リ　127
のちのち　後々　182

は行

はいけん　拝見　102, 170
はいしゃく　拝借　33, 102
はいしゃくきん　拝借金
33, 102, 198
はいじゅ　拝受　51, 102
はいしょう　拝承　102
はいりょう　拝領　102, 205
はいるべからず　不可入　13
はいれい　拝礼　148
はいれい　拝禮　148
はからず　不計　171
はかりがたし　難計　171, 202
はかりたて　計立　150, 171
はずれ　外連　63
はたかたおねんぐ
畑方御年貢　177
はつか　廿日　47, 111, 182
はっと　法度　80, 132
はなはだ　甚　139
はなはだ　甚々　139
はなはだしく　甚々敷　139
はなはだしく　甚敷　108, 139
はなはだもって　甚以　23, 139
はなはだもって　甚以而　139
はなはだもって　甚々以　139
はやおい　早追　113
ばんじ　萬事　12, 20
ばんばん　萬々　12
ひおくり　日送　185
ひきあい　引合　55, 84
ひきあて　引當　73, 84
ひきいれ　引入　84
ひきうけ　引受　51, 84
ひきうけ　引請　84, 175
ひきうけにん　引受人　51
ひきおくり　引送リ　185
ひきかえ　引替　84, 117
ひきたて　引立　150
ひきとり　引取　50, 84, 135
ひきのこし　引残　127
ひきわたし　引渡　84, 134
ひきわり　引割　45
ひっこし　引越　84, 179
ひとうけじょう　人請状　175
ひとうけしょうもん
人請證文　175
ひとかたならず　不一方　13
ひとがわり　人代　25
ひとどめ　人留　143
ひとぬし　人主　16
ひとまず　一先　35
ひび　日々　111
ひゃくしょう　百姓　67, 130
ひゃくしょうしゅう　百姓衆　67
ひゃくしょうだい　百姓代　25, 67
ひろい　拾ひ　104
ひわり　日割　45, 111
ふぎ　不義　158
ぶぎょう　奉行　65, 167
ふぎょうぎ　不行儀　167
ぶぎょうしゅう　奉行衆　166
ふさん　不参　13, 24, 49
ふさんなく　無不参　13
ぶじ　無事　20, 136
ふじつ　不日　111
ふてまわし　不手廻　100
ふとどき　不届　13, 74, 162
ふとどきしごく　不届至極　122
ふとどきせんばん　不届千万
12, 74
ふにょい　不如意　13, 66, 96
ふのう　不納　154
ふぶんめい　不分明　13, 114
ふほう　不法　13, 132
ふゆきとどき　不行届　13, 74, 167
ふよう　不用　140
ぶようじん　無用心　140
ぶれい　不礼　148
ぶれい　無禮　148
ぶんつう　文通　109, 187
ふんべつ　分別　44
ぶんめい　分明　43, 114
べいせん　米銭　199
へえ　兵衛　38, 168
べつぎなく　無別義　44
べっして　別而　44, 160
べつだん　別段　44, 128
へんきん　返金　184, 198
へんさい　返済　133, 184
へんさつ　返札　184
へんじ　返事　184
へんしょ　返書　115, 184
へんじょう　返状　184
へんのう　返納　154, 184
ほうえ　法會　132
ほうがい　法外　132
ほうぎょう　法行　132
ほうこう　奉公　36, 65
ほうこうにん　奉公人　36, 65
ほうこうにんうけじょう
奉公人受状　138
ほうこうにんうけじょう
奉公人請状　138
ほうじ　法事　132
ほうしょ　奉書　65
ほうのう　奉納　154
ほかむら　外村　120
ほかむらむら　外村々　120
ほどあい　程合　149
ほどなく　無程　136, 149
ほどほど　程々　149

ま行

まいられ　被参　49
まえがき　前書　90, 115, 187
まえがり　前借　33
まえきん　前金　90
まえまえ　前々　90, 171
まえもって　前以　90
まかりあり　罷在　41, 59, 157
まかりあり　罷有　41, 119, 157
まかりいず　罷出　42, 157
まかりくだり　罷下　10, 157
まかりこす　罷越　157, 179
まかりすぎる　罷過　157, 190
まかりたつ　罷立　150, 157
まかりとおり　罷通リ　187
まかりならず　不罷成　13
まかりなる　罷成　98, 157
まじく　間敷　108, 201

まずは　先ハ　97
まずは　先者　35, 53, 159
まずもって　先以　23, 35
まぢか　間近　183
まちがい　間違　152, 194, 201
まちがいなく　無間違　136, 194, 201
まにあい　間ニ合　55, 201
まびき　間引　201
まもござなく　間も無御座　201
まもなく　無間茂　164
まわし　廻シ　82
まんいち　萬一　12
まんまんいち　萬々一　12
みあいみあわせ　見合　55
みあたり　見當　91, 170
みいだす　見出　170
みうけ　見請　170
みおくり　見送　185
みおよぶ　及見　17, 170
みかけ　見懸　170
みぎおねがい　右御願　193
みぎおれい　右御禮　148
みきき　見聞　161, 170
みぎだん　右段　53
みぎなど　右等　152
みぎについては　右ニ付而者　159
みぎにつき　右ニ付　26
みぎのおもむき　右之趣　18, 53, 180, 189, 207
みぎのしだい　右之次第　124
みぎのせつ　右之節　53
みぎのだん　右之段　18, 53, 128
みぎのとおり　右之通　18, 53, 187
みぎのほか　右之外　53
みぎのむね　右之旨　112
みぎは　右者　53, 159, 189
みぎばかり　右計　53
みぎほどに　右程ニ　149
みぎよう　右様　53
みきわめ　見極　122
みすて　見捨　106
みせもうす　為見申　170
みたて　見立　170
みちのり　道法　132, 192
みつけ　見付　151, 170
みとおし　見通シ　170, 187
みとどけ　見届　74, 170
みとめ　見留　170
みとり　見取　170
みなさま　皆様　144
みなみな　皆々　144
みなみなさま　皆々様　123, 144
みなもって　皆以　144
みはからい　見計　170
みまわり　見廻　82, 170
みょうご　明後　47, 114
みょうごにち　明後日　114
みょうごねん　明後年　114
みょうだい　名代　25, 57
みょうにち　明日　114
みょうねん　明年　114
むい　無為　135, 136
むきむき　向々　54
むこうより　向寄　54
むしん　無心　92, 136
むつかしく　六ヶ敷　108
むほう　無法　132
むよう　無用　136, 140
むらあて　村當　120
むらおくり　村送リ　120, 185
むらおやくにん　村御役人　176
むらがえ　村替　117
むらかた　村方　79, 110, 120
むらじゅう　村中　15, 120, 174, 176
むらにゅうよう　村入用　120
むらむら　村々　120, 130, 181
むらめい　村名　57, 120
むらやく　村役　86
むらやくにん　村役人　27, 86, 120
むらやくにんしゅうちゅう　村役人衆中　166
むらよう　村用　120
むらわり　村割　45, 120
もうしあぐ　申上　11, 34, 37, 41, 80, 91, 107, 112, 180, 187
もうしあげたてまつる　奉申上　11, 41
もうしあわせ　申合　55, 141
もうしいず　申出　42, 52, 123
もうしいれ　申入　37, 141
もうしうく　申請　141
もうしおく　申置　141
もうしおくり　申送　185
もうしおさむ　申納　154
もうしおさめ　申納　141
もうしかかり　申掛リ　105
もうしかけ　申掛　105, 141
もうしかけ　申懸　97, 141
もうしかね　申兼　91
もうしきかさるべく　可被申聞　161
もうしきかされ　被申聞　169, 201
もうしきかす　申聞　141, 161
もうしきかすべく　可申聞　52
もうしきかせ　為申聞　135
もうしきたる　申来　128
もうしこす　申越　141, 179
もうしすすむ　申進　141, 189
もうしたっす　申達　141, 191
もうしだんず　申談　141, 176
もうしつかわす　申遣　141, 195
もうしつく　申付　26, 141
もうしつけおかれ　被申付置　26
もうしつけらるべく　可被申付　58
もうしなす　申成　98
もうしぶん　申分　43
もうしわたし　申渡　134, 141
もうすにおよばず　不及申　13, 17
もうすにおよばず　不及申ニ　17, 141
もうすにおよばず　不申及　13, 17
もうすまじく　申間敷　108, 141, 195, 201
もうすまでもなく　無申迄　182
もおしとおす　申通　187
もちきたる　持来　103
もちだす　持出　103
もちぬし　持主　16
もってのほか　以而之外　63
もってのほか　以之外　23
もはや　最早　113, 116, 153
もより　最寄　72, 116, 130
もんがい　門外　200
もんぜん　門前　200
もんない　門内　200
もんれい　門礼　200

や行

やくかた　役方　86
やくぎ　役儀　34, 86
やくぎ　役義　46, 86, 158
やくきん　役金　86
やくしょ　役所　86, 99, 130
やくせん　役銭　86, 199
やくにん　役人　37, 86
やくにんそうだい　役人惣代　95
やくにんちゅう　役人中　15
やくまえ　役前　86
やくむき　役向　54
やしき　屋敷　75, 108
やぬし　家主　16, 71
ゆきたつ　行立　167
ゆきちがい　行違　167
ゆきとどかず　不行届　74
ゆきとどきがたく　難行届　202
ゆきとどきかね　行届兼　91
ゆきとどく　行届　74, 167
ゆきまわり　行廻リ　82
ゆくえ　行衛　167, 168
ゆくえ　行方　167
ゆくえしれず　不知行衛　168
ゆくゆく　行々　167
ようい　用意　96, 140, 163
ようきん　用金　198
ようじ　用事　140
ようしゃ　用捨　106, 140
ようしゃなく　無用捨　140
ようしょ　用書　115
ようじん　用心　92, 140
ようす　様子　123
ようずみ　用済　133, 140
ようたし　用達　140
ようだて　用立　140, 150
ようだん　用談　140, 176
ようにん　用人　140
ようむき　用向　54, 140, 153, 171
よきん　輿金　9
よせむら　寄村　72
よって　依而　31, 160
よって　仍而　22, 160
よってくだんのごとし　依テ如件　28, 31
よってくだんのごとし　依而如件　28, 31, 160
よってくだんのごとし　依如件　28
よってくだんのごとし　仍而如件　22, 28, 66, 160
よってくだんのごとし　仍如件　22, 28, 66
よってごじつのためくだんのごとし　仍而為後日如件　22
よっては　依而者　31, 159
よりあい　寄合　55, 72
よりあい　寄會　72
よろしからず　不宜　13, 69
よろしからずや　不宜哉　69
よろしきよう　宜敷様　69
よろしきよう　宜様　69
よろしく　宜　69
よろしく　宜敷　69, 108
よろずや　万屋　75

ら行

らいい　来意　121
らいげつ　来月　118, 121
らいじょう　来状　121, 138
らいねん　来年　121
りょうがえ　両替　14, 117
りょうがえや　両替屋　75
りょうがけ　両掛　14
りょうけ　両家　14
りょうじつ　両日　14
りょうしゅ　領主　16, 205
りょうしゅじとう　領主地頭　205, 206
りょうしゅやくしょ　領主役所　205
りょうそん　両村　14
りょうち　領知　147, 205
りょうち　領地　205
りょうちゅう　領中　205
りょうど　両度　14, 80
りょうない　領内　205
りょうにん　両人　14
りょうぶん　領分　43, 205
りょうよう　両様　14
るす　留主　16, 143
るすちゅう　留主中　16, 143
れいぎ　礼儀　148
れいぎ　礼義　148
れいきん　礼金　148
れいきん　禮金　148
れいじょう　礼状　148
れいじょう　禮状　148
れんちゅう　連中　188
れんねん　連年　188
れんめい　連名　188
れんれん　連々　188

わ行

わかりかね　分兼　91
わたしかた　渡方　152
わたしせん　渡銭　199
わりあい　割合　45, 55
わりかえ　割替　117
わりがけ　割掛　45
わりがけ　割懸　45
わりかた　割方　45
わりきん　割金　45, 198
わりつけ　割付　45, 151
わりわたし　割渡　45